GAO DENG SHI FAN YUAN XIAO

XIAN DAI JIAO SHI JIAO YU CONG SHU

高等师范院校现代教师教育丛书

"十二五"普通高等教育
本科国家级规划教材

总主编 ◎ 卢家楣

心理学与教育
——理论和实践

主 编◎卢家楣　　　副主编◎孙圣涛

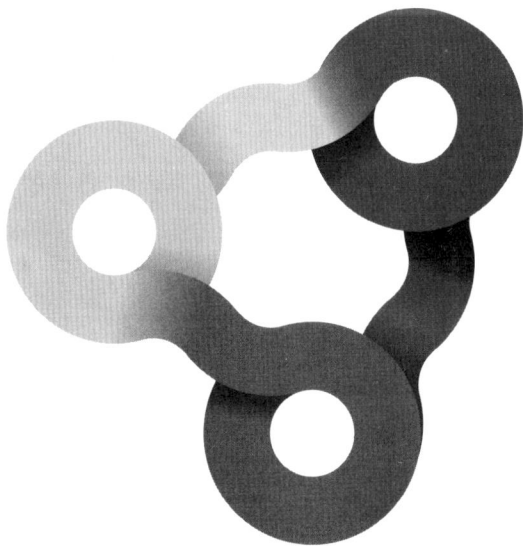

上海教育出版社

高等师范院校现代教师教育丛书
编辑委员会

总　序

　　教育的关键是教师,教育发展的真正后劲是教师专业化素质的不断提高,这是当今社会的共识。因此,旨在提高教师专业化素质的教师教育改革,已成为深化教育改革、推进教育发展的重心所在。纵观国际和国内教师教育改革的大背景,在各类教师教育改革中,中学教师教育改革历来是世界各国教师教育改革的热点和难点,其中,以课程体系改革为主导的职前中学教师教育改革更是处于全球共同关注的焦点位置。在这样的改革大潮中,高等师范院校自然肩负着义不容辞的责任,面临着无可退避的挑战。我们正是在这样的形势下,迎来了新一轮的职前中学教师教育的教育类课程体系改革。

　　早在 20 世纪末,我们就进行了一次较大规模的职前中学教师教育的教育类课程体系改革,将对师范生开设的传统的教育类课程——教育学和心理学,改革为“两大板块”的课程体系:一是教育学板块,主要有 4 门课程:教育原理、课程与教学论、德育与班主任、教育研究方法;二是心理学板块,主要有 3 门课程:心理学与教育、学习心理与教学、青少年心理与辅导。该项改革取得了积极成果,在全国产生了影响。其改革获得上海市优秀教学成果一等奖,配套的教材获全国普通高校优秀教材二等奖。该课程体系已实施近十年,我们认为在新的形势下,应本着与时俱进的精神,在已有的实践探索基础上,进一步深化改革,完善课程体系。2005 年我们承担了上海市教师教育高地建设项目的重任,这就给了我们深度改革的契机、勇气和动力。为了更科学、深入、全面地进行高等师范院校职前中学教师教育的教育类课程体系改革,我们进行了一系列的调查研究:问卷调查了近 3 000 名各年龄段的初、中、高级职称的中学教师,了解他们对现行师范教育,特别是课程体系的意见和建议;研究了美国、英国、加拿大、澳大利亚、新西兰、俄罗斯、德国、法国、芬兰、瑞典、日本、韩国、新加坡、印度14个国家以及我国的台湾、香港、澳门的同类教育的状况;借鉴了国内兄弟师范院校,特别是6所部属重点师范大学在这方面成功改革的经验。然后,结合自己以往的改革,我们提出了进一步完善课程体系的设想,构建三大板块:一是教育学理论板块,主要有现代教育——理论和实践、现代教学——理论和实践、现代德育——理论和实践3门课程;二是心理学理论板块,主要有心理学与教育——理论和实践、学习心理与教学——理论和实践、青少年心理与辅导——理论和实践3门课程;三是教育技能板块,主要有教育科学研究技能、班级管理技能、教育信息技术应用技能、文娱活动参与技能4门课程。这一新课程体系经过专家研讨和组织论证,即将进入实施阶段。本系列教材正是为配合这一新课程体系实施而组织编写的。

本系列教材编写的目标是,配合课程建设为职前中学教师专业素质培养发挥积极作用,并在编写过程中充分反映新课程改革精神,体现出如下四个方面的特色:

1. 厚实理论和加强实践的统一。本教材在指导思想上,突出强调了专业基础课教材性质。这是一个认识上的重要突破。我们认为,旨在培养师范生专业素质的教育类课程,不是迄今为止国内各师范院校划归的一般意义上的公共必修课,而是专业基础课,确切地说,是教师教育的专业基础课。这就确立了该类课程在高等师范院校中的重要而独特的地位,不仅为这样较大规模的课程改革,提供了坚实的思想基础,也为配套的课程教材的编写提供了一个明确的指导思想:作为专业基础课程,新教材就应该有相当的理论性,而不同于公共课那样对理论论述的浅尝辄止;作为教师教育的专业课程,不是教育学专业的课程,新教材还应该有相当的实践性,为即将走上教师岗位的学生提供必要的实践指导。因此,我们在理论板块各课程教材名称上都加上"理论和实践",就是为了强调厚实理论和加强实践两者的和谐统一。这是为该课程的性质所决定的一大特色。

2. 重视心理理论和突出教育服务的统一。在本教材的板块结构中,心理学无疑占据重要地位。这是因为"心理学就其对教育学的应用和对教育学者的必要性方面来说,当然站在一切科学的首位"(乌申斯基,1867)。只有掌握了必要的心理学知识,才能更好地理解教育理论,更深入地认识教育现象,更有效地解决教育问题。因此,我们根据新课程体系的结构,编写了为教师教育所迫切需要的普通心理学、学习心理学、青少年心理学等方面的教材,并加大了相应的理论分量。但另一方面,所有这些心理学科内容的组织都强调为教育服务的原则,打破以往纯心理学科教材的编写格局,实现由以学科为本改为以培养职前中学教师专业化素质为本的转变,形成具有鲜明的教师教育专业特色的心理学理论教材,故三本心理学教材分别在命名中加上"与教育"、"与教学"、"与辅导",以凸显重视心理理论和突出教育服务两方面的和谐统一。这是本系列教材的又一个特色。

3. 夯实知识性和强调技能性的统一。在本教材的板块结构中,涉及知识性的教材有 6 本,这对于夯实教育学和心理学基本理论方面的知识是十分必要的。但我们在调查研究中发现,在现时教育实践中存在着高等师范院校毕业生普遍缺乏教育技能的严重现象,已引起教育界的担忧,也为我们新课程体系的改革带来了又一个重要启示:一定要下决心加强教师教育中技能素质的培养。为此,在涉及知识性的两大理论板块的课程中,不仅讲理论,也讲相应的应用和操作性的内容,与此同时,我们还根据新时期中学教育对教师的要求,在新课程体系中增设技能板块,开设旨在培养教育科研、班级管理、信息技术和文娱参与等四方面技能的课程。这就使职前中学教师教育的教育类课程教材首次出现了知识性和技能性两方面的和谐统一。这是本系列教材的再一个特色。

4. 优化内容和美化形式的统一。当教材编写的基本指导思想、整体结构框架确定之后,具体的内容和形式的处理就成为教材质量高低的关键性指标。本教材系列力求打破教育类公共课教材的传统藩篱,在优化内容和美化形式的和谐统一中彰显特色。在优化内容方面,我们首先是强调在科学性前提下的严谨性,所有内容都必须有明确的文献资料支撑,做到书中有资料来源的注释,书后有相应文献资料的索引,试图改变我国公共课教材弱化文献资料、淡化学术性的状况,也有助于增强未来教师的学术素养。其次,我们强调在实效性前提下的创新性,所有内容都必须从能否实实在在有助于职前中学教师专业化素质提高的角度加以组织、甄别、取舍、增减,不囿于以往公共课教材的传统格局,力求体现内容编写上的创新性。第三,我们强调在针对性前提下的充实性,所有内容不再是以往概念上的公共课使用的简约版,而是教师教育专业课程使用的专业版,针对教师教育专业实际充实相应的内容,其中包括一些前沿的研究内容和我们自己的研究成果,使整个系列的丛书较为厚实。每本教材力求做到部分内容为学生上课之用,部分内容为学生课后自学之用,使教学和自学有机结合,同时也为毕业后走上教师岗位的学生,提供一套有价值的案头参考书。

在美化形式方面,我们也尽可能使教材生动、活泼,以引发学生的学习心向。首先,从总体框架上说,学生打开每章内容,都可看到 4 级目录,让学生清晰了解每章内容纲要,"本章要点"更让学生明确学习重点,合理分配精力。之后,用"想试着回答一下吗……"的导入语,引出与每章有关的趣味题,激发学生对随后内容的学习兴趣。然后以案例的形式导出本章内容,进一步使学生产生学习的欲望。当本章内容叙述完了以后,再看到来自开头的案例,用本章学习到的有关原理来解释案例,做到前后呼应,理论密切结合实践,大有豁然开朗的感觉。随后再有的"本章小结",旨在帮助学生总结该章学习过的内容,继而要求学生做针对本章内容的"思考题",答案均在书中,起到自我检查和复习的作用。最后的"问题探索",则启发学生将该章学过的知识应用于教育实践,书中没有现成的答案,要求学生自己去探索、创新。其次,每章设有"知识小窗"、"学术研究"、"热点聚焦"和"实践探索"4 个专栏,将教材正文之外的有关学术前沿问题研究、教学现实中的有关热门话题、有关原理在教学中的运用案例、拓展学生视野的知识介绍等方面的内容,以灵活、机动的方式呈现出来,作为正文内容的补充、拓展、深化和实践延伸。第三,每章开篇都有一张与本章内容有关的来自鲜活的中学教育实践的照片,文中还注意图表的充分应用,并配以有关的名家大师简介和照片,以期尽可能达到图文并茂的效果。

作为上海市教师教育高地建设项目的组成部分,本套教材的编写和出版,得到上海市教委经费上的资助,得到学校、学院和各有关部门的支持,我们对此表示感谢。我们特别感谢李进校长、丛玉豪副校长和陈永明院长欣然担任丛书的顾问,不吝指导,厚爱之情溢于言表;感谢朱小蔓、张民生、顾泠沅、王厥轩等专家在研讨新课程体系时对该丛书系列的建议和厚望;感谢 10 本教材的所有编委和编写人员在真诚合作、鼎力相助过程中所付出的智慧、热情和艰辛;感谢我们的博士生和硕士生们在参编、校阅、文献查寻等过程中所作出的大量工作和默默无闻的贡献;最后,特别感谢出版社张文忠先生以满腔热忱和极端负责的精神为本套教材所做的高质量、高效率的编辑工作。

卢家楣

2009 年 12 月于上海师范大学

目　录

上　编

下　　编

前　言

　　为了更好地发挥心理学在教师教育中的重要而独特的作用,加大心理学科在中学教师教育课程体系中的分量,我们突破了传统的教师教育职前培养阶段的课程框架,设置了心理学理论板块课程,内含为教师教育所迫切需要的心理学学科内容,形成一个两层次三门课组成的课程结构。第一层次,从心理学科上说,是与普通心理学相应的内容;从教育上说,是与学校总体教育相联系的,形成"心理学与教育——理论和实践"课程。第二层次,从心理学科上说,是与学习心理和教学心理、青少年心理和心理健康相应的内容;从教育上说,是与学校教育的两大方面——教学活动和辅导活动相联系的,形成"学习心理与教学——理论和实践"和"青少年心理与辅导——理论和实践"两门课程。我们为此撰写了配合这三门课程的教材。本书就是"高等师范院校现代教师教育丛书"心理学理论板块中的第一本书。它的宗旨是帮助学习者掌握从事中学教育工作所必需的心理学基本理论和知识,同时也为学习随后的两本心理学教材打下基础。

　　本书涉及的是普通心理学的学科领域。普通心理学是研究人的心理活动的一般规律和心理学的基本理论的学科,其内容对于师范生今后从事教书育人工作是十分必要的。因此,长期以来在我国师范教育课程中始终将这方面的教学内容列为必修课程。但是,在以往这方面的教学中又往往持有学科为中心的倾向,导致心理学理论脱离师范生的教育实际,使该课程未能在教师教育中发挥应有的作用。鉴此,本书在撰写过程中力图体现一个基本理念,即心理学课程要全力为教师教育专业服务,这也将成为本丛书中心理学理论板块的一个基本指导思想。因此,本书取名为"心理学与教育——理论和实践",以凸显其基本理念,并在如下几方面进一步加以贯彻和体现。

本书在框架设计上,并不按照通常的普通心理学的传统学科体系分成心理过程和个性心理两部分,而是按认知因素和情感因素分成两部分,以便更贴近教师教育实际。这是因为,前者的划分虽从心理学科角度来看有其合理性,但与学校教育实际的联系不便。如,"智力"内容,本属个性心理范畴,似乎应与性格、气质等放在一起,但性格、气质与学校的思想道德教育工作,与学生情感素质培养联系更多,智力与之放在一起反觉不协调,而与感知觉、思维、记忆等放在一起更为和谐,更能与学校教学工作,与学生认知素质培养相联系。同样,"情感"和"意志"内容,虽属心理过程范畴,但与其更多联系的不是学校的教学工作和学生认知素质的培养,而是学校的思想道德教育工作和学生情感素质的培养。此外,"注意"内容,既不属心理过程,也不属个性心理,若按传统教材的框架划分而放在心理过程一边,似乎又缺乏心理学科角度上的合理性。但从我们的划分上看,属认知因素,与感知觉、思维、记忆一起就顺理成章了。当然,这里划分的认知因素和情感因素的概念都是广义的,前者涉及一切与个体认知信息加工直接有关的心理现象,既包括作为心理过程的感知觉、思维(内含想象、表象)、记忆,也包括作为个性心理的智力、创造力等,以及作为特殊心理现象的注意。后者除狭义的情感(内含情绪、情感和情操)外,还包括作为心理过程的意志和作为个性心理的气质、性格等。这种把人的心理现象分为知情两大类的划分,不仅具有心理学意义上的科学性,而且更具有教育领域中应用的便利性,因而已在教育实践中得到广泛运用。因此,今天当我们从教师教育专业服务的角度审视,这样的划分无疑更有利于运用心理学理论和知识于今后学校教育对青少年学生素质培养,以着力追求青少年学生情知两方面素质的全面、和谐的发展。这样也就构成本书的框架结构。本书除首章导论外,分上下两编:上编包括注意与教育、感知觉与教育、思维与教育、记忆与教育、智力与教育等涉及认知因素的5章内容;下编包括情感与教育、意志与教育、气质与教育、性格与教育等涉及情感因素的4章内容。

本书在内容筛选上,并不拘泥于传统经典内容,而是从教师教育实际的需要出发,强调了针对性和操作性。所谓针对性,是指针对教师教育应用上的需要来筛选和发掘有关的心理学内容。例如,精简、删除与教育实践相去甚远的有关生理—心理学内容,增加在以往心理学教材中论述较少,明显滞后于教育实践应用的心理学内容,并尽力从有关文献中去发掘、整理,甚至融入我们自己的最新研究成果。所谓操作性,是指涉及心理学理论在教育中的应用时要尽可能提出一些切实可行的方法。例如，在论述性格、情感等规律在教育中的应用时，往往容易泛泛而谈，我们则尽可能提出一系列富有操作性的培养学生良好性格的具体措施和在教学中以情优教的具体做法。

本书在内容组织上，并不落入传统心理学教材的窠臼，采用适应教师教育特点的"三段法"模式：现象——规律——应用。即本书每章（第一章导论除外）分三节，分述现象、规律和应用：第一节主要阐明某一心理现象的内涵（揭示其概念的本质特征）和外延（归纳其概念的种类），力求梳理清晰，简明扼要；第二节主要论述经研究发现的某心理现象背后存在的一些规律（某心理现象的特点、机制和影响因素），并集中于与教育实践应用有关的那些方面，力求概括提炼，实证支持；第三节主要阐述这些心理规律在教育实践中的应用，使学生能够举一反三，触类旁通，力求仿之可行，行之有效。我们还要特别指出的是，这里所谓的"在教育实践中的应用"涉及的是一个大概念的教育实践，不仅指师范生今后所从事的教育工作中的实践应用，还包括师范生当下在校读书时的自我教育中的实践应用。前者有利于师范生掌握教师专业的条件性知识和技能，后者有利于师范生提高自身的素质，从而能从两个方面促进教师教育的实践效果。我们的教学实践表明，对于非心理学专业的师范生来说，心理学课程的学习重点不是对心理学规律本身的探索和研究，而是侧重于对心理学规律的掌握和应用，而"三段法"模式所蕴涵的认知逻辑——是什么？为什么？如何用？简捷清晰、目标明确、重点突出，恰恰符合他们学习时的认知特点而收效明显，倍受欢迎。

本书在编排上，都体现了整套丛书的总体要求，并在内容和形式上加以具体化的过程中凸显了如下三点：在本书的理论阐述上，既综合各家之说，又融入我们自己的研究成果，更注意反映国内外经典的和最新的研究材料，使内容有一定的深度和广度，力求体现为专业基础课程服务的性质；在本书的实践应用上，不仅各章第三节中加以重点论述，在"实践探索"、"热点聚焦"等专栏中、在每章开始的案例中、结束时的"问题探索"中等都加以贯彻，力求体现为教师教育实践服务的性质；在本书的表现形式上，注意多样化、趣味性和图文并茂，力求以新颖的形式打破这类心理学教材的传统形象，提高它的可读性和乐读性。因此，本书不仅可以作为高等师范院校职前中学教师教育的教育类课程教材，也可作为教育理论工作者、在职教师和研究生阅读和参考的著作。

本书由卢家楣主编，孙圣涛担任副主编。各章执笔人员如下：第一章，卢家楣；第二章，贺雯；第三章，刘伟；第四章，卢家楣、张敏；第五章，卢家楣、陈宁；第六章，竺培梁;第七章,卢家楣,张萍;第八章,孙圣涛,常倩倩;第九章,樊琪;第十章,孙圣涛,常倩倩。

本书编写和出版得到上海市教师教育高地建设项目和上海市重点学科"发展与教育心理学"建设项目的资助,学校和学院领导的关心,以及上海教育出版社领导和丛书策划张文忠先生的大力支持。博士生张萍以及硕士生崔毓婕、徐京卫、李玲玲、张燕燕、周栋梁、李达、张文渊、孙卉、胡丰峰、魏芳、曹杰、王娟、叶欢等在本书的校阅和文献查寻等方面做了大量的辛勤工作。李志专、嵇家俊和崔毓婕还对第一章内容作了资料上的补充和丰富。本书采用了国内外许多专家、同仁的研究成果和资料。值此付梓之际,我在此一并表示衷心感谢!

尽管本书从指导思想、整体结构、具体内容、编排形式等方面有所创新,为职前中学教师教育的心理学类教材的编写作出新的探索,但限于水平,仍难免有不足,乃至谬误之处,敬请同行专家、学者以及使用的教师和学生不吝赐教。

卢家楣

2011 年 8 月于上海师范大学

第一章　导　　论

本章细目

本章要点

■ 心理学研究的对象、任务和性质

■ 心理学的科学概念

■ 心理学的历史发展及研究取向

■ 心理学研究的方法和原则及研究的基本程序

■ 心理学对学校教育的作用

想试着回答一下吗……

● 一讲到心理学,会使人产生一种神秘感,这和占卜、算命有什么关系?

● 有人说心理学是一门历史悠久的古老学科;又有人说心理学是一门十分年轻的新兴学科,你认为呢?

● 人们表白时常用的一句话是"我把心掏出来给你看"。请问:我们的心脏与心理有关系吗?"心理学"是否由此得名?

● 一个人的心理能被测量吗? 用什么方法来测量呢?

● 心理现象是否为人类所独有? 那么动物有没有心理?

● 据说心理学有许多学术流派,你听说过哪些? 它们的根本区别在哪里?

● 当教师为什么一定得学心理学? 心理学与教育工作究竟有什么关系呢?

● 你知道国内外有多少心理学门类吗?

● 在图书馆里找心理学的书是从哲学类里寻找的,但不少大学报考心理学则是属于理科类的,那么心理学究竟是文科还是理科呢? 或者说,究竟属于自然科学还是社会科学呢? 你知道吗?

　　小张从小喜欢外语,也喜欢当教师,因此高中毕业后考上了心仪的师范大学,成为一名外国语专业的师范生。从入学那天起,她就全身心投入外语专业学习,一心想学好外语,今后当一名优秀的外语教师。但一段时间下来,她的外语专业成绩并未出类拔萃,达到预期水平。正在她为此苦恼,并欲抓紧时间再接再厉之际,从本学期开始,她的课表中却出现了非外语专业的课程——教育学和心理学。学校开设教育学课程,她理解,要当教师嘛,自然要懂得有关教育的一些知识和理论,但为何还要开设心理学课程呢? 她觉得既好奇又纳闷:心理学是怎样一门课程? 自己以后是教学生学习外

语的,又不是从事心理学专业的,为什么要学心理学? 学习心理学对自己当外语教师有什么用处? 小张带着这样的困惑走进了心理学课堂。

其实,在刚接触心理学课程时产生这种想法的师范生是不少的。毕竟大家对心理学这门课程知之甚少。因此,作为导论,本章就先来介绍心理学这门课的概况以及与教育、与师范生的关系,以冀师范生能对此有一个正确的认识,产生学习的兴趣和热忱。

第一节　心理学的概述

作为一门独立学科的心理学是研究人的心理活动及其现象的科学。和其他学科一样,心理学不但有自身的研究对象和学科体系,而且还有自身的研究任务和研究领域。

一、心理学的研究对象

每门科学都有自己的研究对象,心理学也不例外。**心理学**(psychology)的研究对象是心理现象。心理现象又称心理活动,简称**心理**(mind)。

人的心理现象是极为丰富而复杂的,曾被恩格斯誉为"地球上最美丽的花朵"①。然而,当人们提到"心理"一词时,往往首先感受到的并不是这朵花的娇美艳丽,而是这朵花的扑朔迷离,进而会或多或少地产生一种神秘感。其实,心理现象并不神秘,它是我们生活中实实在在存在着的、为我们所非常熟悉并随时会接触到、感受到的心理活动。

当你坐在家里的沙发上聚精会神地收看精彩的电视节目时,你已进入一种高度集中的注意状态。当你听到其中的讲话声音、看到屏幕上的画面时,感知觉便已发生了。对讲话的内容、画面的含义进行理解、辨析,需要思维的参与。而事过之后,对讲话的内容尚"言犹在耳",对画面图形亦"历历在目",这就是记忆。人们在生活中总有喜怒哀乐的体验,这是情感的表现。人们在工作中总需要有克服困难的行动,这是意志的体现。有的人聪明,有的人愚笨,这是智力上的差异。有的人性子急,有的人性子慢;有的人粗心,有的人细心;有的人喜形于色,有的人面无表情,这是气质上的差异。有的人助人为乐,有的人自私自利;有的人勇敢顽强,有的人胆小懦弱,这是性格上的差异。当一个人做出某种行动时,总出于一定

---

① 恩格斯:《自然辩证法》,人民出版社 1971 年版,第 24 页。

的需要、动机,受到兴趣的影响,受到信念、理想、价值观、人生观、世界观的制约,从而也使某些行为有强弱之分、高尚低鄙之别。人在清醒状态下的大多数心理活动和行为都在意识控制下发生的,但人也会不时出现不知不觉进行的习惯性和自动化的动作、无意中的注意和识记,乃至口是心非、心是笔误的差错,这都属无意识之列。人贵有自知之明,能对自己的所作所为有所反省、有所检点,实为自我意识所然。凡此种种,都是在我们日常生活中发生的心理现象。

知识小窗 1-1   心理学家知道你在想什么吗?

许多心理学工作者都有类似这样的经历。当周围的人知道你的专业时,他们会马上好奇地问:"你是学心理学的? 那么你一定知道我在想什么!"人们总是以为心理学家能够透视人的心理活动,其实不然。因为人的心理活动不仅仅是人在当前的所思所想,它具有更广泛的含义,包括感知、记忆、思维、想象、情绪、情感活动以及意志活动,等等。而心理学家的工作就是要探索这些心理活动的规律,即它是如何产生和发展的,受哪些因素的影响和制约。心理学家通常根据人的行为、情绪等来探讨人的心理,如他们可以根据你的外部表现和测验结果来推知你内心的所感所想,测谎仪就是其中一个很好的例子。人在说谎时会发生心理上的压力,这种压力又会导致人的心跳、血压、呼吸等生理上的变化,这种细微的生理变化一般靠人的观察,很难觉察和识别,但是通过测谎仪这样的电子技术就可以把这种生理变化记录下来,然后再通过观察分析这些生理指标来帮助分析判断被测人是否说谎。目前,由于人的心理的复杂性和测谎人员的素质等因素的综合影响,测谎仪的准确率还有待提高。即使心理学家可以通过各种先进的技术间接推知人们的内心世界,但再高明的心理学家也不可能具有所谓的"观人术"、"知心术"而一眼能看透你的内心世界,这主要是由人的心理活动主观能动性决定的。

(姜俊红,2003)

人的心理现象是各种各样的,为了便于研究,心理学家对其进行了科学的分类,并可从不同的角度将心理现象划分为不同的种类。这里要特别强调指出的是,人的心理本是一个统一的、不可分割的整体,各种心理现象都是相互联系、相互依存、相互作用的,形成一个有结构的、动态的系统,仅仅是为了研究的方便,才将它进行相对的划分。

1. 心理过程和个性心理

从心理的动态性维度上划分,可以把心理现象划分为心理过程和个性心理两部分。

(1) 心理过程

心理过程(mental process)是指一个人心理现象的动态过程。它包括认识过程、情感过程和意志过程。

认识过程是个体在实践活动中对认知信息的接受、编码、储存、提取和使用的心理过程。它主要包括感知觉、思维、记忆等过程。感知觉是对事物的外部属性及外部联系的认识,思维则是对事物的本质属性及其规律性的认识,而记忆是对事物感知、思维所获得认识的保存和恢复。当然,记忆也对曾做过的动作、体验过的情感保存和恢复,因而也有人把记忆视为一种综合性的心理过程。

情感过程是个体在实践活动中对事物的态度的体验。这是因为个体在包括认识在内的各种实践活动中,不是冷漠无情、麻木不仁的,而是会出现喜、怒、哀、恐、惊等情绪反应,产生依恋感、归属感、自尊感、自信感、道德感、理智感、审美感等情感和情操的体验。

意志过程是个体自觉地确定目的,并根据目的调节和支配自身的行动,克服困难,去实现预定目标的心理过程。它表明个体不仅能认识世界,还能改造世界,并在这种改造世界的实践活动中集中体现其主观能动性。

认识过程、情感过程和意志过程并不是彼此孤立的,而是相互联系、相互作用,构成个体有机统一的心理过程的三个不同方面。情感的发生与深化、意志行为的确定与执行都是以认识为基础的,而情感、意志又会反过来影响认识活动的进行和发展。同样,情感也会对意志行为产生动力作用,良好的情感会使个体的意志努力得到更充分的发挥,而意志行为又会丰富和升华情感。例如,历经艰辛、作出巨大意志努力之后取得的学业上的成功,会使个体获得新的、从未有过的体验,从而使其理智感得到新的发展。

(2)个性心理

个性心理(individual mind)是一个人在社会生活实践中形成的相对稳定的各种心理现象的总和。它包括个性倾向、个性特征和个性调控。

个性倾向是推动人进行活动的基本动力。它是个性心理中最活跃的因素,反映了人对周围世界的趋向和追求。个性倾向主要包括需要、动机、兴趣、理想、信念、价值观和世界观等。其中需要是个性倾向的基础,而世界观是个性倾向中居于最高层次的构建成分,决定着一个人总的心理倾向。不同的人有不同的个性倾向性,正是人们不同的个性倾向性推动着人们进行各种活动,并使活动朝着一定的目标努力。

个性特征是个人身上经常表现出来的本质的、稳定的心理特征。它集中体现了人的心理活动的独特性。个性特征主要包括气质、性格和能力。其中性格是个性特征的核心,反映一个人的基本精神面貌。

个性调控是个人对自己心理和行为的控制和调节。个性调控是以自我意识为核心的。自我意识是个人发展到一定阶段出现的、个人借以对自己的心理和行为,包括个性倾向和个性特征进行认识、评价、控制、调节,从而形成一个统一的个性心理结构系统。

个性心理的上述三个方面也可分别称为个性的动力系统、个性的特征系统和个性的调控系统,它们相互联系、相互协调,形成了一个统一的、有机结合的整体,从而使个体表现出独特而完整的个性风貌。

　　心理现象虽分为心理过程和个性心理两大类，但它们也是紧密地联系在一起的。一方面，个性心理是在心理过程的基础上形成和发展的。如果没有对客观现实的认识过程，没有同时伴随发生的情感过程，没有在实践活动中出现的意志过程，人的性格、能力、信念、世界观是不可能形成的。另一方面，已经形成的个性心理又影响着心理过程，并在心理过程中得以表现，使人的各种心理过程总是带有个人的色彩。例如，性格不同的人，其情感和意志的表现也不一样。性格坚毅者，善于克制自己的情感，表现出坚强的意志力；而性格软弱者，则常被自己的消极情感左右，缺乏坚忍不拔的意志力。

学术研究 1-1　　　　　　　心 理 状 态

　　苏联心理学家列维托夫等人认为，可以把人的心理现象划分为三类：心理过程、心理状态和个性心理特征。心理过程是不断变化着的、暂时性的，个性心理特征是稳固的，而**心理状态**(mental state)则是介于两者之间的，既具有暂时性，又具有稳固性。他给心理状态下的定义是："心理状态是心理活动在一定时间内的完整特征。"(1964)它是心理过程向个性心理特征转化的中间过渡阶段。例如，有的学生一到考试就进入紧张状态，久而久之，这种心理状态在考试和其他一些带有竞争性活动中不断重复强化，就会逐渐形成畏缩退后的行为习惯，转化为胆小、自卑的个性特性。

　　心理状态又是心理过程的背景，任何心理过程的进行都要受到心理状态的影响，表现出心理活动过程与心理活动背景的一致性。例如，在学习活动中，当学生处在愉悦—兴趣的心理状态下，思维会显得特别活跃而富有创造性，而在紧张—焦虑的心理状态下，则思维会变得格外迟钝、狭窄，甚至混乱。情绪中的三种状态——心境、激情和应激便是典型的心理状态。此外，还有专心状态、分心状态、迷恋状态、顿悟、定势等。燕国材(1998)进而把心理状态划分为三类：认识过程的心理状态，如顿悟、定势等；意向过程中的心理状态，如心境、激情、应激、注意状态等；综合的心理状态，如灵感、疲劳等。他还指出心理状态的四个功能：表现功能——人的种种心理过程与个性特征都是通过心理状态表现出来的；中介功能——心理状态是心理过程与个性特征之间的中介、心理活动和生理活动之间的中介；氛围功能——心理状态构造教育气氛的作用；感染功能——一个人的心理过程或个性特征必须转化为某种心理状态之后才能感染他人；内化功能——一个人的心理状态会影响其接受教育、掌握知识、积极开展智力活动的意愿程度。因此，心理状态也是不可忽视的心理现象，只是迄今为止对它的研究和认识尚处于相对滞后时期。

2. 意识和无意识

从心理的意识性维度上划分，可以把心理现象分为意识和无意识两部分。

(1) 意识

意识(consciousness)是指现时正被个人觉知到的心理现象。事实上，当我们清醒时，绝大多数心理活动是发生在自己能够觉知到的情况下的,因而绝大多数心理现象属于意识范畴。例如,我们在解决问题时,我们能觉知思维活动的目的、对象、手段和策略以及自己的思维特点、对自己思维过程的调控等,这样的思维活动自然处于意识状态。从意识对象上看,还可进而把意识分为客体意识和自我意识两种。客体意识是指个人对周围世界的意识,而**自我意识**(self-consciousness)是指个人对自己以及自己和周围关系的意识。在上例中,对思维的目的、对象的觉知属客体意识,而对自己的思维特点的觉知、对自己的思维过程的调控便属自我意识。

(2) 无意识

无意识(unconsciousness),亦称为潜意识,是指现时未被个人觉知到的心理现象。这虽在整个心理现象中所占的比例很小,但它们能在日常生活中为我们所接触到。例如,睡眠中做梦是无意识现象,虽其内容可能被我们觉知,但梦的产生和进程是我们觉知不到的,也不能进行自觉调控的。又如,人的习惯性、自动化了的行为,在通常情况下也是被我们忽略,而成为无意识现象的。还有许多不知不觉中发生的心理活动,也属无意识之列。就拿记忆来说,有时会发生这样的情况:自己并不知道自己是否具有某一方面的记忆,也不知道该记忆是从哪里获得的,但在具体的操作活动中有关的记忆内容却会不知不觉地显露出来,以表明其在个体头脑中的存在。这就是所谓的内隐记忆(implicit memory)现象。

学术研究 1-2　　　　　　　　　**关于梦的研究**

人类对做梦的较为严谨的科学研究始于 17 世纪。1886 年,梦学专家罗伯特认为,人在一天的活动中有意或无意地接触到无数的信息,必须经过做梦把这些信息释放一部分,这就是著名的"做梦是为了忘记"的理论,这个理论在一百年后的 20 世纪 80 年代又开始重新流行。

在罗伯特以后不久,又出现了弗洛伊德心理学解梦理论。弗洛伊德认为,人不停地产生着愿望和欲望,这些愿望和欲望在梦中通过各种伪装和变形表现和释放出来,这样才不会闯入人的意识,把人弄醒,也就是说梦能够帮助人排除意识体系无法接受的那些愿望和欲望,是保护睡眠的卫士。

弗洛伊德的理论从 20 世纪初一直流行到 20 世纪 60 年代,后来世界上对梦的研究慢慢地离开心理学领域,进入生物学实验室,做梦从此被视为是一种生物现象。法国里昂梦学实验室的神经生物学家米歇尔·儒韦是梦学研究的国际知名专家,儒韦 1959 年把有梦定义为"反常睡眠"。他通过脑电图测试发现,人每隔 90 分钟就有 5～20 分钟的有梦睡眠,仪器屏幕上反映的信号不同,显示了人在睡眠中大脑活动的变化。如果在脑电图的电波上显示无梦睡眠时把接受测试的人唤醒,他会说没有任何梦境;假如在显示有梦睡眠时唤醒他,他会记得刚刚做的梦。

此外,研究人员采用 X 线断层摄像仪测试发现,大脑在有梦睡眠阶段的图像接近于清醒时的图像。有趣的是,研究人员用仪器进行测试发现,做梦不是人类特有的现象,鸟类和所有的哺乳类动物也都会做梦。20 世纪 70 年代末,一位科学家通过老鼠实验发现,有梦睡眠还和记忆有关,做梦的老鼠比被剥夺有梦睡眠的老鼠更能记住经验,但是这一研究结果并不适用于人类,因为医生在治疗精神沮丧病人时用一种叫做单一氧氧化酶的抑制剂,这种药完全取消人的有梦睡眠,但却不会引起记忆紊乱。法国梦学专家儒韦认为,做梦是由遗传基因决定的,他把老鼠有梦睡眠中发出的信号码进行比较,发现相同亲缘系统的老鼠有近似的信号码,这一理论又被前不久美国科罗拉多大学研究员布尔加的一项实验证实。布尔加对同卵双胞胎进行了研究,发现生下来后就被不同地方的两个不同家庭分别抚养大的双胞胎竟然有相似的做梦经验,由此证明,人的梦境表现是遗传记忆。

(岳晓东,2007)

在日常生活实践中,意识和无意识也是紧密联系着的,彼此间还会发生转化。例如,在命笔成文时,我们留意的是文章的思想内容与遣词造句,至于一笔一画的具体书写过程则因熟练而自动化,从而退居于意识之外。但若遇上较为生僻的字词时,我们便会马上留意其一笔一画的具体书写过程。以往人们总是习惯于关注心理现象中的意识部分,尤其是意识中的客体意识部分,而往往忽视心理现象中的无意识部分和意识中的自我意识部分。其实,自我意识和无意识不仅是心理学研究的对象,而且在思想教育和课堂教学活动中都能加以利用而使其发挥积极的作用。

此外,还可以把心理现象粗分为认知因素和情感因素。作这种划分的认知因素和情感因素的概念往往是广义的,其外延也是十分宽泛的。前者涉及一切与个体的认知信息加工直接有关的心理现象,包括心理过程和个性心理,如感知觉、思维(内含想象、表象等)、记忆、能力(内含智力、创造力等)、元认知等;后者除包括原来意义上的情绪、情感、情操之外,还有兴趣、需要、动机、价值观、态度、性格、气质等。在智力因素和非智力因素的划分中,智力因素与上述的认知因素相应,而非智力因素与上述的情感因素相应,只是非智力因素是指本身不属于智力范畴但与智力的发展和发挥有着密切关系的那些心理因素,是相对智力因素而言的,因此,其涵盖面可能要比情感因素小些。这种划分在将心理学理论应用于教育领域过程中有它相当的便利性,因而在我国的教育实践中已得到广泛运用。本书上下编就是试图参照上述的认知因素和情感因素的划分来安排的,以便使上编的心理学理论更好地与教学中认知学习的实践相联系,而使下编的心理学理论则不仅从影响认知的角度上与教学中认知学习的实际相联系,而且还与思想品德教育的实际相联系。

二、心理学的任务

人类认识和改造客观世界和主观世界的实践活动,都是在其心理活动的参与下进行的,也都是在其心理的自觉或不自觉、意识或无意识的调控状态下完成的。因此,实践活动进行的效果和效率与人的心理活动的状况有着密切的关系。如何通过改善心理活动的状况来优化实践活动的效果和效率,乃至提高生活的质量,也就成为心理学研究的根本问题。而要解决这一根本问题,心理学必须完成三项基本任务,那就是描述心理事实、揭示心理规律和指导实践应用。

1. 描述心理事实

描述心理事实,是对心理现象进行科学研究的第一步。它的主要任务是从科学心理学的角度上对各种心理现象进行科学界定,以建立和发展心理学中有关心理现象的一个完整的、科学的概念体系。这涉及大至对整个心理现象、小至对某一具体心理现象的概念内涵和外延的确定。例如,从大的方面看,心理的内涵是什么? 心理现象包括哪些? 如何划分其种类? 从具体方面看,如情感的内涵是什么? 情感种类包括哪些? 如何划分其种类? 我们说,心理学是一门正在发展中的尚未完全成熟的科学,一个很重要的事实是,迄今为止心理学尚未完全建立完整、严密、统一的概念体系,其中有不少概念还在争鸣和研讨之中。诸如关于"智力"的概念就有不下几十种,智力测验测出的是否都是人的智力现象,"情商"的概念是否科学,它又涉及什么样的智力现象,也都是众说不一的问题。一门科学的成熟状况在很大程度上就是看其概念体系的完整性和科学性的水平。由此看来,要建立成熟的心理科学,在描述心理事实方面还要走相当漫长的探索历程。

2. 揭示心理规律

科学的心理学不能只限于描述心理事实,还应从现象的描述过渡到现象的说明,即要求揭示这些现象所遵循的规律,这是对心理现象进行科学研究的更深入的一步,也是最主要的一步。它包括两大方面,一方面是研究各种心理现象的发生、发展、相互联系以及表现出的特性和作用等。仍以智力现象为例,在我们对智力这一心理事实有所认识的基础上,我们便要进一步探明: 智力在全人口中的分布情况怎样? 人的智力差异主要表现在哪些方面? 智力在个体身上一般是如何发展的? 其发展的曲线呈何状态? 智力的发展主要受哪些因素的影响? 智力因素与非智力因素之间的关系如何? 儿童、青少年智力发展的特点是什么? 这些就是心理学要加以研究的具体规律性方面的任务。另一方面是研究心理现象所赖以发生和表现的机制。它包括心理机制和生理机制两个层面上的研究。前者研究心理现象所涉及的心理结构组成成分的相互关系的变化。后者研究心理现象背后所涉及的生理或生化成分的相互关系和变化。当然,"对心理机制的探讨和心理生理机制的探讨毕竟是属于心理学研究的不同层次,完全可以非同步地进行研究"(黄希庭,1991)。例如,对情绪发生机制的研究,以往更多的是生理、生化层面上进行的,提出了不少有关的理论,积累了大量的资料,但对其在心理层面上的研究则相对不足,这几年随着认知心理学的深入发展,为从心理层面上进行研究创造了有利条件,对于认识和调控人类的情绪具有十分重要的意义。

3. 指导实践应用

对心理现象的描述和对心理规律的揭示,都属认识范畴,而我们不仅要认识世界,还要改造世界(包括客观世界和主观世界),因此,在认识心理现象和规律的基础上,我们还要运用这些认识成果于改造世界的实践活动之中。这就需要指导心理规律在实践中的应用,这部分内容也就成为心理学任务的又一必要的组成部分。这方面任务归结起来就是指导人们在实践中如何了解、预测和调控人的心理。这也是心理学理论向实践转化的重要环节。例如,我们可以根据智力、创造力、个性、动机、兴趣、态度等各种心理现象的表现情况,研制各种测试量表,借以了解人们的心理发展水平和特点,为因材施教和个体—职业间的匹配提供依据;又可根据各种心理现象和行为的相互联系,从一个人的过去和现在的心理和行为状况出发,预测他将来的心理和行为表现;还可根据某些心理现象发生的机制和影响因素,在不同的环境和情况下加以有效的调控,其中也包括自我的调控,以求获得适宜的心理反应和最佳的个性发展。总之,心理学家可以在这些方面为人们提出种种指导,使心理学理论更贴近人们的生活、工作和学习实际,以提高人们实践活动的效率和生活的质量。

上述三项任务是相互联系、环环相扣的。心理事实的准确描述,有利于心理规律的深入揭示;心理规律的深入揭示又为实践应用的有效指导创造必要的条件;而在指导实践应用的过程中所发现的问题,又会促进人们对心理事实、规律的描述和揭示作进一步的探索,从而使人们对心理学的研究和应用得以步步推进。这里还可顺便指出,本书在内容呈现的方式上采用"三段法"模式——在每章论述某一心理现象时都分三节;概述(描述心理事实)、规律性(揭示心理规律)和教育中应用(指导实践应用),也正力图体现这三项任务。

三、心理学的性质

由于心理学的研究对象——心理现象具有特殊的质的规定性,因而心理学也具有相应的特殊性质。它既是一门自然科学,也是一门社会科学,确切地说,它是一门文理交叉的科学。这是因为:从心理现象的发生主体上看,人是自然属性和社会属性的统一;从心理现象产生的器官上看,人脑固有的自然属性是在人的社会生活方式的影响下变化和发展起来的,其机能也是自然与社会的统一;从心理现象的内容上看,人所反映的客观现实是社会存在和自然现实的统一;从心理现象的形式上看,人的心理过程具有人类的共同性,表现出更多的受自然制约性影响的一面,而人的个性心理则具有人类的个别性(其中包括社会历史性、阶级性、民族性等),表现出更多的受社会制约性影响的一面,因而两者也反映自然制约性和社会制约性的统一;从心理现象的实质上看,人的心理是社会的产物,也是自然的产物,"心理是脑对客观现实的反映"这一科学命题本身就蕴含了自然和社会的统一。

苏联科学分类学家凯达洛夫认为,心理学在整个迄今已拥有 2 500 多门学科的科学系统中占据中心位置。可以说,心理学所研究的那些心理现象的规律贯穿于人生命活动的始终,贯穿于人社会实践的各个领域,贯穿于每门科学发展的各个方面。所以,凯达洛夫等把心理学定位于他们绘制的"科学三角形"的中心,而三角形的三个顶角分别是自然科学、社会科学和思维科学(包括逻辑学和哲学)(见图 1-1)。

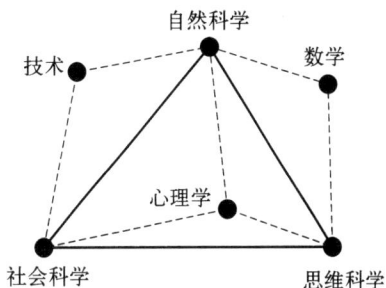

图 1-1 心理学在"科学三角形"中的位置

四、心理学的体系

现代心理学的研究范围不断扩大,已涉及日常生活、经济贸易、人才管理、文教事业、运动竞技、医疗保健、政治军事等人类社会活动的各个方面,进入了既高度分化又高度综合的发展阶段。一方面心理学的分支越来越多,且越分越细,在美国其分支学会已达到 54 个(见知识小窗 1-2);在我国也已出现三级甚至四级分支学科。例如,教育心理学就是心理学的一个分支学科,它又分化出学科心理学、教学心理学、学习心理学、品德心理学、差异心理学等,而教学心理学又分化出语文教学心理学、数学教学心理学、外语教学心理学、物理教学心理学、化学教学心理学等。现在语文教学心理学中又分化出作文教学心理学、阅读教学心理学等。另一方面,心理学与其他科学领域以及心理学内部各分支学科之间又在不断地相互渗透,产生一系列交叉学科。例如,社会心理学与教育学结合,形成教育社会心理学;大学生心理学与教师心理、管理心理学相结合,形成大学心理学等。这一切使心理学形成了一个权多枝繁的庞大体系。但为了简明,我们仍可把它粗略地分为基础心理学和应用心理学两大类。

1. 基础心理学

基础心理学涉及的是心理学科中与各分支心理学有关的基础理论和基本方法,以及心理发生和发展的一般规律问题。它主要包括普通心理学、理论心理学、实验心理学、发展心理学、社会心理学、比较心理学、心理测量学、心理学史等分支学科。这里仅简介其中的部分分支学科。

① 普通心理学(general psychology)。普通心理学是研究心理学基本原理和心理现象一般规律的一个心理学分支。它是所有心理学分支学科中最基础的分支学科,也是学生学习心理学的入门学科。它主要涉及感觉、知觉、记忆、思维、情感、智力、气质、性格等研究领域。

② 理论心理学(theoretical psychology)。理论心理学是研究心理学根本性理论的一

个心理学分支。它以逻辑推理和数学演绎等思辨性的方法探讨心理现象的实质、机制和过程,追求适用于普遍解释的科学理论,在学科群中处于基本理论地位。

③ 实验心理学(experimental psychology)。实验心理学是研究心理学实验方法的一个心理学分支。由于心理学是一门实证性很强的科学,因此实验心理学在学科群中处于十分重要的地位,是学生深入学习心理学必须掌握好的一门基础学科。它主要涉及心理实验设计、心理实验技术、心理学各专题领域的实验研究以及心理学实验仪器的制作和使用。

④ 发展心理学(developmental psychology)。发展心理学是研究个体从受精卵开始到出生直至死亡的生命全程中心理发生和发展现象的一个心理学分支。它主要涉及儿童心理、青少年心理、成年心理和老年心理等领域,研究心理发展的理论问题、各个年龄阶段的心理特征,其中儿童期心理,包括婴幼儿心理是研究较多和较早的领域。

⑤ 社会心理学(social psychology)。社会心理学是研究个体和群体的社会心理现象的一个心理学分支。社会心理学是心理学和社会学之间的一门边缘学科,受到来自两个学科的影响。它主要涉及人际知觉、人际吸引、社会促进和社会抑制、顺从等个体社会心理现象以及群体凝聚力、社会心理气氛、群体决策等群体社会心理现象。

2. 应用心理学

应用心理学涉及的是运用基础心理学研究的成果,探索在人类各实践领域中心理活动的具体规律问题。由于人类的实践活动日益丰富,与此相应的应用心理学分支也就不断增多。它主要包括教育心理学、学校心理学、咨询心理学、临床心理学、工业心理学、运动心理学、艺术心理学、军事心理学、司法心理学等分支学科。这里仅简介其中的部分分支学科。

① 教育心理学(educational psychology)。教育心理学是研究教育过程中心理现象的一个心理学分支。它的产生是心理学与教育结合并逐渐形成一个独立分支的过程,具有心理学和教育学的双重任务,是一门交叉学科。它涉及学习心理、教学心理、教师心理、课堂管理心理、教学测评等领域。

② 学校心理学(school psychology)。学校心理学是运用心理测量、诊断、咨询、行为矫正技术为学校提供服务的一个心理学分支。它为学生、家长、教育者以及学校教育过程提供心理学知识和实践指导,为学生发展提供心理评价、干预、预防、增进健康、规划设计和评估服务,为学生创造积极的成长环境,促进其身心健康发展。

③ 咨询心理学(counseling psychology)。咨询心理学是研究心理咨询的过程、原则和方法的一个心理学分支。它是运用心理学理论指导生活实践的一个重要应用学科。心理咨询主要涉及教育咨询、职业咨询、心理健康咨询及心理发展咨询等领域,旨在协助人们认识自己,建立健康的自我形象,发挥个人潜能,适应社会生活,追求积极人生。

④ 临床心理学(clinical psychology)。临床心理学是研究心理治疗的过程、原则和方法的一个心理学分支。它是运用心理学理论帮助病人纠正自己的精神和行为障碍的一个应用学科。临床心理学工作者对具有心理障碍的人进行评估、诊断和治疗,同时也对轻度心理和行为问题进行处理,其主要工作是心理治疗,但也会涉及一些心理咨询。

⑤ 工业心理学(industrial psychology)。工业心理学是研究工作中人的心理和行为的一个心理学分支。它主要涉及管理心理、劳动心理、工程心理、人事心理、消费心理等领域,研究其中的人际关系、人机关系、人境关系等,旨在科学选拔人才,合理利用人力资源,改善企业员工的精神面貌和工作态度,提高满意度和生产力,考察和优化机构的组织、设施和生产程序等。

知识小窗 1-2 　　美国心理学会分支列表

1. 普通心理学	21. 应用实验和工程心理学	39. 精神分析
2. 教学心理学	22. 康复心理学	40. 临床神经心理学
3. 实验心理学	23. 消费心理学	41. 美国心理学法律学会
5. 评估、测量和统计方法	24. 理论和哲学心理学	42. 独立工作的心理学家
6. 行为神经学和比较心理学	25. 行为分析	43. 家庭心理学家
7. 发展心理学	26. 心理学史	44. 同性恋、双性恋问题的心理学研究
8. 人格和社会心理学	27. 社区心理学	45. 少数民族问题的心理学研究
9. 社会问题之心理学研究	28. 药剂心理学	46. 传媒心理学
10. 心理学和艺术	29. 心理疗法	47. 运动心理学
12. 临床心理学	30. 心理催眠	48. 和平心理学
13. 咨询心理学	31. 州、省心理协会事务	49. 群体心理学和群体心理疗法
14. 工业和组织心理学	32. 人本心理学	50. 成瘾心理行为
15. 教育心理学	33. 智力和发展心理学	51. 男性心理学研究
16. 学校心理学	34. 人口和环境心理学	52. 国际心理学
17. 辅导心理学	35. 女性心理学	53. 临床儿童心理学
18. 公众服务心理学家协会	36. 宗教心理学	54. 儿科心理学
19. 军事心理学	37. 儿童、青年、家庭服务	55. 药物疗法之推动
20. 成人的发展和成熟	38. 健康心理学	56. 心理创伤心理学

注:美国心理学会没有第4和第11分支　　　　　　　　(资料来源 American Psychological Association)

基础心理学和应用心理学之间并没有截然可分的界线。从总的趋势来看,心理学也在朝着高度综合和高度分化的方向发展。在社会生活实践领域不断向广度和深度拓展以

及邻近的相关学科持续发展的背景之下,心理学继续分化的势头短时间内不可能趋于缓和。与专门实践领域相对应的心理学应用学科和与相邻学科交汇的心理学边缘学科仍然在不断涌现,各个分支学科都在向纵深发展。现代心理学正在成长为一棵枝繁叶茂的科学巨树,并且将随着它对社会生活的积极影响而获得新的发展动力,也将因其他学科的促进和介入而萌发新的生长点。

第二节　心理学的发展

说到心理学的历史,也许有的人会认为,这是一门新兴发展的科学,而有的人则认为,这是一门历史悠久的科学。其实都不然,心理学是一门既年轻又古老的科学。德国著名心理学家艾宾浩斯说过:"心理学有一个长期的过去,但仅有一个短暂的历史。"这句话的经典之处在于,它以1879年世界上第一个心理学实验室的建立为分野而把心理学科学的发展分为前科学时期和科学时期。作为前科学时期的心理学,它的过去源远流长;作为科学时期的心理学,它的历史十分短暂,诞生至今仅130多年。

一、前科学心理学时期

心理学作为一门学科还未诞生之前,有关心理问题的论述,即关于心理学的思想就早已出现。在中国可以追溯到先秦的春秋战国时期,而在西方则可追溯到古希腊。

1. 中国古代的心理学思想

中国是历史悠久的文明古国,在浩如烟海的文化典籍中蕴藏着丰富的心理学思想,并散见于哲学、教育、医学等论著中。早在两千多年前,春秋战国时期的孔子就提出:"知之者不如好之者,好之者不如乐之者"、"学而时习之,不亦乐乎"以及因材施教等诸多观

孔子（前551—前479）

我国古代伟大的思想家和教育家,儒家学派创始人。名丘,字仲尼,春秋时期鲁国人,他开创了私人讲学的先风,广收门徒,有"弟子三千贤者七十二"之说;并编撰了我国第一部编年体史书《春秋》。其教育思想主要有:因材施教、有教无类、学思结合、知行统一、启发诱导、循序渐进等。

点,蕴含了现代教育心理学中的情感、记忆和个性差异等方面的内容。战国时期的荀况(前 313—前 238)提出了"形具而神生,好恶,喜怒,哀乐臧焉"之说,涉及现代心理学中的身心观。我国现存最早的医学经典《黄帝内经》里则已论及了生理与心理的关系,开创了从生理的角度研究心理问题的先河,成为生理心理学的萌芽。真正认识到人脑是心理的物质基础的是明清时代王清任的"脑髓说"。他指出:"小儿无记性者,脑髓未满;高年无记性者,脑髓渐空。"他还以气厥患者发病时不省人事,毫无知觉的情况为论据,得出了"灵机记性在脑不在心"的结论。从史料上看,我国古代也已有心理实验与测验的萌芽。孟子在 2 000 多年前就提出了心理可测量的思想:"权,然后知轻重;度,然后知长短。物皆然,心为甚。"(《孟子·梁惠王上》)三国时代,诸葛亮更是运用现代心理学中类似于自然实验法的手段来鉴定人的心理。他在《心书》中提出知人性有七种方法:"间之以是非而观其志;穷之以辞辩而观其变;咨之以计谋而观其识;告之以祸难而观其勇;醉之以酒而观其性;临之以利而观其廉;期之以事而观其信。"这其实就是通过"刺激—反应"的模式来测量人的心理品质。南朝时期,刘勰以其设计的"左手画方,右手画圆,两手同时进行"的注意分心实验得出了"一心不能二用"的结论。这比西方的分心实验要早 1 300 多年。而我国古代的七巧板,实际上就是民间用以测量智慧的工具——益智图。

知识小窗 1-3　　　中国古代的智力测量工具——七巧板

　　我国古代的七巧板,实际上就是一种用来测量一个人智慧的心理测验的工具。七巧板又称益智图,它是用一块正方形薄板截成七个小块,然后按照图样摆成多种形状。如可以摆成"心"形;人在跑步时的体形;骑马的姿势;帆船的模样以及鹅的形状。那么如何进行拼凑,如何拼出更多的图形,就可以反映出一个人的智力状况。

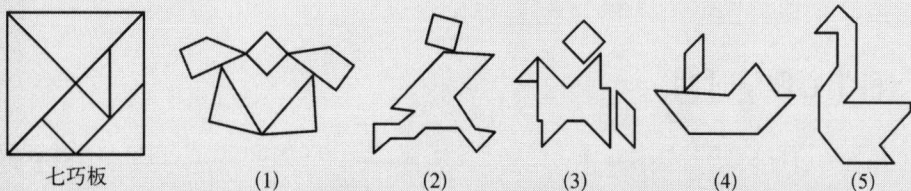

七巧板　　　　　(1)　　　　　(2)　　　　　(3)　　　　　(4)　　　　　(5)

2. 古希腊的心理学思想

柏拉图（Plato，前 427—前 347）

古希腊哲学家、政治家和教育家。哲学心理学思想中观念论和理性主义思想的远祖，也是对以后两千多年来心理学思想发展影响最大的人物之一。其一生著述颇丰，其教学思想主要集中在《理想国》和《法律篇》中。

亚里士多德（Aristotle，前 384—前 322）

古希腊哲学家、科学家和教育家。柏拉图嫡传弟子，是哲学心理学思想中实在论和经验主义思想的远祖，也是影响以后两千年来心理学思想的重要人物之一。公元前 335 年，他在雅典办了一所叫吕克昂的学校，被称为逍遥学派。马克思曾称亚里士多德是古希腊哲学家中最博学的人物，恩格斯称他是古代的黑格尔。其著作《论灵魂》是世界上最早的心理学专著。

古希腊的德谟克利特用原子论解释心理现象，认为感觉是原子从物体表面发射出来并与感觉器官接触的结果。柏拉图关于人性的思考引出了人的行为的三个来源——欲望、情绪和知识，并提出灵魂先于身体且独立于身体的身心观。亚里士多德写的《论灵魂》一书，则是世界上最早的关于人类心理方面的专著。自那时起，直至 19 世纪中叶，无论在东方还是在西方，都有许多学者论及心理学问题，其中不乏诸多真知灼见。但在这漫长的岁月中，心理学始终隶属于哲学范畴而无独立的地位，是哲学家、思想家运用思辨的方法进行研究的领域。难怪心理学最早的一份杂志名为《哲学研究》，而时至今日在图书馆编目体系中，心理学仍属哲学范畴，编号为 B84。

二、科学心理学时期

作为一门科学的科学史，心理学历史十分短暂。19 世纪中叶以后，自然科学的迅猛发展，尤其是德国感官神经生理学的发展，为心理学成为独立的科学提供了重要条件。这方面做出最直接的贡献是：韦伯的感觉辨别定律、缪勒的神经特殊能学说、赫尔姆霍茨的视觉"三色说"和听觉"共鸣说"、费希纳的心理物理学定律等。到 1879 年德国生理学家和心理学家冯特在德国莱比锡大学建立世界上第一个专门的心理学实验室，运用部分自然科

冯特（Wilhelm Maximilian Wundt，1832—1920）

德国生理学家和心理学家，实验心理学的创始人，是心理学学派中结构主义思想的创始人。1881 年创办了《哲学研究》杂志，专门用于发表心理学的实验报告。他的主要贡献是使心理学从哲学中分化出来，成为一门以实验为基础的独立科学。1909 年当选为国家科学院院士。主要著作有《对感官知觉理论的贡献》、《关于人类和动物灵魂的讲演录》、《生理心理学原理》、《心理学大纲》、《心理学导论》、《民族心理学》等。其中，《生理心理学原理》是冯特实验心理学思想成熟的标志。

学的方法对感觉、知觉、注意、联想和情感开展系统的实验研究，创办了刊登心理学实验成果的《哲学研究》杂志，出版了第一部心理学专著《生理心理学纲要》(1873—1874)。于是，1879 年被称为科学心理学的诞生年，冯特也被视为科学心理学的创始人，从此心理学从哲学中分化出来，成为一门独立的科学，开始了蓬勃发展的历程。

科学心理学虽只有短短一百多年的历史，但由于社会的需要而获得了飞速的发展。当初从事心理学研究的人员只局限于德国、英国、奥地利等几个国家的极少数心理学家，但到 1980 年出版《国际心理学家名录》时，仅收录的就有来自当代 100 多个国家的 1 万名有名望的心理学家。有关心理学及相关学科的期刊在世界上已达 1 300 份，每年发表 3 万篇心理学文献。在美国，心理学会成为仅次于物理学会的全国第二大学会，被视为科学的七大部类之一（美国把科学分为七大部类：物理化学科学、数学科学、环境科学、技术科学、生命科学、社会经济学和心理学）。全美 3 000 所大学几乎都开设心理学课，主修和选修心理学的人数超过 300 万。

在我国，作为一门独立的科学，心理学的出现是清朝末年西方近代科学被大量介绍到我国之后的事。1917 年陈大齐教授在北京大学建立我国第一个心理学实验室，1920 年陆志韦教授在南京高等师范学校创办第一个心理学系，1921 年在南京成立"中华心理学会"，1922 年出版第一份心理学杂志，1928 年创立第一个心理研究所。新中国诞生以后，1951 年成立了中国科学院心理研究所，1977 年恢复中国科学院心理研究所。1955 年重建中国心理学会，并从 1963 年起每隔几年举行全国心理学学术大会，现已先后举行了 13 届。中国心理学会下属教育心理学、发展心理学、普通心理与实验心理、理论心理学与心理学史、工业心理学、医学心理学、生理心理学、心理测量、法制心理学、学校心理学、体育运动心理学、社会心理学、临床与咨询心理学、军事心理学和人格心理学等 15 个分会，学术、国际学术交流、心理学普及、心理学教学、心理危机干预和青年等 6 个工作委员会，以及《心理学报》和《心理科学》2个编辑委员会。1980年中国心理学会加入国际心理科学联合会，成为第44个会员国，1984年被选为国际心理科学联合会执委会成员。我国现已有包括《心理学报》、《心理科学》、《心理发展与教育》、《心理科学进展》、《中国心理卫生杂志》等5份国家核心刊物在内的近20种杂志。现在不仅在所有师范大学、高等师范专科学校、中等师范专科学校和一些综合性大学开设各种心理学课程，在一些重点师范大学和一些重点综合性大学设立心理系，培养本科生、硕士生和博士生。2009年10月16日中国心理学会在北京人民大会堂宣布我国首批认定53名心理学家。我国的心理学正在为培养一流专家和提高全民心理素质、为两个文明建设作出积极贡献。

三、当代心理学研究取向

反映心理学发展的另一个重要侧面是各学派的出现和演变。心理学成为一门独立的科学后，围绕着心理学的对象、任务、方法展开了争论，出现学派林立、理论纷呈的局面，先后出现了十大理论学派：内容心理学、意动心理学、构造心理学、机能心理学、格式塔心理学、日内瓦学派、精神分析学派、行为主义学派、人本主义心理学和认知心理学。嗣后，人们逐渐认识到："未必可能有哪一种观点或理论能包容人类行为的全部丰富性与复杂性"（Chaplin,1979）。因此，从20世纪50年代开始，心理学发展的特点已不是各派对立的格局，而是演变为各派趋于融合的态势，出现了不再刻意"寻求单一、统一的解释"，而试图建立"小型理论"的局面。这也是心理学趋向成熟的标志之一。迄今在世界上已存在精神分析心理学、行为主义心理学、人本主义心理学、认知主义心理学和生理心理学等几个主要的流派和思潮，构成了当代心理学影响较大的五个主要研究取向。

1. 精神分析心理学

弗洛伊德（Sigmund Freud,1856—1939）

奥地利心理学家和精神病学家、精神分析学派的创始人。他一生中对心理学的最重大贡献是对人类无意识过程的揭示，提出了人格结构理论、人类的性本能理论以及心理防御机制理论。其主要著作有《歇斯底里研究》、《梦的解释》、《性欲三论》、《论无意识》、《自我与本我》、《焦虑问题》、《自我和防御机制》等。

精神分析心理学（psychoanalysis psychology）是由奥地利精神病学家弗洛伊德于20世纪初在精神疾病的治疗实践中创立的一种独特的心理学理论。这一理论体系主要包括潜意识论、泛性论和人格论等。该理论认为人的心理可分为意识和无意识两部分，无意识虽不能为本人所意识,但它包括原始的盲目冲动、本能及被压抑的欲望,是人精神生活的重要方面,它一旦发生障碍则成为导致精神疾患的原因。无意识中能被意识召回的部分,称为前意识(见图1-2)。该理论还认为,人一生的行为都带有性的色彩,受"力比多"性能的支配,并随力比多在个体发展过程中集中于身体某一区位的变动而先后出现口腔期、肛门期、性器期和生殖期,形成四个发展阶段。他把人格分为本我、自我和超我三部分。本我与生俱来,即先天本能和原始欲望;自我处于本我和外部现实之间,对本我作缓冲和调节;超我是"道德化了的自我",即良心和自我理想两部分,以指导自我去限制本我的冲动(见图1-3)。

弗洛伊德的精神分析学说虽也遭到不少人的反对,但在全世界有深远影响,尤其是在精神治疗、文学艺术、宗教、法律等领域中。以后发展起来的新精神分析学派修正了弗洛伊德的理论,反对本能说和泛性论,强调社会文化因素对精神疾病的产生和人格发展的影响。

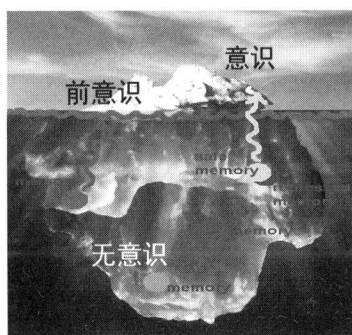

图1-2 意识、前意识和无意识

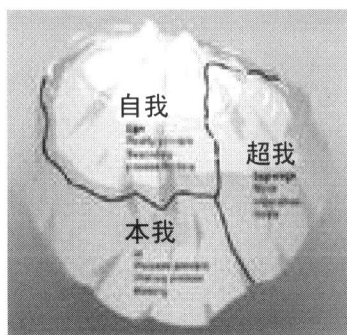

图1-3 本我、自我和超我

2. 行为主义心理学

行为主义心理学(behaviorism psychology)是由美国心理学家华生于20世纪初创立的一个西方心理学的主要流派。

华生(John Broadus Watson,1878—1958)

美国著名的心理学家,行为主义心理学的创始人。他认为心理学的研究对象不是心理或意识,而是人和动物的行为,反对使用内省法,主张采用客观方法,否认行为的遗传和本能作用,是教育万能论、环境决定论的倡导者。华生在使心理学研究客观化方面发挥了巨大的作用,1915年当选为美国心理学会主席。其主要著作有《行为:比较心理学导论》、《行为主义的心理学》、《行为主义》、《婴幼儿的心理教养》、《行为主义的方法》等。

　　行为主义心理学的发展经历了两个时期：早期行为主义时期(1913—1930)和新行为主义时期(1930 年以后)。早期行为主义完全排斥对人的心理和意识进行内省研究，主张心理学应对环境操纵与人的行为变化之间的关系进行客观研究，并把心理现象过度地简化为刺激—反应模式，即 S-R 模式。由于行为主义强调研究的客观性，使一套行为控制的方法得到发展，促进了心理学研究的精确性和实证性，并在心理学许多领域中得到了广泛应用。但它因无视有机体内部过程而走向了极端，到 20 世纪 30 年代后逐渐为新行为主义所取代。新行为主义者修正了 S-R 模式，在 S-R 之间增加了一个中介变量 O——代表反应的内部过程，形成 S-O-R 模式。

3. 人本主义心理学

马斯洛（Abraham Harold Maslow, 1908—1970）

　　美国社会心理学家、比较心理学家，人本主义心理学（humanistic psychology）的主要创建者之一，心理学第三势力的领导人。具体言之，马斯洛心理学思想最大贡献在于提出了需求层次论等。其主要著作有《动机与人格》、《存在心理学探索》、《宗教、价值与高峰体验》、《优美心灵的管理》、《科学心理学》、《人性能达到的境界》等。

罗杰斯（Carl Ransom Rogers, 1902—1987）

　　美国心理学家，人本主义心理学的主要代表人物之一。从事心理咨询和治疗的实践与研究，并因"以来访者为中心"的心理治疗方法而驰名。他曾当选为美国心理学会主席，获美国心理学会颁发的杰出科学贡献奖。其主要著作有《咨询和心理治疗：新近的概念和实践》、《来访者中心治疗：实践、运用和理论》、《自由学习》等。

　　人本主义心理学（humanistic psychology）是由美国心理学家马斯洛和罗杰斯于 20 世纪 50 年代所创建的一个心理学流派。它既反对精神分析学派贬低人性，把意识经验还原为基本驱力，又反对行为主义把意识看作行为的副现象，主张研究人的价值和潜能的发展，被称为心理学的第三势力。人本主义心理学强调，人在充分发展自我潜力时，力争满足自我的各种需要，从而建立完善的自我，并追求建立理想的自我，最终达到自我实现。人在争得需要满足的过程中能产生人性的内在幸福感和丰富感，给人以最大的喜悦，这种感受本身就是对人的最高奖赏。从探讨人的最高追求和人的价值的角度看，心理学应当改变对一般人或病态人的研究，而成为研究"健康"人的心理学，揭示发挥人的创造性动机、展现人的潜能的途径。人本主义方法论不排除传统的科学方法,而是扩大科学研究的范围,以解决过去一直排除在心理学研究范围之外的人类信念和价值问题。人本主义心理学是一门尚处在发展中的学说,其理论体系还不完备,但却可能代表着心理学发展的一个新的方向。

4. 认知心理学

认知心理学(cognitive psychology)是 20 世纪 60 年代在西方兴起的一个心理学思潮。1967 年,美国认知心理学家奈瑟尔(Ulric Neisser,1928—)的著作《认知心理学》一书出版,标志着认知心理学的开始,并成为当前心理学研究的主要方向。从广义上说,心理学中凡侧重研究人的认识过程的学派都可称为认知心理学派,如皮亚杰学派也被认为属于认知心理学。但目前在西方的有关文献中大多数是指狭义的认知心理学——用信息加工的观点研究人的认知过程的科学,因而也叫认知加工心理学。确切地说,它研究人接受、编码、操作、提取和利用知识的过程,即感知觉、记忆、表象、思维、言语等。它强调人已有的认知结构对当前认知活动的决定作用,并且通过计算机和人脑之间进行类比,像研究计算机程序的作用那样在较为抽象的水平上研究人的信息加工的各个阶段特点,以揭示人脑高级心理活动规律。因此,把关于人的认知过程的一些设想编制成计算机程序,在计算机上进行实验验证的计算机模拟,也就成为认知心理学的一个重要研究方法。

5. 生理心理学

生理心理学(physiological psychology)是研究心理现象和行为产生的生理过程的心理学,又称行为神经科学(behavioral neuroscience)、行为脑科学(behavioral and brainsciences)等。由于心理现象是脑整体活动的产物,是脑对现实刺激和过去种种经验的反映,因此,生理心理学试图以脑内的生理事件来解释心理现象,探讨心理活动赖以发生的生理基础和脑的机制,成为心理学研究的重要组成部分。

对心理活动生理基础的研究由来已久,冯特就是该研究取向的创始人,撰写了该领域第一本专著《生理心理学纲要》。从解剖学、生理学角度的脑机能定位研究,到心理活动的脑物质变化的生化研究、电生理研究,历经一百多年,近几十年更是得到迅速发展。特别是随着电子学新技术的应用,不仅能在头皮上记录脑电,而且能够记录脑内单个神经元的活动。脑电相关事件电位技术、放射自显影技术、X 分层扫描技术、正电子放射层扫描、核磁共振术和近红外光谱脑成像技术等的应用,使研究领域得到不断开拓。这一学科的发展促进了将行为水平的研究方法渗透到神经生物学微观领域,同时将神经生物学研究方法渗透到心理学领域。今天它已是一门综合性学科,与生理学、神经解剖学、神经生理学、生物化学、心理(或行为)药物学、神经病学、神经心理学、内分泌学以及行为遗传学等都有密切的联系,还出现了认知神经科学、教育神经科学、社会神经科学等新兴研究领域,成为生理心理学新的发展取向。

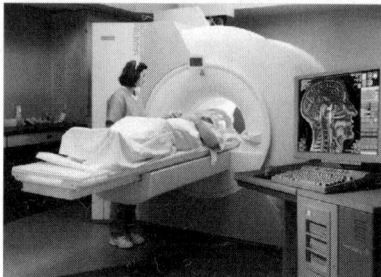

图1-4 运用核磁共振技术进行心理学研究

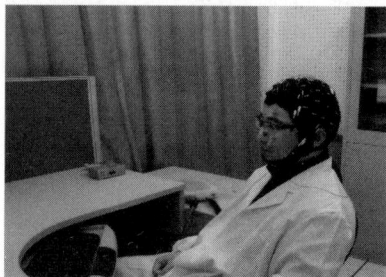

图1-5 运用脑电相关事件技术进行心理学研究

学术研究 1-3   心理学研究的新方向

在 20 世纪的大多数时间,心理学被划分成几个彼此竞争的理论流派。跨越不同流派的界限被视作异端。今天,心理学家们在考虑新研究方法的价值以及整合不同流派的元素作为他们研究兴趣和研究发现的指导原则时更加灵活,而新的理论和思想发端也在不断涌现。

1. 进化心理学

进化心理学认为心理学是生物学的一个分支。它从进化论的角度出发,运用进化生物学的原理和方法来探讨人类心灵的结构和起源。进化心理学关心心灵产生和发展的历史。进化心理学认为人的心理特性与身体特性一样经过漫长的进化历程,那些具有适应功能的特性就得以保留,反过来,那些保留下来的心理与行为特性就是具有适应功能的。适应的特性通过基因保留下来,但进化心理学并不是直接去寻找基因的生化物质证据。进化心理学家认为,人类祖先在漫长的进化过程中,为了适应复杂的生存环境,已经形成了形态各异的神经环路。从心理学的角度来看,这些神经环路表现为各种心理机制。这些心理机制因为有助于人类祖先适应复杂多变的自然环境,因而在进化的过程中被保留下来。进化心理学的主要任务就是去发现、描绘和解释这些心理机制及其特性。

2. 积极心理学

另一个正在形成的观点就是积极心理学,这一观点认为心理学应该将更多的注意力放在"良好的生活"方面,或者是针对主观快乐和幸福感受的研究。它强调对心理生活中积极因素的研究,如主观幸福感、美德、力量等,而不是把注意的中心放在消极、障碍、病态心理方面的探讨。它的主要研究包括三方面:一是积极的情感体验,如幸福感、满足感、幽默、愉悦、欢乐、希望、好奇心、谦虚、审慎等,利用各种现有的方法探讨这些积极情感体验的机制和影响;二是积极的人格特征和人格品质,如自尊、创造、努力、宽恕、勇敢、坚持、热情、善良、爱、正直、领导能力、合作能力、自制、感恩、虔诚等,探讨这些特征和品质的形成过程;三是积极的社会制度系统,如积极的工作制度怎样促进和谐的工作环境,积极的家庭关系怎样促进个人的成长等。

积极心理学质疑心理学家学习大量关于心理疾病的病因、诊断和治疗的内容,而对心理幸福感的来源和培养却知之甚少。在近几十年来,心理学家在探索抑郁症、精神分裂症和其他精神疾病的神经学基础上取得了巨大进步。今天的积极心理学家并不要求心理学放弃其作为治疗科学的角色。相反,他们支持心理学家努力将所学诸更好的、更广泛的应用。但要就此认为心理学已经达到了将建构积极生活质量和修复损伤放在同样重要程度的水平,他们是不同意的。

(莫里斯,梅斯托,2007;霍涌泉,2006;郭永玉,2007)

第三节　科学的心理观

　　人的心理现象的实质究竟是什么? 人们在其漫长的岁月里,出于对自身的了解和探究自身精神现象的兴趣,一直在苦苦地寻求着这一问题的答案。这中间充满着唯物主义和唯心主义、辩证唯物论和机械唯物论之间的斗争。最早的时候,人们把心理现象和灵魂现象联系起来,把心理视为灵魂。因此英语中"心理学"一词 Psychology 源于希腊语,意为"关于灵魂的学科"。而心理现象发生的物质基础,也往往被认为同人的内脏,尤其是心脏有关,所以在我国汉字中凡是反映心理现象的那些字词里大多包含"心"字部分:"思"、"想"、"悲"、"恋"、"愁"、"怒"、"怨"、"恐"、"虑"等字中内含"心"字底;"情"、"愉"、"悦"、"恨"、"忧"、"怕"、"惧"、"慎"等字中内含"心"字旁;"粗心"、"细心"、"耐心"、"狠心"、"恒心"、"爱心"、"烦心"、"急心"、"信心"、"决心"等词中内含"心"字。其实,这一问题也涉及了哲学中的一个基本问题:物质和精神谁是第一性的? 因此,在这里树立一个科学的心理观十分重要,这不仅有助于树立辩证唯物主义思想,而且更有利于我们对一系列心理学问题以及心理学在教育和自我教育中的运用问题进行正确理解。那么科学的心理观是什么呢? 概括地说,心理是在实践活动中脑对客观现实的主观反映。为了对这一科学心理观的概括表述有更深入的认识,我们应从以下几个方面作进一步论述。

一、心理是对物质世界的反映形式

　　说起"心理",人们不免产生一定的神秘感。其实,心理并不神秘,它只是物质世界中普遍存在的各种各样反映形式中的一种高级的反映形式而已。**反映**(reflection)是指物质相互作用时留下痕迹的过程。由于物质世界中物质性质及其运动形式有低级和高级之分,因此,反映也有不同的层次。无机物质相互作用留下痕迹的过程,是最低级水平的反映形式,称之为反应(reaction)。例如,金刚石在玻璃上刻痕、电流流过钨丝发光、铁在水里生锈等都是各种机械的、物理的、化学的反映形式。随着生命物质的出现,一种较高级的反映形式——感应性(irritability)出现了。感应性是生命物质对其有生物学意义的刺激所做出的一种应答。例如,植物的花朝向阳光的方向开放;植物的根朝水源的方向延伸;单细胞动物变形虫遇到营养物质的趋向性和遇到有害刺激的趋避性等都是感应性的表现。随着物质世界的不断变化,动物由低级向高级发展,当动物种系演进到一定的阶段,出现了协调动物机体各部分活动的神经组织的时候,动物不仅对那些具有直接生物学意义的刺激做出应答,而且还能对有信号意义的刺激做出应答。例如,猛兽的吼叫对于小动物是危险的信号,引起逃避行为;花朵的形状对于蜜蜂是食物的信号,引起采蜜行为;雄性动物的某种气味对雌性动物是求偶的信号,引起交配行为等。当动物神经系统发展到能在信号和信号所代表的刺激物之间建立暂时神经联系时,我们说动物具有了更高级的反映形式——心理(mind)。所以,动物对信号刺激的应答都属于心理这一反映形式范畴。

当然,从有神经组织的低等动物到有大脑组织的高等动物,直到大脑高度发达的人类,其心理也有不同的水平,一般可分为四个发展阶段:

(1)感觉阶段

这是心理发展的最低级阶段。它最基本的特点是动物能够对信号刺激物的个别属性作出反应。也就是说,属于这一阶段的低等动物,由于其神经组织尚不发达,一般只具有网状结构的神经系统或节状结构的最简单的中枢神经系统,因此不能对信号刺激物的整体做出应答,只能对个别属性做出反应。例如,蜘蛛织网捕食,它并不能对粘在网上的小昆虫进行整体辨别,只能对个别属性——振动产生捕食行为,以至于当振动着的音叉接触蜘蛛网引起该网振动时,也会引发蜘蛛的捕食行为。

(2)知觉阶段

这是比感觉阶段高一级的心理发展阶段。它的基本特点是动物能够将信号刺激物的各种属性综合起来以整体形式进行反映。这类动物一般是脊椎动物,神经系统比较发达,出现了能真正成为有机体一切活动最高调节者和指挥者的脑。有的动物的大脑已经发展成为两半球,出现大脑皮层。因此,这类动物能够对刺激物做出整体而较精细的反应。例如,蛇在捕食时会根据不同的对象采取不同的行为方式:在猎取抵抗能力较弱的小动物时,采取不慌不忙稳步迫近的方式,而在对付较强大的动物时,则采取突然袭击猛捕对象的方式。至于像狗之类的哺乳动物则达到很高的整体反映水平。

（3）思维萌芽阶段

这是心理发展的较高级阶段。这一阶段的基本特点是动物能从已感知的事物之间的具体关系中去解决问题，具有初步的思维活动的能力。例如，类人猿的神经系统已达到相当发达的程度，尤其是它的大脑，从外形到细微结构乃至机制，都已接近人脑，其中猩猩和大猩猩的脑重分别约为 400 克和 540 克，几乎是正常人脑的三分之一。难怪科学家在一些实验中会有许多有关黑猩猩"聪明智慧"的惊人发现。例如在一项实验中，研究人员在一间空房间的铁栏杆外面放着一串香蕉，大猩猩伸直前臂无论怎么抓也拿不到香蕉，急得抓耳挠腮。大猩猩环视四周，发现香蕉旁边放着一长一短两根棍子。大猩猩用短棍去拨香蕉，失败了。大猩猩急得又是摔棍子，又是撞栏杆。后来，经过多次观察，大猩猩忽然拾起短棍，用短棍再连结长棍，终于拿到了香蕉（见图 1-6A）。在另一项实验中，研究人员在房间中央的天花板上吊着一串香蕉，四周放了一些箱子。大猩猩伸长前臂去拿香蕉，可无论怎样蹦跳却始终够不到香蕉。于是它不再跳，而是走来走去。突然它站在箱子前面不动了，过一会儿，它很快把箱子挪到香蕉下面，爬上箱子，却还是够不着香蕉，它又搬来一只箱子，放在第一只的上面，然后爬上去再拿香蕉，这一回成功了（见图 1-6B）。从这两个实验中可以明显地看到猩猩通过思维解决问题的情况，这是其他动物所不及的地方。

A   B

图 1-6　猩猩具有思维的萌芽

（4）意识阶段

这是心理发展的最高阶段，只有当动物进化到人类之后才出现。它的基本特点是人能主观能动地反映客观世界。这与人的实践活动和高度发达的大脑有着直接的关系。

总之,心理是脑对客观现实的反映,而人的心理只是物质世界中最高级的反映形式而已。

二、心理是脑的机能

在前面论述中我们可以知道,心理作为一种高级的反映形式,其出现是与物质的进化,尤其是与生物机体的神经系统的发展分不开的。确切地说,人的心理是由"叫做人脑的这样一块特别复杂的物质"[①]与周围世界的相互作用而产生的。而这种留下痕迹的机理恰是人脑所特有的机能性表现。因此可以说,心理是脑的机能。

学术研究 1-4   人的心理意识是人脑所特有的机能

20 世纪 30 年代,凯洛格夫妇把一只出生后 7 个半月的雌猩猩和他们的 9 个半月的儿子一起进行抚养,给予同样的训练。头 5 个月,黑猩猩学习对口语刺激的行为反应比小儿进步还快;可是在学习语言方面,黑猩猩就无法跟上小儿,无论怎样训练,黑猩猩都不可能产生人的心理。可见人脑是人的心理活动器官,没有人脑这块物质基础,人的心理活动就不可能产生。

(黄希庭,1991)

1. 脑机能的物质基础——人脑的结构

这里概述脑的结构,其实也就是概述以大脑为主的整个神经系统的基本结构。人的神经系统包括中枢神经系统和周围神经系统两大部分。

中枢神经系统包括脑和脊髓两部分。脑由脑干、小脑和大脑三部分组成。其中脑干又分延脑、脑桥、中脑和间脑四个部分。而大脑则由对称的左右两个半球所组成。大脑两半球属脑的最高层部分,也是人脑中最复杂、最重要的部分,制约着其他各部分的活动。分隔左右两半球的深沟称为纵裂,纵裂底部是胼胝体,连接两半球,大脑半球外侧面,由顶端起与纵裂垂直的沟称为中央沟。在半球外侧面由前下方向后上方斜行的沟称为外侧裂。在半球内侧面的后部有顶枕裂。大约有 140 亿个神经细胞组成的、面积约为 2 200平方厘米的大脑表层或叫大脑皮层,被上述的中央沟、外侧裂和顶枕裂分成四个大区:额叶、顶叶、枕叶和颞叶(见图 1-7)。

---

① 列宁:《唯物主义与经验批判主义》,《列宁选集》第二卷,人民出版社 1972 年版,第 232 页。

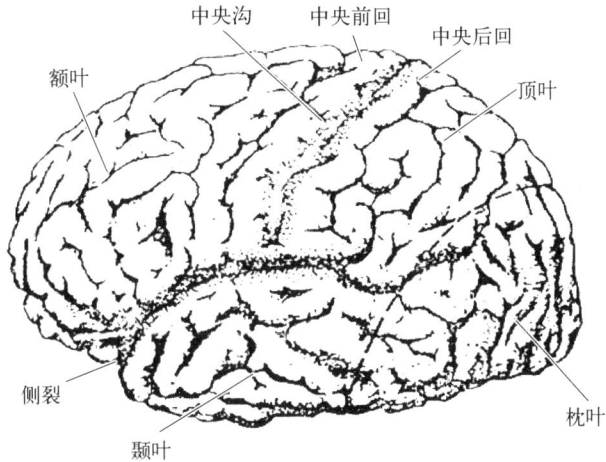

图 1-7 大脑左半球简图

现代科学研究表明,在大脑皮层的各部分中蕴藏着各种神经中枢,分担不同的任务,形成各功能区。运动区位于中央沟之前的皮层内,是支配身体运动的神经中枢。体觉区位于中央沟之后的皮层内,是支配身体各种感觉的神经中枢。视觉区位于枕叶,交叉支配左右两眼的视觉。听觉区位于颞叶,支配两耳的听觉。言语区包括四个部分:说话区在额叶,书写区在额叶后部的运动区的前面,听话区在颞叶,阅读区在枕叶的前侧。前额联合区位于额叶的最前端,在人形成意向、运筹规划、调节和监督自己行动使之与目的、计划相适应的有意识活动中起决定性的作用。感觉联合区分散在各主要感觉区附近(如视觉区、听觉区等),主要与各感觉刺激意义的学习、学得经验的储存以及唤起经验赋予各感觉刺激的意义有关。运动联合区位于运动区前面,与运动的意义性有关。最后要指出,一方面大脑两半球是对称的,每一半球上都分别有各运动区、体觉区、视觉区、听觉区、联合区等,另一方面大脑两半球又有功能上的相对划分:左半球支配右半身,右半球支配左半身;同时每一半球的纵面,在功能上也有层次之分:上层支配下肢,中层支配躯干,下层支配头部,形成上下倒置左右交叉的奇妙构造(见图 1-8)。

周围神经系统由脑神经、脊神经和植物性神经组成。它实现中枢神经系统同感觉器官和效应器官的联系。连接感受器与中枢部位的神经叫传入神经或感觉神经,专门接受各种感觉刺激并向中枢传导。连接中枢部分与效应器的神经叫传出神经或运动神经,专门接受中枢神经冲动信息并向有关的效应器(肌肉或腺体)传递。植物性神经又叫自主神经,一般不受人的意志控制,它又分交感神经和副交感神经,以颉颃方式调节内脏、心血管和腺体的活动。

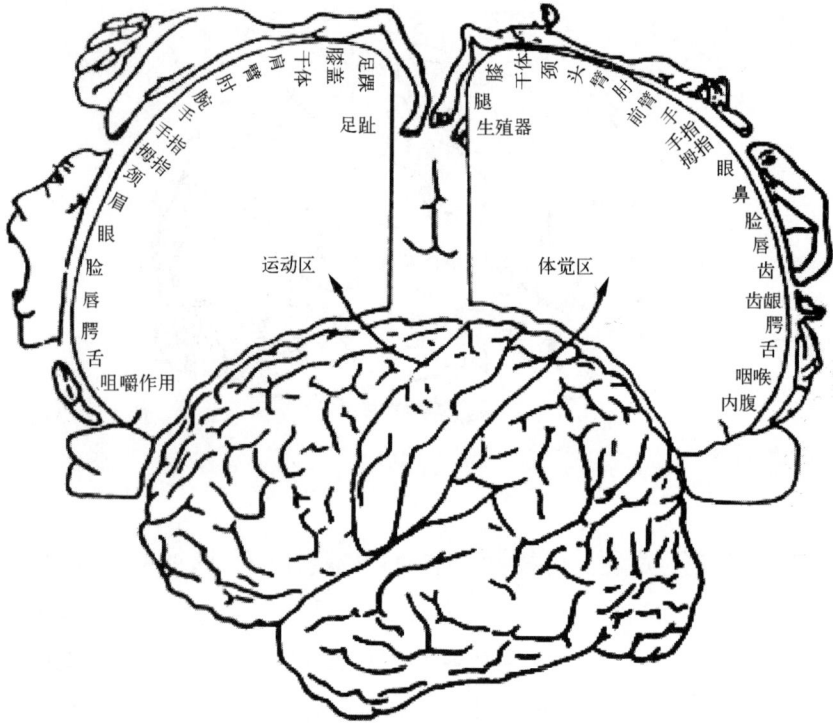

图 1-8　运动区与体觉区所管制的相关部位

2. 脑机能的集中表现——反射活动

以脑为核心的中枢神经系统和周围神经系统的基本活动方式就是反射。反射是有机

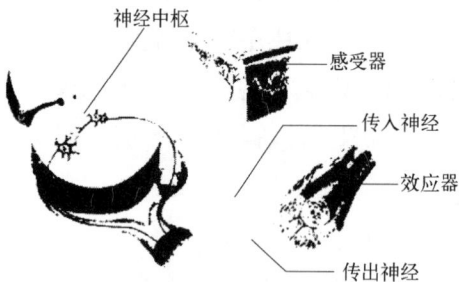

图 1-9　反射弧

体通过神经系统实现的对内外环境刺激所作出的规律性的反应。实现反射的全部神经结构叫做反射弧。它由感受器、传入神经、神经中枢、传出神经和效应器五个部分组成（见图1-9）。各部分之间不仅有正向的信息传递，还有逆向的信息反馈，形成信息传递的环形回路，故又称反射环。

人的一切心理活动按其产生方式而言，都是脑的反射活动。反射分无条件反射和条件反射两大类。无条件反射是与生俱有、不学而能的反射，如吮吸反射、抓握反射、定向反射等。复杂的无条件反射就叫本能，食物、防御和性是人类的三大本能。条件反射是后天获得的，是在无条件反射的基础上形成的。它的形成过程就是在大脑皮层上建立暂时神经联系的过程。人类心理活动主要是与后天获得的大量条件反射相联系的。确切地说,就条件反射所建立的暂时神经联系的过程而言,它是生理现象,而就其所揭示的刺激物意义的信号作用而言,则是心理现象。

对条件反射的实验研究,出现了两种著名的条件反射理论。俄国生理学家巴甫洛夫提出了经典性的条件反射理论。在他的实验中,条件反射是这样形成的:先给被缚在实验台上的狗喂食,它便分泌大量唾液。这是食物——无条件刺激引起的无条件反射;而让狗只是听见铃声——无关刺激物,没有食物,它并不分泌唾液,因为铃声对它来说尚无饮食上的意义。接着,把食物与铃声结合起来,先响铃,后给食,狗分泌

图 1-10　经典性条件反射实验示意图

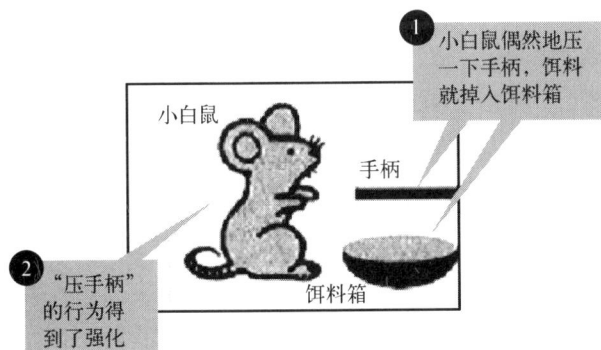

唾液。这一过程重复多次后,只要铃声一响,尚未出现食物,狗就开始分泌唾液。直至最后,即便食物不出现,单独发出铃声,狗也会分泌唾液。原先的无关刺激物——铃声便成了食物的信号,成为条件刺激物了。这时可以说条件反射形成了(图1-10)。在经典性条件反射中,有机体在无条件刺激物(食物)与原先的无关刺激物(铃声)之间建立暂时神经联系,从而使有机体可以进而认识事物之间的联系。美国心理学家斯金纳提出了操作性的条件反射理论。在他的实验中,条件反射是这样形成的:让白鼠在箱子里自由活动,偶然碰到设在箱子里的装置——杠杆,便有一食物滚入箱内。这种现象经过多次发生,白鼠就会主动通过碰杠杆来获取食物。这时条件反射形成了(见图1-11)。在操作性条件反射中,有机体在无条件刺激物(食物)与原先偶然反应(碰杠杆)之间建立暂时神经联系,从而使有机体可以认识自己的行为与事物之间的联系。经典性条件反射和操作性条件反射的基本原理是一致的,都是建立在无条件

❶ 小白鼠偶然地压一下手柄,饵料就掉入饵料箱

小白鼠

手柄

❷ "压手柄"的行为得到了强化

饵料箱

图 1-11　操作性条件反射理论

反射的基础上的,条件反射建立之后都必须用无条件刺激物加以强化才能巩固,若不强化,条件反射便会逐渐消退。而二者的主要区别在于:经典性条件反射是通过训练将无

条件刺激与条件刺激联系起来建立条件反射；操作性条件反射是通过训练将奖赏与"随意"反应联系起来建立条件反射的。

知识小窗 1-4　　　　动物保护中的条件反射原理

在美国西部，羊群经常受到野狼的侵袭，而通常的解决方法就是捕杀野狼。研究者建议应用条件反射原理可以使羊与狼都免于灾难。通过使狼形成味觉厌恶性条件反射，可以使狼不再袭击羊群。研究者在羊肉中放入致吐的药物氯化锂，狼吞食这些食物后，不久即产生呕吐。这样，狼就对羊肉产生味觉反感，建立了羊肉与呕吐之间的条件反射联系，不再吃羊肉，从而达到保护羊群的目的。研究者曾对 7 只野狼进行过该实验，每只狼只给予一种类型的动物肉(兔肉或羊肉)。实验只需一、两次即可建立味觉反感条件反射，但这种味觉反感只对导致呕吐的动物肉形成条件反射，对其他类型的动物肉没有产生味觉厌恶反应。为了保护羊群，研究者建议在野狼出没的地方撒放一些放了致吐药的羊肉或闻起来像羊肉味的食物。研究还发现，这种味觉反感还可以通过母狼传给狼崽。研究者还建议，通过应用相同的原理，将味觉反感转换为味觉偏好，可以使动物不过分依赖于某一种食物，而食用其他类型的、但过去很少吃的食物，这样也有助于保护濒临灭绝的物种。

在动物园中，条件反射可以帮助管理人员和实验室的工作人员，使动物的管理更安全、更方便。一些典型的训练例子有：让动物能够平静地从它们自己的大笼子里出来，进入小笼子里去，或者安静地接受注射等。

(张厚粲，2001)

人和动物的脑都能形成条件反射，但动物只能使物体、声音、光线、气味等具体事物或事物的具体属性成为刺激物的信号，而人则进而逐渐使语言成为刺激物的信号。这种用以成为刺激物信号的具体事物称为第一信号，由第一信号形成的条件反射系统叫第一信号系统，而用以成为刺激物信号的语言称为第二信号，由第二信号形成的条件反射系统叫第二信号系统。由于人具有第一、第二两类信号系统协同活动的大脑机制，大大扩大了人类形成各种各样条件反射的可能性，并且在已建立的一级条件反射的基础上建立二级、三级，甚至更多级的条件反射。还要提出的是，在人类日常生活条件下，刺激物往往不是孤立地而是同时或相继地作用于大脑，成为刺激系统。刺激系统反复作用的结果，会形成巩固的暂时神经联系系统，这种巩固了的条件反射系统便叫做动力定型。它是人的许多行为习惯、技巧乃至性格形成的生理基础。

3. 脑机能的神经活动过程——兴奋和抑制

作为脑机能的全部反射活动都是兴奋和抑制两种神经活动过程规律性运动的结果。大脑皮质的基本神经过程是兴奋和抑制。兴奋过程表现为条件反射的建立和出现，即由条件刺激引起机体的积极反应。抑制过程表现为条件反射的抑制，即反应不出现或强度减弱。

神经活动的兴奋和抑制过程的规律主要是两条：扩散与集中、相互诱导。神经活动的扩散过程指的是大脑皮层的某部位产生的兴奋或抑制总是沿皮层向邻近部位传播开来。神经活动的集中过程指的是扩散开的神经过程又返回原发点上。神经活动的兴奋和抑制过程正表现为这种扩散和集中的结合。

相互诱导指的是，大脑皮层发生的兴奋和抑制过程是相互制约、相互影响的。由于刺激而使皮层某部位产生兴奋，这个兴奋可使它的周围或同一部位产生或加强抑制，这种由兴奋导致抑制的产生或加强的过程叫负诱导，如当人专心于一事时，对其他刺激"视而不见，听而不闻"，是由于大脑皮层中接受这些刺激的区域因负诱导作用而处于相对抑制状态。反之，由抑制导致兴奋的产生和加强的过程叫正诱导，如人在闭目时，可使声音听得更清楚，这是视觉中的抑制提高了听觉中的兴奋，即正诱导现象。正由于神经活动的兴奋和抑制的有规律的运动，大脑皮层才会形成暂时神经联系，以导致条件反射的形成。例如，食物引起大脑皮层某一部位的兴奋，铃声则引起皮层另一部位的兴奋。两处的兴奋都扩散，两个扩散波相碰后又集中，两边都向原发点集中。同时由于负诱导作用，使大脑皮层其他部位处于相对抑制状态，这样便形成这两个兴奋点之间的暂时神经联系。但如果由此建立的条件反射得不到强化也会导致抑制。这种抑制叫消退抑制，它是条件反射的被抑制，而不是条件反射的消失，只要以后重新得到强化，条件反射就会得到恢复。

三、客观现实是心理活动的源泉

心理是通过脑这一特殊的物质所实现的一种反映形式，而反映的对象则是客观现实，客观现实是人的心理活动内容的源泉，关于这一点，我们可以从正反两个方面加以论证。

1. 人的心理离不开客观现实

客观现实可分为自然性和社会性两大方面。人的各种心理活动，无论是低级的，还是高级的，其内容都受到这两方面客观现实的制约，并以各种形式反映客观现实。以感觉为例，我们之所以能产生对一定物理刺激的视觉或听觉，是因为作为客观现实存在的那个物理刺激以光和声的形式直接作用于感觉器官的缘故，它所反映的是这一现实的物理性特征。当我们对他人或与他人的人际关系进行知觉时，之所以产生有关的社会知觉，是因为作为客观现实存在的那一社会刺激作用的结果，它所反映的是这一客观现实的社会性特征。感知觉如此，高级的心理现象也不例外，甚至似乎是纯主观性的想象活动，其内容也同样以客观现实为基础，任何随心所欲的想象都摆脱不了客观现实的最终制约。《西游记》作者吴承恩的想象力可谓丰富之极，小说的创作似乎超越了时空，任凭想象驰骋。其实细细分析，作者无论是关于人物的塑造还是情节的描写，都受当时社会生产力和生产关系发展水平的限制,其稀奇古怪的创作构思中的内容无不能在客观现实中找到依据,甚至连猪八戒使用的兵器——七星钉耙的原型,也是来源于当时菜园里常见的农具,而并没有装备飞机、导弹之类的现代化武器,以提高其镇妖降魔的本领。

2. 离开客观现实便丧失人的心理

如果说客观现实确实是人的心理活动内容的源泉,那么可以反过来推论,一旦失去了这个源泉,人的心理活动内容也将因此而丧失。当然,人不可以完全与客观现实分离,但由于种种原因,人类个体与社会生活这一客观现实的相对脱离是可能的。由于人是一切社会关系的总和,社会生活是人的心理活动内容的源泉中最重要的方面,是制约作为人所特有的心理内容的决定因素,因此,人脱离社会生活,便会失去人的心理。事实上人类历史上也确实有过由于偶然因素和人为因素造成人类个体相对脱离社会生活的事例,印度发现的"狼孩"和我国发现的"猪孩",便是这方面典例。

知识小窗 1-5　　　　脱离人类社会环境的"兽孩"

1920 年在印度加尔各答东北的山地上的一个狼窝里发现了"狼孩"便是一个典型例子。由于狼孩从出生到 8 岁一直在狼群中生活,因而失去人的心理,代之以狼的习性:用四肢行走,舔食扔在地上的肉,怕强光而夜视敏锐,害怕水不愿洗澡,寒冷天也不肯穿衣,深夜嚎叫等。后经人化训练,2 年学会站立,4 年学会 6 个单词,到 17 岁临死时只具有相当于 4 岁儿童的心理发展水平。据说,有历史记载的自 18 世纪中叶以来先后出现过猴、熊、绵羊等野兽哺育大的孩子 30 多例,它们都像"狼孩"一样,虽有人的生物属性,但无人的心理属性。

我国 1984 年在辽宁省农村发现一个"猪孩",因父亲病逝,母亲大脑炎后遗症生活无法自理,她长年无

狼孩卡玛拉

人照料,出于求生本能爬进猪厩吮吸猪奶,成天与小猪生活在一起,直至 9 岁。由于她并不像"狼孩子"那样完全脱离人的社会生活,在一定程度上还有一点人的心理,但也是远远落后于正常儿童的发展水平。经中国医科大学考察组测试,智力只相当于 3 岁小孩,只能发一些简单的语音,但却会做猪的各种动作,发出嘶叫声等。中国医大和鞍山市心理测量科研所的有关人员组成课题组,对"猪孩"进行教育训练,经过多年的努力,其中包括行为矫正、动作技巧、人际交往、社会适应能力和文化学习等方面的训练,才逐渐恢复其人性,获得心理上的发展,其智商由原来的 39 提高到 58,

认识 600 多个汉字,学会简单的加减法。又过 3 年,她已达到正常儿童的发展水平,期末语文、数学考试还分别达到了 88 分和 85 分。这是一例"兽孩"经教育重返社会的特殊典型,她的经历恰从正反两个方面再一次雄辩地说明,客观现实是人的心理活动内容的源泉。

四、心理具有主观性

虽说人的心理是对客观现实的反映,但这种反映并不是死板地、机械地,如同镜子一般地反映,而是带有人的主观性,即人对客观现实的反映都是经过人的主观世界的折射而最终形成的。因而,同样的客观现实在不同的人身上会有不同的反映。例如,一室人在看电视,同样的声和光的刺激作用于每一个人,但引起的感知觉却并不一样。有的人觉得响度适中,有的人则觉得偏大或偏小;有的人觉得亮度不够,有的人则觉得过大。客观世界中最单纯的物理性刺激尚且如此,复杂的社会性刺激,如一篇文章、一本小说、一部电影、一场报告、一堂讲课、一席谈话更会引起人们不同的心理反映。难怪同样一部电影,有的人评价很高,甚至说可在国际上获奖,有的人则根本看不惯,横加抨击。这是因为人对客观现实的每一个心理反映,都受他的观点、信念、知识、经验等影响,甚至还受他心理反映时所处的时间和条件的影响。这就使人的心理,尤其是高级心理可能具有明显的社会性、历史性、民族性和阶级性等。

知识小窗 1-6　　　　　　　**卖 鞋 的 故 事**

　　两个欧洲人到非洲去推销皮鞋,由于炎热,非洲人向来是打赤脚。第一个推销员看到非洲人都打赤脚,立刻失望起来:"这些人都打赤脚,怎么会要我的鞋呢?"于是放弃努力,失败沮丧而回。

　　另一个推销员看到非洲人都打赤脚,惊喜万分:"这些人都没有皮鞋穿,这皮鞋市场大得很呢。"于是想方设法,引导非洲人购买皮鞋,最后发大财而回。

　　同样是非洲市场,同样面对打赤脚的非洲人,由于一念之差,一个人灰心失望,不战而败,而另一个人满怀信心,大获全胜。这则故事充分说明了人的心理的主观性。

诚然,当我们指出人对客观现实的心理反映带有主观性时并不是对心理客观性的否定,也不是把这种主观性推论到人的心理是对客观现实的主观随意反映,而只是强调人对客观现实反映既是一种主观的映象,又总是带有个体或个体所处群体的特点。正鉴于此,才使心理对客观现实的反映显得那样生动、丰富,充满生气和活力,从而摆脱机械论的窠臼,并有不断深化的可能。

五、心理在实践中发生和发展

人对客观现实的反映也不是消极、被动的,而是在实践活动中积极、能动地进行的。人的心理也正是在主客观相互作用的过程中发生和发展的。仅有人的大脑和客观现实并不能产生人的心理,只有通过实践活动,才能使客观现实真正作用于大脑,导致相应的心理活动的发生和发展。例如,儿童不到学校学习、不参加教育实践活动,作为客观现实的教育就无法影响儿童,也就不能引起儿童相应的心理活动,并促进其发展。正是在这个意义上,我们才能够更好地理解恩格斯所说的话:"人的智力是按照人如何学会改变自然界而发展的。"同时,实践也是检验人对客观现实的反映是否正确的标准。只有通过实践活动的不断检验与修正,人的心理才能逐步正确地反映客观现实,并在反映过程中得到发展。

第四节　心理学研究方法

研究方法对于一门科学来说,其重要性是不言而喻的。对心理学来说,研究方法的运用更具有特殊意义,当初心理学之所以能最终脱离哲学思辨的范畴成为一门独立的科学,就是得益于引入自然科学的研究方法。今天,师范生在学习心理学时,了解心理学研究方法,则不仅有助于他们更好地认识心理科学,知道心理学的许多规律是怎么得来的,从而进一步消除对心理学研究工作的神秘感,而且更为重要的是,也有助于他们增强教育科研意识,为他们今后在教育实践中自觉地研究有关心理学问题,以提高教书育人的质量,打下必要的基础。

一、心理学研究的指导思想

心理学研究的指导思想涉及心理学的哲学方法论。虽然心理学从哲学中划分和独立出来了,但并不意味着心理学和哲学的割裂,相反,由于心理现象本身高度的复杂性,心理学研究与其他研究相比,更需要受正确的哲学方法论支配。在心理学史上,任何一个心理学家或心理学派都自觉或不自觉地受某种哲学方法论层次上的指导思想左右,其中也出现过唯心主义、二元论、机械唯物主义等各种倾向给心理学研究带来许多不利的影响,留有不少深刻教训。因此,今天当我们论及心理学研究方法问题时,首先必须强调以辩证唯物主义和历史唯物主义的基本原理为最根本的指导思想。

二、心理学研究的基本原则

为了在心理学研究中更好地贯彻上述指导思想,有必要确定一些进行研究所必须遵循的基本原则。

客观性原则：就是以实事求是的态度，坚持客观标准，确定客观标准来研究心理活动发生的客观条件和客观表现，从而揭示心理发生、发展和变化的规律，反对主观臆测和随意判断的研究倾向。

系统性原则：就是从系统论的观点出发，把各种心理现象放在整体性的、有等级结构的、动态的和相互联系的系统形式中加以研究，做到既对其进行多层次、多维度、多水平的系统分析，又对其进行动态的、综合的考察，反对片面、孤立、静止或浑然一体的研究倾向。

教育性原则：就是从有利于教育，有利于个体身心健康的角度来设计和实施研究，不能做出有损于教育和个体身心健康的事。对于师范生来说，还应注意研究方法上的教育取向，使心理学研究与教书育人的任务密切联系起来。

伦理性原则：在心理学研究中，特别是社会心理学的研究，常常需要采用一些控制情境或被试的研究手段或方法。在此应特别注意切忌采取违背伦理性原则的方法，如欺骗被试，隐瞒研究目的，威胁恐吓以及可能造成研究对象身心受到伤害的方法。

热点聚焦 1-1　　　以人为被试的心理学研究中的伦理问题

心理学家津巴多(Philip Zimbardo＜津巴多等著，游恒山译，1997＞)和他的合作者们曾经在斯坦福大学建立了一所模拟监狱，由学生分别扮演囚犯和看守，实验的目的是要探察监禁对个体健康的影响。令人惊讶的是，预计进行两周的实验不得不在实验开始 6 天后停止。因为充当"看守"的被试虐待倾向严重，致使 10 名充当"囚犯"的学生中的 4 名产生了严重的情绪反应，如哭泣、抑郁、焦虑和狂怒。

这个实验仅是那些引起严重伦理问题的实验之一。诸如此类的问题引起我们对三个主要问题的关注，即欺骗、侵犯个人隐私和持久性伤害。

欺骗。为了获得真实的反应，许多实验者都借用欺骗的方法来隐瞒实验目的。比如，一个研究者想知道当人认为自己损坏了昂贵的机器零件而感到内疚时会怎样。在他的实验中，一架机器突然发出巨大而短促的爆裂声，并释放出一缕黑烟，然后戛然而止。当尴尬的被试们意欲离开时，实验者们要求他们签署一份文件，让他们付给学校双倍的学费。控制组被试几乎都拒绝签署这份文件。然而，由于内疚感，实验组中有超过 50％的被试签署了文件。问题是，实验者有权利欺骗别人吗？

侵犯个人隐私。心理学研究在多大程度上允许侵犯个人隐私呢？ 在一项实验中，对上公共厕所的男士进行秘密观察。心理学家诺尔斯对"个人空间"受到侵犯引起的压力感兴趣，他派观察者隐藏在公共厕所的一个隔间中，用小潜望镜来监视小公厕里的活动。当一位不明真相的被试站到便池前面时，有一个人(实验者的一名助手)紧挨着他站在那里。不出所料，被试开始排尿的时间延迟了。这一发现很有趣。但是，为了获得这一发现而侵犯个人隐私的做法正当吗？

持久性伤害。心理学实验会对参与者造成持久的伤害吗？这可能是最严重的一个伦理问题。米尔格拉姆有一个经典的关于服从权威的实验，充分说明了这一问题。实验中，被试以为他们自己正在给别人施以痛苦的和危险的电击(实际上没有任何电击)，正在伤害别人的信念使大多数被试产生极度的紧张和压力感。实验结束后，许多人感到不安和沮丧。一些人或许在以后一段时间内仍会体验到这种内疚和忧伤。

许多人认为上述研究很有趣，能提供一些信息。那么，应该怎样在探求知识和保障人权两方面进行适当的权衡呢？对于这一问题，美国心理学协会的伦理准则如下："心理学家必须在尊重参与者、关注他们的尊严和利益的情况下进行研究。"为了保证这一点，许多大学的心理系都设有道德委员会，对研究方案进行监督。然而，很多问题并不那么简单。你觉得一名心理学家应该如何判断自己的研究是否道德呢？

(Coon & Mitterer, 2004)

发展性原则：就是将人的心理活动看成是一个变化发展的过程，在发展中研究个体在不同年龄阶段上心理的发生和发展。在发展中研究心理活动时，不仅要求阐明人已经形成的心理品质，而且还要求阐明那些刚刚产生、处于形成状态的新的心理品质。后者对研究学生的个体具有重要意义。

三、心理学研究的类型

由于心理现象的特殊性和复杂性，科学心理学的研究必须以辩证唯物主义方法论为指导思想，遵循客观性原则、系统性原则、教育性原则、理论联系实际原则、伦理性原则和发展性原则。那么心理学研究的类型又有哪些呢？

1. 纵向研究、横向研究和纵横研究

从研究时间的延续性上划分，可分出纵向研究、横向研究和纵横研究三种类型。

① 纵向研究(longitudinal study)，也称为追踪研究，是在比较长的时间内，对人的心理发展进行系统、定期的研究。美国心理学家推孟领导的一个研究组对 1 528 名智商在 150 以上的个体进行长达 50 年的追踪研究，可谓是心理学史上大规模历时最长的纵向研究。纵向研究在规定的时期内对同样对象的心理活动及其特点进行反复测查，因而能详尽地了解其发展、变化过程，具有很强的连续性。但它的周期较长，易受社会、环境的变动影响，被试样本也易减少，且测量的数据也易因反复测量而影响被试情绪，造成准确性下降。另外，由于历时很长，因此社会、文化等因素对个体特定心理、行为的影响变大。

② 横向研究(cross-sectional study)，也称为横断研究，是在同一时间内对不同年龄组被试的心理发展进行测查并加以比较的研究。例如，要了解 10～16 岁儿童记忆发展的特点，可以同时对 10 岁、12 岁、14 岁、16 岁四个年龄组个体进行测试、比较研究。这种研究

类型具有省时间、见效快的特点。但它存在着比较粗糙、不够系统、不能全面反映问题的缺陷,且难以确定变量之间的因果关系,取样程序也较复杂。

③ **纵横研究**,也称为"动态"研究,或聚合交叉研究,是将横向研究和纵向研究灵活地结合起来的一种研究。例如在对小学儿童数学概念与运算能力发展的研究中(林崇德,1981),一方面分别对低、中、高3个年级的3个教学班进行初步调查了解,在进行预试的基础上设计出研究指标、材料和措施,然后对1~5年级450名被试进行观察和问卷调查,另一方面以一个班学生为被试,从儿童入学后至3年级末进行追踪研究,并搞培养实验,训练其思维品质,最后做比较研究,以获得小学儿童数学概念与运算能力发展较详尽的资料。这种研究能克服横向和纵向研究各自的不足,吸收各自的长处,并处于动态之中,能更好地揭示心理发展规律。这种研究既可以在较短时间里了解不同年龄阶段个体的心理、行为的总体特征,又可以从纵向的角度了解个体心理、行为发展变化的规律,这是一种很好的研究设计。

2. 个案研究、成组研究和个案—成组研究

从研究对象的选取上划分,可分出个案研究、成组研究和个案—成组研究三种类型。

① **个案研究**(case study method)是对一个或少数几个被试进行的研究。这种研究往往采取纵向的追踪方式,如我国早期心理学家陈鹤琴对自己孩子从出生到808天的心理发展进行追踪研究,其成果写进中国心理学史上的一部开拓性著作《儿童心理之研究》(1925)中。当然,有的个案研究并不采用追踪方式,如著名心理学家皮亚杰的部分实验研究。个案研究能对被试进行详细、深入、全面的考察,但被试太少,影响研究的代表性和典型性。

② **成组研究**(group study method)是对一批被试进行研究。从统计学的角度看,一般以30名被试的小样本为下限。成组研究取样较多,可以作统计处理,科学性较强,代表性较好,只是不便于个别深入研究。

③ **个案—成组研究**(case study-group study method)是将个案研究和成组研究结合起来的一种研究。这样一方面对一定数量的成组被试进行统一研究,另一方面又可以对个案作详细的补充研究,做到点面结合,以利于更好地揭示心理规律。

四、心理学研究的具体方法

科学方法的重要性是众所周知的,著名的生物学家和心理学家巴甫洛夫曾说过:"科学随着方法论上所获得的成就而不断地跃进着。方法论每前进一步,我们便仿佛上升了一个阶梯。于是,我们就展开更广阔的眼界,看见从未见过的事物。"同样,正确的方法对于心理学的研究也是至关重要的,在一定程度上,它决定了心理学研究成果的科学性、推广性。

1. 观察法

观察法(observational method)是有目的、有计划地通过观察被试的外部表现来研究其心理活动的一种方法。

观察法也有不同的种类。从观察的时间上划分,可以分为长期观察和定期观察。前者是在比较长的时期内连续进行观察。如科学儿童心理学奠基人普莱尔对其儿子3年里每天3次的长期观察,并最后写成《儿童心理》一书,便是这类观察法研究的典型。后者是按一定时期进行的观察,如每周观察1~2次,每次几小时,并以此限定一定时期。从观察内容上划分,可以分为全面观察和重点观察。前者是观察被试在一定时期内全部的心理表现,如上述普莱尔的观察即属此列。后者是重点观察被试某一方面的心理表现,如观察教师和学生在上课时的情感交流情况。从观察者身份上划分,可以分为参与性观察和非参与性观察。前者是观察者主动参与被试活动,以被试身份进行观察,如研究人员以代课教师的身份参与教学活动,从教师的角度观察学生表现。后者是观察者不参与被试活动,以观察者身份进行观察。这里要指出的是,无论是参与性还是非参与性观察,原则上都不宜让被试发现自己被别人观察,否则会影响观察的效果。从观察的场所上划分,可以分为自然场所的现场观察和人为场所的情境观察。前者是指观察者在自然场所里对被试的日常活动进行的观察。如观察学生在自修课上学习的自觉性和自制力情况。后者是指观察者在人为安排的场所里对被试活动进行的观察。如将学生安排在装有单向玻璃或摄像机的房间里进行活动,观察者则在单向玻璃外侧或装有摄像显示屏幕的另一房间里进行观察。

观察法的最大优点是由于观察过程一般不让被试知晓,从而保持了被试心理表现的自然性而不附加人为的影响。同时,它又比较简便,尤其适合教师在教书育人的过程中采用,以进行有关的心理研究。观察法的缺点是只能了解心理事实,而不能直接解释其发生的原因;只能被动地等待心理事实的发生,而不能主动地控制其过程。

2. 实验法

实验法(experimental method)是按研究目的控制或创设条件,以主动引起或改变被试的心理活动,从而进行研究的一种方法。实验法主要有两种:实验室实验法和自然实验法。

① 实验室实验法,指在特定的心理实验室里借助各种仪器设备,严格控制各种条件,以研究心理的方法。这里主要控制四个方面:一是严格控制实验情境,尽可能排除无关

变量;二是严格控制被试,实现随机取样和随机安排;三是严格控制实验刺激,使之以不同水平、性质、条件,按规定的方式、时间、顺序呈现;四是严格控制被试反应,用指导语引导反应方向和范围。因此,这一方法的实质就是在一系列严格控制的条件下探究自变量和反应变量之间的关系。它不仅能主动地获取所需要的心理事实,并能探究其发生的原因,而且所获取的信息也较精确。但是实验法也带有很大的人为性质,被试处在这样的情境中,又意识到自己正在接受实验,就有可能降低实验结果的客观性质,并影响将实验结果应用于日常活动之中的效果。为了尽可能克服这一缺点,演变出另一种实验法,即自然实验法。

② 自然实验法是在日常生活条件下,对某些条件加以控制或改变来研究心理的方法,又称现场实验法。这一方法的实质就是把实验研究和日常活动结合起来,一方面仍对实验条件有所控制,使之能继续保持实验室实验法的某些优点:能主动获取、探究原因;另一方面又适当放松控制,使之在自然状态下进行,能体现观察法的某些优点:削减人为性,提高真实性。因此这一方法受到广泛重视,尤其适合教师结合教书育人的实际进行教育心理研究。例如,在一项"发展学生创造性思维的实验研究"中,选择条件大致相同的3个平行班。甲班每周开设一节思维训练班,每一学期开展4次创造性活动,乙班只开展与甲班类似的4次创造性活动,丙班为对照班,一切照旧。学期初3个班学生进行创造性思维测试,成绩接近。学期末复试,甲班最好,乙班次之,丙班最差。实验证明,开展创造性活动有利于学生创造性思维的发展;既开展创造性活动,又开设思维训练课,可加速创造性思维的发展。当然,自然实验法由于对实验控制不很严格,容易受到各种无关变量的干扰而影响实验结果的有效性。

3. 调查法

调查法(survey method)是以提出问题的形式搜集被试各种有关材料来研究心理的一种方法。调查法也有不同的种类。从调查的目的任务来划分,可分为一般调查和专题调查。前者在于了解某群体或个体的一般心理现象和行为表现,或了解教育的一般情况和现状,或搜集说明心理、行为或教育的有代表性的数据。后者在于就某项专题对两个或两个以上群体或个体进行比较研究。从调查的内容性质上划分,可分为事实特征调查和征询意见的调查。前者调查的是对象的现有特征、行为或事件,后者调查的是有关某些问题的观点、意见、建议和评价。从调查的格式化性质上划分,可分为结构性调查和非结构性调查。前者是指所调查的问题和被试的回答形式以预先设计好的固定模式出现,以便于数量化地处理其结果的调查。如封闭式问卷,被调查者只能依据若干个固定答案做选择性回答,回答结果按统一标准记分。后者是指所调查的问题允许被调查者自由回答,因而难以将结果作数量化处理的调查。如开放式问卷,被调查者的回答没有任何选择范围的限制,可随意回答。从调查的方式上划分,可分为问卷法、谈话法和作品分析法。问卷法是以书面形式搜集资料的调查,分表格式、问卷式和量表式等。谈话法是以口头交谈形式搜集资料的调查,分严格按预定计划进行的谈话、允许具有灵活性的谈话和非正式谈话等。作品分析法是通过对被试活动的操作成品进行分析的方法。这些操作成品包括笔记、日记、作业、作文、试卷、试验报告、劳动或科技制作等。调查法的优点是能够在较短时间内获取大量的有关研究对象的第一手资料,既为分析问题提供依据,又可能为进一步研究提供有益的线索和新的发现。但它在条件控制方面存在很大的局限性,尤其是涉及有明显社会评价意义的问卷,更易因被试的文饰作用而失真。

实践探索 1-1　　　　　　　**周恩来笔迹的心理分析**

线条一丝不苟,不放纵,行笔从容不迫而有力度,整体线条刚柔相济,和谐统一。线条一丝不苟,和谐统一,反映思维的严谨与周密,严于律己,善始善终,力求完美,鞠躬尽瘁,死而后已。行笔从容不迫,反映出稳重冷静,耐力持久,临危不乱的大将风度。有力度的线条,反映具有果敢决断的魄力。不放纵的线条,反映谦逊谨慎,戒骄戒躁的作风。刚柔相济的线条,反映善于分清轻重缓急,处事一张一弛,有谋有略,有宽有严,亦庄亦谐。

---

4. 测验法

测验法(test method)是通过运用标准化的心理量表对被试的某些心理品质进行测定来研究心理的一种方法。

测验的种类也很多。从测验内容上划分,可分为智力测验、能力倾向测验、创造性思维测验、成就测验、人格测验、兴趣测验、态度测验等。如韦克斯勒(幼儿、儿童和成人)智力量表和卡特尔16种因素人格量表便是我国目前经常用于智力和人格测验的量表。从测验材料上划分,可分为文字测验和非文字测验。前者通常采用填空、选择、是非、问答等文字性材料的测验题,要求被试用书面或口头形式作答;后者则通常采用图形、符号、仪器、模型、工具等事物性材料的测验题,要求被试用操作形式作答。韦克斯勒智力量表就包括文字测验和非文字操作测验两大部分,而瑞文测验则完全属于非文字测验。从测验的方式上划分,可分为个别测验和团体测验。前者是对一个被试单独进行的测验,后者是在同一时间里对一组被试一起进行的测验。心理测验的最大优点是能数量化地反映人的心理发展水平和特点,它不仅能作为一种研究方法,使研究更趋精确、科学,而且还能为因材施教、人才选拔、职业指导、心理诊断和咨询提供客观资料。但测验法的有效性在很大程度上取决于测验量表的可靠性,而各种测验量表尚在完善之中,对其结果不能视之绝对,同时它对主持者的要求也比较高,必须受过专门训练,解释结果要谨慎、全面,不可偏颇、妄断。

知识小窗 1-7   瑞文标准推理测验

瑞文标准推理测验是纯粹的非文字智力测验,属于渐近性矩阵图,整个测验一共有 60 张图组成,按逐步增加难度的顺序分成 A、B、C、D、E 五组,每组都有一定的主题,题目的类型略有不同。从直观上看,A 组主要测知觉辨别力,图形比较,图形想象力等;B 组主要测类同比较,图形组合等;C 组主要测比较推理和图形组合;D 组主要测系列关系,图形套合,比拟等;E 组主要测互换、交错等抽象推理能力。可见,各组要求的思维操作水平也是不同的。测验通过评价被测者这些思维活动来研究他的智力活动能力。每一组中包含有 12 道题目,也按逐渐增加难度的方式排列。每个题目由一幅缺少一小部分的大图案和作为选项的 6~8 张小图片组成。测验中要求

专业人员正在对被试实施标准化智力测验
(John W. Santrock, 2008)

被测者根据大图案内图形间的某种关系——这正是需要被测者去思考,去发现的,看小图片中的哪一张填入(在头脑中想象)大图案中缺少的部分最合适,主要用于智力的了解和筛选。

5. 元分析法

在心理学研究的历史进程中,许多研究者可能从事同一课题的研究,由于他们采用的研究方法不同,被试样本不同,仪器设备不同,研究程序不同,统计分析方法不同,研究者们各抒己见,甚至争论不休。**元分析**(meta-analysis)是从已有的初级研究结果中归纳出各变量间总的、普遍的结论的研究方法。实质上,它是一种对多个研究结果的综合分析,因此,有人又称之为定量综述、研究综合、研究整合等。

元分析是针对初始分析和进一步分析而言的。初始分析和进一步分析都是在以原始数据为基础的条件下进行的初级研究。初始分析是指起始的研究,包括针对课题的数据收集、数

据加工以及结果发表。进一步分析是指对同样的数据按照不同于初始分析的方法进行的整理分析。元分析则是指在无须原始数据条件下,对多项初级研究进行的总结性统计分析。

元分析的主要目的在于:总结同类课题的研究成果;找出各项研究成果中的一致性;消除同类课题研究过程中有矛盾的地方。元分析通过对大量同类课题的研究结果的综合分析,可以概括出带有普遍性的结论。元分析的过程主要包括:选择研究课题,收集初级研究的样本,展示初级研究的特点,解释结果,报告成果。

元分析是总结和评价初级研究客观而有效的方法。它具有以下优点:能对某一项研究课题进行比较全面的总结和评价;元分析的结果是一般性的结论,有一定普适性;元分析是系统的、可重复的,其研究结果是可验证的。与其他研究方法一样,元分析方法也有其不足和局限性:初级研究成果的收集费时、费力,而且不可能完全穷尽,不全面;元分析给予低质量的研究过多的重视;元分析结果的高度概括性往往忽视了研究对象的特殊性;元分析可能受到初级研究所提供的信息的限制。

6. 现场研究

随着心理与教育科学研究的不断深入和现实社会生活各方面实际需要的日益迫切,研究者越来越重视提高研究结果的可应用性和研究的生态效度,开始将研究背景从传统的实验室转向各种形式的社会生活的现场。目前**现场研究**(field study)已经成为心理与教育科学中的一种重要的研究类型。目前,不同研究者对现场研究的理解和界定虽不尽相同,但其定义中都包含了两个基本的方面:一是何为现场,这主要是指所要研究的心理现象或教育现象发生的场所,是特定的真实生活环境,其事件和背景都是真实的、自然的;二是如何收集研究数据,这可以采用多种方法,如观察法、问卷调查法、访谈法,甚至实验法都已进入现场研究,成为现场研究的重要方法。因此,现场研究是指在真实、自然的社会生活环境中,综合运用观察、访谈和实验等方法收集数据,以获得客观、接近自然和真实的心理、教育活动规律的一系列研究的集合,其中包括现场观察研究、现场调查研究和现场实验研究等类型。

现场研究与其他研究方法相比,具有其自身的优点:可以研究许多实验室里无法开展研究的课题;现场研究的情景真实、自然,提高了研究的内部效度和外部效度,结果更具可推广性和可应用性;现场研究更灵活,研究者可以根据研究进展的具体情况及时调整研究方案和研究程序。但是,现场研究由于受自然情景复杂性的影响,也存在一定的局限性:研究背景难以控制和把握,易产生情景效应;被试样本抽取受特定情景影响,很难保证其代表性;由于研究者很难对变量做严格控制,使得研究结果较难确定变量间的因果关系;研究花费高、代价高,使其应用受到限制。

心理学研究方法除上述介绍以外,还有内省法(自我观察)、思辨法、教育经验总结法等,并且各种方法各有所长,也各有所短,只有根据实际情况加以综合运用,才能更好地相互配合共同为研究人类心理这一地球上最复杂的现象作出贡献。

知识小窗 1-8   **内省法重获新生**

所谓内省法(introspective method),也称自我观察法,即通过被试对自己的内心活动进行观察、体验和陈述来研究其心理活动的方法。由于在运用此法进行心理研究时被试一般是坐在有扶手的椅子上的,所以它又被形象地称为"安乐椅法"(armchair method)。它最早由奥古斯丁(Augudtine)提出,并被早期心理学家冯特、铁钦纳等作为主要的心理学研究方法来加以运用。例如,在冯特的实验室里,被试需要经过专门的训练才能掌握此法,一般至少要练习 1 万字内省作业,才可考虑用来作为实验的对象。一旦训练好了,被试在 1.5 秒钟的实验之后,能够作 20 分钟的内省报告(Boring,1953)。由于这种内省法与人的实践活动脱节,且无法验证,后遭到以行为主义为代表的心理学家的反对,并长期受到排斥。随着 20 世纪中期兴起的认知心理学的发展,对个体内部发生的意识过程的研究再次成为心理学家关注的焦点,内省法也就因此而获得新生。认知心理学研究中经常使用的口语记录分析法(protocol analysis)便是传统的内省法和当代实验技术结合的产物,它又称出声思维法(thinking loud)或口头报告法。让被试当着研究人员的面进行某项认知操作,如解答问题或学习材料,并要求他自言自语地出声思维,研究人员则进行详细记录分析,以发现人们在认知过程中的某些特点和规律。这一方法也常用来进行"专家"和"新手"的对比研究。这里所谓的"专家"是指某认知领域的熟练者,包括专家,也可以是有经验的教师、优等生等;这里所谓的"新手"是指某认知领域的非熟练者,也可以是新教师、差生等。通过对他们出声思维的对比研究,可以总结出成功的认知策略,诊断出新手在认知策略上的缺陷。

五、心理学研究的基本程序

一个完整的心理学研究过程,一般包括准备、设计、实施和总结四个阶段,每一阶段又包括若干环节,形成一个基本的操作程序。

1. 准备阶段

它虽是研究正式开展前的一个阶段,却是研究的一个重要组成部分,包括选择课题、查阅文献和形成假设三个主要环节。

选择课题是心理科学研究的第一步,是准备阶段的核心环节,是直接关系到研究成果价值大小和研究成功与否的关键。课题一般可以来自四个方面:一是来自社会实践、现实生活中存在的问题;二是来自科学理论上的质疑、争鸣或验证;三是来自文献研究中发现的矛盾、空缺或启示;四是来自自己已有研究的深入发展。但在具体选定时还应考虑课题的科学性、创造性、意义性和自己实施的可能性。

查阅文献的目的是了解国内外有关方面研究的历史、现状和最新发展,这是研究中花费时间和精力较多的阶段,但也是关系到研究质量和理论深度的一个重要环节。因为任何一项卓有成效的研究都是在前人的基础上进行的,只有充分掌握前人的研究情况,才能使自己的工作获得有益的推进。概括地说,查阅文献有三方面的作用:一是为课题选择和假设形成提供参考资料;二是为下一阶段的课题设计提供背景信息;三是为最后阶段的总结提供理论借鉴。

知识小窗 1-9   网络环境下如何获取心理学外文期刊全文

获取外文期刊全文的途径有多种,主要概括为直接获取途径与间接获取途径。

1   直接获取途径——全文数据库

国外综合性数据库的数量和种类繁多,现就国内常见综合数据库以及其与心理学相关的主要子集数据库作一介绍。

1.1   EBSCO 数据库

访问网址: http: //search. ebscohost. com;http: //www. ebscohost. com（EBSCO 网站）;使用指南: http: //www. . ebsco. com. cn。

1.2   ProQuest 数据库

访问网址: http//proquest. umi. corrdlogin;http//www. il. proquest. com;使用指南: http: //www. 1ib. tleu. edu. cn /news /PQDT. ppt。

1.3   ElsevierSDOL 全文电子期刊数据库

访问网址: http: //www. sciencedirect. com;使用指南: http: //lib. jh. edu. cn /down / SDOL. pdf。

1.4   Springer Link 全文数据库

访问网址: http: //springer. 1ib. tsinghHa. edu. cn(清华镜像);http: //www. springerlink. corn (德国施普林格);使用指南: http: /www. tjd1. cn /portal /downloads /introduction /Springer. Rax。

1.5   John Wiley 全文电子期刊数据库

访问网址: http: //www. intemcience. wiley. com;使用指南: http: //www. 1ib. bupt. edu. en / new / second iley. Pdf。

1.6   Blackwell 全文数据库

访问网址: http//www. blackwell—synergy. Com。使用指南: http: //159. 226. 140. 180 / netclass / Blackwel1. ppt。

2   间接途径——全文传递服务

如果在全文数据库获取不便,或想进一步获取更多信息资源,可采取间接获取途径。将所需的文献线索,通过网络填好申请表,或用 E-mail 发至全文传递服务机构,请求帮助查找。

> 2.1　CAUS 外文期刊目次数据库(calis current contents of western journals,简称 ccc)
>
> 访问网址：http：//ccc. calis. edu. cn；使用指南：http：//ccc. calis. edu. cn(在线帮助)。
>
> 2.2　OCLC— FirstSearch 基础组数据库(online computer library center,OCLC)
>
> 访问网址：http：//firstsearch. oclc. org(账号方式)；http：//firstsearch. oclc. org /FSIP (IP 方式)；检索
>
> 指南：http：//www. 1ib. tsinghua. edu. cn /database /guide /firstsearchguide. ppt。
>
> 2.3　cnpLINKer 中图链接服务
>
> 访问网址：http //cnplinker. cnpeak. com。使用指南：http：//202. 205. 21 3. 102 /lib/ database 1/
>
> cnpLINKer. doc。
>
> 　　　　　　　　　　　　　　　　　　　　　　　　　　　　　　　　　　　　　(史全胜,2007)

形成假设将使一项研究的探索目标更加明确,从而使研究数据的搜集工作限定在一个更加特定的方面和范围。研究假设是以陈述句的形式做出对两个事件或概念之间关系的推测。一般有三种类型：预测性假设——对两个事件或概念之间的差异情况做出判断,如"运用表情朗读比一般朗读更容易记忆"；相关性假设——对两个事件或概念之间的相关关系做出判断,如"学生学习成绩与上课注意集中状况有正相关"；因果假设——对两个事件或概念的因果关系做出判断,如"如果学生对某课感兴趣,那么学生的该课成绩将会提高"。假设形成的基本途径是演绎和归纳,前者是从一般理论推出假设,后者是从个别事例推出假设,但不论哪一种途径,推出的理论假设必须具备一定的理论和经验依据,并且可以通过收集数据和事实加以验证。

2. 设计阶段

当研究课题明确之后,便进入了设计阶段。它是由研究目标到具体操作之间的中介,包括界定变量、选定方法、确定被试、制作方案四个环节。

界定变量主要是指确定自变量和因变量。自变量是指研究者掌握的、在性质上和数量上可以改变的条件、现象和特征。因变量是研究者预定的、因自变量的变化而导致的被试的反应变化。例如,在"研究睡眠事件对记忆的影响"的课题中,把睡眠时间确定为自变量,记忆材料数量为因变量,以便研究自变量和因变量之间的关系。在这里无关变量的控制也是应予考虑的方面,它虽不是实验变量,但对实验结果会发生影响。在上例中,识记时间、材料性质、回忆场合等因素就可能是影响记忆数量的无关变量,只要设法使这些变量保持恒定,才能真正揭示睡眠时间与记忆数量之间的关系。

选定方法也就是选择何种研究类型和具体方法的问题。究竟是纵向研究还是横向研究,个案研究还是团体研究？是观察法、实验法,还是调查法、测验法？进行选择时除考虑时间、精力、经费等外在条件外,还要着重考虑两个内在制约因素:一是界定的自变量是否是可以为研究者操纵的,如果不能操纵,只能采取非实验的方法,而能操纵的则还应根据操纵程度选定实验室实验还是自然实验;二是研究结果是否急待推广到现实生活,如果急待推广到现实生活,则应牺牲一点研究的科学严密性而采用非实验的方法为好,反之则可采用实验法。

确定被试主要是解决如何从研究对象的总体中抽取部分个体作为研究样本的问题。例如,我们要研究某种教学方法是否更能优化中学教学的问题,被试当然是中学生,但我们没有可能也没有必要把研究总体——所有学校的中学生都作为被试来进行研究,只需要抽取有代表性的样本——部分中学生即可。取样的方法用的是随机取样法。如果总体中的个体差异较大,分布不均匀,最好用分层(分类)取样法,即以某种标准将总体分为若干层次或类别,然后在各层次或类别中随机取出若干个体组成样本。至于样本中个体数目大小则从统计处理的角度选定。

制订方案是这一阶段的最后环节,将原则上确定的一系列问题从格式化、程序化和具体化的角度加以详细周密地考虑,从而形成可付诸操作实施的研究计划。

3. 实施阶段

这是把研究方案付诸实施的阶段,也是研究的具体操作过程,包括收集资料和整理资料两个阶段。

收集资料是通过具体的研究方法的实施来进行的。各种方法如前所述,这里仅指出所能收集到的资料可分为四类:计量资料(完全由数值大小表示)、等级资料(为半计量资料,仅有诸如强、中、弱,优、中、差之类的等级)、计数资料(没有量的差别,只有质的不同,如男与女,对与错,有与无等)和描述性资料(数量化的资料)。

整理资料主要是运用统计方法来进行的,包括统计数据的计算、统计推断、多因素分析等。事实上,在进行研究方案制定的时候,用什么样的统计方法处理获得的资料,都有预先的考虑,并在研究方法实施时采取相应的安排。

4. 总结阶段

这是整个研究的最后一个阶段,是出结果的阶段,包括得出结论、撰写报告两个环节。

得出结论是对收集并整理后的资料进行理性的思辨研究的结果。既要分析获取资料与预先假设的符合情况,还要分析相应的原因,并同有关研究结果进行比较,从理论上加以概括、提炼。此外,对所得结论的运用范围、存在问题和进一步研究方向等也可做实事求是的说明。

撰写报告是课题研究的最后一个环节,其主要内容包括题目、前言、方法、结果、讨论、结论和参考文献,必要时还可以有附录和提要。

知识小窗 1-10　　　　　心理学科研报告的基本形式

一、题目

题目是心理学科研报告的主题,应能准确地概括论文的内容。最好还能体现出自变量和因变量及其关系,如,在"记忆策略在外语单词学习中的作用"这一题目中,"记忆策略"是自变量,"外语单词学习"是因变量,使人看了对该科研报告要论述的内容一目了然。

二、前言

这是心理学科研报告的引言部分,旨在言简意赅地说明该项研究问题的提出、选题的依据、研究的目的、价值和意义。如,在"记忆策略在外语单词学习中的作用"这项研究的报告中,应说明是怎样想到这一问题的,为何能把它作为问题提出进而进行研究,该研究的目的是什么,对其研究有何价值,有什么意义等情况。

三、方法

主要阐明该项研究使用的工具(包括仪器、设备、材料、指导语等)、被试(被试的年龄性别、数量等)、实验组和控制组、实验变量(因变量和自变量的具体情况)、实验步骤、数据处理手段等。如,在"记忆策略在外语单词学习中的作用"这项研究报告中,应交代清楚:具体使用了什么记忆材料,选择多少名什么样的学生当被试,实验组和控制组如何组织,在实验组中具体教授了怎样的精加工策略,以什么作为记忆测量的指标,具体的指导语是什么,在实验组和控制组中如何一步步进行操作的过程,用什么统计软件来处理数据等。

四、结果

这是心理学科研报告的主要部分,旨在客观、如实地陈述研究的具体结果,其中包括定量和定性的结果:定量的结果为主,主要是数据统计的结果,如数据表、曲线图等;定性的结果为辅,包括典型案例、某些研究情况等。在"记忆策略在外语单词学习中的作用"这项研究报告中,则主要是通过反映实验组和控制组由于记忆策略使用与否所造成的记忆外语单词效果上的显著差异的统计数据来说明问题。

五、讨论

这是心理学科研报告的理论分析部分,旨在从理论上加深对研究结果的认识,可包括这样一些内容:对结果的具体说明;对结果的推理;与已有研究比较分析;用其他领域中的研究成果来解释本研究结果和推理;提出本研究发现但尚未解决的问题等。

六、结论

简明扼要地概括研究的结果,以提纲挈领的方式陈述,既不要夸大结果,超越本研究的范围,也不要缩小可能做出的结果范围。

七、文献

列出撰写科研报告时所使用过的参考文献资料,其格式如下(内容虚拟):

论文:张口口(2005):精加工策略与教学.教学科研,1:5-9。

著作:李口口(2010):认知心理学概论.上海:教育科学出版社。

第五节　心理学与教育

　　心理学之所以成为一门教师必须学习的基本理论课程,是因为它研究了心理发生发展的规律,教师只有了解并掌握这些规律才能有效地实施教育活动。

一、心理学与教育的关系

　　心理学与教育有着非常密切的关系。可以说,早在心理学作为一门独立的学科存在之前,也即心理学尚属哲学的范畴,以其思想史而非科学史存在于世的最初阶段,它就和教育结下了不解之缘。两千多年前我国的哲学家、思想家已有丰富的心理学思想散见于他们的论著之中,而其中有不少便是与教育相联系的。孔子便是这方面的代表人物。他的许多至今还在被广泛引用、脍炙人口的教育名言,就是在其自己的教育实践活动过程中提出的与教育相联系的心理学思想。例如,他所归纳的"学而时学之,不亦乐乎"之感受,反映的就是教育实践活动中涉及记忆与复习关系问题的心理学思想;他所提出的"知之者不如好知者"之观点,反映的则是教育活动中涉及情感与认知关系问题的心理学思想;他所实践的"求也退,故进之;由也兼人,故退之"之做法,反映的乃是教育活动中涉及气质差异与因材施教关系问题的心理学思想。至于在心理学历史上,第一个明确提出将心理学运用于教育活动作为教育理论基础的人是德国的哲学家、教育家、心理学家赫尔巴特(Herbart,1776—1841)。他在心理学中提出了统觉论的思想,并在这一理论思想的基础上,提出了许多至今仍有一定借鉴价值的教学原理。例如,他指出的学生在过去经验中形成的统觉团在吸收新观念过程中的作用,以及关于教师在传授知识的过程中也应当唤起和刺激学生的统觉的观点,在现时的学校教育中尚有影响,并在一定程度上与当代认知心理学的有关理论也是相符的;他在统觉论指导下提出的教学过程的阶段理论(他提出的是四阶段说,后被其门徒发展为著名的五阶段说)对包括我国在内的世界各国中小学教学都产生了重要影响。

　　自科学心理学诞生以来,心理学与教育的关系得到了进一步的发展。一方面,随着心理学的科学性的不断提高,心理学研究成果的不断累积,其在教育中应用不仅日益受到重视,而且应用的可能性也日渐提高。其中,普通心理学所研究的关于正常人心理活动的最一般的规律和理论,在教育活动得到了极为广泛的应用。特别是诸如记忆、思维、能力、情感、气质、性格等方面的研究成果在教育活动中具有很高的应用价值,成为教育理论和实践的重要的科学依据,至今仍在发挥着日趋重要而积极的作用。例如,普通心理学中关于创造力的研究,已取得了不少成果,这些成果大多能在学校教育中加以应用,并正式成为当前学校教育中全面推进以培养创新精神和创新能力为核心的素质教育的重要的心理学原理。发展心理学中关于学龄阶段青少年儿童的心理发展特点及其规律的研究,则是教育中应用心理学理论的又一极为重要的方面。它直接涉及教师如何在教育活动中认识自己的教育对象,以便于有针对性地因势利导、因材施教,把教育工作充分建立在青少年儿童心理发展规律之上。心理健康学是心理学近年来因实践需要而发展较快的一个领域,其有关的研究成为学校教育中极具有应用价值的心理学知识,在中小学开设心理教育课程、建设心理咨询站、实施心理辅导等方面工作中起着十分重要的作用。另一方面,人们并不满足将普通心理学、发展心理学、心理健康学等方面的研究成果搬到教育之中,而欲运用心理学的基本理论和方法,对教育活动中的心理现象和规律进行直接的研究,一门独立的心理学分支学科——教育心理学也就应运而生。自 1903 年桑代克(1874—1949)出版《教育心理学》一书,并于 1913—1914 年扩充为三卷本巨著《教育心理学大纲》,标志着教育心理学正式诞生以来,这方面的研究取得了长足的发展,其分支学科也在不断地分化、发展,从最初的学习心理学,发展出个别差异心理学、品德心理学、教师心理学、学科心理学、教学心理学等,形成了一个庞大的体系,成为心理学中最为发达的分支学科之一,也是我国心理学工作者最为集中的领域之一。可以说,在这里,心理学与教育学的密切关系已在一门心理学分支学科的形成与发展中得到了最为充分的体现。

　　为什么心理学与教育学有如此密切的关系呢? 这就要从教育这一人特有的社会实践活动的性质上加以分析。我们知道,教育是人类培养新生一代的社会实践,是教育者按照一定的目的、计划和措施去系统影响受教育者的过程。这是师生双方共同参与的、围绕着教育内容展开的特殊的交往活动。在这里,教育者是人,受教育者也是人,也即活动的双方、发生作用的双方都是有血有肉、有情有感、有智有慧的人。因此,教育是作为教育者的人对受教育者施加影响的过程,这就与一般的人类社会实践活动有着很大的区别。在这一过程中,教师在活动中处于活动的主导地位,学生在活动中处于活动的主体地位,教师在教育中只有通过其主导地位来促进学生的主体作用的充分发挥,才能取得最有效的教育效果。而对这一过程作进一步的分析,我们不难发现,教师正是通过自己的心理调控对学生施加影响,而这一影响又是通过学生已有的心理水平发生作用,调控着学生心理与学习对象的相互作用,并最终引起学生心理上和行为上的相对持久的变化,获得德、智、体、美等各方面素质的全面发展。

　　诚然,教育也对心理学的发展起了十分重要的推动和促进作用。教育既为心理学理论的应用提供实践的场所,又向心理学理论的研究提出了严峻的挑战,有力地推动了心理学的发展。

学术研究 1-5　　　　　　**心理发展与教育**

人的心理,就其起源来说,是社会的产物;就其结构来说,以人脑为中介;就其内容来说,以客观现实为基础。人的心理是不断发展的。探讨心理发展与教育的关系,是当代发展心理学与教育心理学的一个重要课题。教育在学生心理发展中起主导作用,具体表现在以下三方面:

首先,教育是使学生心理发展的可能性变为现实性的必要条件。个体智力与能力发展的潜力是很大的,只要教育得法,这种潜力就能获得很大的发展;相反,如果不能因势利导,这种潜力就得不到发展。苏联心理学家维果斯基把学生的现有发展水平与其即将达到的发展水平之间的差异,称为"最近发展区"。它表现为在有指导的情况下,凭借教师的帮助所达到的解决问题的水平与在独立活动中所达到的解决问题的水平之间的差异。我们可以把这种差异视为心理发展的可能性与现实性之间的差异,它是学生心理发展的潜力。教师的重要任务就是发现和挖掘学生心理发展的潜力。

其次,教育决定着学生心理发展的方向、速度和品质。由于教师的不同、教材的不同、教法的不同,即由于教育的作用和影响的差别,造成了学生心理发展中方向、进程、速度、品质、特点的差异,特别是创造性和创新精神的差异。因而教育者首先要找出学生个体之间心理的差异,才能寻找出各种合理而良好的教育措施。

第三,教育使学生心理发展显示出特定的具体的形式和个别差异。心理的差异,乍看起来其内容所涉及的似乎是知识和经验的差异,其实这是由教育决定的。这里既有学生学习成绩的变化,更体现了促使学生心理稳定的因素在不断变化,并造成他们之间心理的各种具体形式表现,即产生心理能力的个体差异。合理而良好的教育措施,在学生原有的心理水平和结构上提出新的要求,传授新知识,使他们领会和掌握这些知识,从而增进心理发展的新因素。这些因素从量的积累,发展到质的变化,并逐步形成学生稳定的心理成分。

教育在心理发展中之所以能起主导作用,是因为教育是由教育者按照一定的教育目的来对环境影响加以选择,组成一定的教育内容,并采取一定的教育方法,来对受教育者心理施行有计划、有系统的影响。一定意义上说,教育的主导作用,主要是体现在教师的主导作用上。也就是说,学生的心理发展水平,在很大程度上取决于教师的教育。这就是人们常说的"百年大计,教育为本"的道理。

(林崇德,2007)

二、心理学对教育的作用

这里我们论述的主要是心理学对学校教育的作用,更确切地说,主要是从教师的角度来透视如下四个方面的作用。

1. 提高教师教学工作的质量

教学始终是教师的一项重要工作,提高教学质量始终是每一位教师锲而不舍的努力方向,更是学校教学改革的根本目标。而教学是师生双方共同参与的双边活动,是教育者对被教育者实施教育的基本途径,是科学性和艺术性相结合的工作,并不是仅仅掌握某学科的知识就能胜任、驾驭的。美国著名教育心理学家盖茨(A. L. Gates, 1890—1972)曾说:当别人向你问及类似"你是教数学的老师吗"的问题时,你最恰当的回答应该是:"我不是教数学的老师,我是教学生学数学的老师。"(1956)因此,提高教学质量的关键,是教师采用最佳的教学手段以优化影响学生学习效果的各种因素。这就需要了解学生赖以进行信息加工的主要心理过程、获取知识和发展能力的规律以及有关非智力因素情况,以便运用心理科学在这些方面所提供的原理,增加教学的科学性和艺术性,切实提高教学质量。

2. 改善教师思想教育工作的效果

对学生进行思想教育,也是教师工作的一个重要组成部分。每一位任课教师,不仅要掌握教书的高超技能,也要具有育人的娴熟本领,使教书和育人这两方面工作在学校教育的总体培养目标上获得和谐的统一。高师生今后接触的主要是初、高中青少年学生,他们正处于身心发展的重要时期,对他们进行思想教育的过程,实质上也就是塑造他们良好个性的过程。而思想教育工作所存在的最大问题是流于形式而缺乏实效。因此,了解个性的结构和形成的规律、影响因素以及青少年个性发展的相应特点,有利于科学而富有艺术性地进行思想教育工作,提高教育的实效性。随着思想教育内涵的丰富,对青少年社会交往的指导、性教育和心理咨询与辅导,也都纳入育人工作的范畴。这一切都需要未来的教师从心理学中获得有关科学知识和相应的操作指导。

3. 促进教师教育科研

未来的教师不只是进行教书育人的工作,还要善于在自己教书育人的实践中不断探索,不断改革,积极进行教育科研工作。可以说,在教育理论的指导下,结合自身的教育实践,开展教育科研的能力,也是未来教师基本素质的一个组成部分。而在运用教育理论进行教育科研、教育改革的过程中,心理学具有十分重要的作用。自裴斯泰洛齐(1746—1827)、赫尔巴特(1776—1841)等近代教育家明确强调心理学在教育中的运用以来,心理学在教育中的作用已日益受到人们的重视,以至当代一些有影响的教育改革理论都是建立在有关心理学的基础之上的。如苏联教育家赞可夫(1901—1977)的新教育体系吸收了心理学家维果斯基(1896—1936)关于"最近发展区"的理论;美国布鲁纳的结构主义教学理论则受到瑞士心理学家皮亚杰关于儿童认知结构理论的影响;保加利亚洛扎诺夫的暗示教学法则是以无意识心理研究为主要理论依据的。因此,学习心理学原理和研究方法,坚实教育理论基础,能大大增强高等师范院校学生今后开展教育科研的能力。

4. 有利于教师自身发展

在教育活动中处于主导地位的教师,其对学生在教育活动中的影响是多方面的。其中,教师自身的素质(包括思想品德素质、业务素质、人格素质、智能素质等)便是一个重要的影响因素。因此,教育质量能否提高,学生的素质能否得到全面发展,在很大程度上取决于教师自身的素质状况。这里也就存在着一个教师自身素质不断提高的问题,也即自我教育的问题。如果说心理学对于教师从事对青少年教育的工作有着多方面的意义的话,那么心理学对他们不断提高自身素质、实施自我教育,也会具有同样有效的促进作用。运用心理学原理能优化教书育人的效果,也自然能优化自我教育和自身发展的效果,只是对象不同而已。例如,教师能运用有关记忆、思维方面的规律去指导学生掌握记忆策略和解决问题的思维策略,则自己首先要能运用有关规律来指导自己学习,提高学习效率;将来要运用心理咨询手段去辅导学生,现在则可以此来调节自己心理,以求心理健康发展。总之,教师完全可以,而且也应该在运用心理学知识来提高教书育人的水平的同时,运用心理学知识来提高自身的素质,并以此来进一步优化教书育人的工作。

让我们回到本章开头提到的那个案例。小张的问题内含相互联系的两个方面,一是心理学是怎样一门课程?二是对师范生有何用处?对于第一个问题,小张想必在学习完本章内容后,对心理学研究的对象、性质、任务、简史、体系、方法等有所了解,特别是对于似乎有些神秘感的心理现象,也有了一个比较科学的认识。对于第二个问题,小张完全出乎意料:心理学不仅能提高今后自己走上教师岗位,教书育人的能力,而且在当下大学求学期间,也能优化自己的个性品质,提高专业学习的水平。因此,心理学与师范生的关系十分密切,对师范生的专业和自身的发展极为重要。特别是听老师说,这里的心理学课程还不只是过去的一门课程,而由三方面课程组成,将涉及普通心理学、教育心理学、青少年心理学和心理辅导等多方面的丰富内容,小张更乐了。可不,她已经翻到本书"记忆与教育"一章,在饶有兴趣地汲取里面讲述的记忆方法,试着用在自己的专业学习上了。

本章小结

- 心理学是研究人的心理现象及其活动规律的科学。

- 人的心理是一个统一的、不可分割的整体,各种心理现象都是相互联系、相互依存、相互作用的,形成一个有结构的、动态的系统。

- 心理学的研究体系主要由基础心理学和应用心理学两大分支构成,其基本任务是:描述心理事实,揭示心理规律,指导实践应用。

- 心理的实质是实践活动中脑对客观现实的主观反映。就其实质来说,心理是脑的机能;就其来源来说,心理是对客观现实的反映,具有客观性;就其反映形式来说,心理具有主观能动性。

- 心理学的发展经历了前科学心理学时期和科学心理学时期两个阶段。当代心理学存在精神分析、行为主义、人本主义以及认知主义心理学、生理心理学等几个主要的流派和思潮,构成了当今心理学研究的主要取向。

- 我国心理学研究的指导思想:辩证唯物主义和历史唯物主义;基本原则:客观性原则、系统性原则、教育性原则、伦理性原则、发展性原则;主要类型:纵向研究、横向研究和纵横研究/个案研究、成组研究和个案—成组研究;具体方法:观察法、实验法、调查法、测验法、元分析法和现场研究法等;操作程序:准备阶段、设计阶段、实施阶段和总结阶段。

- 心理学与教育有着非常密切的关系,教育工作者可以运用心理学原理提高教学工作的质量,改善思想教育工作的效果,促进教育科研,有利于自身发展,进一步优化教书育人的工作。

思考题

- 你能从不同的角度来分析人的心理现象的各个方面吗?

- 心理学的任务和性质是什么?

- 心理学究竟是一门年轻的科学还是古老的科学?为什么?

- 科学的心理观包含哪些最基本的内涵?你是如何理解的?

- 你能概述当前几种主要的心理学派的基本观点吗?并谈谈你对这些观点的看法。

- 心理学的具体研究方法主要有哪些?其各自的操作含义是什么?试比较实验室实验法、自然实验法与观察法的异同与优劣。

- 怎样来认识心理学与教育的关系?学习心理学对教师工作有何意义?

问题探索

• 学会到图书馆查阅心理学文献资料,并借阅一本你感兴趣的心理学书翻阅一下,以获得对心理科学的初步了解。

• 组织一次对中学教师的微型调查,了解他们对学习心理学与推进素质教育、实行新课程改革的现实意义的认识。

上 编

注意与教育
感知觉与教育
思维与教育
记忆与教育
智力与教育

第二章 注意与教育

本章要点

■ 注意的概念

■ 无意注意的特点,引起的客观原因以及在教学中的运用

■ 有意注意的特点,维持的主观因素以及在教学中的运用

■ 注意品质的种类,在教学中如何根据其原理来优化教学效果

■ 注意规律在自我教育中的运用

想试着回答一下吗……

● 一个人在清醒的时候,为什么总会不由自主地注意某些事物?

● 陈景润走路时怎么会撞到了电线杆?

● 1 300多年前中国古人刘勰设计了一个实验,"使左手画方,右手画圆,无一时俱成",其结论是"由心不两用,则手不并运也"《新论·专学》。那么人真的不能"一心两用"吗?

● 目不转睛地注视地上撒落的石子,你一下能看见几个呢?

● 在课堂上,教师怎样做才能吸引学生的注意力,并使之高度集中、持久?

● 怎样才能使好动的学生静心学习呢?

● 学习困难学生和学习优异学生的注意力存在差异吗?

王老师是一名有经验的语文老师,但每次在上说明文时她还是感到有些棘手,因为说明文相对其他文体的文章显得枯燥、乏味,学生们对枯燥的内容缺乏兴趣,上课时注意力常常无法集中。为此,王老师很困惑,那么如何才能把说明文上得生动有趣,吸引学生的注意力呢?

教师要想在教学活动中吸引学生的注意力,就要充分了解注意这种心理状态及其具有的特点。在教学活动中,学生在进行认知信息加工的同时,也发生着意向活动。意向活动始终制约着认知信息加工的过程,并且影响认知信息加工进行的动力和方向。注意就是其中一种意向活动。学生在教学活动中的注意调节着他们的认知信息加工过程,使之朝着加工对象发生作用,直接影响了几种认知信息加工的效果和效率。注意究竟是什么? 它有哪些规律? 青少年学生的注意特点又是怎样的? 教师

如何在教学中运用注意规律来组织教学？学生又如何有意识地来优化自己的注意品质？这便是本章要讨论的主要内容。

第一节　注意的概述

　　注意是一种大家都非常熟悉的心理现象，生活、学习、工作中都少不了注意的参与，那么注意到底是怎样的一种心理现象呢？

一、注意的概念

　　注意(attention)是心理活动对一定对象的指向和集中。指向性和集中性是注意的基本特性。

　　所谓指向性，是指在某一瞬间，人们的心理活动有选择地朝向一定的对象。在千变万化的世界中，各种各样的信息作用于人，但人们不可能对所有的信息都作出反映，只能选择一定对象作出反映，这样才能保证知觉的精确性和完整性。皮昂(Peon,1966)曾把注意的指向性比作探照灯的一束亮光，在亮光照射的中心，人们会得到最清晰的印象，而在亮光照射的边缘，事物就变得模糊不清。

　　所谓集中性，是指心理活动停留在一定对象上的强度或紧张度。注意集中时心理活动会离开一切无关的事物，并且抑制多余的活动，这样就保证了注意的清晰、完善和深刻。很多科学家、思想家都具有高超的注意集中能力，苏格拉底就是其中一人。苏格拉底曾经加入了一支部队，在一次行军途中他全神贯注地思考起一个哲学问题，不知不觉地停了下来，当他清醒过来，才知道自己已在那里站了几个小时，远远地掉队了。

知识小窗 2-1　　　　　　　心理学家难倒心算家

　　阿伯特卡米洛先生是一位著名的心算家，不管面对多么复杂的难题，他都能立即得出正确的答案，他在心算方面还从来没有被人难倒过。

　　有一天，一位年轻的心理学家从远方慕名而来，他想亲自检验一下这位著名的心算家。年轻的心理学家和心算家礼貌地打过招呼后，心算家胸有成竹地请心理学家随便出题："一辆载着数名旅客的火车驶进车站，车厢里下车×人，上来×人。"心理学家出题不紧不慢。心算家听后微微一笑。"下一站上来×人，下去×人，再下一站下去×人，上来×人，再下一站下去×人，只上来×人，再下一站又下去×人，上来×人。"这时心理学家已说得喘不过气来。"还有吗?"心算家非常同情地问心理学家。"还有,"心理学家透了口气说,"请您接着算吧。"他又加快速度说:"火车继续往前开,到了下一站……再下一站……再下一站……"突然他叫道:"完了,卡米洛先生。"心算家不屑一顾地笑着说:"您马上要知道结果吗?""那当然。"心理学家点头并诡秘地笑着说,"不过,我现在并不想知道车上还有多少乘客,我想知道的是这趟车究竟停靠了多少站。"听到这个问题,这位著名的心算家一下子呆住了。

这位著名的心算家为什么答不出心理学家的问题呢? 心理学家又是怎样把心算家难住的呢? 原来心理学家巧妙地利用了注意的规律和特点,钻了心算家的空子。注意是有指向性和集中性的。人们注意某项活动时,心理活动就指向、集中于这一活动,并抑制与这一活动无关的事物。心理学家早已料到,根据心算家已形成的心算动力定型,他的注意力指向于计算车厢内乘客数的多少,而忽视了对列车停靠的车站数的统计。于是,他故意以越来越快的速度出题,以更好地引起心算家对车厢乘客数的注意,使他无暇注意到还会有另外一个问题。心算家果然上当,被心理学家难住了。

指向和集中是同一注意状态下的两个方面,两者是不可分割的。例如,学生上课听讲,他的心理活动不是指向教室里的一切事物,而是有选择地指向教师的讲课内容,并且比较长久地保持在听课活动上,同时离开一切与听课无关的事物,并且对妨碍听课的活动加以抑制,这样才能对教师的讲课有清晰、完善的反映。这就好比摄影中的两个基本步骤"取景"和"对焦":取景是选择拍摄对象,对焦是调节拍摄对象的清晰度。

学术研究 2-1　　　　对于注意概念和实质的探索

构造主义心理学的创始人冯特 (Wundt)在他的《心理学引言》(1911)一书中第一章的标题就是"意识和注意",他把注意看成是意识领域内的一个范围狭小的中心区域。任何心理内容只有进入这个特定的领域,才能获得最大的清晰性和显明性。冯特把这个区域称为意识注视点,认为注意是意识对客体的指向性。他在论述统觉时指出,注意的焦点就是统觉,注意是伴随着一种心理内容的清晰领会的状态,并指出注意的范围和作用(黄希庭,2001)。

美国心理学家詹姆斯(James,1890)在《心理学原理》一书中曾指出:注意的实质是意识的聚焦和集中。注意的聚焦作用就是把注意力集中于某一对象而离开另一对象,它意指离开某些事物以便有效地处理其他事物。詹姆士所讲的意识的聚焦作用,就是注意的指向性。由于注意的指向性,人才能选择对个体具有意义的外界信息,并在头脑中对它继续加工。詹姆斯并不将注意的选择局限于客观刺激,他提出了智力的注意与感觉的注意、主动的注意与被动的注意等。

1966 年海曼德兹(Hemandez)曾把注意的指向性比做探照灯的一束亮光。在亮光照射的中心,人们得到最清晰的印象;而在亮光照射的边缘,事物就变得模糊不清了。注意是对尚不处于意识状态中的诸事物的一种选择过程,通过这种选择活动,一个心理环境得以从物理环境中建立起来(彭聃龄,1990)。

注意不是一个独立的心理过程,它是伴随着心理过程而产生的,如果离开了心理过程,注意就失去了内容依托,它是各种心理过程的共同属性。当我们说"注意某个对象"时,不是指注意看、注意听,就是指注意记、注意想等等。总之,注意是伴随着认识、情感和意志等心理过程发生的。同时一切心理活动的进行也离不开注意。我国古代思想家荀子曾说:"心不在焉,则黑白在前而眼不见,雷鼓在侧而耳不闻。"(荀子·解蔽)任何心理过程离开了注意都将无法进行。

二、注意的种类

根据注意有无预定目的和意志努力的程度,注意可以分为无意注意、有意注意和有意后注意。

1. 无意注意

无意注意(involuntary attention),又称不随意注意,是一种事先没有预定目的,并且不需要意志努力的注意。它是人们不由自主地对那些强烈的、新颖的和感兴趣的事物所表现出来的心理活动的指向和集中。例如,大家正在上课,一个迟到的学生突然推门而入,大家就会不由自主地注意他。

无意注意的引起和维持,既没有明确的认识任务,也不依靠意志的努力,而主要是取决于刺激物本身的性质和强度。从这个意义上说,无意注意是消极被动的注意,是注意的初级形式。但从另一角度讲,正因为无意注意不需要意志努力,因此它具有的优点是不易使个体产生疲劳。

2. 有意注意

有意注意(voluntary attention),又称随意注意,是一种有预定目的、在必要时需要作出意志努力的注意。例如,当我们阅读一篇论文的时候,由于认识到学习这篇论文的重要性,便自觉地将注意集中于文章的内容,当学习遇到困惑或环境中出现干扰因素时,我们通过意志努力,使注意力维持在学习的内容上,这种注意就是有意注意。

有意注意是一种积极主动地服从于当前目的任务的注意。它受人的意识支配、调节和控制,充分体现了人的能动作用。有意注意是在人类实践活动中发展起来的,是人类特有的注意,是注意的一种高级发展形式。但由于有意注意需要一定的意志努力,因此主体容易产生疲劳。

3. 有意后注意

有意后注意(post voluntary attention),又称继有意注意,是在有意注意的基础上产生的一种与目的任务联系在一起、但又不需要意志努力的注意。例如,在从事某一活动时,个体开始时对它没有兴趣，需要意志的努力才能完成，但随着活动的逐步深化，个体对它逐渐发生了兴趣，这时不需意志努力就能保持自己的注意，这就是有意注意转化为有意后注意。

有意后注意是一种更为高级的注意形态，它正好具备了无意注意和有意注意的优点，一方面，由于它的引起是以有意注意为先导的，因此它具有潜在的目的性，另一方面，由于它不需要意志努力，因此个体不易产生疲劳。由于有意后注意具有上述两个特点，因此它对人们完成长时、持续的活动任务特别有效，并且是人们从事创造性活动的必要条件。

三、注意的品质

注意的品质主要有注意的范围、注意的紧张性、注意的稳定性、注意的分配和注意的转移。它可以反映一个人注意的发展水平。

1. 注意的范围

注意的范围(attention span)，又称为注意的广度，是指在同一时间内一个人能清楚地把握注意对象的数量。以信息加工的观点给出的操作性定义是，在注视点来不及移动的很短时间内(1/10 秒)所能接受的同时输入的信息量。注意的广度可以说是知觉的广度，我们所知觉的对象越多，注意的广度就越大；知觉的对象越少，注意的广度就越小。

心理学家很早就开始研究注意的广度。1830 年汉密尔顿(Hamilton)最先做了示范实验，他在地上撒了一把石子，发现人们很不容易同时看到六个以上的石子。如果把石子两个、三个或五个组成一堆，人们能同时看到的堆数和单个的数目几乎一样多，因为人们会把一堆看作一个单位。其他的研究结果还表明，成人一般能注意到 8~9 个黑色圆点或 4~6 个没有联系的外文字母，3~4 个几何图形。

扩大注意的范围，可以提高学习和工作的效率。排字工人、打字员、驾驶员等都需要较大的注意范围。

2. 注意的紧张性

注意的紧张性(tension of attention)是指心理活动对一定对象高度集中的程度，是注意的强度特征。人在紧张注意的情况下，会沉浸于他所注意的对象，而注意不到周围发生的事情。高度的责任心、浓厚的兴趣和爱好都能引起一个人高度紧张的注意，而厌倦、疲劳则会大大削弱注意的紧张性。例如，在上课时，如果某一学生保持高度紧张地注意听讲，他不会放过老师讲课的任何内容。同样是这个学生，由于前一晚上失眠，虽然责任感迫使他专心听讲，但这时他的思维不灵活了，疏漏了老师的一些讲课内容，说明这个学生的注意紧张性减弱了。

3. 注意的稳定性

注意的稳定性(stability of attention)，又称注意的持久性，是指注意在某一对象上所能保持时间的长短，它是注意的时间特征。

注意的稳定性有狭义和广义之分。

① 狭义的注意稳定性。它是指注意保持在某一事物上的时间。人对同一事物的注意是无法长时间保持固定不变的。例如，把一只表放在被试的耳边，保持一定距离，使他能隐约地听到表的滴答声。结果被试会时而听到表的滴答声，时而又会听不到。注意的这种周期性的加强或减弱的变化现象，称为**注意的起伏**(fluctuation of attention)。注意起伏的周期，包括一个正时相和一个负时相。注意处于正时相时表现为感受性提高，感觉到有刺激或刺激增强。注意处于负时相时，则表现为感受性降低，感觉不到刺激或刺激变弱。一次起伏周期平均约 8~10 秒。注意起伏的原因，一般认为是由于感觉器官的局部适应，使对物体的感受性短暂地下降。实验表明：声音刺激的起伏间隔时间最长，其次是视觉刺激，触觉刺激的间隔时间最短。一般情况下，注意起伏并不会给我们的实践活动带来明显的干扰作用，但在要求对信号作出迅速或高度精确反应的时候，就不能不考虑它的作用。比如，在田径比赛中，预备信号和起跑信号之间的时间间隔就要控制在 2~3 秒之内。

在看知觉双关图时，可以明显地观察到注意的起伏。我们注视右图时，可以看到小的方形时而凸起，时而陷下，两种知觉方式跳跃式地变更着。这个实验把注意的起伏模式化了。

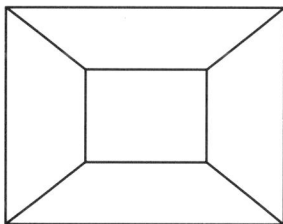

图 2-1 知觉的双关图

② 广义的注意稳定性。它是指注意保持在某一活动上的时间。广义的稳定性意味着注意并不总是指向一个事物，而是指注意所接触的事物可以变化，但注意所维持的活动总方向始终不变。比如，学生在听课时，一会儿听老师讲，一会儿记笔记，一会儿思考，虽然注意力在几个事物之间转换，但都服从于听课这一总任务。在教学活动中，更强调的是广义的注意稳定性。

与注意稳定性相对的状态是注意的分散(又称分心)，是由无关刺激的干扰或由单调刺激的长期作用所引起的。

4. 注意的分配

注意的分配(distribution of attention)是指在进行几种活动(两种或两种以上)时，注意同时指向不同的对象。注意的分配对人的实践活动是必要的，也是可能的。例如，教师一边讲课，一边观察学生的反映；汽车司机一边操纵方向盘，一边踩油门、刹车，一边还要观察路面情况等。

在以反应时研究注意分配能力的心理学实验中,可用以下公式计算注意分配的能力。

$$K = \sqrt{\frac{L'}{L} \cdot \frac{R'}{R}}$$

公式中:L——在单项刺激下,左手按键正确反应次数;R——在单项刺激下,右手按键正确反应次数;L'——在复合刺激下,左手按键正确反应次数;R'——在复合刺激下,右手按键正确反应次数。若实验结果 K 大于 0.5,说明被试具备了注意分配能力,K 越接近1,说明注意分配能力越强。

5. 注意的转移

注意的转移(shifting of attention)是指根据新任务的要求,主动及时地把注意从一个对象转移到另一个对象上。

注意的转移不同于**注意的分散(分心)**(distraction)。前者是指根据任务的需要,有目的地、主动地把注意转向新的对象,使一种活动合理地被另一种活动所代替,是主动的。后者是指由于某种刺激物的干扰或单调刺激长期作用所引起的,使注意离开需要注意的对象,是消极被动的。

善于主动、迅速地转移注意,对学习、工作等十分重要,尤其是那些要求在短时期内对新刺激作出反应的工作。例如,一个优秀的飞行员在起飞和降落的 5～6 分钟内,注意的转移达 200 多次,如果注意的转移不及时,其后果不堪设想。

第二节　注意的一般规律

注意作为一种很常见的心理学现象,存在着自己的一般规律:注意有其独特的功能,有其发生的心理机制,有影响其引起和保持的因素以及影响注意品质的因素。

一、注意的功能

注意是整个心理活动的引导者和组织者,它使心理活动处于积极状态并获得必要的驱动力。注意有三种主要功能:

1. 选择功能

注意能使人们在某一瞬间选择具有意义的、符合当前活动需要的特定刺激,同时避开或抑制无关刺激。选择功能是注意的首要功能,注意的其他功能都是在它的前提下产生作用的。

2. 保持功能

注意能使人的心理活动较长时间保持在选择的对象上,维持一种比较紧张的状态,从而保证活动的顺利进行。

3. 调节功能

注意使人的心理活动沿着一定的方向和目标进行,并且还能提高人们的意识觉醒水平,使心理活动根据当前的需要作出适当的分配和及时的转移,以适应千变万化的环境。例如,当人的注意力高度集中时,意识唤醒水平也随之提高,甚至还会出现某些相应的生理变化,从而提高机体对外界的反应能力。

二、注意发生的心理机制

几十年来,心理学家对注意发生的心理机制进行了许多极其有意义的研究,并提出了相应的理论。现在介绍三种影响较大的理论:

1. 过滤器模型

它是由英国著名心理学家布罗德本特(Broadbent,1958)提出的。他认为,来自外界的信息是大量的,但人的感觉通道接受信息的能力以及高级中枢加工信息的能力是有限的,因而对外界大量的信息需要进行过滤和调节。过滤按照"全或无"的原则,只允许一条通道上的信息经过并进行加工,而其余通道全部关闭。

这种学说看上去过于简单,布罗德本特也承认,被试能在很小的程度上来回转换注意的通道,因而表现出似乎能同时加工两种类型的信息能力。不过他同时表示,这种能力是极其有限的,特别当一个通道材料复杂程度增加的情况下,更是如此。

布罗德本特(Donald Eric Broadbent,1926—1993)

英国著名的实验心理学家。他的研究工作成为第二次世界大战前弗雷德里克·巴特莱特爵士的方法与战争期间应用心理学发展之间的桥梁,从 1960 年代末以后又以认知心理学家著称。1970 年当选为国家科学院院士,1975 年获美国心理学会颁发的杰出科学贡献奖。当学术界开始使用数字计算机时,他首先将其类推到人类的认知活动,发展了选择性注意和短时记忆理论,并于 1958 年提出了注意的"过滤器模型"。

2. 衰减模型

它是由美国心理学家特瑞斯曼(Treisman,1960)提出的。她认为过滤器并不是按照"全或无"的原则工作的,信息在通路上并不完全被阻断,而只是被减弱,其中重要的信息可以得到高级的加工并反映到意识中。她和格芬(Geffen)的双耳听音实验中发现,被试能觉察出追随耳中 87%的词以及非追随耳中 8%的词。这表明,被试可以同时注意两个通道的信息,但信息有不同程度的衰减。

布鲁德本特接受了特瑞斯曼的修改,目前人们倾向于把两个模型合并,称为布鲁德本特—特瑞斯曼过滤器—衰减模型。

特瑞斯曼(Anne Marie Treisman,1935—)

英国心理学家。现任普林斯顿大学心理学教授,研究领域有视觉注意、物体知觉、记忆等。针对原有的过滤器模型的不足,她提出注意的衰减模型。最有影响的著作是《注意的特征整合理论》(1980 年和杰拉德合著)。

3. 容量分配模型

它是由心理学家卡尼曼(Kahneman, 1973)提出的。他把注意看成资源和容量,而这种资源和容量是有限的。这些资源可以灵活地分配去完成各种各样的任务,甚至同时做多件事情,但完成任务的前提是所要求的资源和容量不超过所能提供的资源和容量。例如在无人的高速公路上,熟练的汽车司机可以一边开车,一边和车内的人说话。他之所以能够同时进行两种或两种以上的活动,是因为这些活动所要求的注意容量没有超出他所能提供的容量。而如果在行人拥挤的街道上开车,由于来自视觉和听觉的大量刺激占用了他的注意容量,他就没有能力再与同伴聊天了。

卡尼曼(Daniel Kahneman,1934—)

美国心理学家。美国普林斯顿大学心理学和公共事务教授、美国科学院和美国人文与科学院院士、国际数量经济学会会员、实验心理学家学会会员等。2002 年诺贝尔经济学奖获得者。其学术思想主要有:不确定情境下的判断,非理性决策和风险决策——关于前景理论的研究。其一生著作颇丰,已出版的著作和发表的文章有 140 多部(篇)。

卡尼曼的容量分配模型有两个值得探讨的问题：一、是否所有的心理活动都需要调动资源；二、是否资源只有一种。

首先，心理活动所需调动的资源容量是可以变化的。例如我们刚开始学开汽车时，必须全神贯注，所有的资源都调动起来去学开汽车。这时候，边开车边交谈几乎是不可能的。但是经过多次练习，情况便会改变。技术娴熟的司机可以边开车边交谈，毫不感到困难，除非到了险恶的地段，他必须重新集中注意力。由此可见，一个心理活动可以通过练习减少所需的注意资源，一些高度熟练的活动甚至无需多少注意资源，这就是**自动化**（automatic）。

其次，注意资源具有多重性。不同性质的任务需要不同的资源，同样性质的任务需要同样的资源。如果我们想同时把两篇文章念出来，结果无法做到，这是因为我们只有一个发音器官（资源）。而如果两件任务需要的是两种完全不同的资源，那么它们就能轻易地同时进行，好像是单独执行一样，边开汽车边听收音机就属于这种情况。

三、影响注意引起或保持的因素

上文中我们提到注意的种类有三种，无意注意、有意注意和有意后注意。由于三种注意的性质不同，所以引起或保持三种注意的因素和原因也不同，下面我们将分别介绍影响三种注意引起或保持的因素。

1. 引起无意注意的原因

引起无意注意的原因可分为两大类：一类是客观刺激物的特点；另一类是人的主现状态。

（1）客观刺激物的特点

① 刺激物的强度。它是引起无意注意的重要原因，如一道闪电、一声惊雷、一股浓烈的气味等都会引起一个人的注意。一般来说，刺激物的强度越大，越容易引起注意；强度越小，越不易引起注意。与刺激的绝对强度相比，刺激物的相对强度在引起无意注意上具有更重要的意义。例如，在人声鼎沸的广场上呼喊某人，有时即便到了声嘶力竭的地步，也未必能引起某人的注意；而在安静的课堂上，教师轻轻地点名，也会立即引起学生的注意。

② 刺激的新颖性。新颖的事物易引起人们的注意。这里也涉及绝对新颖性和相对新颖性两种情况。绝对新颖性是指刺激物在经验中从未有过，而相对新颖性是指刺激物的各种特征结合是不寻常的。比如，从未见过计算机的人，在展览会上会对一台计算机产生注意，而见过计算机的人，则会对一台造型新颖、设计独特的计算机产生注意。前者是

由绝对新颖性引起的无意注意,而后者则是由相对新颖性引起的无意注意。

③ 刺激物的变动。它包括刺激物在空间上的运动和时间上的变化。变化的刺激物容易引起人们的注意,比如,黑夜中闪过的流星,街上忽亮忽灭的霓虹灯,教师讲课时抑扬顿挫的声音都容易引起人们的注意。

④ 刺激的对比。刺激物与周围环境在大小、形状、颜色、持续时间等方面形成对比差异时易引起人们的注意。例如,"万绿丛中一点红"、"鹤立鸡群"等都容易引起人们的注意。

(2) 人的主观状态

① 需要和兴趣。凡是能满足人的需要、引起人的兴趣的客观事物就容易产生无意注意。比如,一张报纸上有各种信息报道,而有关高考方面的消息易引起高三年级学生的注意;在各种广告中,音乐会的广告易引起音乐爱好者的注意。

② 情绪和精神状态。情绪在很大程度上影响着无意注意。一个人在心情舒畅时对平时不在意的事物也会产生注意,而在闷闷不乐时,对平时有兴趣的事物也会视而不见、听而不闻。人的精神状态对无意注意也有重大影响。当一个人患病、过于疲劳或处于瞌睡状态时,很难对事物产生注意;而当一个人身体健康、精神饱满时容易对事物产生注意。

③ 知识经验。凡是与一个人的知识经验相联系,并能在原有知识的基础上增加新知识的事物,容易引起注意,比如,一个看过某部小说的人,对报纸上刊载的有关这部小说的介绍、评论易产生注意,而对此小说一无所知的人就对这些介绍、评论没有兴趣了。

2. 引起和维持有意注意的主要条件

(1) 对活动目的的理解程度

有意注意是服从于活动目的的注意,个体只有对活动目的理解得清晰深刻,才能使注意调节在完成任务的对象上,并予以必要的维持。心理学的实验证明了这一点:在被试面前放置一面屏幕,屏幕上有一个窗口,窗口后面是一条由转轴带动的长纸带,纸带上画有多个圆圈,并以每秒钟三个圆圈的速度通过窗口。被试的任务是用铅笔把从窗口通过的小圆圈勾去。实验结果表明,如果被试对实验目的和任务有清晰的理解,则能在长达20分钟的时间内正确无误地工作。由此可见,对活动目的、任务的理解能够提高个体活动的自觉性和责任感,从而更好地维持有意注意。

(2) 对活动的间接兴趣

兴趣有两种,一种叫直接兴趣,另一种叫间接兴趣。**直接兴趣**(direct interest)是指个体对活动的过程感兴趣;**间接兴趣**(indirect interest)是指个体对活动的结果感兴趣。人们在学习、工作等实践活动中,经常会遇到这种情况,即人们对事物本身没有兴趣,但对与该事物联系的结果产生了兴趣,这便是间接兴趣。

如果说,无意注意主要依赖于人的直接兴趣,而有意注意则主要依赖于人的间接兴趣。比如,某学生在学习外语过程中,对学习、背诵枯燥乏味的单词、文法没有兴趣,但对掌握外语后能使用外国先进技术产生了兴趣,这种间接兴趣会引起和保持他对学习、背诵外语的高度有意注意。间接兴趣越浓厚,个体对活动对象产生的有意注意就会越稳定。

(3) 注意活动的组织

心理学的研究表明,形式单一的活动容易使人产生厌倦和疲劳感,从而导致注意分散;反之,多样化的活动则有利于提高大脑的兴奋性,维持有意注意的稳定性。比如,学生在学习外语单词的时候,如果单纯地看或单纯地读,或单纯地写,都不利于注意的维持,只有把看、读、写三者结合起来,交替进行,才能有效地维持对学习活动的注意。

(4) 内外刺激的干扰

有意注意常常是在有干扰的情况下进行的,这些干扰可能来自内、外两部分。内部干扰主要指疲劳、疾病以及与工作、学习无关的思想情绪等;外部干扰主要指无关的声音和视觉刺激物等。内、外干扰越少,个体越容易维持有意注意;内、外干扰越多,有意注意的维持越困难。

(5) 个体的意志力

个体的意志力是有意注意维持的重要保证,尤其是当个体对注意对象缺乏兴趣,又有内、外干扰的情况下,意志力的作用便尤为重要。古人为了坚持学习,用"头悬梁"、"锥刺股"的办法来维持有意注意,其意志力的努力程度可见一斑,但实际上个体在过度疲劳的情况下强打精神的学习效果并不很好。个体只有在尽可能排除内、外干扰的基础上,加强意志的努力,才能达到最佳的学习、工作效果。

3. 有意后注意发生的条件以及各种注意类型之间的转化

有意后注意是从有意注意中转化而来的。它的转化条件主要有两个:

① 对注意对象的直接兴趣。个体对注意对象的直接兴趣不仅是引起无意注意的条件,也是使有意注意转化为有意后注意的条件。比如,一开始个体对注意对象有意识地注意,之后逐渐被注意对象吸引、迷恋,以致"忘了"对其进行有意识的注意控制,则进入了有意后注意状态。

② 对注意对象的操作活动水平。如果个体对注意对象的操作活动比较生疏,则必定需要投入大量注意资源才能完成,个体需要有意识地注意才能完成活动。而如果个体对注意对象的操作活动达到十分娴熟的程度,即达到自动化水平,个体则不必投入很多注意资源,就可能进入有意后注意状态。

而上述两个条件,都使有意注意中的意志努力失去了存在的必要性,从而转化成有意后注意。例如,听报告时,如果报告人讲得并不精彩,未能引起听众的直接兴趣,这时听众大多处于有意注意状态。而如果报告很精彩,能引起听众的直接兴趣,但是方言较重,需高度注意方能听懂,这时听众仍大多处于有意注意状态。只有当报告精彩,又未有语言障碍时,听众才可能进入有意后注意状态。

以上三种注意形态虽然有明显区别,但在生活实践中往往又是不可分割的,它们之间存在着相互转化的过程。例如,有的人最初被邮票鲜艳的色彩所吸引而开始集邮(无意注意),但之后发现邮票中蕴涵着许多知识,便开始系统地、有目的地收集邮票(转化为有意注意),一段时间后,对集邮的兴趣越来越浓厚,端详起邮票来都达到了"入迷"的境界(转化为有意后注意)。

四、影响注意品质的因素

注意的几种主要的品质如注意的范围、注意的紧张性、注意的稳定性等我们已经有所了解,那么影响这些注意品质的因素又是哪些呢?

1. 影响注意范围的因素

① 注意对象的特点。注意范围会随注意对象特点的改变而产生相应的变化。一般说来,被知觉的对象越集中,排列越有规律,就越能成为相互联系的整体,注意的范围也就越大,反之注意的范围就越小。例如,研究发现,人们对颜色相同字母的注意范围大于颜色不同的字母;对排列成一行的字母的注意范围大于分散在各个角落的字母;对大小相同字母的注意范围大于大小不同的字母;对组成单词的字母的注意范围大于孤立的字母。

② 活动的性质和任务。在注意对象相同的情况下,注意范围的大小会随着活动的性质和任务的不同而改变。例如,用速示器呈现不能构成词的一些字母,当要求被试说出哪些字母写法有错误时,他所能知觉到的字母数量要比单纯要求他说出有多少字母的知觉数量少得多。注意范围的缩小是因为找出错误的任务比辨认字母数量的任务复杂,它要求被试更仔细地去感知每个字母的细节。由此可见,当任务复杂或需要更多地注意细节时,注意的范围就会缩小。

③ 个人的知识经验。注意范围的大小,与个人的知识经验密切相关。比如,阅读水平高的人可以"一目十行",而阅读水平低的人则不可能做到这一点。一般来说,个体的知识、经验越丰富,整体知觉的能力就会越强,注意的范围也会较大。

2. 影响注意紧张性的因素

① 责任感、兴趣和爱好。个人如果对注意对象抱有高度的责任感、浓厚的兴趣和爱

好,那么他对活动的注意紧张性就可能较高;而如果他对注意对象缺乏责任感,缺少兴趣和爱好,那么就很难产生和保持高度的注意紧张性。

② 身体状况和精神状态。良好的身体状况和精神状态有助于保持高度的注意紧张性;反之,厌恶、疲劳、生病都会大大削弱注意的紧张性,使人很难准确地完成各种心理活动。比如,一个睡眠不足的人,白天工作时注意的紧张性降低了,这时他就很难保持平时的工作效率。

③ 注意范围的大小。注意的紧张性与注意的范围密切相关。注意范围小,保持高度紧张的注意相对容易;注意范围越大,要保持高度紧张的注意就越困难。

3. 影响注意稳定性的因素

① 对象的特点。一般来说,个体对内容丰富、特征复杂、活动变化的对象容易保持稳定的注意。比如,看一幅画比看一支粉笔容易保持注意的稳定;而看变化的电视画面又比看一幅画容易保持注意的稳定。在一定范围内,注意的稳定性程度是随注意对象复杂性的增加而提高的,但是,如果注意对象过于复杂、难以理解,那么就容易导致疲劳,引起注意的分散。在学习活动中,如果学习内容过于简单,学习进度过于缓慢,学生的注意力往往难以保持稳定,而如果学习内容过于复杂,学习进度过快,学生的注意力同样容易分散,学习内容只有与学生的认知水平相适应,才可能维持学生稳定的注意力。

② 对活动的态度。一个人对活动目的理解深刻,抱着积极的态度,或对活动有浓厚的兴趣和高度的责任心,注意就能持久稳定。反之,如果个体对所从事的活动缺乏理解、缺乏兴趣,注意则不易稳定。

③ 主体的身体和精神状态。当一个人失眠、生病、疲劳或情绪波动时,注意就容易出现不稳定,而如果身体健康、精力充沛并且情绪良好时,注意就易于持久稳定。

④ 主体的意志力。与维持有意注意一样,保持注意稳定性也需要坚强的意志力,尤其在有内外干扰的情况下,只有坚强的意志力才能保证主体不分心,维持注意的稳定性。化学家门捷列夫为了编制元素周期表经常连续地工作,有一次竟连续工作了三天三夜,这种注意的稳定性是惊人意志力的写照。

4. 影响注意分配的条件

① 同时进行的几种活动的熟练程度。如果人们对同时进行的几种活动能达到自动化或部分自动化的程度,那么实现注意的分配就比较容易。自动化或部分自动化的活动不需要很多注意就能进行,这样个体可以把大部分的注意集中到比较生疏的活动上去,使两种或两种以上的活动齐头并进。比如,写字熟练的学生,对于边听课边记笔记能够应付自如;而写字不熟练的学生则很难做到这一点,总是顾此失彼。

② 同时进行的几种活动之间关联度。有联系的活动便于注意分配。当各种活动之间形成了固定的反应系统时，人们可以轻易地同时进行几种活动。而如果几种活动之间缺少联系，难以形成反应系统，注意的分配就很困难。例如，开车需要手、脚、眼同时完成一系列的动作，只有经过训练建立起一定的反应系统后，司机才能很好地分配注意，自如地驾驶汽车。

③ 同时进行的几种活动的性质。活动的性质不同会影响注意分配的难易，一般来说，注意在技能性活动上的分配较容易，而在智力性活动上分配较难。例如注意分配于手、眼、脚协调活动骑自行车较容易，而注意分配于一边背诗，一边做数学题则比较困难。

学术研究 2-2   背景音乐与工作的关系
——基于容量分配模型的研究

运用注意容量分配理论，根据作业自动化程度的高低，可以将作业分为：

1. 比较适合于使用背景音乐的作业

① 高度自动化的工作：行走、吃饭、穿衣等1、2岁以后就不需要再练习的活动；骑自行车、在没有复杂情况的路面上开汽车、做饭等不容易遗忘的动作记忆性的活动。这类活动，需要较少的注意资源，对背景音乐的注意不影响作业，同时，音乐的刺激(声音刺激)有助于对新刺激的接受，从而使活动更容易。

② 较高自动化的工作：有伴奏的歌唱、芭蕾舞(及冰上芭蕾舞)、自由体操、交谊舞等。这一类活动，要求必须同时注意音乐，只不过经过长期练习后，动作的节奏和背景音乐的节律已经形成一些比较固定的搭配模式。此时，对音乐(或典型的节奏类型)的听辨达到自动化程度，甚至这种听辨和动作的组合达到了自动化的程度，因此需要分配的注意能量比较少。

2. 可能不适合使用背景音乐的作业

没有达到自动化的、没有练习的新任务。例如划消测验[①]和相对复杂些的高考等等。这类作业属于需要集中注意，而不是分配注意，因此可能不适合使用背景音乐。此外，还有一类需要用耳听的作业，因为和听音乐占据的是同样的听觉通道，所以，也可能不适合使用背景音乐。

从背景音乐特征的角度进行的分析，人们对在什么样的场合用什么样的音乐，似乎在人们心目中已经有了一些标准。比如人们在夜间长途开车时不会去选择越听越困的摇篮曲；商店里一般也不会播放进行曲；显然，人们同样不会选择力度变化较大的音乐用来催眠……

(余原,2006)

---

① 划消测验是一种可以防止因被试的职业、文化程度不同而影响测量效果的测验。它是一种测量一般工作能力的非文字测验。测验时要求被试在一个随机排列的数字表(也可以是简单的符号，英文字母或几何图形等)上，在限定时间内划去某一数字。

5. 影响注意转移的因素

① 对原来活动的注意紧张程度。个体对原来活动的注意紧张程度越高,注意的转移就越困难,转移的速度也越慢;反之,注意的转移就容易,转移的速度也较快。比如老师在课前宣布期中考试的成绩,结果很难把学生的注意力转移到后面正式的上课内容上,因为学生还沉浸在分数所带来的喜悦或伤心之中,这样必然会影响到上课效果。

② 新旧对象的吸引程度。如果个体对新的对象有浓厚的兴趣,或它符合个体当时的心理需求,而对旧的对象兴趣较少,则注意的转移就比较迅速和容易,反之转移就缓慢和困难。

③ 个体的神经类型和已有习惯。神经类型灵活型的人比不灵活的人容易实现注意的转移,并且转移的速度也较快;已养成注意转移习惯的人比没有这种习惯的人更容易实现注意的转移。

④ 个体的自我控制能力。自我控制能力强的学生善于主动及时地进行注意的转移,而自我控制能力弱的学生则常常受自己情绪、兴趣的左右,不能主动地转移注意。

第三节 注意规律在教育中的应用

我国古代著名哲学家、教育家荀子指出:"君子壹教,弟子壹学,亟成。"壹就是专一、集中注意。意思是说,教师专一地教,学生专一地学,很快就能够成功。俄国教育家乌申斯基(Ушинского<郑文樾译,2007>)也曾说过:"注意是一个唯一的门户,外在世界的印象,或者较为挨近的神经机体的状况,通过它才能在心里引起感觉来。"作为学校教师,如果在课堂上不能把学生心灵的门户打开,那么不管他讲授的内容是何等的丰富和精彩,结果都是徒劳。

一、注意规律在教书育人中的应用

注意是一种心理现象,是心理活动对一定对象的指向和集中。在日常教学中我们应该尽可能让学生保持对教学过程的指向和集中,否则,教学过程就不算是成功的。下面我们就介绍一些注意规律在教书育人中的运用。

1. 运用无意注意的规律进行教学

个体的无意注意主要是受外界事物的刺激而不由自主地发生的,因而它对教学活动会产生两种截然不同的作用。一种是消极的干扰作用:由于教学活动以外的偶发事件引起学生的无意注意,分散了学生的注意力,干扰了正常的教学活动;另一种是积极的组织作用:通过对某些刺激物有意识的控制来吸引学生的无意注意,为教学活动服务。正因为无意注意的作用具有两重性,因此利用无意注意的实质就在于,通过控制刺激物的强度、对比、运动、变化和新异性等特点,尽可能发挥其积极的组织作用,消除其消极的干扰作用。在具体教学工作中,教师可以从以下几方面来运用无意注意的规律。

① 注意讲演技巧。教师的讲演技巧对吸引学生的无意注意至关重要。首先,教师讲课时要注意语音、语调应有抑扬顿挫的变化,须避免平淡、呆板;其次,教师讲话时音量要保持适中,过强的声音容易造成学生听觉的疲劳,过弱则无法使所有学生听到;第三,对重点的内容要在音量、音调上予以突出,并且给予必要的重复。对于重点内容的重复不是简单地再讲一遍,而是最好以不同的形式呈现同一内容;第四,讲课时应伴以适当的手势、表情,避免单调枯燥的讲述。

② 注意板书和课件技巧。板书是课堂教学的主要辅助手段。从运用无意注意规律的角度看,应注重以下几方面:首先,要控制合理的使用量。过多的板书会破坏教学节奏,易导致学生注意涣散,而板书过少,则减少了教学形式的变化,也不利于学生注意的集中。其次,要重点突出。板书的书写应有重点和非重点之分,一般地方用白粉笔书写,重点处则用彩色粉笔标出,通过颜色的对比使学生清晰地看到。再次,在使用教学多媒体课件时,目标色和背景色要对比明显,字迹要清晰醒目,重要信息要凸显。已有研究表明,多媒体画面丰富多彩的视听效果,可以增强教学直观性和生动性,但如果过度采用与教学内容无直接关系的图像、音乐、动画等,只会使学习者把更多的无意注意放在精彩的画面和悦耳的音乐上,而无法专心于这些画面和音乐所蕴含的教学内容,将对学习者的学习产生干扰。

③ 注意教学形式的多样化。多样化的活动有利于吸引学生的无意注意,保持对教学活动的注意稳定性。教师上课时除采用演讲这一主要教学方式外,还应穿插使用其他教学形式,如个别提问、集体讨论、角色扮演、动手实验等。但具体教学形式的选择要根据教学内容而定,比如在日常生活中,学生都知道纸是易燃物,物理老师在讲解“热传递”的知识时,若能演示“纸锅烧水”的实验,则比单纯的语言讲解更能引起学生的无意注意。又比如,学习一篇语文课文,如果老师一味演讲,可能会使学生感觉厌倦,但如果能变换教学方式,采用教师演讲、学生角色表演、集体讨论等多种形式,那么教学效果就可能要好许多。此外,随着多媒体教学的发展,教师还可以配合教学内容使用录像、录音、投影、幻灯、电脑等设备,进一步丰富教学形式。

④ 注意教具的使用。配合教学内容选用适当的教具可以增加教学的生动性,引发学

生学习的直接兴趣,吸引学生的无意注意。但如果教具使用不当,结果会适得其反。比如有的教师把在课中使用的教具在刚上课时就摆放在讲台上,新异的教具便成了干扰刺激。正确的做法应是先把教具放在讲台里,即使无法放置在内,也要设法作必要的掩饰,待讲课使用时方才取出或移去遮掩。

⑤ 注意教学内容的组织。能够满足需要、符合兴趣的刺激物容易成为无意注意的对象,因此,教师在组织教学内容时,应充分考虑学生原有的知识经验,结合学生已知的具体实例,提高其学习的积极性,有效地维持注意。如果教学内容过难或过易,都容易使学生产生分心现象。在对教学内容的具体组织上,要特别重视开端的部分。良好的开头可以引起学生的直接兴趣。教师可以从现实中的生动事例说起,也可以从已学过知识的联系中巧妙引发,还可以从发人深省、耐人寻味的问题情境中展开……其目的是通过生动形象、富有启发性的讲述来引起学生的无意注意。比如有一位自然常识课老师,在教《杠杆》一课时,设计了一个"看谁力气大"的问题情境,他故意挑选班上身材最高大的男同学与身材最瘦小的女同学作为对手,他的选择引起了同学们的哄堂大笑,大家都以为结果是不言而喻的。然后,这位老师要求男同学在接近门铁链处把门往外推,让女孩在门把手处用力把门往里推,比赛结果出乎大家的意料,女孩获胜了。什么道理呢? 这一问题紧紧吸引了学生的注意力。这种出奇制胜的方法使学生对学习内容本身产生了兴趣。

⑥ 注意学生的听课情况。作为教师要关注学生的注意集中状况,一旦发现学生精神走神,应及时给予信号制止:目光凝视、摇头示意、提问或干脆突然停止讲课等,以变化的刺激引起学生的无意注意,切不可当场训斥,以免干扰集体的注意力。

2. 运用有意注意的规律进行教学

① 创造良好的教学环境。为了使学生集中注意学习,首先要尽量避免和排除外部无关刺激的干扰,因此教学环境要尽可能保持安静、整洁。作为教师,首先要关心教室外环境,一旦发现干扰刺激,如噪音、视觉干扰物或有害气体侵扰,要尽快予以排除,尽量创设相对安静的学习环境。但是,俄国生理学家谢切诺夫(Сеченов<谢切诺夫著,杨汝菖等译,1957>)说过:"绝对的,死气沉沉的寂静并不能提高,反而会降低智力工作的效果。"实验表明:人处于绝对安静的环境中并不能有效地工作,反而会逐渐地进入睡眠状态。所以,某些微弱的刺激不仅不会干扰学生的有意注意,而且会加强有意注意。其次,教师还应注意教室内的环境,仔细观察教室是否整洁、桌椅排列是否整齐,以及室内的装饰是否简洁、朴素等,尤其是对于教室如何装饰应引起重视。不少教师自己也会不自觉地过分修饰教室,但效果却适得其反。曾经有这样一位新教师,她为了把教室布置得美观一点,在墙壁上贴满了五颜六色的画片,黑板周围也贴满了形形色色的标语、

功课表、好人好事栏等,甚至连日光灯上也挂上彩纸……走进教室简直像走入了游艺园,她原本希望以此提高学生的学习兴趣,殊不知这些刺激已成为学习的"污染源",弄得学生眼花缭乱、注意力分散,学习受到严重影响。由此可见,良好的环境是有效教学的前提和保证。

②　培养间接兴趣。为了引发学生学习的间接兴趣,教师在一门课开始时应阐明本课的学习意义和重要性,让学生明确认识到本课知识对他们所具有的价值,以引起他们对学习结果的兴趣,从而积极调动他们对随后教学的有意注意。比如,有一位书法老师在课程开始时先向学生展示我国历代书法家的作品,让学生认识书法作为一门艺术的魅力,同时还让学生意识到优美的书法在我们的生活周围无所不在:书法展厅、黑板报、宣传标语、商店招牌……使学生体会学习书法的实用价值。通过教师的正确引导,学生的学习兴趣油然而生,使教学取得了满意的效果。

③　明确学习目的和任务,并使学生理解其意义。教师不仅要向学生阐明某课程的学习目的和意义,还要让学生认识到每一节课的学习目的和任务,从而使学生对教学活动的有意注意得到有效的维持。教师可以在一节课开头先扼要地阐述本节课的主要内容、学生必须掌握的重点及难点知识……让学生做到有的放矢,促使他们更有效地组织自己的注意。比如有的物理老师在讲解"浮力"概念时,先将一空铝皮牙膏壳卷成团投入水中,并布置任务:谁能使沉底的牙膏壳浮出水面?面对这一明确而具体的任务,学生积极思考,争相发言,达到了很好的教学效果。

④　合理地组织注意活动。首先,指导学生组织自己的有意注意。教师应对学生如何组织自己的有意注意给予指导,如要求学生适时地提醒自己"坚持注意",或反问自己"老师讲到哪里了?"通过这种语言的调节作用,可以促使学生把注意维持在当前活动上。其次,把智力活动与实际操作结合起来。教师教学中应要求学生听练结合,比如让学生适当做笔记或动手操作实验,由于实际操作本身也要求有意注意的参加,因此听练结合实际上是对学生的有意注意提出了更高的要求。

⑤　关注学生身体和精神状况。学生良好的身体和精神状况是维持有意注意的内部条件,因此作为教师要关心学生的作息情况和情绪状态,劝说他们注意保持充足的睡眠和良好的心态,保证有充沛的精力投入学习。

3. 运用有意后注意的规律进行教学

有意后注意对于教学活动来说是一种理想的注意状态。当学生进入有意后注意,学习便不再是压力和束缚,而是成了一种享受。要使学生进入有意后注意,需要注意以下两点:

① 引发直接兴趣。教师应通过各种高水平的教学技巧和创造性活动来使学生对教学活动产生直接兴趣。这里所说的教学技巧和创造性活动,既可以通过丰富的教学内容来实现,也可以通过多样的教学形式来展示,而目的都是为了引发学生学习的直接兴趣,为听课进入有意后注意创造条件。心理学家们研究和倡导的一种叫做"满怀兴趣学习"的方法,旨在使那些厌恶某门学科的学生建立起对这门学科的学习兴趣,经实验证明还是比较有效的。具体做法是:选择你不感兴趣的学科,坐下来充满信心地想象——这门学科是非常有趣的,我从今天起要好好学习这门课程,在这门课中我一定能获得无穷的乐趣。坚持几周以后,参与实验的学生对此课程的直接兴趣的确得到了提高。

② 提高学生的操作活动水平。为了使学生听课能达到超然入化的水平,教师应努力提高学生对注意对象的操作活动水平,并尽可能使之达到自动化或半自动化的水平。比如,教师应有意识地训练学生记笔记的能力,在开始训练时,教师要把讲课的速度放慢,适当多写点板书,提醒学生什么该记,什么不该记。而随着学生记忆能力的提高,教师则可少写板书,少提醒,当学生记笔记的水平达到成熟,可以自如地边听边记,便为进入有意后注意打下了基础。

热点聚焦 2-1　　　　　　教育领域中关于注意的研究

研究一:新手教师由于对教学内容的重点、难点等把握还不十分准确,教学经验还比较匮乏,教学方法的运用还不十分灵活,还没有形成自己的教学常规和教学风格,因而他们在注意选择的指向性上多数以自己的教学为核心,把注意大部分指向自己的教学内容、教学方法等,较少照顾到学生的学习活动和学生的不同反应(胡志坚,2001)。

研究二:考察学困生和学优生在正启动量和负启动量上差别的实验,探讨了学困生在选择性注意加工机制上所存在的问题。实验结果给人们,特别是教育者提出了一个重要启示,即对学生或儿童注意力的培养不仅要注重目标激活能力的培养,而且更应该注重培养其对分心信息的抑制能力。因为抑制机制与一种更普遍的认知功能有关。对于目前的学困生一方面应给予学业上一定帮助或辅导,另一方面应着重训练对分心物抑制能力(金志成等,2003)。

研究三:小学教师选择注意与洞察力对课堂信息知觉的影响的研究结果表明,选择性注意对教师课堂信息判断的正确率起着重要的作用。选择性注意是教师课堂信息加工策略的重要构成成分之一,在教师课堂信息加工能力的发展进程中起着十分重要的作用。不同学科教师的选择性注意策略、洞察力和表征策略不存在学科差异(张学民等,2002)。

(张萍,2007)

二、注意规律在自我教育中的应用

良好的注意力是学生顺利完成学习任务的保证,因此,每个学生都应重视对自己注意力的培养。有研究表明,学困生和学优生的注意力存在显著的差异,学困生对分心物抑制能力弱,所以在对目标作出反应时,易受分心物的干扰。因而,其选择性注意效率比学优生低(金志成等,2003)。刘卿等(1999)通过对学困儿童的注意力品质的探究发现,学习困难儿童在注意分配能力上有明显缺陷;注意广度与正常儿童比较也有偏低的倾向。张曼华(2004)等人对学困儿童注意力特点的研究发现,学困儿童在注意广度、注意稳定性的划削错误率和注意分配能力上与正常儿童相比差异都存在着显著性。另外,沈烈敏(1999)等研究发现注意力集中能力是一种个体主观不能自控的认知因子,无论初中生还是小学生,学业成绩优劣不同者在注意力方面均有显著差异。可见,学生的注意力对学习的影响不言而喻。学生在自我教育中运用注意规律可以从以下几个方面入手:

1. 认识自身注意品质的特点

要提高注意力,优化注意品质,首先要充分认识自身注意品质的特点。个体在注意品质方面呈现的差异较大,比如同样是注意品质不佳,有的学生表现为注意不易稳定,学习时易产生分心;有的学生则是注意不易转移,语文课已开始五分钟,他还念念不忘前面的数学课;而有的学生则是在注意分配方面有困难,上课时难以做到边听课边记笔记……因此,只有充分了解自身的注意特点,才能采取相应的措施,有针对性地加以训练,使注意力得以有效提高。

学术研究 2 - 3　　　　　青少年注意力测验

殷恒婵(2003)根据国内外现有的注意力测验,并结合国内对注意现象的普遍看法,编制了《青少年注意力测验》,该测验由注意力转移、稳定性、广度和分配4个分测验组成。

注意力转移的测试加减法测验,测题由1~9自然数组成,要求被试交替进行"加"、"减"运算,并将结果写在两个数的中间。结果总数为 $22 \times 12 = 264$ 个。

如下图:

	+		−		+		−		+		−		+		−		+	
4		6		3		9		2		5		1		8		7		6
	10		3		12		7		7		4		9		1		13	

注意稳定性的测试采用视觉追踪测验,测题由起于左侧而止于右侧的多条曲线组成,测验 A 图中有 10 条曲线,B 图中有 25 条曲线,曲线总数为 35 条。要求被试用眼睛从左侧开始追踪一条曲线,并将该线起始时的序号,用笔写到右侧曲线结束的方格内。

如下图

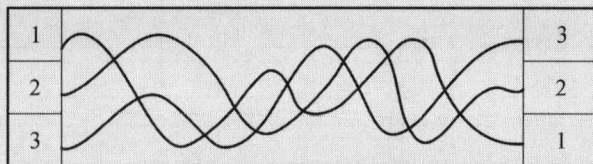

注意广度的测试采用选 4 圈测验,测题是由画有不同数目圆圈的小方格组成。方格的总数量为 $26 \times 25 = 650$ 个。要求被试找出画有 4 个圆圈的方格,并在方格上打"√"。

如下图:

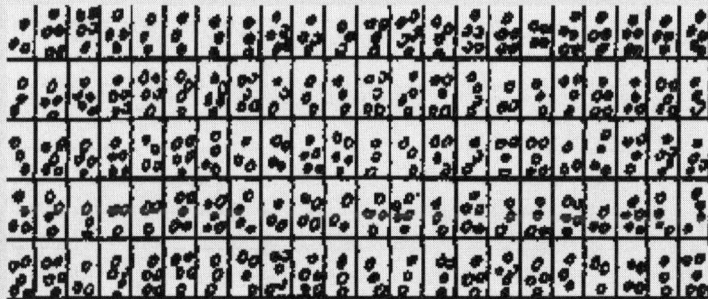

注意分配能力的测试采用图形辨别测验,测题由两个大小不同,有缺口的圆环组成。由于圆环的缺口方向不同,就组成很多很近似的不同图形。图形总数为 $15 \times 20 = 300$ 个。要求被试找出指定的两种图形,并在图形上打"√"。

如下图:

从以下图中找出图形 ⊙ 和 ⊙

实践探索 2-1　　　　　　检查自己的注意力

下面表格中所列的数字为 10 至 59,如果你能在 30 秒内找到 3 个连续的数字(如 10、11、12 或 37、38、39 等),说明你的注意力水平属中等;如果你能在 15 秒内找到,说明你的注意力水平属于上等;而如果你要一分半钟才能找到,则说明你漫不经心,注意力需要好好训练了。

34	19	42	54	45
26	16	39	28	57
40	35	14	56	30
12	29	44	51	23
50	43	36	24	11
37	20	55	32	47
25	41	17	53	38
52	18	21	31	46
13	22	48	10	58
15	27	59	49	33

2. 善于科学用脑

要学会科学用脑,首先应做到劳逸结合,有的学生学习虽刻苦,但忽视休息,甚至学习古人"悬梁刺股"的精神挑灯夜战,结果头脑昏昏,注意力根本无法集中,学习效果可想而知。其次,每个学生应了解自己的"生物钟",并根据自己的生物钟,合理选择学习时间,以有助于注意力的集中和学习效率的提高。比如,"百灵鸟型"的学生可较多利用白天,"猫头鹰型"的学生可较多利用晚上等。只有科学地用脑,才能为注意力集中提供前提保证。

3. 培养良好的自制力

自制力是一个人控制和调节自己认识、情感和行动的能力。在学习中,往往会有各种内外干扰因素,因此为了与注意分散作斗争,维持自己的注意力,就必须有良好的自制力。为了增强自己的自制力,一方面,应加强组织性、纪律性方面的教育;另一方面,由于自制力与人的第二信号系统的控制密切相关,因此,在训练中应借助语言,通过自我暗示等方式,如"必须注意"、"别开小差"等来增强自制力。

4. 养成良好的注意习惯

注意习惯是重要的学习习惯之一,良好的注意习惯包括专心听讲的习惯,注意及时转移的习惯等等。一个人一旦养成了有利于学习的注意习惯,就会在大脑皮层上建立起动力定型,使人自觉地集中注意力,从而使学习更富有成效。而要养成良好的注意力,则要从小开始,从点滴入手,正如苏联心理学家索洛维契克所说:"要想在课堂上集中注意力,我们还是从一年级学做简单的事情开始吧:身体坐正,振作起来,做好听课准备……这样,我们就会非常容易地把注意力集中在老师的讲解上。"养成良好的注意习惯自然是一个漫长、艰苦的过程,但习惯一旦养成,则可使我们受用终身。

5. 培养良好的注意品质

注意品质的个体差异虽然与先天的神经系统类型有一定关系,但主要还是受后天生活实践的影响,因此,通过适当的教育和训练,注意的品质是可以大大改善的。有人(张英萍,2005)用认知行为辅导中的自我指导训练,配合方格练习和多重感官训练,并运用行为改变技术中的行为契约法,对自己学生的课堂不专心行为进行了矫正,收到了良好的效果。

(1)注意稳定性的训练

注意稳定性不佳往往与主体的意志力薄弱、情绪不稳定等因素有关,因此对于注意稳定性的训练应从提高意志力和情绪稳定性这两方面入手。具体的方法有:

① 意志锻炼法。规定自己在一定的时间内完成一定的工作量。开始时,规定的时间可以较短,并可选择自己感兴趣的事情做,然后逐渐过渡到在较长的时间内完成自己没有兴趣的工作或学习任务。训练开始阶段可以设置一定的物质奖励,当自己完成任务情况较好时,便可获得奖励。然后逐渐过渡到自我口头奖励,如"我真棒!""下一次我可以做得更好!"等。

② 干扰训练法。让自己在外界有干扰的环境下完成学习或工作任务,正如毛主席少年时代在城门口读书来锻炼自己的自制力。干扰刺激可以是电台广播、电视节目、外界的嘈杂声等。训练的原则与意志锻炼法相同,即干扰刺激应从小到大,训练时间应从短到长,学习任务应从易到难。

③ 静坐放松法。通过静坐放松训练,使自己能够心情舒畅、情绪稳定。具体操作如下:让自己端坐在椅子的1/3处,不要靠在椅背上。人体放松而不松懈,处于安静自然、轻松舒适的状态。头放正,下颌内收,舌抵腭,两腿自然分开,双脚着地,两手轻轻放在大腿上,呼吸自然、均匀。然后播放伴以抒情轻音乐的诱导语:

让我们进入一个美好而又清净的境界。

我坐得松静自然、轻松舒适。

头松了、颈松了、肩松了、两臂松了、胸松了、腰松了、两腿松了、脚松了。

自上而下地松、静；松、静……

我轻松愉快,醒脑安神；

我头脑清晰,心情舒畅；

我思维敏锐,记忆力极好！

我精力充沛,思想集中；

我学习一定能取得好成绩；

松、静；松、静；松、静……

然后慢慢睁开双眼。

学术研究 2－4   **注意力训练的研究**

张灵聪(1996)较早对注意力培养进行了研究,他依据"当人在想象单摆摆动时,手部肌肉就会产生像实际摆动一样的肌肉电流,进而使手产生不自觉的摆动",最后以单摆摆动原理研制出"注意稳定训练仪"。以往的"注意集中能力测定仪"、"注意稳定性测试仪"和"追踪仪",都是从外部刺激(简称外控)来测量或训练人的注意稳定,而张灵聪的"注意稳定训练仪"则是通过想象(内控)来训练人的注意稳定,所以更有利于提高被训练者的自控力。

甄鹏(1992)在《注意的研究与小学生的发展》中提到,有条件的抄书训练和加法训练能显著提高小学生注意力。殷恒婵(2000)则利用恩师 TM(MC2StudyTM)注意力训练仪对 221 名中小学生进行注意力培养的前后测实验,结果表明,经过训练,学生的注意力稳定性、注意广度、注意分配和转移性都有不同程度的改善,其中注意力稳定性这一注意基本品质的提高速度最快。而张英萍、刘宣文则采用认知行为训练方法改进小学生课堂注意行为,结果表明,对个案进行认知行为训练是非常有效的(张英萍,刘宣文,2005)。另外,许多研究表明,拉丁舞练习(尹霞,2007)、书法训练(刘勇,1999)、围棋(徐平,2008)、早操(蒋建森,2004)、身体以及情绪控制训练(俞国良,董妍,2007)等,都对学生的注意力尤其是注意力稳定性有明显的提升作用。

(2) 注意转移的训练

改善注意转移的品质可以通过提高主体的自我控制能力来实现。具体做法如下：

按以下规则出两道题：

第一题：写两个数,把一个写在另一个的上边。例如 4 和 2,然后把它们加起来,把和的个位数写在右边的上方,像下面所示的那样,而把上面的那个数移到下面,继续这样做……

$$46066280$$
$$24606628$$

第二题：起始的两个数与上相同,然后把两个数的和的个位数写在右边的下面,把下面的数移到上面,继续这样做……

$$42684268$$
$$26842684$$

稍加练习后,随便请个人来,让他每隔半分钟向自己发出命令："第一"、"第二"、"第一"、"第二"等,听了命令后,画一竖杠,立即改做另一题,尽可能准确而迅速地完成作业。检查后就会发现,错误主要发生在两题转换之间。通过多次训练,自我控制能力会得到提高,做题的错误率会减少,转换的速度也会加快。

（3）**注意广度的训练**

训练注意广度的目的在于提高自身的整体知觉能力,具体做法如下：

给自己列一张数字表,表中的数字都是无规则的(如下所示),然后划去任意两个数之间的某个数,这些数字都可自己选定,如划去"1"和"8"之间的"6"字等。

$$1534963825479$$
$$3037154269874$$
$$4273015649238$$

划数字训练的评分方法是计算划对、划错和漏划三种数据。全部划对的数字的总和称为粗分,划错的加上二分之一漏划的称为失误。粗分减去失误称为净分。用公式表示即为：

净分 ＝ 划对数－(划错数＋1/2 漏划数)

失误率 ＝(划错数＋1/2 漏划数)÷划对数 × 100%

通过比较多次训练间的净分和失误率,可以看出自己的注意广度是否得到扩大。

学术研究 2-5   围棋活动对儿童注意力的影响

徐平(2008)研究了围棋活动对于儿童注意力、意志力和创造力的影响。结果表明,参与围棋活动后的儿童注意力较未参与围棋前有显著提升,围棋活动对儿童注意的稳定性、集中性及可持续性有很大影响,而对注意力的广度和转移性影响较小。这说明围棋活动提升了儿童注意力,主要集中在稳定性、集中性和可持续性上。

围棋是中国古代智慧的产物,是中国文化的瑰宝。从它诞生那一刻起,就充满神奇,让人感到扑朔迷离,不论什么时候,都充分展示其独特的个性。围棋不仅仅是一项复杂、有趣的竞技运动,而且是一种高级思维活动。围棋的对弈正好是一方提出问题,另一方解决问题的矛盾统一体。一方要想战胜对方,必须集中注意对方对弈过程中采取的策略,以便更好地思考问题,达到更好地解决问题。因此,围棋是提升儿童注意力的重要途径。而注意力的提升,对于儿童学习成绩以及实践活动的开展具有重要的影响。因此,围棋活动要有条不紊在学校开展,为学生创设良好的竞技环境,同时还要注意随着年龄的不同而开设难易程度不同的围棋活动。

(4) 注意分配的训练

提高学习活动时的注意分配能力,关键在于训练自己掌握与学习活动有关的技能,并使各种技能协调化。比如在训练自己熟练写字的基础上,进一步练习边听边记的能力,从而为记课堂笔记打下基础。

让我们回到本章开头提到的问题。王老师在教授说明文《奇特的激光》时动足了脑筋。她在上课一开始就向学生提问:同学们,生活中你们见过激光没有?在哪些地方用到了激光?同学们纷纷抢答:激光武器、激光去痣、激光照相、激光通讯、激光教鞭等。教师请了一名学生拿起事先准备好的激光枪、坦克,让他用激光枪对准坦克扣动扳机,随着一声扳机的响声,坦克着火,被烧毁了。同学们大声议论,群情激奋,向该同学投去羡慕的目光,并为之鼓掌。

"激光为什么会有如此大的功效?激光有哪些特点"带着这些问题同学们开始认真阅读课文,并很快找到了答案:颜色最单纯;方向性好;发射角小;亮度高。

教师又放映了激光的科技影片,观看完毕后,让学生用已有的激光知识对观看到的激光现象加以复述和解释,使学生对有关的激光知识进一步完善、巩固。

一堂课就这样很快过去了。同学们始终精神饱满,注意力高度集中,取得了很好的教学效果。但仔细分析,教师在教学中有意识地在几个方面考虑到注意规律的应用:

其一,教师没有一上来就讲解课文,而是通过生动有趣的提问激发起学生对激光的强烈兴趣,同时让学生亲自动手做激光的演示实验,使学生的好奇心得以充分满足,从而紧紧吸引了学生的注意力,使学生处于无意注意状态。

其二,教师在组织学生阅读时,提出问题,使学生在明确的学习目的和任务指引下阅读,激发学生的间接兴趣,从而使学生在阅读课文时的有意注意得以有效维持,提高学习的效果,很快地找到了课文的重点和难点。

其三,通过丰富的教学内容和多媒体的教学形式再一次引发了学生对教学活动的直接兴趣,使多数学生的注意自然从有意注意进入到有意后注意状态,既有助于减少疲劳,又提高注意集中程度。

本章小结

• 注意是心理活动对一定对象的指向和集中,指向性和集中性是注意的基本特性。

• 注意可以分为无意注意、有意注意和有意后注意。无意注意是一种事先没有预定目的,不需要意志努力的注意。有意注意是一种有预定目的、在必要时需要作出意志努力的注意。有意后注意是在有意注意的基础上产生的一种与目的任务联系在一起、但又不需要意志努力的注意。

• 注意的品质主要有注意的范围、注意的紧张性、注意的稳定性、注意的分配和注意的转移。

• 关于注意发生的心理机制,目前存在三种影响较大的理论:过滤器模型、衰减模型和容量分配模型。

• 本章还讨论了影响无意注意的原因、引起和维持有意注意的主要条件和有意后注意发生的条件;影响注意的范围、注意的紧张性、注意稳定性、注意的分配和注意转移等品质的因素。

• 注意规律要合理恰当地应用在教书育人和自我教育中,以期达到提高教师的教学质量、培养学生良好注意品质的目的。

思考题

• 注意是怎样一种心理现象?它具有什么功能?

• 注意一般可分为哪几种?有意注意和无意注意的区别在哪里?

• 影响无意注意、有意注意和有意后注意的因素有哪些?

- 影响注意广度和注意稳定性的因素有哪些?
- 教师应怎样运用注意规律来组织教学?

问题探索

- 赵老师是某中学的一位生物老师。和往常一样,她穿着漂亮艳丽的衣服,显得格外精神、自信。她带来了教学仪器,小心地端放在讲台上。一切准备就绪,开始上课了。她先宣布上次考试的成绩,勉励大家继续努力,争取期末取得好成绩。她讲课镇定自若,言语平静流畅。讲到重点地方,她会提醒学生注意,因而不再重复,以提高授课效率。突然她发现有个学生在开小差,便立即点名批评,制止了这种不良行为。下课铃响了,赵老师立即下课,她的风格是讲到那里就那里,从不喜欢拖堂影响学生的休息。请你评判一下赵老师的课是否符合注意规律? 并说明理由。
- 请你分析现时教学中某位教师上课时运用注意规律的情况。

第三章 感知觉与教育

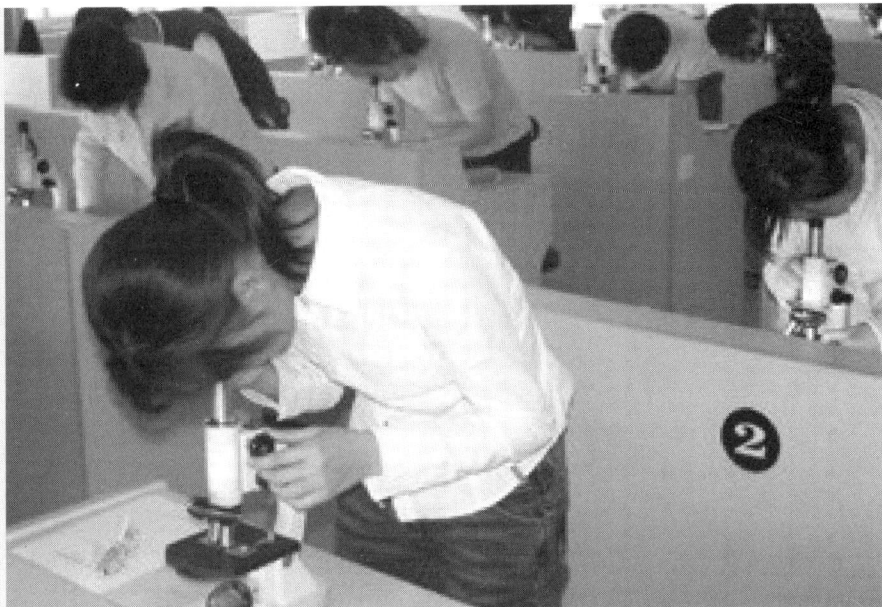

本章细目

本章要点

第一节 感知觉的概述

一、感知觉的概念

二、感知觉的水平

1. 感觉水平

2. 知觉水平

3. 观察水平

三、错觉

第二节 感知觉的一般规律

一、感受性及其变化

1. 感受性和感觉阈限

2. 感受性的变化

二、影响某些复杂知觉的因素

1. 影响时间知觉的因素

2. 影响空间知觉的因素

三、知觉的特性及其影响因素

1. 知觉的整体性

2. 知觉的选择性

3. 知觉的理解性

4. 知觉的恒常性

第三节 感知觉规律在教育中的 应用

一、感知觉规律在教书育人中的 应用

1. 丰富学生的感性认识

2. 根据感知觉规律组织教学活动

二、感知觉规律在自我教育中的 应用

1. 利用知觉的品质和特性,提高和 促进感知觉水平

2. 学会观察,善于观察,提高观察 质量和水平

本章小结

思考题

问题探索

本章要点

■ 感知觉的含义

■ 感知觉的分类

■ 感受性的变化规律

■ 人类知觉的一般规律

■ 感知觉规律在教育中的运用

想试着回答一下吗……

● 你注意到错觉这一现象了吗？它是怎么产生的？我们能利用错觉做些什么？

● 为什么蓝色、白色等被称为"冷色调"，红色、橘黄色被称为"暖色调"？颜色也有温度吗？

● 我们对客体的印象能达到完全的客观吗？为什么？

● 刚出生不久的婴儿能分辨出自己的母亲，他们是靠什么分辨的？

● 与我们距离不同的人，在我们视网膜上的映像的大小相差很多倍，为什么我们对他们身高的判断却误差不大？

● 课堂教学中，教师展示的模型、实物、图片等直观教具越多，教学效果就越好吗？为什么？

　　某校初一(3)班组织全班学生进行了一次"参观植物园"的活动，临行前，语文老师要求同学们在参观过程中要认真观察，并在返校后完成一篇观察日记。但语文老师注意到，多数学生的观察日记都是泛泛而谈，缺乏对植物具体的形状、颜色等的描绘。再经过询问学生，发现很多学生对所看到过的植物的种类、名称都不能回忆。语文老师很疑惑：明明是布置了作业，要求学生认真观察的，可为什么观察的效果如此不理想呢？

　　你能解答语文老师的疑惑吗？这与本章中所涉及的感知觉与观察的规律有关。

第一节　感知觉的概述

　　感知觉，是感觉和知觉的统称。感觉和知觉既有所不同又密切联系。人的感觉和知觉有其特有的规律和特点,是人类认知活动的基本阶段。

一、感知觉的概念

感知觉(sensation and perception)是人脑对当前作用于感觉器官的客观事物的反映。例如,我们通过视觉、听觉、嗅觉、味觉所获得的客观事物形状与色彩、声音、气味、味道等的信息,就是感知觉。

感知觉属于人类心理过程中的认识过程,它是认识活动的开端,是人类一切复杂的心理活动的基础。

感知觉的作用在于使人们从外部客观世界或从自身获取信息,以便让更高级的心理活动如记忆、思维等对这些信息进行综合评定,认识和控制自己的行为和活动,以及对自身的反映和自我状态做出评价和获得新的知识。高水平的感知觉是由多种分析器的协同活动产生的,个体综合运用视觉、听觉、嗅觉、味觉、肤觉、机体觉、运动觉、平衡觉来接受外界刺激或自身的信息,然后作出相应的反应,有时甚至还会有记忆、思维等心理活动的参与。

学术研究 3-1   **感觉剥夺实验**

1954 年,贝克斯顿(Bexton)等心理学家在加拿大一所大学的实验室进行了第一个以人为被试的感觉剥夺实验。参加实验的是一些自愿报名的大学生,每天的报酬是 20 美元。这些大学生要做的事是每天 24 小时躺在有光的小屋的床上,时间尽可能长。除了吃饭、上厕所的时间外,他们都要戴上半透明的塑料眼罩,使他们可以感觉到散射光,但没有图形视觉;还要戴上棉手套和纸板做的套袖,用以限制他们的触觉;头枕在用 U 形泡沫橡胶做的枕头上,同时用空气调节器的单调嗡嗡声限制他们的听觉。总之,这些手段都是要让参加实验的人对外界的感觉越少越好。

结果发现,这些参与者报告说,在那种环境中,他们对任何事情都不能进行清晰的思考,不能集中注意力,思维活动似乎是"跳来跳去"的。在实验停止后,这种影响仍在持续。研究者还发现,对于复杂的问题,如需要高水平语言能力和推理能力的创造测验、单词联想测验,接受过感觉剥夺的大学生不如未接受感觉剥夺的大学生成绩好。感觉剥夺影响了复杂的思维过程或认识过程。另外,有 50% 的被试报告有幻觉,其中大多数是视幻觉,也有人报告有听幻觉或触幻觉。视幻觉大多在感觉剥夺的第三天出现,幻觉经验大多是简单的,如光的闪烁,没有形状,常常出现于视野的边缘。听幻觉包括狗的狂吠声、警钟声、打字声、警笛声、滴水声等。触幻觉的例子有:感到冰冷的钢块压在前额和面颊,感到有人从身体下面把床垫抽走等。

为什么在实验参与者的身上会产生这些结果呢?原来,人的正常的心理活动首先依赖于感知觉,由感知觉为更复杂的心理活动提供材料和基础,缺失了感知觉,人的心理活动将不能正常进行。而人类认识客观事物,首先也是通过感知觉进行的。剥夺感觉的实验表明,感知觉如果被剥夺,被试的感知觉、记忆、思维、注意等心理活动均会受到严重影响,要经过一段时间的调整才能逐渐恢复正常的心理活动。

"感知觉"其实是感觉和知觉的合称,因为,"感觉和知觉通常是同时发生的,因而合称为感知"(黄希庭,1991)。确实,各种心理活动作为一个整体,其实是不能,也不可能截然分割的,它们总是彼此融合、交织在一起的,只是为了研究的需要,才把各种心理活动分别开来,个别地加以分析研究的,感觉和知觉也是如此。

二、感知觉的水平

感知觉由低级到高级可分为三个水平:感觉水平、知觉水平、观察水平。例如,我们对于一块黑板的感知觉,可以是对它的颜色、大小、软硬度、光洁度等个别属性的反映(感觉水平);进而可以是将各种个别属性组合成一个整体——"黑板"的反映(知觉水平);再进而则是对这一"整体"的更进一步的、更精细的理解的反映(观察水平)。而事实上,这些反映是有机地整合在一起的。

1. 感觉水平

感觉(sensation)是人脑对当前直接作用于感觉器官的客观事物的个别属性的反映。例如,我们看到某种颜色或亮光,听到某种声音,嗅到某种气味,尝到某种味道,冬天感到冷,夏天感到热,都是通过眼、耳、鼻、舌、身(皮肤)等感觉器官而获得的感觉,反映的都只是客观事物的个别属性而不是整体,所以,感觉是感知觉的低级水平,是人类一切心理活动的开端。

按照感觉的对象,可以将感觉分为两大类:外部感觉(视觉、听觉、味觉、嗅觉、肤觉)和内部感觉(机体觉、运动觉、平衡觉),它们各自都有相对应的感受器和适宜刺激(见表3-1)。

表 3-1   感觉水平的种类

感觉的类别		感 受 器	适 宜 刺 激
外部感觉	视 觉	眼球视网膜上的视细胞	光(电磁波刺激)
	听 觉	内耳耳环蜗的毛细胞	声(声波刺激)
	嗅 觉	鼻粘膜中的嗅细胞	气体(挥发性物质)
	味 觉	舌头味蕾中的味细胞	液体(水溶性物质)
	肤觉　温 觉	皮肤粘膜中的神经末梢温点	热
	冷 觉	皮肤粘膜中的神经末梢冷点	冷
	触 觉	皮肤粘膜中的神经末梢压点	压力
内部感觉	平衡觉	内耳前庭器官中的毛细胞	身体位置变化和运动(机械刺激)
	运动觉	肌、腱、关节中的神经末梢	身体位置变化和运动(机械刺激)
	机体觉	内脏器官壁上的神经末梢	机械刺激、化学刺激

感觉是人类的感觉系统(包括感受器、传入神经和相应的感觉中枢)活动的结果。具体地说,感受器接受客观刺激而产生兴奋,然后由传入神经传导相应的感觉中枢,感觉就产生了。例如,眼球中的视网膜接受光波的刺激而产生兴奋,由视神经传入大脑皮层的视觉中枢,从而产生颜色视觉;内耳中的耳蜗接受到声波的刺激而产生的兴奋,由听神经传入到大脑皮层的听觉中枢,从而产生听觉。

外部感觉是由外部刺激物所引起的,感觉器官位于身体的表面,或者接近于身体表面,以便随时准备接受来自外界的刺激,包括视觉、听觉、味觉、嗅觉、肤觉五种,其中以视觉、听觉最为重要,人类绝大部分的信息都是通过视觉和听觉来接受的。

知识小窗 3 - 1　　　　　胎儿和婴儿的感知觉

人在胎儿期就会有感知觉吗? 答案是肯定的。根据有关研究,胎儿的听觉系统大约形成于胎龄 30 周,也就是说,人在出生前 10 周就开始具有听觉功能。有研究表明,早产 10 周以上的婴儿与正常足月产儿对节律性声音的反应有所不同,而出生后不到 24 小时的足月新生儿对母亲的声音会产生心率减慢的定向反应,证明了在胎龄 30 周~40 周时,胎儿获得了听觉。

嗅觉也是在出生时就具有的感觉能力,观察表明,即使在睡梦中,刚出生的婴儿也会对奶水的气味做出吮吸反应。在视觉方面,斯莱特的研究表明,新生婴儿对细线条的知觉很困难,在视网膜上反映为模糊的灰色,且只能看到较近距离的物体。

在知觉方面,偏好研究表明,婴儿的视觉先天具有对面孔的兴趣,深度知觉、形状和大小恒常性也可能有先天的能力基础,而不完全是经验的结果。

内部感觉反映有机体本身各部分运动或内部器官发生的变化。内部感觉有平衡觉、运动觉、机体觉三种。平衡觉又称静觉,反映身体运动速率和方向的感觉,它对于判断和保持人的姿势十分重要,是由人体位置根据重力方向所发生的变化而引起的;运动觉反映身体各部分的位置、运动及肌肉紧张程度,运动觉常常和其他感觉联合组成复合感觉;机体觉反映有机体内部器官活动状态,如饥饿、渴、呕吐及内部疼痛等。

一般而言,大多数的感受器都只对一种刺激(适宜刺激)敏感而产生兴奋,它们与刺激的关系基本上是固定的。例如,眼睛和光、耳朵和声波、鼻和气味等,不适宜刺激一般不会引起兴奋。历史上曾多次出现有人具备感知觉"超能力"的报告,如用耳朵辨认文字等,但最后都无一例外地被证明为虚构。此外,痛觉遍于全身,没有专门的感受器,一般是由于伤害性刺激或过分强烈的刺激而引起的。

无论是内部感觉还是外部感觉,都是一种感觉系统活动的结果,都是脑对当前直接作用于感觉器官的客观事物的个别属性的反映。

2. 知觉水平

知觉(perception)是高于感觉的感知觉水平,是人脑对当前作用于感觉器官的客观事物的整体的反映。

知觉和感觉一样,都是对直接作用于感觉器官的当前客观事物的反映,但感觉所反映的只是个别属性,而知觉反映的是整体;通过感觉,我们可知其属性,而通过知觉,我们才能对其有完整的映像。事物总是由许多属性所组成,只有对事物的各个属性知晓得越丰富、越完善,对事物的整体也就知觉得越完整、越准确。

因此,知觉的水平高于感觉,却又以感觉为基础,但知觉并非就是感觉简单机械的相加,而是对刺激物即客观事物的分析、综合的有机结合,知觉的信息源不是单一的,而是复合体,是多个分析器协同活动的结果。感觉和知觉是不同水平的感知觉,是不可分离的。同时,知觉还在一定程度上受到个体知识、经验及各种心理特点(如兴趣、需要、动机、情绪等)的制约。

在实际生活中,人都是以知觉的形式来直接反映客观事物的,除了在实验室等人为条件下,很少存在着孤立的单纯的感觉。因为人们在认识事物时,不仅仅是觉察,而且在此基础上还要分辨和确认。其中觉察是指发现事物的存在,分辨是将这一事物与其他事物分开,而确认则是认出或理解该事物(Moates & Schumacher,1980)。所以,"听"、"看"可以被认为是感觉,但"听到"、"看到"则必然是知觉。总之,知觉是由多种感觉系统的协同活动而产生的综合体。

知觉水平也可分为两大类:一般知觉(简单知觉)和复杂知觉(综合知觉)(见表3-2)。

表3-2 知觉水平的种类

一 般 知 觉	复 杂 知 觉
视知觉	时间知觉
听知觉	空间知觉
嗅知觉	运动知觉
味知觉	
肤知觉	

(1)一般知觉

一般知觉也称简单知觉。由于知觉是多种分析器协同活动的结果,是由多种感觉参与而产生的,知觉的种类也是依照知觉过程中起主导作用的分析器来划分的,所以一般知觉的类别与前述感觉水平种类中的外部感觉相接近,可分为视知觉、听知觉、嗅知觉、味知觉和皮肤知觉五种。例如,学生听课时的知觉就是听觉(听老师讲)、视觉(看板书或看教材)、触觉(翻阅书本、记笔记)等系统的活动,但其中起主导作用的是听觉,因此这时的知觉可以称为听知觉;而参观画展时,也有听觉(听讲解员讲解)、视觉(看展品)等系统的活动,但其中起主导作用的是视觉,因而这时的知觉可称为视知觉;而看电影或看戏剧,以及多媒体教学条件下的知觉,则属于视—听知觉。

(2) **复杂知觉**

复杂知觉是一种综合的知觉,由于多种分析器的同时参与活动,这种综合知觉的对象、内容又较复杂,因而可按其所反映对象的性质来划分,分为时间知觉、空间知觉和运动知觉。

时间知觉是客观对象的持续时间、速度和顺序性在人脑中的反映。时间知觉是后天习得的一种条件反射。时间知觉具有不同的形态和对象,主要有长短知觉(久暂知觉)、速度知觉和节奏知觉。研究表明,对于1小时这段时间估计的正确性,初中学生明显要高于小学生,显然这是由于生活和学习的经验所造成的。因此,在考试中,中学生往往比小学生更能准确把握考试时间来进行答题。

空间知觉是物体的空间特性(形状、大小、远近、方位等)在人脑中的反映。空间知觉也是后天通过学习获得的。它是由视觉、触摸觉、动觉等多种感觉系统协同活动的结果,其中视觉起着重要的作用。空间知觉主要包括有:① 形状知觉:靠视觉、触摸觉和动觉来判断物体的形状。② 大小知觉:靠视觉、触摸觉和动觉来判断物体的大小。③ 深度知觉:包括判断物体间的绝对距离,即距离知觉,也包括判断一个物体不同部分之间的相对距离,即立体知觉。深度知觉也依赖于视觉、触摸觉和动觉等。④ 方位知觉:依靠视觉、听觉、触摸觉、动觉、平衡觉等协同活动,来判别物体所处方位(上、下、左、右、前、后、东、南、西、北)。空间知觉在学生的体育活动中有较大作用,球类活动中对球门、篮筐、球网、球员之间的距离及方位的判断,跳高、跳远时对助跑距离的判断,均要求学生有准确的空间知觉,才能做出相应有效的动作来取得好成绩。

运动知觉是物体的空间位移、移动速度及人体自身运动状态在人脑中的反映,是由视觉、听觉、肤觉、平衡觉、机体觉、运动觉等系统协同参与的结果。运动知觉大都是由视觉范围内物体的真正运动所引起的,但在某些情况下,真正静止的物体,由于某种因素的影响也能使人产生运动知觉。运动知觉主要有:① 真动知觉:物体发生实际的空间位移所产生的运动知觉。但当物体位移速度过于缓慢时,人就不能觉察到它在运动,例如,我们无法即时感知到时钟分针和时针的运动。决定真动知觉的变量是角速度而不是线速度。② 似动知觉:指对没有空间位移的物体所产生的运动知觉。人们对电影画面运动和霓虹灯运动的知觉都是属于似动知觉。似动知觉主要依靠的是视觉后象,即在视觉刺激消失后,感觉仍保留一段时间而不立即消失的现象。似动知觉也可看作一种运动错觉。③ 诱动知觉:由于某一物体的运动而引起另一静止物体的"运动"知觉。诱动知觉也是一种运动错觉。如当浮云遮月时,虽然我们知道移动的是浮云,"静止"的是月亮,但仍会觉得月亮在浮云后迅速移动。许多电影的特技镜头就是根据似动知觉、诱动知觉的原理来拍摄的。

知识小窗 3 - 2   自上而下的加工和自下而上的加工

在当代认知心理学中,心理学家们认为我们获得感知觉的过程是通过人脑进行自上而下的加工和自下而上的加工两种方式进行的。

自上而下的加工以有关感知觉对象的知识经验为起点,也即是知识、经验、期待等的引导下进行感知觉,所以也叫做概念驱动的加工。例如,当你在一堆书包中寻找自己的书包时,不必将每个书包的颜色、形状、大小、新旧程度等都进行仔细观察,然后再确定是否是自己的书包,而是根据头脑中保存的自己书包的整体形象与这些书包进行对比即可,这时是你头脑中关于自己书包的形象在引导你的感知和搜索。

自下而上的加工则相反,它是以对感知到的物体具体特征为起点,通过感知觉系统的整合,在头脑中形成可识别的形状,也叫做材料驱动的加工。例如,我们听到一段音乐的过程,实际是首先有一连串音符被听觉系统捕获,然后在大脑中整合而成旋律的过程。自上而下的加工和自下而上的加工是并存于人类的感知觉过程中的,感知觉是两种加工过程同时作用的结果。

(高湘萍,2011)

人自身的运动知觉是由多种感受器协同作用产生的复杂知觉:视觉可获得客体位移的信息,肌肉运动感觉获得关于肌肉收缩、舒张、紧张性的信号,身体空间状态、空间位移的信号,前庭器官提供关于人体旋转、倾斜及加速、减速运动的信号,触觉提供身体在平面上位移的信号。视、动、听、触等知觉的综合作用使人知觉到各种运动的形式:运动的形式、幅度、方向、持续时间、速度、性质等等。通过练习可以提高人的运动知觉的能力。

运动知觉中有一种特殊的专门化运动知觉,是运动员在运动实践中经长期专项训练所形成的一种精细主体运动知觉。如"球感"(球类)、"水感"(游泳、跳水等水类运动)、"冰感"(冰上运动)、"雪感"(雪上运动)、"器械感"(体操)、"时间感"(短跑、中跑)、"距离感"(跳高、跳远)等。它是体育活动中的一种精细的主体运动知觉,它能对器械、场地、运动媒质(如空气、水)及时间、空间特性等客体做出高敏锐度和精细分化的识别与认知,并具有运动专项的特点,是在长期的专项训练和运动实践中发生与形成起来的,对提高运动成绩有着不可忽视的重要作用(马启伟,张力为,1998)。

空间知觉、时间知觉和运动知觉是紧密地联系在一起的复杂知觉。

3. 观察水平

观察是最高级的感知觉水平。观察也是人脑对当前直接作用于感觉器官的客观事物的整体的反映,但是确切地说,**观察**(observation)是一种为感知特定对象而组织的有目的、有计划、必要时需要采用一定方法的高水平的感知觉过程。它是一种主动积极的、往往与随意注意及思维相联系的紧张的感知觉过程,是更为自觉的感知觉过程。它与第一信号系统、第二信号系统相联系,与思维相联系。因此观察也被称为是"思维的知觉"。观察的能力称为观察力,被认为是智力的重要组成部分之一。

人们在观察过程中始终处在探索研究的状态。平时所说的"看"仅仅是感觉,"看到"是知觉,而有目的、有计划、有步骤地进行"看"才是观察。如学生通过观察获得动植物生长发育的知识,天文学家通过观察获得天体运动的规律等。所以,观察是在感觉、知觉的基础上发展起来的,它也是发展思维的良好方法与前提,培养和提高学生的观察能力是教学的重要任务之一。

三、错觉

错觉(illusion)是指在特定条件下对事物所产生的某种固有倾向的歪曲知觉。如前面提到的"月亮移动错觉"就是日常生活中常见的一种错觉。

在一定条件下,错觉是很难避免的,而且也是完全正常的。只要产生错觉的条件具备,任何人都可能会产生同样的错觉。

根据对活动效果的意义大小可以把错觉分为可以利用的错觉和应该消除的错觉。例如,在跳高练习中,教师可以适当加宽横杆长度或加高海绵垫的高度,这会使学生产生横杆高度并不高的错觉,从而减轻学生的紧张和畏难心理,有利提高成绩。在日常生活中,深色、竖条衣服会使身材显得苗条,人们可根据各自体形来选择不同颜色、图形的服装。在艺术设计中,更是可以利用错觉设计出新颖美观的产品。这些都属于可以利用的错觉。而应该消除的错觉也有很多,例如在体育活动中,由于场地背景色彩、大小等原因,会造成视觉错觉,从而影响到选手对距离的估计,使跳高跳远时踏跳的准确性、投篮的准确性降低,这类错觉要通过在不同背景场地上的练习、比较来加以克服。

根据主客观条件的变化可以将错觉分为视错觉、形重错觉、时间错觉、运动错觉、对比错觉等。

视错觉是指在某些视觉因素的干扰下而产生的错觉。包括关于线条的长度和方向的错觉、图形的大小和形状的错觉等(见图3-1)。

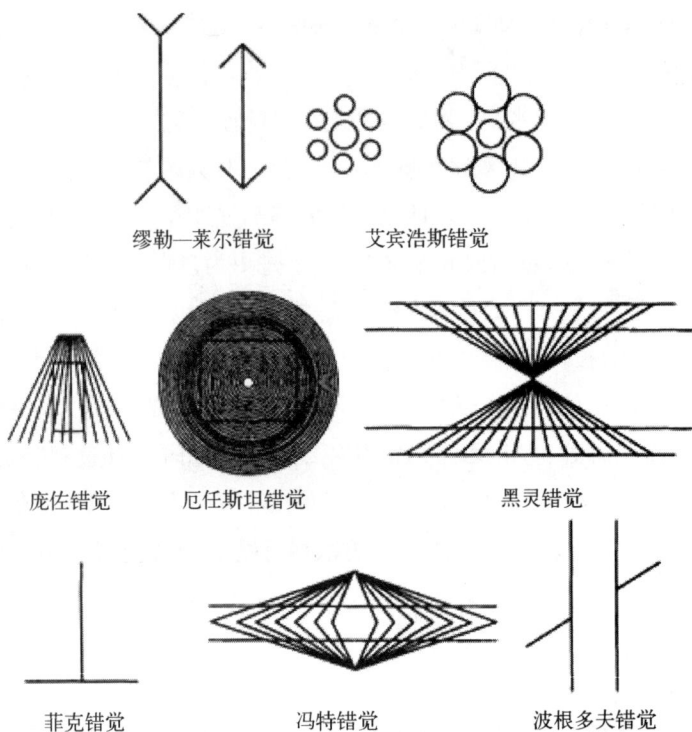

图 3-1　各类错觉

形重错觉是指由于视觉的原因而对重量感发生的错觉。如用手托起一公斤铁与一公斤棉花,总会觉得一公斤铁要重些。这是受经验、定势的影响,由视觉而影响到肌肉觉的错觉。

时间错觉则是指在某种情况下,同样长短的时间,会发生不同的估计错觉,觉得有快有慢。时间错觉受态度、情绪影响很大。在有趣的紧张活动中觉得时间过得快,而枯燥的活动会觉得时间过得慢。一节课的考试、一节课的观看影片比起同样是一节课的单调的听讲,会觉得时间过去得快得多,也就是这个原因所造成的。所以教师应在课堂上组织多种形式的教学活动,调动学生的学习兴趣,以愉快的情绪充分投入学习,能有效提升课堂教学效果。

运动错觉是对主体或客体在运动觉方面的错觉。例如,在黑夜里,人走路时总觉得月亮在跟着走,而当云在月亮前面移动,又会觉得是月亮在穿过云层。

对比错觉是指同一物体在不同背景上会产生不同的错觉。如跳高时,同样高度和宽度的横杆,室内比赛会觉得比室外比赛时高度更高,这是因为人往往将横杆与周围环境作对比而引起的错觉所造成的。

那么,错觉是如何产生的呢? 虽然并没有一种解释能涵盖所有错觉产生的原因,但综合起来,这些原因可归为两大类,一是神经生理因素,如视网膜的形状、视觉神经系统传递过程中信息的损失等;二是主观认知因素,如经验、学习等的影响。上述形重错觉的形成就是这种原因。

第二节　感知觉的一般规律

客观事物被人类感知的过程,是一个主客体相互作用的过程,这一过程是有一定规律可循的。人们在感知外界事物时包含主观成分,同时客观事物的属性也会影响人们的感知觉。本节将揭示这些复杂的规律。

一、感受性及其变化

如前所述,感觉是知觉的基础,那么,首先让我们来探讨一下感受性及其变化。

1. 感受性和感觉阈限

感知觉是客观事物作用于分析器的结果,但是并不是周围客观现实中的任何事物都能引起我们的感知觉。例如人们觉察不到落在皮肤上的尘埃的重量,听不到喧闹的织布车间里工人们相互的议论声。可见,感知觉的产生是有一定条件的。

感受性(sensitivity)是指各种感觉器官对适宜刺激的感觉能力。感受性作为一种能力,是以感觉阈限的大小来度量的。**感觉阈限**(sensory threshold)是指能引起感觉并持续一定时间的刺激量。感觉阈限有一定的范围,超出这个范围的任何刺激量都不能引起任何的感觉。如我们感觉不到时钟的分针和时针的走动,是因为它们的速度在我们的运动感觉阈限范围之外。

韦伯(Ernst Heinrich Weber,1795—1878)

德国著名生理学家,心理物理学的先驱。是对心理现象进行量化实验研究的第一人,主要从事血液循环和感觉,特别是触觉的研究工作。其贡献表现在三个方面:发现了两点阈限,最小可觉差及韦伯定律。其主要著作有:《论触觉》、《触觉与一般感觉》、《关于空间感觉和皮肤与眼睛的感觉范围》。

绝对感受性(absolute sensitivity)是指感觉器官感觉适宜刺激的最小的刺激量的能力。**绝对感觉阈限**(absolute threshold)是指刚刚能引起感觉的最小刺激量。绝对感受性和绝对感觉阈限在数量上是反比关系。即：E＝1/R。在这里 E 是指绝对感受性，R 是指绝对感觉阈限。例如，甲乙两学生均坐在教室的窗口位置，甲学生能觉察出窗口有极小的微风，而乙学生却觉察不出，我们就可以认为甲的绝对感受性(能力)比乙强，甲的绝对感觉阈值(数量)较乙小。感受性(能力)越大，感觉阈限的(数量)越小，两者成反比例关系。表 3-3 列举了人类的一些重要感觉的绝对阈限，从中可以看出，在正常无干扰的情况下，人的绝对感觉阈限很低，也即是感官的感受性较高。

表 3-3   人类一些重要感觉的绝对阈限

感 觉 类 别	绝 对 阈 限
视 觉	晴朗的夜空中可以见到 30 英里外的烛光
听 觉	安静条件下可以听见 20 英尺外手表的滴答声
味 觉	一茶匙糖溶于 2 加仑水中可以辨别出甜味
嗅 觉	一滴香水扩散到三个房间的套房
触 觉	一只蜜蜂翅膀从 1 厘米高处落在你的面颊
温冷觉	皮肤表面温度有摄氏 1 度之差即可觉察

差别感受性(differential sensitivity)是指能够感觉出两个同类刺激物间的最小差异量的能力。**差别感觉阈限**(differential threshold)是指刚刚能够引起差别感觉的刺激物的最小变化量。差别感受性与差别感觉阈限在数量上也是反比关系。在可感觉到的刺激范围内，差别感觉阈限随刺激强度的增减而发生变化。德国生理学家韦伯认为，能够被机体感觉到的刺激强度变化与原刺激强度之比是一个常数。例如，原重量是 100 克的物体，只有增加了 3 克或减少了 3 克才能被我们觉察出与原重量不同，而原重量是 500 克的物体，则需增加 15 克或减少 15 克才能被我们觉察到重量的变化。韦伯将上述关系用如下公式来表示：K＝ΔI/I，其中 I 为原刺激强度，ΔI 为可辨别的差值，K 为常数。这个公式后来被称为韦伯定律。ΔI 即为感觉的"差别阈限"。根据研究，人的不同感觉的差别阈限是不同的，在一般情况下，重量的 K 值为 0.03(即 100 克的重量必须在±3 克的范围外才能觉察到重量的改变)，而视觉为 0.01，嗅觉为 0.25，压觉为 0.05 等。

学术研究 3-2   "阈下刺激"能引起感觉吗？

　　刺激必须达到一定的强度，才能被人清晰地感觉到，这一强度就是感觉的绝对阈限。低于绝对感觉阈限的刺激，人们不能清楚地意识到。但心理学的研究表明，低于绝对感觉阈限的刺激(阈下刺激)在一定条件下，是能够被人"感觉"到并影响人的心理的。

1956 年,美国报刊的一则报道称,在新泽西州的一家电影院里,当电影放映时,有销售商把可口可乐和爆米花的广告快速地闪现在银幕上,以至于观众都不能清楚地看到它们,但在接下来的 6 个星期内,爆米花的销售量提高了 58%,可口可乐的销售量提高了 18%。

虽然这一报道备受质疑,但随后有心理学家进行的实验室研究表明,阈下刺激可以影响到情绪反应。在克罗斯尼克的实验中,以阈下刺激的水平向实验的参与者快速闪现积极情绪场面或消极情绪场面,然后再让他们观看人物幻灯片。尽管这些参与者对不同情绪场面的感觉只是一道白光,但结果发现,他们对紧随积极情绪场面出现的人物照片的评价更好。

所以,我们在一定程度上是能加工自己意识不到的信息的,当向人们快速呈现一个个体觉察不到的刺激时,它确实能引发刺激接受者的微弱情绪反应,从而对后继的反应产生影响,使之带有一定的倾向性。这种现象称为阈下刺激的"启动效应"。

(迈尔斯<黄希庭译,2006>)

了解感觉阈限对发展各种感觉能力具有重要意义。各种感受性存在着个别差异,不同的专业和工作也需要有不同的感受性。体育、音乐、美术等特殊专业对感受性有较高要求。

特别要注意的是,绝对感受性和差别感受性之间有一定的相关性,但并没有绝对的的固定的关系。也就是说,绝对感受性强的人,其差别感受性较强的可能性大,但也不一定强。这是因为影响两者的因素并不完全一致。

2. 感受性的变化

人的感受性并不是一成不变的,由于某种因素的作用,感受性会出现升高或降低的现象,称为感受性的变化。感受性的变化,主要有以下几种情况:

(1) 感觉适应

感觉适应(sensory adaptation)是指同一感受器接受同一刺激的持续作用,使感受性发生变化的现象。例如,刚下泳池游泳时,觉得水很冷,游了一会以后,就产生了肤觉的适应,觉得不那么冷了。

适应是感觉中的普遍现象,它可以引起感受性的提高,也可引起感受性的降低。上例就是一个冷觉感受性降低的过程。另外,各种感觉适应的表现和速度是不同的。一般说来,视觉适应非常明显,嗅觉、肤觉(触、压、温度)适应也较明显,听觉适应则较慢。

视觉的明适应和暗适应是我们较为熟悉的适应现象。当从阳光强烈的室外走进照度很弱的室内,最初只觉得一片漆黑,什么也看不清,稍过一会,才能渐渐地看清室内的东西,这就是暗适应过程。这是由于光刺激由强到弱,使视分析器(眼)的感受性相应在发生变化(感受性提高)。若从暗室中走到强烈的阳光下,也同样会在最初时看不清周围的事物,随后才逐渐能看清,这就是明适应(感受性降低)。

　　明适应和暗适应对实际生活和工作的影响是很广泛的,例如,汽车驾驶员在驾驶途中,可能会经过不同照度的道路,注意明适应和暗适应的影响,有利于提高安全性,减少行车事故。影响明适应和暗适应的因素很多,如前后光照的强度对比越大,达到适应所需要的时间就越长;人体若缺少维生素 A,会导致夜视力不佳,产生暗适应困难;年龄因素也会影响视觉的适应,据研究,人在 30 岁以后,视觉适应能力有所下降。

　　适应能力是有机体在长期进化过程中形成的,它对于我们清楚地感知外界事物,在复杂的环境中更好地生活,具有积极的意义。

　　(2)感觉对比

　　感觉对比(sensory contrast)是指同一感受器在不同刺激作用下,感受性在强度和性质上发生变化的现象。

　　感受对比有两类:同时对比和继时对比。同时对比指几个刺激物同时作用于同一感受器产生的感受性变化。例如,黑人的牙齿总给人以特别洁白的感觉,所以给人以黑白分明之感;继时对比是指刺激物先后作用于同一感受器时,会使感受性发生变化。例如,吃糖之后吃苹果,会觉得苹果酸;吃了苦的中药后再喝白开水也会觉得有甜味。

　　感觉对比有时也是错觉产生的一个原因。

　　(3)感觉相互作用

　　感觉相互作用(sensory interaction)是指在一定条件下,各种不同的感觉都可能发生相互作用,从而使感受性发生变化的现象。这种相互作用可以使感受性提高,也可以使感受性降低。颜色感觉就具有冷暖感、远近感:红、橙、黄等色有温暖感,称为暖色,同时又能使空间在感觉上变小;蓝、青、紫等色给人寒冷感,称为冷色,同时又能使空间在感觉上变大。颜色的浓淡也会引起轻重感:浅色、艳色的物体使人觉得轻,而深色的物体使人觉得沉重。钱钟书先生在《通感》一文中写道:"在日常经验里,视觉、听觉、触觉、嗅觉、味觉往往可以彼此打通或交通,眼、耳、舌、鼻、身各个官能的领域可以不分界限。颜色似乎会有温度,声音似乎会有形象,冷暖似乎会有重量,气味似乎会有锋芒。"这种"通感",实际上就是感觉相互作用的体现。

知识小窗 3 - 3　　　　　　　　功　能　音　乐

　　有些音乐对人们活动的某些方面能产生良好的影响,这种音乐就称为功能音乐。功能音乐的作用机制可从如下两方面进行解释:一是运用音乐中包含的情绪唤起听者的积极情绪状态,二是能对人们的某些身体器官功能起促进作用。

在体育运动中运用功能音乐,可以增强赛场的气氛,帮助运动员摆脱单调乏味身体动作(如长跑)的负面影响,提高运动水平;在餐厅中使用功能音乐,可以营造高雅舒适的用餐气氛,增强食欲并促进消化功能;在课堂上使用功能音乐,能增强学生对学习内容的理解,引发美好的情感,培养高尚的情操。

从感知觉规律的角度看,功能音乐之所以起作用,是感觉的相互作用的结果——在于音乐的听觉影响到人的其他感知觉,并进而影响到人的整个心理活动。

各种不同感觉间的相互作用,证明了人类有机体感觉系统具有一定的相互联系和对客观世界的感性反映的整体性。但是不同感觉间的相互作用也会导致错觉。

（4）感觉补偿

感觉补偿(sensory compensation)是指由于某种感觉缺失或机能不全,会促进其他感觉的感受性提高,以取得弥补作用。例如,盲人的听觉和触觉、嗅觉特别灵敏,以此来补偿丧失了的视觉功能,但这种补偿作用是由长期的不懈练习才获得的。

（5）实践的影响

人的感受性的发展具有极大的可能性,在生活和劳动实践的长期锻炼中,它可以大大提高到常人不可能达到的水平。例如,研磨工的视觉极为敏锐,能看到 0.005 mm 空隙,而未受训练者只能分辨出 0.1 mm 的空隙;从事染色职业者可以区分 40～60 种黑色色调,而一般人只能区分 6～7 种;茶叶、奶酪、烟、酒、香水的鉴别往往需要人通过嗅觉或味觉来进行,长期从事该工作的鉴定人员的味觉、嗅觉就特别发达;音乐家的听音能力、画家的色彩辨别力及空间知觉之所以较一般人发达,也正是长期实践活动的结果。

人的感觉能力在某些方面的高度发展,并非是先天有什么特异功能,而主要是在后天的学习、劳动实践和锻炼中发展起来的。因此,为使学生的感受性能得以提高,就必须创造有利的条件,认真组织、引导学生参加实践和锻炼,才能使学生在感知觉方面的潜能得以表现为现实能力。

二、影响某些复杂知觉的因素

个体的复杂知觉受到来自方方面面的影响,有些来自外部环境,而有些源于个体内部。

1. 影响时间知觉的因素

人的时间知觉要依赖于内外两方面的线索。

（1）外部线索

在日常生活中,时间知觉的外部线索主要有两种:一是如日历、钟、表等计时工具，二是自然界中的周期性现象，如季节变化、昼夜交替、潮汐、太阳升落、月亮亏盈等等。

（2）内部线索

时间知觉的内部线索是指人体内部的周期性节律变化和个人的习惯性的生理变化，如脉搏、呼吸、排泄、月经、睡眠节奏、饥饿程度等。从20世纪初起，有生理学家和心理学家提出了人体内存在"生物钟"控制新陈代谢速度的假说，引起了人们较普遍的兴趣。

热点聚焦 3 - 1　　　　　　生 物 节 律

　　20世纪初，德国柏林的医生弗里斯（Fliess）和奥地利维也纳的心理学家斯沃博达（Swoboda），这两位互不相识的科学家，各自通过长期的观察研究，最早提出了人体生物钟理论。他们用统计学的方法对观察到的大量事实进行分析后，惊奇地发现：人的体力存在着一个23天为一周期的"体力盛衰周期"。此外，研究还发现，人体从微观的DNA复制转录、酶的活性及催化反应、单细胞的生长周期，到宏观的多细胞组织器官机能，如激素分泌、血压、体温等，都表现出明显周期性变化。我国学者的研究也表明，在日周期中，运动员整体体能在全日的最好时刻为下午18～20时，体能的最差时间为凌晨6～8时，自6时以后体能状态逐步升高。这似与运动员比赛成绩一般下午或晚上较好而上午较差相符合。研究还发现，周节律和年节律也有一定规律：在周节律中最良好的工作能力表现在星期三和星期四，而年节律中工作能力第一个高潮在5～6月，第二个高潮在8～10月，这些规律为运动训练和重大比赛的安排提供了重要的参考。

影响时间知觉的因素很多。单从主观方面看，首先，时间知觉的准确性受所使用感觉器官的影响：听觉最强、视觉较差；其次，心理状态也会明显地影响时间知觉：在兴趣状态和紧张状态下会觉得时间过得快，而枯燥的活动内容或处于期待状态时就会觉得时间过得慢。时间知觉在竞技体育运动中有较大意义，如排球中的"时间差"技术、篮球和足球中的跑动中传球等，都需要精确的时间知觉的参与，而"百米成绩预先估计"已成为预测提高100米短跑运动成绩的重要心理指标之一了。

2. 影响空间知觉的因素

空间知觉是通过后天学习获得的，它的准确性也受主客观两方面的影响。主观方面，心理的紧张状态会使空间知觉的准确性下降，如没有经验的运动员在足球比赛罚点球时就会觉得球门变得比平时要小，而罚球点与球门的距离又变远了；客观方面，空间知觉的精确性受知觉对象特点与所处情境等的影响，例如，人们判断相对距离的能力（即立体知觉）比判断绝对距离的能力（即距离知觉）要精确得多。

三、知觉的特性及其影响因素

人的知觉具有整体性、选择性、理解性和恒常性的特点。

1. 知觉的整体性

知觉的对象具有不同的属性,由不同的部分组成,但是人并不是将对象的不同属性、不同部分看作是孤立的,而是把它作为一个统一的整体来反映,这就是知觉的整体性(wholeness of perception)。例如我们看到一只铅球时,就会觉得它硬、冷、圆、光,这是人的多种感觉的共同作用而产生的一个整体的认识,即知觉水平的认识。

影响知觉的整体性的因素很多,主要有接近、相似、闭合、好的连续、好的形态等组织原则。

图3-2中,① 图中的方块,由于距离上的接近颜色一致,而被知觉为一个整体;② 图中的方块和菱形,由于颜色和形状的相似,每列被知觉为一个整体;③ 图因为折线构成的图形近似于矩形,所以人们一般会忽略微小的缺口,将其知觉为一个矩形;④ 图则因"好的形态"的原则而被知觉为一条弧线和一条曲线的组合,而不会被知觉为两条独立的曲线。

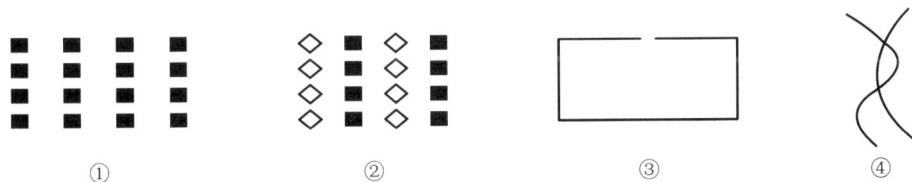

图3-2　知觉的组织原则

知觉的整体性不但在于把对象的各个属性、各个组成部分知觉为一个复合刺激物,而且在于能反映复合刺激物的各个部分之间的关系。因此,只要各部分之间的关系不变,就会被知觉为同一个整体。例如,同一首乐曲用不同的乐器来演奏、同一个汉字用不同的字体书写,都不会对我们的辨识产生大的影响。

2. 知觉的选择性

知觉的选择性(selectivity of perception)是指在许多知觉对象中,对其中部分对象知觉得特别清晰,其余的对象则作为背景而知觉比较模糊。所以,知觉的选择性表现为对象和背景的关系。

例如,老师上课时,指着教具讲解,这时教具就成了知觉的对象,整个教室就成了知觉的背景,而在教师板书时,则知觉的对象就转换成了黑板上的字。在一定条件下,对象和背景是可以相互转换的。由于知觉选择不同的对象作为背景,可把画面看成不同的内容,图 3-3 就是一幅双关图,可以将画中的人知觉为少女或老妇。因为作用于人的客观世界的内容是如此丰富,人不可能对客观世界的全部事物都清楚地感知,而只能有所选择。

图 3-3   图中画的是什么?

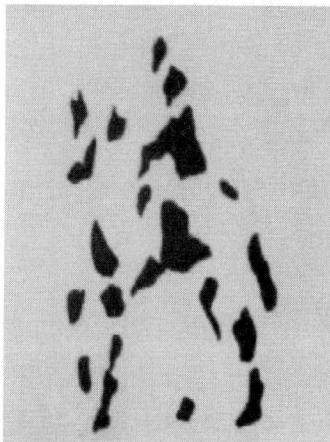

图 3-4   图中画的是什么?

影响知觉选择的因素,从客观方面来看,有刺激的变化、对象、位置、运动、大小、强度、反复出现等;从主观方面来看,有经验、情绪、动机、兴趣、需要等。

学生在上课时,教师若不能有效地组织学生的知觉,则学生的知觉所选择的就会是他个人感兴趣的东西,或是对他具有某种意义、符合他的某种需要的东西。所以教师在课堂教学中,应引导学生对正确的对象进行知觉,形成正确的知觉定向,防止学生自发性的知觉。

知觉的选择性是可以根据活动的要求来增强或减弱的。如登山队员的服装要求十分鲜艳醒目,以增加在雪地中的突出性,起到易识别、判断的作用;士兵所穿的迷彩服,则是为了尽量保持与周围环境的一致性,以起到隐蔽、保护的作用。

3. 知觉的理解性

在感知事物时,人总是根据以往的知识经验来对事物进行理解和补充,即回答"是什么"的问题,这就是**知觉的理解性**(understanding of perception)。理解在知觉中的作用是极为重要的,理解可以使知觉更为深刻、更为精确,可以使知觉的速度提高。在知觉理解中,过去经验的作用是第一位的,言语在知觉的理解中也起了一定的指导作用。

以对图 3-4 的知觉为例,这张图初看只是一些斑点,看不出什么确定的东西,但如果略加提示(如"人"、"马"),甚至有时不加提示,人们也会很快看出是一个人骑着一匹马的轮廓,这是与头脑中保存有人和马的轮廓形象是分不开的。而且一经用语言说出是"人骑马",原先看不出的人也会越看越像,这也就是言语的指导作用。

影响知觉理解性的主要因素除语词的指导作用外,还有定势的影响、情绪状态等。

知识小窗3-4 **知觉的适应**

与感觉适应不同,知觉适应是人通过主动调节知觉,达到对外界环境的整体的正确认知。"斯特拉顿眼镜"实验就是知觉适应的典型例证。

1896年,心理学家斯特拉顿(Stratton)发明了一种戴上后使人感觉上下和左右都颠倒的眼镜,并自己试戴。刚开始时,面对完全颠倒的世界,他几乎不能正常行动,生活受到了很大影响,但到第8天时,他已经基本能够行动自如了。摘下眼镜后,又能很快地适应了正常世界。

此后,又有人重复了斯特拉顿的实验,得到了更显著的结果——通过一段时间的知觉适应,人们甚至可以戴着这种眼镜滑雪、驾驶摩托车和飞机。

也有心理学家对斯特拉顿眼镜加以改变来研究知觉适应,例如,2000年时,安斯蒂斯设计了一个颠倒光线的眼镜并自己试戴。人在戴上这种眼镜后,会把现实世界中的白色看成黑色,黑色则看成白光,即照片底片的效果。刚开始的前几天,他常常认不清物品,也会认错人,但一段时间后,他却能正确地认出人脸上的复杂表情。

在上述的知觉适应中,人们并非是通过经验把颠倒的知觉变为正常的知觉,实际上,戴上斯特拉顿眼镜一段时间后,在他们的知觉中,世界仍然是颠倒的,但他们已经学会了主动适应周围环境并协调自己的行动。可见,人类的知觉适应是一个主动学习和调节的过程。

(迈尔斯<黄希庭译,2006>)

在课堂教学中,教师在使用直观教具时,应注重运用语言提示增加学生对教具的理解程度。可根据教学内容与学生的实际情况,采用先讲解后直观展示、边讲解边直观展示、先直观展示后讲解等多种方式。

4. 知觉的恒常性

当知觉的条件在一定范围内变化时,知觉的映像仍然相对地保持不变,这就是**知觉的恒常性**(constancy of perception)。例如,在我们视网膜的实际映像上,远处和近处行驶的两辆汽车的速度相差很大,但我们的实际知觉却是两辆汽车的速度差不多。

在视知觉中,知觉的恒常性表现得特别明显,主要有形状、大小、颜色、亮度等方面的恒常性。例如,我们看到一个人依次站在离我们3米、5米、10米远的地方,虽然我们视网膜上的映像大小在这些条件下是不同的,但我们所看到的这个人的大小却是相对不变的。同样,你也不会把离你3米远的餐桌上的盘子,知觉得比你身边的盘子要小,因为在你的心目中,它们实质上是一样大小的。从不同角度看篮球板上的篮框,视觉形象均不同,但也仍然以篮框是"圆"的形状来知觉的,而真正要看到"圆形"的篮框,只有在篮框的正上方和正下方才能看得到,而可能绝大部分人都没有在篮框的正下方去"看过"篮框,在篮框正上方更不可能。

知觉的恒常性在一定的条件下会被破坏,例如,当物体远在 1 000 米以上时,大小知觉的恒常性就会被破坏。在弱光和强光下,颜色的恒常性也会被破坏。

影响知觉恒常性最重要的因素是经验。一些较简单的知觉恒常在幼儿期就已开始逐渐形成了,这是个体在不同条件下认识事物的经验积累的结果。经验越丰富,越有助于感知对象的恒常性。知觉恒常性能使人不受观察条件如角度、距离等的影响,始终按事实的本来面貌来反映事物,所以对人们适应生活环境的帮助很大。

第三节   感知觉规律在教育中的应用

掌握了感知觉的有关规律之后,我们要将其运用到具体的教学实践当中。一方面,教师在教学活动当中要灵活运用这些规律展开教学活动;另一方面,教师还应当引导学生,根据这些规律来进行有效的学习活动。

一、感知觉规律在教书育人中的应用

既然我们已经初步了解了感知觉规律,那么接下来,我们将讨论如何将感知觉规律应用到日常的教学活动中,使理论和教育实际相结合。

1. 丰富学生的感性认识

随着年龄的增长,中小学生都逐渐具备了一定的感性知识和经验,但是相对于成年人来说,他们的知识经验毕竟还不足,生活体验还很稚嫩,所以,单纯的语言描述会限制他们对事物的理解水平,而在教学中采用直观教学的方法,向学生提供各种感性材料,可以大大提高学生的知识和经验,加深对教材的理解,而且更能通过直观教学来提示客观事物、客观现象的本质特征和规律,有助于知识的牢固掌握。因此,直观教学这一形式在中小学教学中占有极为重要的地位。

直观教学的形式丰富多彩,其中"实物展示"形式的直观教学应用最多,特别是在中低年级中的采用更为广泛。但直观教学并非仅指实物形式的直观,在教学中还常采用动作示范、图片、图表、教具模型、幻灯、录音录像、教学电影等声像资料,近年来更在教学中使用多媒体电脑技术,使以往较难进行直观教学的课程,如数学、化学等,也可以和语言、物理等课程一样进行直观教学,取得了积极的教学效果。多种形式的直观教学手段,特别是活动的直观教学手段,不但使课堂教学气氛更为活跃,而且促使学生的注意更为稳定和集中,思维更为积极和敏锐,记忆的保持更为持久和深刻,想象更为丰富和活跃。总之,直观教学使得学生的感性认识上升到一个更高的层次,教学效果大大提高。实践证明,对于中小学生,如果不采用或很少采用直观教学的,往往是事倍功半;而采用直观教学,则会起到事半功倍之效。

2. 根据感知觉规律组织教学活动

根据感知觉规律组织教学活动,应注意做到以下几方面:

（1）**注意从背景中突出对象**

对象与背景间的差别越大,对象越容易被感知。根据知觉选择性这一规律,教师在教学中应注意将教学对象从背景中突出出来。例如,在板书时,重点部分可用彩色粉笔书写;批作业时用红笔批改;制作教具时,加强对象与背景的差别,使学生非常清晰地感知到对象;在印刷教学资料时,重点内容用粗体;而在教学模型上,把重点或关键部位用色彩鲜艳的颜色标出来,使学生对感知对象一目了然、印象深刻。

（2）**发挥言语指导的作用**

言语指导在理解知觉对象中具有重要作用,它可以使人们的感知更加迅速、完整和准确。因此,在教学中,教师可合理运用言语指导,帮助学生理解感知对象。尤其在运用实物或模型等直观教学时,应充分与言语指导有机结合起来。在教师合理的言语指导下,学生能迅速感知直观教具的本质特征,避免被表面特征所迷惑。言语与实物或模型直观教学有机结合的方式主要有三种,即言语指导在直观教学之前、言语指导在直观教学之中、言语指导在直观教学之后。教师可根据教学内容的复杂程度、学生理解的难易等因素灵活选择结合的方式。

（3）**加强易被忽视内容的教学**

虽然复合刺激物总是作为一个完整的整体而发生作用,但它的各个组成部分却也起着不同的作用。强的部分所起的作用大于弱的部分的作用。对象中强的部分常决定知觉整体性的特点,而弱的部分常被掩盖和忽视。根据这一规律,教师在教学中不仅要突出强的部分,也要突出弱的、易被忽视的部分。例如,教师在教低年级小学生"太"这个汉字时,"太"字中的笔画"、"可能会因为属于弱的部分而被忽视,那么教师可用对比鲜明的彩色粉笔书写;又如,教师在读英语"worker"一单词时,可有意将"er"音读得稍重一点,以防止与"work"一词混淆等。

（4）利用多种分析器的协同作用

个体对客观事物的感知,常通过多种分析器协同活动来实现。多种分析器的协同活动有利于对客观事物进行完整、准确的反映。根据这一规律,在教学中,教师应尽可能使学生的眼、耳、手等多种感官参与学习活动,使学生积极开动脑筋,这样才能提高教学的效果。例如,在教学生外语单词时,要求学生边看、边听、边写等。

二、感知觉规律在自我教育中的应用

感知觉规律不仅能使教学工作事半功倍,同样也能有效地运用于自我教育中,提高自我教育的效率。

1. 利用知觉的品质和特性,提高和促进感知觉水平

知觉的品质主要有知觉的广度、速度、精确性和清晰度等。

知觉的广度是指在同一个时间点上,能够清楚感受到的知觉对象的数量。知觉的广度与注意的广度相似,对迅速精确地形成知觉表象、面对复杂情境迅速做出判断等有很大帮助。

知觉的速度是指完成某种知觉任务(发现、辨认到认清)所必须具备的时间特征。经验可以加快知觉的速度。知觉广度、感觉阈限也影响到知觉的速度。

知觉的精确性指对客体的组成形式(外形)和对客体的维度形成精确的表象。在动作练习方面,知觉的精确性不仅要包含一般的外形,而且要包含在一定的动作参数方面:指向性、幅度、速度、肌肉紧张与松弛程度等,错觉则会降低对客体知觉的精确性。

知觉的清晰度指对对象的各个细微部分能区分到什么程度的特征。影响到知觉清晰度的外部因素,有刺激物的强度、刺激物的对比度等;内部因素则是指主体的视觉、听觉、触觉、肌肉感觉的敏锐性(主要是感受性和感觉阈限)等等。例如,光线过强或过弱都会影响视觉的清晰度,所以教室里应有适宜的照明度,过亮或过暗都会影响学生的视觉质量。噪音超过一定强度,就会损伤人的听力,甚至达到危险的极限。

前面已经讲到了教师在"教"的过程中,应根据感知觉的规律来组织教学,那么,学生在"学"的过程中,同样也应对此加以运用,力求提高和促进自身的感知觉水平。对于新教学环境,新的教学内容,学生应该及时调整自己的心理活动去适应,必要时还要有较强的意志力参与,年龄稍小的学生特别要注意这一点。

实践探索 3-1　　　　是视听享受,还是视听"杀手"?

　　上海的一些研究噪声的专家在接受记者采访时一针见血地指出,由于流行音乐的日益普及,青年成为狂热崇拜者的人数居高不下。音乐噪声正在危及青年和少年的听力,酿成听力疾病,有的是目前医疗手段难以治愈的。据介绍,上海某处举行的入伍体检中,有三分之一的适龄青年因听力受损未过关;某区 2% 的青年听觉已老化,听力状况似 60 岁的老人。一打听,这些听力受损的青年无一不是流行音乐迷。有关环境噪声专家进一步剖析,当音乐会的音量超过 65 分贝时,人的听力已开始受损;音量超过 80 分贝时,就会损坏内耳细胞,引起听力敏锐度下降,直到导致耳鼓膜破裂;音乐超过 100 分贝时,人的两耳随时会致聋,且难以治愈。一般流行音乐会发出的噪音均超过 100 分贝,其强度已达到危险的极限。此外,市面上风行配耳塞的收录机也可产生超过 100 分贝的噪音。

　　部分专家也指出,流行音乐色彩斑斓的灯光对人眼的角膜和虹膜造成危害,引起视力下降,增加白内障的发病率。长期感受这种有害"光芒"会导致失明。

（《新民晚报》,1988 年 5 月 19 日）

　　客观环境丰富多彩,但并不是所有的对象都需要学生去感知,学生要善于从中选择需要知觉的对象,有时甚至要依靠一定的意志努力去排除干扰。例如在家中做作业而不被家人看电视所影响,在宿舍学习不会因同室同学的讲话而分心,都是需要有较强的知觉的选择性才可以做到的。

　　由于知觉的整体性,对事物的理解可更趋完整,但有时会只见森林,不见树木,即往往会忽略细节。学生在复述课文时,往往可以讲出故事的情节,而对一些具体的描述,如时间、地点、衣着、环境等就不甚了解,学生平时应该加强自己对周围事物的观察,特别加强对客观事物的细节的观察和领会,通过不断训练,才会有进步。

　　总之,学生必须认真、积极、主动地进行知觉,注意动员自身多种感觉器官协同活动,所谓看看、听听、想想、写写、练练,既要大处着眼——看到整体,又要小处着手——不忽略细节,这样对于自身认知活动水平的提高就会有帮助。

2. 学会观察,善于观察,提高观察质量和水平

　　"观察,观察,再观察。"这是科学家巴甫洛夫从长期的科学研究中得出的重要经验。"如果对生活不去观察,没有感受,就谈不上表现;或观察后不会分析,看不清实质,也不可能表达深刻,所以只有提高观察、分析生活的能力,才易于提高表达能力。"这是语文特级教师高润华长期任教的经验之谈。在其他学科,特别是阐明现象、掌握原理的物理、化学、生物等学科,以及体育等掌握动作技能的学习中,观察对学习的作用更为重要。例如,在一项学生观察能力对体育课上"跨栏技术"教学效果影响的实验研究中,教师在实验班进行了观察跨栏动作程序的指导,而在对照班没有系统指导。两周后经测试发现,实验班学生的技术评分显著高于对照班。说明观察水平的高低直接影响了跨栏这一动作技能掌握的程度。

那么怎样才能提高观察的质量和水平呢?

首先,教师应向学生提出明确的观察任务,学生应明了、理解观察的目的和意义。明确观察目的与任务,是良好观察的前提。某中学组织学生参观上海展览馆,事前并无具体要求,过后让学生写一篇关于参观上海展览馆的记叙文,以致有学生写道:"上海展览馆在延安中路 1000 号,要知详细信息,可乘坐 49 路、71 路公交车前往,必将比我的描述更为精确。"试想,如果教师在参观前布置了相对具体的观察要求,学生就可能会根据要求进行观察和写作。因为明确的目的性会直接影响到知觉的选择性。

第二,要根据观察的任务向学生提出周密的行动计划,学生则要据此制订出具体的计划及实施方案。周密详尽的计划可以避免观察时易产生的盲目性和偶然性,没有计划的盲目的"观察",必然会受到兴趣、情绪等影响,而且还会受到各种各样的干扰,因而根本不可能把注意集中到所要观察的某一活动的本质性上去,结果往往是片面的、不系统的某些局部特征。

第三,在观察之前,应使学生具备相应的良好的知识,并使学生掌握观察的方法,学生则应努力作好必要充分的知识准备,开动脑筋,积极思维。如果说观察前没有计划会"走马观花",那么没有相应的知识准备,则会"视而不见"。要观察彗星,没有天文知识和观测技能不行;要观察球赛,不懂比赛规则不行;要观察人的行为表现,没有心理学知识不行。光有知识准备,没有周密的计划,在实际观察中也会手忙脚乱、顾此失彼、主次不分。

第四,教师要引导学生学会记录并整理观察结果,分析研究,做好观察总结或报告。初中生一般不善于总结和概括,因此教师更要加强指导,而高中生则由于抽象逻辑思维更具概括性、深刻性,教师应引导他们独立完成观察总结。在写观察总结时,学生会发现自己的收获,同时也会发现自己的不足,发现新问题,也就会不断地得到提高和进步。

第五,教师应针对学生不同的观察类型作不同的指导,学生则应根据自身的特点扬长避短,提高观察水平。

学者王极盛根据观察的方法是整体的还是细节的,把观察分为三种类型:① 分析型:"只见树木,不见森林",习惯于观察事物的细节,而忽视整体的观察,难以理解事物的基本意义。对这样的学生要强调观察的完整和详尽。② 综合型:"只见森林,不见树木",习惯于观察事物的一般特征,而忽略对细节的观察,因而对所观察事物的理解很笼统和肤浅。对这样的学生要强调注意观察事物的细节和关联。③ 分析—综合型:"又见树木,又见森林",这样的学生既注意对事物的整体观察,又善于观察事物的细节,能深入全面地观察,因而观察最为有效,这是在实践中长期训练的结果。

良好的观察力就是不但能准确、精细地区分事物的一般特征,而且还能善于发现事物的特殊性和事物的本质特征,积极思维,善于发现新问题,富有创造性。通过观察,能够获得知识、提高认识、发展智力,而要做到这一点,必须细心、留心、有心加上恒心。

让我们回到本章开头提到的问题。我们举出了一个初一学生参观植物园但观察效果不佳的例子。虽然有教师的认真观察和写观察日记的要求,但为什么仍然出现这种情况呢? 这与这一时期学生的观察特点和观察活动本身的规律有关。如前所述,对这一年龄段的学生来说,要保证观察的效果,一方面教师要提出明确的在观察内容方面的要求,如某一种或几种植物的叶的颜色、形状、花或果实的特点等等,另一方面,在观察过程中,言语的解释与说明也很重要,教师或讲解员的讲解能增加观察的理解性,帮助学生观察得更全面和细致,同时记忆也更深刻。

本章小结

- 感知觉是人脑对当前作用于感觉器官的客观事物的反映,是一切复杂的心理活动的基础。
- 感知觉由低级到高级可分为三个水平: 感觉水平、知觉水平和观察水平。
- 错觉是指在特定条件下对事物所产生的某种固有倾向的歪曲知觉。
- 感受性是指各种感觉器官对适宜刺激的感觉能力。感受性作为一种能力,是以感觉阈限的大小来度量的。感觉阈限是指能引起感觉的、持续一定时间的刺激量。
- 影响感受性的因素:感觉适应、感觉对比、感觉相互作用、感觉补偿、实践的影响等。
- 知觉是人脑对当前作用于感觉器官的客观事物的整体反映。它可分为一般知觉和复杂知觉。
- 知觉具有整体性、选择性、理解性和恒常性。
- 将感知觉规律应用于教书育人,要求丰富学生的感性认识,根据感知觉规律组织教学活动,提高教学质量。在自我教育中应用感知觉规律,可利用知觉的品质和特性,提高和促进感知觉水平,还要学会观察,善于观察,提高观察质量和水平。

思考题

- 什么是感知觉? 它包括哪些水平?

- 什么是感受性? 感受性受哪些因素的影响?
- 什么是知觉? 知觉有哪些特性?
- 怎样在教书育人和自我教育中运用感知觉规律?

问题探索

- 说出在生活中感受性变化的实例并分析原因。
- 调查学习与教学中运用感知觉规律的实例,并分析对学习和教学的影响。

第四章　思维与教育

本章细目

本章要点

- 思维的概念与特征
- 思维的过程与种类
- 问题解决的思维策略
- 影响问题解决的心理因素
- 创造性思维的特点与培养的教学策略
- 培养思维品质的教学实践

想试着回答一下吗……

- 人乃万物之灵,这个"灵"究竟灵在什么地方?

- 你经常做白日梦吗? 如何看待白日梦现象?

- 小潘去看电影,进了电影院后对号入座,正数他坐 23 排,倒数他还坐是 23 排。这个电影院一共有多少排座位呢?

- 水、报纸、笔和书各有什么用处? 你能说出 20 种以上吗?

- 一桶小米和一桶绿豆刚刚混合在一起,为什么不够两桶呢?

- 现在有 10 个苹果,6 个纸袋子,你能不能使每袋所装的苹果都是偶数,而苹果和袋子都不能剩下?

- 发散思维被视为是创造力的核心,你知道如何衡量一个人发散思维水平的高低吗?

- 作为未来的教师,你认为当前急需培养青少年什么思维品质?

在一堂高考数学复习课上,张老师呈现了一道含参数不等式恒成立的问题:当 $0 < t \leqslant 1/2$ 时,不等式 $3t^2 + a - 1 \leqslant 0$,求 C 的取值范围。张老师的教学共分为五个环节:第一步,他启发同学们回忆含参数方程的有解性问题的求解方法,学生指出有直接求解法、值域法、图象法和利用一元二次方程根的分布理论等四种基本方法;第二步,他请大家尝试用多种方法来解决这个问题,并选择学生的几种解法展示给大家;第三步,他请同学们讨论总结含参数不等式恒成立问题的四种方法,分别命名为直接求解法、最值法、图象法、利用一元二次方程根的分布理论法,并比较这些方法的优劣;第四步,教师呈现 4 道同类题,学生练习;第五步,再呈现另外 4 道变式练习题,要求学生将它们与刚才的问题进行比较,并请大家课后每人编一道题(张必华,2007)。

　　一道例题的教学,张老师竟然设计了五个环节,他为什么要这样做? 你认为这样的教学设计将会达到什么样的教学目标? 你能否用思维心理学的有关知识对这堂课进行点评?

第一节　思维的概述

　　思维是人类的高级认知过程,是我们智慧的集中体现,举凡知古通今、预测未来、判断推理、做出抉择,甚至生活中任何一个问题的解决,都需要有思维的积极参与。正是因为拥有思维,所以尽管人的视觉不如鹰、嗅觉不如犬,但人仍然成为万物之灵。因此,与其他生物不同,我们的成功归因于智力和思维能力,这比身体的力量和速度更重要。(Solso, Maclin & Maclin,2005)

一、思维的概念

　　思维(thinking)是人对客观现实的间接的和概括的反映,是认知的高级形式,它反映的是客观事物的本质属性和规律性的联系。人能凭借思维完成概括、判断、推理等复杂的认知任务。

　　思维究竟是怎样的过程? 西方心理学家偏重于思维过程本身,一般认为,思维是一个复杂的、多侧面的过程;是一个内隐的过程,可能是非行为的过程,采取行动之前,有一系列的隐蔽的心理活动。思维往往利用记忆,预测尚未发生的事件,想象各种从未发生过的事件。思维的功能之一就是产生和控制外显的行为。我国心理学界偏重于思维区别于其他认知过程的特点。他们认为思维反映事物本质属性和事物之间的规律性的联系。人对客观现实的认识总是遵循着由表及里、由外而内的发展过程。感觉和知觉是人类对客观现实认识的初级阶段,是对客观事物外部特征和外在联系的直接反映。初级的认识是认识活动的必需和重要阶段。在感、知觉基础上,对客观事物作更深入的认识,就涉及人类高级的认识活动——思维。

　　思维具有两个最基本的特性:间接性和概括性。

　　思维的间接性是指思维能以个体已有的知识经验和其他事物为媒介来反映客观事物。也就是说,人在没有直接感知客观事物的情况下,能通过思维过程,根据已知的信息推断出没有直接观察到的事物。如人类学家虽然没能回到过去的年代，直接观察到人类祖先的生活情况，却能根据古生物化石及其有关资料，推知人类过去的生活和进化的历程；地质学家虽然没能进入地下，直接查看地下深处的矿石，但能根据地表岩石的结构和质地，推测地下矿藏的种类、储量及其分布情况；物理学家更是在无法用肉眼直接看到物质的原子情况下，竟能神奇般地根据拍摄基本粒子的相互作用和碰撞所留痕迹的照片，来推断原子的内部结构。

正因为人类思维具有间接性这一特点，人们才能够对没有直接作用于感觉器官的客观事物及其属性或联系加以反映，才能够在现实事物的基础上无止境地扩展认识，才能在今天设想着明天，规划着未来，从而大大拓展了人类实践的范围，将认识的时空推向无限。

思维的概括性就是把同类事物的共同特征抽取出来，加以推广，反映事物之间的固有的、必然的联系。概括性是一切科学研究必需的认知特性，而且概括能力越强，知识系统性越强，迁移越灵活，思维的发展水平就越高。这种概括性具体表现在以下两个方面：

一是思维能通过抽取同一类事物的共同特征加以概括来反映事物。同一类事物的共同特征也就是事物的本质特征。透过事物的表面现象而深入到事物内部，抽象出本质特征，这是感知觉无法企及的。例如，通过感知觉，我们只能观察到具体鸟类的外形和活动情况，而通过思维才能概括出鸟类的本质特征：有羽毛、卵生等共同特征，而会飞只是鸟类的表面现象，不是其本质特征。根据鸟类的特点，通过思维人们认识到现在已经基本失去飞行能力的鸡、鸭等家禽也属于鸟类，而蝙蝠虽然会飞但不具有鸟类的本质特征，因此蝙蝠就排除在鸟类之外。同理，我们知道，鲸鱼生活在水里却不是鱼，蛇没有腿却是爬行动物等，都是透过表面现象，通过思维概括出本质特征，从而得以正确分类的。

二是思维能概括出事物间的必然联系来反映事物。事物间的必然联系也就是事物间的规律性联系，思维能透过事物的表面现象揭示其内在的规律。例如，通过感知觉，我们只能看到这样一列数字：3、6、8、16，而通过思维人们能够寻找出这些数字中所蕴涵的规律性联系，能够在这列数字后面续上 18、36……同理，每次看到"月晕"就要"刮风"，地面"潮湿"就要"下雨"，从而得出"月晕而风"、"础润而雨"的结论，都是人们通过思维概括出事物的内在关系，得到规律性的认识，从而达到解决问题、适应环境的目的。

总之，人类能够认识事物的本质、发现其规律，与思维的特性有着直接的关系。思维的两个特性之间既有区别又是相互联系的。人之所以能够间接地反映事物，是因为人有概括性的知识经验,而人的知识经验越概括,就越能扩大间接反映事物的能力。

除此之外,人类的主要思维活动,还具有其他一些特性。例如,思维具有逻辑性。逻辑性是思维特别是抽象思维的重要特性。虽然每个人逻辑思维水平不同,但是思维总是按照一定的形式、方法和规则来进行的。还有,思维往往以解决一个问题为目的,总是与完成某个任务相联系,因而又具有目的性。这使人类的思维活动能表现出主观能动性,为更深入认识客观事物和规律创造条件。

思维对于人类具有一系列的重要意义。首先,思维有助于不断扩大人的认识范围,不仅认识现在,还可回溯过去和预见未来。例如,地球物理工作者就是根据已有的地球运动资料,预报地震和火山爆发的情况。其次,思维有利于不断提高人的认识深度,不仅认识人们一般性接触到的事物,抓住其规律,还可以把握人们不能直接感知的事物以及规律,使人对现实事物的认识得以不断深化。例如,对于物质结构的认识,在实验的基础上通过思维的不断深入,由分子水平到原子水平,再到核内中子、质子水平,直至夸克水平,并且进一步发现夸克也不是物质的最基本单位,还可以继续分化,尽管不能直接感知,但是可以通过思维使人对物质结构不断深化认识,揭示出其规律性。再次,思维是进行实践活动特别是创造活动最重要的心理因素,能使人由认识世界转向改造世界,不仅能使人掌握知识、认识规律,还可以使人运用知识和规律解决现实问题,进行创造性活动。人们憧憬的高科技化、高信息化、高智能化的社会前景,正是人类思维高度发达的体现。

二、思维的种类

思维是一种极其复杂的心理现象,这突出的表现在思维的种类上。我们可以从不同的维度、按照不同的标准作出不同的划分。

1. 动作思维、形象思维和抽象思维

以思维的凭借物维度划分,可把思维分为动作思维、形象思维和抽象思维三类。

① **动作思维**(action thinking)是运用动作进行的思维活动。动作思维是较早出现的一种思维类型,在儿童早期思维活动中占主要地位,其作用主要在于协调感知和动作,在直接接触客观事物时产生直观行动的初步概括。动作思维随着个体年龄的增加而逐渐减少,一方面让位于形象思维和抽象思维,另一方面向高水平的动作思维形式——操作思维发展,这在现代成人身上有明显的体现,例如家电维修工、汽车检修工等修理人员,工作中较多使用的就是动作思维。具体来说,在对一台电视机进行维修时,一边运用仪器逐级检查,一边思考故障的原因,直至发现问题、排除故障为止,整个过程中动作思维占据了主要地位。需要注意的是,动作思维与其他思维相比,没有所谓的高级与低级之分,只是人类

的一种思维类型。

② **形象思维**(imaginal thinking)是运用已有表象进行的思维活动。表象是当事物不在面前时,人们在头脑中出现的关于事物的形象。表象为思维提供了感性基础,有利于对事物概括性的认识,有利于问题的解决。例如,对于"形状"这个概念,小学生常常用三角形、长方形、正方形等具体的图形来理解。不仅艺术家、作家、导演需要运用形象思维,就是工程师、设计师甚至科学家等都离不开形象思维。学生更是依靠形象思维来理解史、地、文、数、理、化等各种知识,并成为发展抽象思维的基础。

具体形象与语言相结合后,不仅运用了抽象的语词,而且带有鲜明的特点,发展成了高级的逻辑思维。如文艺作品就是形象逻辑思维的产物,运用形象的东西说明了深刻的道理。现代研究表明,在创造性活动中形象思维具有独特的作用,它与抽象思维配合,为人类的创造活动创造了极为重要的认知条件,成为创造性思维的核心成分,并与开发人类右脑、充分发掘大脑潜力紧密相连。

③ **抽象思维**(abstract thinking)也称抽象逻辑思维,是运用已有概念进行的思维活动。**概念**(concept)是人反映事物本质属性的一种思维形式,是思维的基石,更是抽象思维的支柱。例如,学生运用数学概念进行数学运算或推导时,涉及的主要是抽象思维;科研人员根据实验材料进行某种推理、判断时,涉及的也是抽象思维。

抽象思维是人类思维的核心形态,它又分形式逻辑思维和辩证逻辑思维。两者的联系表现在,辩证逻辑必须在形式逻辑的基础上形成,而形式逻辑向辩证思维的发展又是抽象思维发展的重要方面。两者的主要区别如下:

其一,形式逻辑思维是初级逻辑,遵循的是同一律、排中律和矛盾律,而辩证逻辑思维是高级逻辑,遵循的则是对立统一规律、量变质变规律和否定之否定规律。

其二,形式逻辑思维中的概念具有确定性和抽象性,反对思维的自相矛盾,而辩证逻辑思维中的概念则具有灵活性和具体性,强调思维反映事物的内在矛盾。

其三,形式逻辑思维中的概念是无矛盾性的,具有确定、绝对、静止、单一的特性。而辩证逻辑中的概念是有矛盾性的,具有变化、相对、运动、多样的特征。例如,"自由"这一概念,在形式逻辑中是指绝对的自由,而在辩证逻辑中则是指在一定纪律约束下的自由。辩证逻辑思维"是在形式逻辑思维发展的基础上形成的,是抽象思维的高级阶段,是以自然界中到处盛行的对立中的运动事实的反映"。[①]

---

① 《马克思、恩格斯选集》第 3 卷,第 534 页。

热点聚焦 4-1 辩证思维——人类思维发展的最高阶段

著名心理学家皮亚杰认为,个体到 15 岁左右思维发展便达到最高阶段——形式运算阶段,即出现形式运算思维。然而,又有一些心理学家研究发现,事实上,个体在发展形式运算之后,还会出现新的思维形式。有的称之为辩证运算,有的则称之为后形式运算。柯瑞默(Kramer,1989)将这类思维的特点概括为三点:① 对知识相对性的意识;② 接受矛盾;③ 在辩证的整体内整合矛盾。20 世纪 80 年代,我国心理学工作者对青少年辩证思维问题进行了大规模的实证性研究,以确凿的材料证实其在个体中的存在,并发现在青少年个体身上辩证思维的发展相对滞后于形式思维发展的事实,为学校针对青少年思维发展的这一特点进行教育提供了科学依据。

辩证思维和形式思维一样,都是逻辑思维,因而它们也可分别称为辩证逻辑思维和形式逻辑思维。拉波微-微夫(Labouvie-Vief,1985)等人曾运用类似如下的一些故事材料对 9～49 岁的被试的思维活动进行研究:

"约翰是个酒鬼,尤其是参加晚会时,很容易喝醉。玛丽(约翰的妻子)曾告诫他,如果他再喝醉一次,她将带着孩子离开他。一天,约翰外出又很晚才回来,并且又喝醉了。问题:① 玛丽会离开她吗? ② 你对你的答案肯定程度如何?"

结果发现,年幼些的青少年的回答更多采用形式逻辑思维,按三段论推理,认为玛丽会离开约翰,而且回答很肯定。但随着年龄的增长,被试对故事的歧义性意识越来越清楚,也就不再绝对按字面意思进行三段论推理,而是开始考虑故事中人物的动机、情感等人际关系因素:年幼的青少年思维强调逻辑性、客观性与确定性,属形式逻辑思维;随着年龄的增长,越来越多的被试,尤其是成人,其思维则更多地考虑具体的问题,强调了灵活性、主观性、具体性,渐显辩证逻辑思维特点。

2. 聚合思维和发散思维

以思维探索问题答案的方向划分,可把思维分为聚合思维和发散思维两类。

① **聚合思维**(convergent thinking)又称求同思维、辐合思维,就是把问题所提供的各种信息聚合起来分析、整合,最终得出一个正确或最好的答案。思维进行聚合的目的是为了揭示不同事物之间的联系,把握事物的整体发展。就思维方向而言,聚合思维具有收敛、集中的特点。聚合思维具有过程的严谨性、思路的归一性和结论的论证性等特征。例如,学生在解题时,将问题 A 与问题 B、问题 C 等联系起来,归为同一类问题;学生在考试时,从若干答案中选择一个最佳的答案等等,都是在运用聚合思维。

② **发散思维**(divergent thinking)又称求异思维、辐射思维,是指在创造和解决问题的过程中,从已有的信息出发,沿着不同的方向扩展,不受已知或现在方式、规则等的约束,尽可能通过各种途径寻求多种办法的思维。发散思维能够产生大量独特的新思想,好像自行车的车轮一样,以车轴为中心向外辐射。例如,曾经有一道题"树上有 10 只鸟,被打

死了一只,请问还有几只鸟?"这个题目的回答如果是有前提的情况下,答案就只有一个,即树上没有鸟了。因为打死的鸟从树上掉下来了,其他的鸟都吓得飞走了。如果附加多种前提,答案就有多种假设:一只,死的那只挂在树上;两只,两只幼鸟不会飞;9只,用无声枪打等等。可见,发散思维可以多元扩散,是创造性活动中极为重要的一种思维,也是传统教育培养学生所忽视的一种思维,应该在现代教育中引起高度重视。

3. 再造性思维和创造性思维

以思维的创造性维度划分,思维可分为再造性思维和创造性思维两类。

① **再造性思维**(reproductive thinking)又称常规性思维,是指人们运用已获得的知识经验,按惯常的方式解决问题的思维。例如,学生利用学过的公式,解决同一类型问题时所运用的思维。

② **创造性思维**(creative thinking)是指以新异、独创的方式解决问题的思维。例如,科学家提出了某种新的理论;工程技术人员作出了某种革新;学生在解决问题时想出了某种新的解法等,在这些活动中大量运用的是创造性思维。创造性思维是人类思维的高级形式,是人类创造性活动的核心成分,也是现代学校在面向未来的素质教育中,应该努力培养的一种思维。

学术研究 4-1　　　　　创造性思维的脑机制

由于创造性思维过程和表现的复杂性,目前还没有对创造性思维类型的一致公认的划分。研究者们用不同的实验任务和实验范型,从不同的角度对创造性思维的脑机制进行了一些有益的探索,已有的研究集中于顿悟、发散性思维、远距离联想、言语创造性和图画创造性的对比等。以下是这些领域的相关研究成果。

1. 顿悟的脑机制研究

综合许多研究成果发现,腹外侧前额叶、左侧额下/额中回、额极、前扣带回、楔前叶、右侧颞上回以及枕叶下回和小脑都对顿悟具有重要作用,但是这些脑区在顿悟中的作用还不十分清晰,有待进一步研究。

2. 发散性思维的脑机制研究

纵观许多脑电和脑成像研究可以得出,发散性思维需要多个存储有不同形式知识脑区的共同作用,创造性观念的产生是脑系统高度分布式加工的结果。

3. 远距离联想的脑机制研究

综合许多研究结果发现,远距离联想任务的解决,需要大脑额叶和顶枕颞叶相互协作和互补,其中大脑左侧额中回和缘上回以及右侧额叶和左侧扣带回对远距离联想具有关键作用。但是,也可以看到由于实验任务和测量方法的不同,远距离联想的脑定位就不同,还不能够真正无可辩驳地揭示远距离联想的脑机制。

4. 言语创造性和图画创造性的对比研究

创造性观念的产生涉及多个大脑区域,言语创造性主要激活的有双侧额叶中央尤其是右侧额叶,左侧颞中回和缘上回;图画创造性除激活上述区域外还激活右前小脑。尚没有见到关于音乐创造性的脑机制研究。

(刘春雷、王敏、张庆林,2009)

4. 直觉思维和分析思维

以思维的逻辑维度划分,思维可分为直觉思维和分析思维两类。

① **直觉思维**(intuitive thinking)是一种没有经过严密推理与论述而径直地猜度问题关键的思维。许多科学家的创造发明就是从直觉开始的。这是一种非逻辑思维,常表现为一种猜测、预感、设想等,但因其产生之初尚缺乏可靠的论证,容易被人们当作妄想、臆断而加以否定,教学领域中的哥德巴赫猜想、巴尔姆断言等都是当初数学大师未经论证而提出的一种直觉判断,但为后人所确信,并为此进行锲而不舍的论证工作。

② **分析思维**(analysis thinking)是一种严格遵循逻辑规律,逐步进行分析与推导,以得出合理结论的思维。这是一种逻辑思维,以严密的逻辑推理为特点。如学生通过逐步推理和论证,解决问题的思维便是这类思维的典型。

5. 上升性思维、求解性思维和决策性思维

以思维的目的维度划分,思维可分为上升性思维、求解性思维和决策性思维三类。

① **上升性思维**(upgrading thinking)是从个别的事物和经验中,通过分析、综合、比较、归纳,概括出具有一般特征和普遍规律性的思维。例如,对某些现象的概括,对某些经验的理论上的提炼。此类思维为理论工作者所常用。

② **求解性思维**(solving thinking)是寻求某个具体问题解决的思维。学习过程中学生的思维活动,大多数属求解性思维。

③ **决策性思维**(strategical thinking)是对未来事件发生的可能性予以估计并从中选择最理想解决方案的思维,管理工作者在决策时大多采用决策性思维。

知识小窗 4-1 **反 事 实 思 维**

反事实思维(counterfactual thinking)是美国著名心理学家、诺贝尔经济学奖获得者卡尔曼(Kahneman)和他的同事在 1982 年发表的一篇名为"模拟式启发(The simulation heuristic)"的论文时首次提出的。它是基于人类是非理性假设的前提下提出的。反事实思维是对过去已经发生过的事件,之后进行判断和决策后的一种心理模拟。反事实思维通常是在头脑中对已经发生了的事件进行否定,然后表征原本可能发生但现

实并未发生的心理活动。它在头脑中一般是以反事实条件句的形式出现。反事实条件句也叫"虚拟蕴涵命题"，它具有"如果……，那么……"的形式。例如："如果刚才没买那件衣服，现在就可以买这件了。"根据发生的方向可将反事实思维分为上行反事实思维和下行反事实思维。前者也称为"上行假设"，是对于过去已经发生了的事件，想象如果满足某种条件，就有可能出现比真实结果更好的结果。例如，"如果比赛前能到比赛场地进行过适应性训练的话，那么今天这场球就不会输"。后者也称为"下行假设"，是指可替代的结果比真实的结果更糟糕，如"幸好比赛前到比赛场地进行了适应性训练，要不然今天这场球肯定会输"。有学者研究证实，获得铜牌的选手往往比获得银牌的选手更开心。这是因为，铜牌得主运用的是下行假设，即如果我发挥得稍微差一点，就与奖牌失之交臂了；银牌得主运用的则是上行假设，即如果我发挥得更好一点，就能登上最高领奖台了。通常碰到负面事件，人们容易产生类似于银牌选手的上行假设，常常设想事情本来可以做得更好一些，而碰到正面事件，人们则容易产生类似于铜牌选手下行假设，常常设想事情要是做得稍微差一点就糟了。

三、思维的特殊形式——想象

想象(imagination)是人对已有表象进行加工、改造和重新组合，形成新形象的过程。例如三头六臂、牛头马面，或孙悟空斗妖怪的场面，这些都不是曾经经历过的客观现实，但这些新形象却都由我们头脑中已有的一些表象粘合、重新组合而成。想象具有形象性、新颖性、创造性和高度概括性等特点。"想象是思维活动的一种特殊形式"。(孟昭兰,1994)

1. 想象的分类

从不同的维度上，想象划分为不同的种类。

(1) 根据目的性划分，想象可以分为无意想象和有意想象

① 无意想象(involuntary imagination)是没有预定目的的、不由自主地产生的想象，也可以称为不随意想象，常常在注意力不集中或半睡眠状态发生。例如，看见天上的白云，会想象成某种动物或事物；有的学生听课时走了神，也会任凭想象驰骋；在进入青春期后的男女学生身上出现的"白日梦"现象，也是无意想象的表现。无意想象的一个极端的例子是梦。虽然梦的内容有时十分荒诞，但它的构成成分仍然是已有表象的加工、改造，故有"日有所思，夜有所梦"之说。梦有离奇性和逼真性两个特点。

② **有意想象**(voluntary imagination)是有预定目的的、自觉进行的想象。例如，在居室装潢时，我们会在装潢前对房间布置进行想象，然后从中选择想象中最好的情景进行装潢，以取得最佳效果；学生在计算感生电动势的时候，想象导体在磁场中运动的角度和切割磁力线的情况，以求得正确的答案，这里的想象都是有意想象。

（2）根据想象内容的形成方式，想象可以分为再造想象和创造想象

① **再造想象**（reproductive imagination）是依据词语或符号的描述、示意，在头脑中形成与之相应的新形象的过程。例如，读小说《红楼梦》，头脑中浮现出"大观园"的情景；看建筑图纸，构想新大厦的外貌；听小提琴曲《梁祝》，随之想象故事的情节等，都是再造想象的表现。

② **创造想象**（creative imagination）是不依据现成的描述而独立创造新形象的过程。作家创作小说、作曲家谱写新曲、艺术家构思新作、设计师描绘蓝图……都是大量运用创造想象的过程。创造想象以再造想象为基础，但要比再造想象更富有创造性，更为复杂、困难和新颖。例如在《阿Q正传》中的阿Q是一个独特的典型的新形象，鲁迅先生经过千锤百炼，综合了许多的人物形象，创造性地构思了这一独特形象，创造的过程要比读者根据作品的描述，再造出阿Q形象更复杂和困难。学生在学习中，如果创造想象薄弱，就很难具有独到见解，对事物表象分析加工能力低，恐怕要想写好作文也很困难。

幻想（fancy）是创造想象的一种特殊形式，它是与生活愿望相结合并指向未来的想象，如各种神话故事、童话中的形象等都是幻想。幻想的品质有积极与消极之分。具有进步意义和有实现可能的属于积极的幻想，这是创造想象的准备阶段和发展的推动力，如理想（以事物发展的客观规律为依据，与人的愿望相联系，有可能实现）。空想是消极的幻想，因为它完全脱离现实的发展规律，甚至违背事物发展的客观过程，是毫无实现可能的幻想。积极的幻想是学习和工作的巨大动力，是科学发展的重要力量，正如列宁所说："甚至在数学上也是需要幻想的，没有它就不可能发明微积分。"[①]

热点聚焦 4-2　　　　白日梦、幻想和创造力

你在读这一章的时候是否被白日梦（生动的、有意识的幻想）打断过？心理学家克林格（Klinger,1990）发给一些志愿者传呼机，要求记录当他呼叫他们的时候自己在做什么和想什么。他的发现十分惊人：大概一半的人有白日梦。我们如何知道这种独特的心理状态是什么呢？

总体上说，白日梦直接反映我们的愿望、恐惧和焦虑。克林格认为，当你高兴时，你会有高兴的白日梦；当你悲伤时，你会有悲伤的白日梦；当你生气时，你会有生气的白日梦。因为白日梦在意义上很直观，它可能是个体意识的快乐源泉。而睡眠时的梦就复杂得多，且很难分析（Klinger,1990,2000）。两个最常见的白日梦的线索是英雄征服者和遭遇痛苦。在英雄征服者的幻想里，做白日梦的人想象自己是一个著名的、富有的和有权利的人，如有身份的名人，运动员、音乐家，有名望的外科医生，出色的律师或者博爱的人。这

---

① 《列宁全集》第33卷，人民出版社1955年版，第82页。

些主题反映了他想拥有的东西和生活中想逃避的挫折。遭遇痛苦的白日梦主要是一些被忽略的感受,伤害,受他人的拒绝或者不合理的对待。在这些幻想里,那些伤害了他的人最终都对自己过去的行为表示歉意,或者发现他一直是个多么好的人。

白日梦通常是由于常规性或者乏味的工作中需要刺激而产生的。它可帮助我们推迟及时的享乐,以实现未来的目标。通常来说,白日梦是应对挫折的方式之一。如果一时冲动想殴打在公路上的一个人,代偿性的幻想就会避免灾难的发生。也许幻想最大的好处在于它会激发创造力。在想象的世界里,什么都可能发生,这种状态使得人们产生无限的遐想。对大多数人来说,幻想和白日梦结合在一起,会积极地进行情感调整,攻击性减少,思维的灵活性和创造性增加(Klinger,1990,2000;Langens & Schmalt,2002)。

(Coon, Mitterer<郑钢等译,2007>)

2. 想象的认知加工方式

想象是一种高级的认知活动。想象对已储存的表象进行认知加工,是一种复杂的分析与综合活动。在想象时,人们从已有表象中抽取出必要形象元素,再将它们按照一定的构思重新结合,构成新的形象。那么,我们的大脑是如何对已有表象进行认知加工的呢?

（1）粘合

粘合就是把从没有结合的事物或对象的属性或部分巧妙地结合在一起,在头脑中产生新的形象。例如"猪八戒"、"美人鱼"等形象就是通过粘合方式而形成的。同样,在科技发明和文艺创作中,人们常运用这种认知加工方式。

（2）夸张

夸张就是通过改变事物或对象的正常特点或突出某些特点,在头脑中创造出新的形象。例如,李白的诗句"蜀道之难,难于上青天",以及千手观音、九头鸟、漫画角色等形象,都是运用夸张的方式而形成的。

（3）人格化

人格化就是对客观事物赋予人的形象和特征,从而产生新的形象。人们在现实生活中经常运用这种人格化的方式形成新的形象。例如,玉帝、龙王、雷公以及《聊斋》、《西游记》等神话故事中的许多形象,米老鼠、唐老鸭、喜洋洋等动画形象,都是运用人格化的方式创造出来的。

（4）典型化

典型化就是根据一类事物的共同特征来创造新形象的过程。典型化在文艺作品、雕塑、绘画中被广泛运用。例如,鲁迅笔下的典型人物阿Q,就是通过这种方式创造出来的。正如鲁迅所说,人物模特儿也没有专门用过一个人,往往嘴在浙江,脸在北京,衣服在山西,是一个拼凑起来的角色。又正如高尔基所言,为了能近乎真实地描写一个工人、和尚、小商贩的肖像,就必须去观察一百个工人、和尚、小商贩。

四、思维的心智操作

思维所运用的心智操作主要包括分析和综合、比较和分类、抽象和概括以及具体化、系统化。

1. 分析和综合

分析和综合是最基本的心智操作方式,也是其他心智操作的基础。**分析**(analysis)是在头脑中把事物由整体分解为部分的心智操作。**综合**(synthesis)是在头脑中把事物的各部分联合起来的心智操作。例如,把英语中的复合句分解为若干个简单句来理解,即是分析;而把各个简单句联合起来从整体上来把握复合句的含义,即是综合。分析和综合是一对辩证统一的心智操作。只有综合而没有分析,对整体的认识只能是笼统、空洞的;只有分析而没有综合,只能见树不见林,无法把握事物的整体。正如恩格斯所说:"思维既把相互联系的要素联合成为一个统一体,同样也把对象分解为它们的要素。没有分析就没有综合。"①

分析和综合可以在三种不同的思维层面上进行:

① 动作思维层面上的分析和综合。例如,把钟的各个部件拆下来,这就是动作思维层面上的分析;把钟的各部件组装起来,这就是动作思维层面上的综合。

② 形象思维层面上的分析和综合。例如,把头脑中储存的关于一棵树的形象分解为根、枝、叶,这就是形象思维层面上的分析;在头脑中把根、枝、叶的形象联合成一棵树,这就是形象思维层面上的综合。

③ 抽象思维层面上的分析和综合。例如,在解数学题时,将题目中有关的已知条件一一列出,这就是抽象思维层面上的分析;将各有关条件联系起来,建立相应的数学模型,这就是抽象思维层面上的综合。

2. 比较和分类、抽象和概括、具体化和系统化

比较(comparison)是在头脑中确定事物之间异同的心智操作。比较必须要确定一个标准,没有标准,就无法比较。而在比较中"能看出异中之同,或同中之异",则是较高水平的重要标志。**分类**(classification)是在头脑中根据事物的共同点和差异点,把它们区分为不同种类的心智操作。分类也必须有一定的标准,但重要的是按事物的本质属性和内在

----

① 《马克思恩格斯选集》(第3卷)第2版,人民出版社1995年版,第39页。

联系进行分类,才更有科学性。

抽象(abstraction)是在头脑中抽出事物的本质属性的心智操作。例如,有各种材料制成的、各式各样的灯,但舍去一切非本质属性,抽出其本质属性只有两条：灯都是人工制造的;灯都是照明工具。这便是抽象。**概括**(generalization)是在头脑中把抽取出来的事物的本质属性联合起来的心智操作。仍以灯为例,我们可以把上述两条关于灯的本质属性结合起来,认识到"灯是人工制造的照明工具",这就是概括。

具体化(embodiment)是把经抽象概括形成的对事物的一般认识应用于具体事物上去的心智操作。例如,把对灯的一般认识应用于具体的灯的鉴定,是一种具体化表现,而用习得的一般原理解答习题,也是一种具体化表现。**系统化**(systematization)是在头脑中把各事物归入一定的顺序中,使之彼此发生一定的联系的心智操作。例如,我们把学到的各种心理现象分别归入性格、动机、情感、思维、价值观等各类中,进而又把这些心理现象归入几大类：认识过程、情感过程、意志过程、个性心理倾向和个性心理特征,再进而把这几类归为心理过程和个性心理两大方面,这一归类的过程就是系统化。经过系统化操作过的认知对象在头脑储存时会显得格外有条理、有逻辑联系。

3. 各心智操作的相互联系

各种心智操作统一在思维活动之中。首先,分析和综合作为最基本的心智操作,是所有其他心智操作的基础。不把事物各属性分解(分析),就无法进行各事物间的具体比较,而不把各属性的异同点联系起来(综合),则无法确定最终的比较结果。同样,不把事物各属性分解(分析),也无法区分事物的本质属性和非本质属性,从而进行必要的抽象,而不把抽取出来的事物各本质属性联系起来(综合),也无法实施概括。其次,各种心智操作也是相互依存的。没有分析,自然无法综合;没有比较,何以分类;没有抽象,又怎能概括?

第二节　思维的一般规律

人们经常会遇到各种各样的问题,有些是日常生活中的问题,如新买家具的摆放;有些是学习中的问题,如数学中的几何证明;有些是重大的社会问题,如城市交通的拥堵。解决这些问题无不需要思维的直接参与,因此,问题解决被视为一种最重要的思维活动。同时,问题解决又是思维的最终目的,教育心理学家罗伯特·加涅就曾指出："教育的最终目的就是教会学生解决问题——数学或物理问题、健康问题、社会问题以及自我调节问题。"正是因为如此,关于思维的规律性问题,主要表现在问题解决方面。

一、问题解决的思维活动阶段

现实生活中的问题,可粗分为两大类:一类是规定清楚的问题,即问题含有明确的条件和目标,即确定性问题;另一类是规定模糊的问题,也即不确定性问题,对条件或目标没有明确的说明(Reitman,1964)。例如,对一个方程组求解,便属第一类问题,而"要解决市内交通拥挤问题"或"如何才能解决片面追求升学率问题"则属第二类问题。在学校教学中,更多碰到的是第一类问题,而第二类问题只有在转化为第一类问题,进一步明确其目标和条件后才能求解。因此对第一类问题解决中的思维活动的研究,也就更具有普遍意义。认知心理学研究表明,问题解决中的思维活动可分成表征问题、设计方案、实施方案和评价结果四个阶段。

1. 表征问题

从认知心理学观点看,一个问题可分为任务领域(task domain)和问题空间(problem space)两个方面。前者反映问题的客观存在,后者则是对问题的主观理解。所谓**表征问题**(problem representation),就是问题解决者将问题的任务领域转化为问题空间,也就是在头脑中对问题进行信息记载、理解和表达的方式。问题空间是问题解决的一个基本范畴,是个体对一个问题所达到的全部认知状态。它包括三个方面:一是任务的起始状态,即问题所给定的条件;二是任务的目标状态,即问题最终要达到的目标;三是完成任务的算子(oprent),即从起始状态向目标状态转化的操作。

表征问题还可细分为由浅入深的两个环节:一是问题的字面理解,即理解问题所表述的语言层面,做到能用自己的话陈述问题的目标和条件;二是问题的深层理解,即理解问题的实质层面,做到能识别问题类型,舍弃无关信息,抓住有关信息,并加以整体综合。成功地理解问题一般有三点要求:问题在我们头脑中形成的各表征部分或各表征元素之间的联系有意义,我们对问题的心理表征元素应该与外在世界的问题元素相对应,我们具有用于问题解决的背景知识储备。

实践探索 4-1　　　　　　　　和尚爬山问题

一天早晨,就在日出的时候,一个和尚开始爬一座高山。一条狭窄的山路,不超过一英尺宽,环绕着山盘旋,一直通向山顶灿烂生辉的寺庙。和尚爬山的速度时快时慢。一路上,他多次休息,吃带去的干果。日落之前不久他到达了山顶的寺庙。经过几天的斋戒、打坐之后,他又沿着同一山路下山,仍然是日出起程,速度也时快时慢,当然他的平均的下山速度要大于上山的速度。当他下山时,也已是日落黄昏了。请证明,和尚在往返的路上是否可能在同一天的同一时刻在同一地点通过。

对于这个问题初看起来使人困惑,不知怎样来解决。如果你纠结于"证明"一词,并想到数学上的公式定理,你可能不会有什么进展。但如果你能用想象意象来代替语言描述,即采取视觉的形式而非言语的或数学的形式表征问题,就可以使人较快地找到问题的答案。实际上,表征问题的形式除视觉意象外,还有数学符号、图形表格、提纲摘要、语义特征等多种形式。

2. 设计方案

在上一阶段理解问题的条件和目标的基础上,这一阶段需要设计解决问题的方案。这里的关键是探索解决问题所需要的具体操作。问题解决需应用一系列操作,究竟选择哪些操作,将它们组成什么样的序列,都依赖于个体采取哪种问题解决的方案。而方案的设计又与一个人解决问题的策略思想相联系,问题解决最终都是在一定策略引导下进行操作搜索的结果。因此,设计方案与确定策略是密不可分的。这一阶段也可同时看作确定问题解决策略阶段。

这里还需指出的是,尽管在表征问题阶段,对问题空间的认识中已包含对完成问题的算子方面,但这仅仅是对操作范畴的基本规定。至于更具体的操作,则需这一阶段中通过确定问题解决策略来确定方案。

3. 执行方案

一旦确定了方案,便进入执行方案的阶段。在这一阶段中,实际上就是运用在一定解题策略引导下的具体操作来改变问题的起始状态,使之逐步接近并达到目标状态。所以这一阶段也即执行策略阶段。

4. 评价结果

执行方案的操作结束,就需要对结果进行评价,看起始状态是否达到目标状态,所运用的策略和操作是否适宜。学生在解题时往往会忽略这个阶段,一旦求得答案,就接着做下一个题目,却不知对解题结果评价,尤其是对所运用策略和操作的适宜性评价的重要性。有时个体采用的策略和操作虽也能解决问题,但可能还有更好的策略和操作的运用。在一些情况下,经过评价,可以调整策略和改变操作,有时甚至需要对问题空间重新进行认知和表征。

上述四个解决问题的阶段在总体上保持一定的顺序,但在具体解决问题过程中却不必严格按照这个顺序,可以从后一阶段返回到前一阶段。例如,在执行方案阶段,通过操作,发现问题,可即时评价,再返回到设计方案阶段,重新选择策略,甚至如上所述,直至返回第一阶段,重新表征问题空间。

知识小窗 4-2 　　　　　　　　**问题以及问题解决**

　　所有的问题解决必定以对问题存在的认识为开始。离开了问题,问题解决就成了无源之水、无本之木。什么是问题,心理学界至今仍众说纷纭。邓柯(Duncker,1945)对"问题"作出了一个经典的界定:问题出现在一个活着的人有一个目标但不知道怎样达到这一目标之时。无论何时,当一个人不能仅仅通过行动从一个给定的情境到达渴望的情境,就必须求助于思维。这种思维的任务是设计某种行动,而这种行动将成为现有情境和渴望情境之间的中介。根据这一界定,问题包括三种基本成分:给定成分——即问题的初始状态,其中包含一些限制条件;目标成分——即问题的目标状态;障碍成分——即从问题的初始状态到目标状态之间的中介状态及各个步骤,状态之间的转换涉及算子的运用。

　　什么是问题解决呢? 安德森(Anderson,1980)认为,问题解决必须具备以下条件:第一,目的指向。问题解决具有明确的目的性,问题解决活动必须是指向目的的活动,它总是要达到某个特定的终结状态。白日梦就活动的复杂性而言,并不亚于许多问题解决活动,但由于缺乏明确的目标,所以不属于问题解决。第二,操作系列。问题解决必须包括心理操作过程的系列。没有这种操作的系列,不能称为问题解决。而且它需要运用高级规则,进行信息重组,而不是已有知识的简单再现。第三,认知操作。问题解决的活动必须由认知操作来进行,有些活动(如吃饭喝水)虽然也含有目的和操作,但没有重要认知成分的参与,因此不能视为问题解决。

二、问题解决的思维策略

　　布鲁纳(Bruner,1956)在研究人工概念时最初提出思维策略的概念,他发现人们在解决概念形成问题时自觉与不自觉地在运用着某种思维策略。现代认知心理学研究发现,人们在解决问题时所应用的思维策略有多种类型,这里主要介绍算法式和启发式两种。

　　算法式是运用解题的一套规则来解决问题的策略。这种规则可以有公式的形式,如某数学运算公式,也可以没有公式的形式,如河内塔问题的解决,但仍有操作方法的步骤。算法式策略的特点是,只要有一个问题有解题规则,那么只要按照其规则进行操作,问题总能得到解决。但运用算法式策略解决问题时也会碰到困难。其一是不能肯定所有问题都有自己的解题规则,有些问题也许没有规则,有些则尚未发现其规则;其二是有些问题按规则一步步求解,工作量实在太大,以至在事实上无法运用此类策略求解。例如,弈棋时,如用算法式策略,则需考虑所有可能的棋步,以及对方可能的回步,己方的下一步等,从理论上可以获胜,但涉及可能的棋步总数高达 10^{40},若以每毫秒考虑三步棋计算,将需 10^{21} 个世纪的时间!

　　启发式是凭借经验来解决问题的策略。这里有所谓解题的经验规则,它不能保证问题一定得到解决,但却常常能有效地解决问题。计算机与人对弈时,就是根据人下棋的启发式策略来编制程序的,而不是依靠算法式策略。"现在一个极有影响的看法认为,人类解决问题,特别是解决复杂问题,主要是应用启发式。"(王甦,1992)启发式策略也有多种,这里仅介绍有效应用范围最广的几种。

1. 手段—目标分析策略

该策略的基本思想是,从认识问题解决的目标和现有状态之间的差距着眼,通过设立若干小目标,并加以逐个实现的方式使现状不断逼近目标,直至最终消除差距,达到目标,解决问题。该策略在问题解决中的思维操作步骤包括:

① 认清问题的初始状态和目标状态;

② 分解问题的总目标为若干小目标(每个小目标就是一个中间状态);

③ 选择将初始状态向第一个小目标推进;

④ 达到第一个小目标后,再选择手段向第二个小目标推进,以此类推;

⑤ 如果某一手段行不通,就退回原来状态,重新选择手段,直至最终达到总目标。

在日常生活中,手段—目的分析法是人们常用的一种解决问题的策略,特别适用于目标状态清晰的问题。纽厄尔和西蒙(Newell & Simon,1972)描述了一个典型的例子:我想带我的儿子到幼儿园。在我的现状与我需要的东西之间有什么差异? 地理差异。什么能改变距离? 汽车。但是,我的车现在坏了,怎么办? 需要一个新电池。哪里买新电池?汽车修理店。我想去修理店换一个新电池,但修理站并不知道我需要电池。怎么办? 打电话。这里所运用的就是手段—目的分析法。这种方法的不足在于,由于人们一时只会注意一个子目标,因而有可能失去对问题全局的把握。

2. 探试搜索策略

该策略的基本思想是,利用事先能得到的有关达到目标的某种信息和已有的经验寻找问题解决的突破口,从中获得更多信息,以便进一步选择最有利于达到目标的方向进行搜索。例如,一道密码算题中,已知 D=5,要求把字母换成 0~9 数字,将数字代入后使得等式成立,便可以运用探试搜索策略,从事先得到的 D=5 这一有助于达到目标的信息出发,选择由个位向高位逐个相加递进的方向,依靠(加法)规则操作,达到目标状态。

$$
\begin{array}{r}
D \quad O \quad N \quad A \quad L \quad D \\
+ \quad G \quad E \quad R \quad A \quad L \quad D \\
\hline
R \quad O \quad B \quad E \quad R \quad T
\end{array}
$$

在搜索过程中,虽然也可按一些现成的规则(如数学运算法则、物理定律、化学公式、语法规则等)进行思维操作,但经验判断占有十分突出的地位,它为问题解决寻找突破口,为发现捷径创造有利条件。

3. 目标反推策略

该策略的基本思想是,从目标状态出发向初始状态反推,直至达到初始状态为止,然后再由初始状态沿反推路线一步步正向求解。这一策略与手段—目标策略正好相反,不是由初始状态朝目标状态推进,而是由目标状态向初始状态反推。一般地说,从起始状态出发,达到目标状态的途径有多条,用手段—目标策略能较好地解决问题,但如果从起始状态到达目标状态只有少数途径,那么宜用目标反推策略。请看这样一个问题:每 24 小时池塘里的水百合就生长出一倍,在春天的第 1 天,池塘中只有一朵水百合,第 2 天有 2 朵,第 3 天有 4 朵,第 4 天有 8 朵……60 天后,水百合长满了整个池塘。请问哪一天有半池塘水百合?用手段—目标策略来解决这个问题,耗时良久,若用目标反推策略,仅需一秒。

4. 简化计划策略

该策略的基本思想是,先抛开某些细节而抓住问题解决中的主要结构,把问题抽象成较简单的形式,然后解决这个简单的问题,再以此解决整个复杂问题。有些问题的求解似乎头绪较乱,但若采用简化计划策略,不考虑其他问题的次要方面,而只专注于主要结构,问题就较容易解决了。请看这样一个问题:在一张桌前从左到右依次并排坐着甲、乙、丙、丁四人,根据下述信息,请指出谁拥有小轿车:甲穿蓝衬衫;穿红衬衫的人拥有自行车;丁拥有摩托车;丙靠着穿绿衬衫的人;乙靠着拥有小轿车的人;穿白衬衫的人靠着拥有摩托车的人;拥有三轮车的人距拥有摩托车的人最远。这一问题初看似乎头绪混乱,无从下手,但若采用简化计划策略,只抓住其中一条线索,问题就较容易解决了。

实践探索 4 - 2　　　　　　　顿悟式问题解决

顿悟(insight)是指问题解决者在问题解决过程中,突然察觉到解决问题的方法,答案豁然出现。心理学家斯滕博恩和戴维德逊(Sternbern, Davidson, 1982)认为,顿悟涉及三种能力。第一种是选择性编码(selective encoding),即选择与问题有关的信息,忽略干扰信息的能力。第二种能力是选择性组合(selective combination),即把看上去不相关的有用信息放在一起。第三种能力是选择性比较(selective comparison),这是一种能把新问题与过去的信息或过去已经解决的问题进行比较的能力。以下是一些有名的顿悟问题:

1. 在我的宠物中,除了两只外其余都是鸟,除了两只外其余都是猫,除了两只外其余都是狗。那么,我一共有多少只宠物?

2. 在 2 和 3 之间放一个什么数学符号能使所得的数大于 2 小于 3?

3. "拉尔夫女王号"是一艘著名的远洋轮,正以每小时 30 公里的速度驶向港口。当轮船据海岸 80 公里时,一只海鸥从甲板起飞,飞向港口。同时一艘快艇以每小时 50 公里的速度驶离港口,迎向班轮。海鸥以每小时 65 公里的速度在快艇与班轮之间来回地飞着。当快艇和班轮相遇时,海鸥一共飞了多少公里?

4. 怎样种植四棵树才能使彼此之间的距离相等?

三、影响问题解决的心理因素

研究表明,问题解决受多种因素的影响,有些属于客观情境因素,有些属于主观心理因素,有些因素会促进思维活动从而有利于问题的解决,有些则会妨碍思维活动从而不利于问题的解决。下面是常见的影响问题解决的心理因素。

1. 情绪状态

个体在怎样的情绪状态下进行问题解决的思维活动,对活动的效果有直接的影响。正如苏联心理学家基赫尼罗夫和卡洛依克所提出的思维活动的情绪调节观:"协调思维活动的各种本质因素正是同情绪相联系,保证了思维活动的灵活性、重新调整、修正、避免刻板性和更替现有的定势。"美国著名心理学家西蒙(Simon,1967)也指出:"由于在活动着的人身上,行为动机和情绪对认知行为的过程有重要影响,所以思维和问题解决的一般理论应该结合这些影响。"一般说,高度紧张和焦虑会抑制思维活动,阻碍问题解决,而愉快—兴趣状态则为问题解决的思维活动提供良好的情绪背景。

2. 动机强度

动机虽不直接调节人的思维活动,但会影响个体思维活动的积极性。然而,研究表明,动机强度并不总是与问题解决的思维活动效率成正相关。太低的动机强度自然不能调动个体问题解决的积极性,不利于充分活跃个体思维活动,但过高的动机强度也会造成很大的心理压力,反而抑制思维活动,降低解题成效。因此,适中的动机强度最有利于问题的解决,并且这一动机强度的适中点还会随问题解决的难度而变化。一般说,越是复杂的问题,其动机强度的适中点越是偏低些。

3. 思维定势

思维定势(thinking set)是由先前活动所形成的,并影响后继活动趋势的一种心理准备状态。它在思维活动中表现为一种易于以习用的方式解决问题的倾向。

思维定势可以适合思维定势和错觉思维定势两种方式表现出来。前者是指人们在思维过程中形成了某种定势,在条件不变时,能迅速地感知现实环境中的事物并作出正确的反应,可促进人们更好地适应环境。后者是指人们由于意识不清或精神活动障碍,对现实环境中的事物感知错误,作出错误解释。可见,思维定势对问题解决的影响既有积极的一面,也有消极的一面。

在问题解决中,思维定势是一种按常规处理问题的思维方式。它可以省去许多摸索、试探的步骤,缩短思考时间,提高效率。在日常生活中,思维定势可以帮助我们解决每天碰到的90%以上的问题。从这个角度来看,思维定势有助于问题解决。但是大量事例表明,思维定势确实对问题解决具有较大的负面影响。思维定势容易使我们产生思想上的惰性,养成一种呆板、机械、千篇一律的解题习惯。当新旧问题形似质异时,思维的定势往往会使解题者步入误区,表现为墨守成规,难以涌出新思维,作出新决策,造成知识和经验的负迁移。这不仅会阻碍问题解决,也不利于创造。卢钦斯(Luchins,1942)的水罐实验是说明定势消极作用的一个典型。该实验要求被试计算如何用不等容量的杯子量出一定数量的水(见表4-1)。实验组从例题之后逐解所有8道题,而控制组则在例题之后只做第6、7、8题。结果实验组的81%的被试受例题1~5题所形成的定势影响,套用B—A—2C的算法求解第6、7、8题,使算法重复,而控制组则由于未受此定势的影响,100%被试都采用非常简捷的方法求解第6、7、8道题。

表4-1　卢钦斯的定势实验

课题序列	容　器　的　容　量			要求量出的容量
	A	B	C	P
1	21	127	3	100
2	14	163	25	99
3	18	43	10	55
4	9	42	6	21
5	20	59	4	31
6	23	49	3	20
7	15	39	3	18
8	28	76	3	25

4. 功能固着

功能固着(functional fixation)是指个体在解决问题时往往只看到某种事物的通常功能,而看不到其他可能有的功能。这是人们长期以来在日常生活中所形成的对某种事物的功能或用途的固定看法。例如,一般认为热水瓶是用来盛开水的,衬衫是用来穿着的,而不易想到,在必要时可以把热水瓶当储油罐,把衬衫当画布。但在问题解决中,有时正是在克服这种功能固着中才能找到新的求解思路。梅尔(Maier,1933)和邓克(Duncker,1945)都曾通过经典的实验,证实了功能固着对解决问题的消极影响。

知识小窗 4-3   鼻子也能弹钢琴

作曲家莫扎特还是海顿的学生时,曾和老师打过一次赌。莫扎特说,他能写一段曲子,老师准弹不了。世界上竟会有这种怪事? 在音乐殿堂奋斗了多年早已功成名就的海顿对此岂能轻易相信。见到老师疑惑不解的样子,莫扎特真的伏案疾书起来,很快便将曲谱交给了老师。海顿未及细看便满不在乎地坐在钢琴前弹奏起来。仅一会儿的工夫,海顿就弹不下去了,他惊呼起来:"这是什么呀? 我两只手分别弹响钢琴两端时,怎么会有一个音符出现在键盘的中间位置呢?"接下来海顿以他那精湛的技巧又试弹了几次,还是不成,最后无奈地说:"真是活见鬼了,看样子任何人也弹奏不了这样的曲子了。"显然,海顿这里讲的"任何人"其中也包括莫扎特。此时,只见莫扎特接过乐谱,微笑着坐在琴凳上,胸有成竹地弹奏起来,海顿也屏住呼吸留神观看他的学生究竟会怎样去弹奏那个需要"第三只手"才能弹出来的音符。令老师大为惊喜的是,当遇到那个特别的音符时,莫扎特不慌不忙地向前弯下身子,用鼻子点弹而就。海顿禁不住对自己的高徒赞叹不已。

---

5. 迁移影响

迁移(transfer)是指已获得的知识经验对解决新问题所产生的影响。迁移有正迁移和负迁移之分。**正迁移**(positive transfer)是已获得的知识经验对解决新问题有促进作用。**负迁移**(negative transfer)是已获得的知识经验对解决新问题有阻碍或干扰的影响。例如,学会骑自行车反而会影响学骑三轮车,属负迁移。根据美国心理学家贾德(Judd,1908)的理论,只有当一个人对其知识经验进行概括、掌握其要义时,才易于将知识经验迁移到新问题解决的情境中去。美国心理学家布鲁纳则更进而强调迁移的关键在于领悟事物之间的关系,基本概念或原理掌握得越深透,则越能实现正迁移。

6. 原型启发

原型启发(prototype inspiration)是指在其他事物或现象中获得的信息对解决当前问题的启发。而能给人获得解决问题启发的事物叫做原型。作为原型的事物或现象是多种多样的,存在于自然界、人类社会和日常生活之中。鲁班从长着很多小细齿的小草那里获得启发,发明了锯;瓦特从壶盖被蒸汽顶起,发明了蒸汽机;阿基米德从身子浸入浴缸将水溢出的现象中获得启发,解决了皇冠含金量的鉴别问题;上海铁道医院医生从汽车方向盘的外形中获得启发,获得了人造瞳孔角膜的透气问题;科学家则从动物的形态、动作和某些机体结构中获得启发,解决了大量生活、生产和军事上的问题,并形成仿生学科。原型之所以具有启发作用,是因为原型与要解决的问题之间存在着某些共同点、相似之处,通过联想人们可以从原型中找到解决问题的新方法。原型启发关键是要做生活中的有心人,不断积累丰富的知识,并善于发现有关事物或现象与当前所要解决问题之间的某种内在联系,以从中获得有益的启迪。

7. 个性特点

由于思维是智力的核心成分,因此智力因素对问题解决自然有重要影响。智力水平高,解决问题容易成功,智力水平低,解决问题就要困难得多。性格特点对问题解决的进程与结果也具有明显的影响。那些具有强烈的事业心和积极的进取心、善于独立思考、思路比较开阔、勤奋工作、乐观自信、意志坚强、谦虚自律的人,不仅喜欢探究各种问题,而且解决问题更容易取得成功。

学术研究 4-2　　　专家与新手问题解决的差异研究

我国学者梁宁建(1997)采用口语报告技术对专家与新手解决同类问题的认知活动差异研究结果表明:专家和新手在解决问题时具有不同的编码程序。专家储存信息以组块化方式进行,并能熟练地运用手段—目的的分析策略,利用课题中的信息向前解,能正确表征产生式,最大特点是具有概括性和抽象性。新手储存信息的形式和数量与专家存在差异,在解决问题时较多进行盲目搜索,一般根据课题中的问题往回解,其内部表征较零乱,具体细节多,解题速度较慢。

美国心理学家斯滕伯格(Sterberg,2003)详细地列出了专家与新手在问题解决中的特征差异:与新手相比,专家解决自己专业领域内的问题时较为出色,在不熟悉的领域,专家通常并不比新手好;在解决问题时专家以较大的意义单元即组块加工信息。研究发现,专家比新手能更有效地组织信息,这主要是因为专家能将信息组织成大的、有意义的单元即组块;专家的短时记忆与长时记忆容量比新手大,专家是以较大的意义单元来加工信息的,他们可将信息组织成大的意义单元,这样可提取更多的信息;专家问题解决比新手快,一方面,在某一领域内,专家由于经过长时间的练习,因而执行一些基本的技能时会比新手快,另一方面,专家有时采用直觉推理的方式迅速解决问题。直觉推理并不是在对问题进行最初表征和计划时发生,而是在搜集信息的过程中出现的;问题解决过程中,专家比新手花更多的时间来表征问题。对于模糊问题,专家要用更多的时间来表征问题;专家比新手在更深层水平上表征问题。在遇到新问题时,专家的问题表征明确指出了问题的主要成分,而新手则易受表面的、无关的特征干扰;专家比新手具有更好的自我监控能力。专家在解决问题之前更可能形成一些备择假设,在解决问题过程中会很快放弃不合适的问题解决方法。

四、问题解决中的创造性思维特点

问题解决有两种类型：一是创造性问题解决，它是要求发展新方法的问题解决；二是常规性问题解决，它是使用现成方法的问题解决。两者也不是截然分开的，可以把这两类问题的解决设想为一个连续体的两端，其间则有常规性或创造性的连续变化。当我们在提倡人们进行创造性活动时，也就是在鼓励人们尽可能朝着创造性的一端解决问题。

创造性的核心是创造性思维。它是人类思维的高级过程，是创造性问题解决的灵魂。创造性思维是多种思维的综合表现，它既是发散思维和聚合思维的结合，也是直觉思维和分析思维的结合，更是形象思维与抽象思维的结合。但其中发散思维、直觉思维、形象思维等在创造性思维中更凸显其创造性特性，并由此形成创造性思维的特点。

1. 有大量发散思维参与

创造性思维是发散思维和聚合思维的结合。例如，我们要解决城市交通问题，先是设想种种可能的解决方案，其中包括扩路面、造高架、建地铁、铺轻轨、架天桥等等，这是发散思维；然后经过检验、审核，从中选择最佳方案，这是聚合思维。当选择其中一个方案后，如何具体实施，又要设想种种可能的计划，这时又要进行发散思维；然后又要运用聚合思维从众多计划中选择最佳计划。由此步步推进，直至最终解决问题。可见发散思维和聚合思维两者缺一不可。把创造性思维仅仅归结于发散思维是片面的，不正确的。但是，创造性思维的"创造性"则主要集中体现在优质的发散思维上，这也是不争的事实。正鉴于此，国外对创造性思维的测量，其实也主要集中在对发散思维的测量上。

吉尔福特(Guilford)设计了发散性产生测验来测量创造性思维。在测验中，用发散性思维的流畅性、变通性和独创性的好坏来衡量创造性的高低。流畅性是指在短时间内思维发散的数量，主要反映个体思维的敏捷程度。吉尔福特(1967)进一步将思维的流畅性分为用词的流畅性、联想的流畅性、表达的流畅性和观念的流畅性四种形式。变通性是指思维在发散方向上所表现出的变化变通，主要反映个体思维的灵活性，体现在答案的方向、范围、层次和维度等方面。独创性是指思维发散的新颖性、独特的程度。

实践探索 4 - 3　　　　发散思维小测试

1. 以下 4 幅图可能代表什么,请在 3 分钟内想出尽可能多的答案。

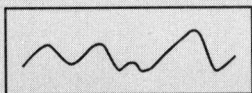

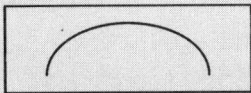

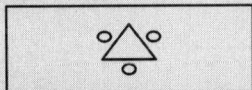

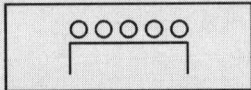

2. 请给下面的故事加上标题

一位哑巴妻子被医好了,丈夫却为妻子变得唠叨而苦恼,从而想让医生把自己变成听不到妻子唠叨的聋子。

2. 有大量形象思维参与

创造性思维也是形象思维和抽象思维的结合。人们往往会认为既是人类高级的思维过程,一定是依靠抽象思维进行的,从而忽视了形象思维在创造性思维中的作用。其实,形象思维在创造性思维中占有非常重要的地位,这不仅是因为作为一种思维类型,形象思维、抽象思维之间不存在发展水平上的哪个高哪个低的问题,而且由于创造性思维的成果都是前所未有的,个体往往要凭借想象,尤其是创造性想象来进行探索。当然,这种形象思维最终也得经过抽象的逻辑推断的验证,且离不开抽象思维的支撑,但形象思维的重要性却是不可低估的,这已为大量科学创造事例所证实。

知识小窗 4 - 4　　　　爱因斯坦的思维方式

世界著名物理学家爱因斯坦(Albert Einstein,1879—1955)在高度抽象的理论物理领域中有许多杰出的创造性成果,其中广义相对论至今仍只有很少数人能够理解。然而,他自己承认,他大多是运用形象思维来进行研究的。他的思维活动的一个重要特点也在于:与大多数人用语词来思维(thinking in words)的情况相反,他经常是用图像来思维的(thinking in pictures)。"我思考问题时,不是用语言进行思考,而是用活动的、跳跃的形象进行思考,当这种思考完成之后,我要花很大力气把它们转换成语言。"据说,对爱因斯坦大脑的解剖也发现,他用以形象思维的右脑相对左脑而言,其比例比一般人要大得多。

据记载,爱因斯坦提出引力质量和惯性质量等价的原理,就是利用形象思考的结果。一次,他与居里夫人一家同游意大利的阿尔卑斯山。在途中,他们望见远处的雪山出现了雪崩。这时,他突然激动地抓住居里夫人的手说:"夫人,你知道我在想什么吗?我在想一个在真空中的升降机,升降机以重力加速度上升,此时升降机中的乘客会有什么感觉?"居里夫人意识到,爱因斯坦正处于创造的高峰。举世闻名的引力质量和惯性质量等价的原理就是这样被揭示出来的。

3. 多有直觉思维出现

创造性思维又是直觉思维和分析思维的结合。由于直觉思维是一种没有经过严密推理与论述,而径直地猜度问题关键的一种思维活动,对客观事物间的关系能作出迅速辨别、敏锐洞察和整体判断,因此在创造性思维活动中,能发挥发现问题、确定方向、提出假设等作用。但是,光有直觉思维还是不够的,由直觉思维所产生的思想闪念、火花等仍需要通过分析思维进行逻辑上的论证(其中也包括符合逻辑的实证),才能得到正确的结论。否则,再好的直觉思维也是徒劳的。当然,直觉思维在创造性活动中比分析思维更多地体现了创造性的特点,以至好多创造性思维,都得益于它。例如,著名原子物理学家卢瑟福很早就凭借直觉思维认识到原子核的存在,后来通过 α 粒子散射实验证实了当初的想象。又如,法拉第从电流周围产生磁场这一物理现象中通过直觉思维预见到在磁场周围也必然会产生电流,后来事实证实了他的预见:变化的磁场会产生感生电流。直觉思维作为创造性思维中的一个重要思维活动具有三个特点:一是从整体上把握对象,而不拘泥于细枝末节;二是对问题的实质的一种洞察,而不停留于问题的表面现象;三是一种跳跃式思维,而不按部就班地展开思维过程。直觉思维并不神秘,亦非毫无根据,恰恰是在个体掌握牢固的科学知识、具备丰富的生活经验、并积极从事实践活动的基础上产生的一种领悟。

4. 多有灵感出现

创造性思维的"闪光点"往往得益于灵感,这是创造性思维的又一典型特点。**灵感**(inspiration)是人脑以最优势功能加工处理信息的最佳心理状态。它常给人一种豁然开朗、妙思横生的体验。对许多科学家的调查表明,在他们创造发明过程中,大多出现过灵感。由于灵感具有突发性、瞬时性,来也匆匆,去也匆匆,使人对此有一种欲盼而不可求、欲望而不可及的神秘感。但研究表明,灵感的出现还是有一定的规律性的。首先,灵感出现的基本条件是,个体必须对所要研究的问题有一个长时间的思考,直至思维饱和。这时虽从表面上看是到了"山重水复疑无路"的境地,实则已谙熟了问题的方方面面,处于"一触即发"的状态,为灵感产生提供了必需的前提。其次,灵感出现的契机是,个体在紧张思维后处于精神放松、悠游闲适的时候。这一点往往会被人们忽视。这表面上似乎是一种无为的松弛、消遣，如散步，闲聊，舒躺在床上、草地上等，其实都在不知不觉地敞开了思维的大门，期待灵感的光临。因为紧张后的释负、轻松之时，大脑灵活，感受能力强，最易产生联想，触发新意，从而出现"柳暗花明又一村"的转机。心理学实验也表明，创造性活动是与人的非紧张状态相联系的。在一项实验中，用强噪音引起人的紧张，从而提高兴奋水平的情况下，个体的创造性测验分数随之降低（Martindale & Greenough, 1973）。在另一项实验中，让具有不同创造性的三组被试从事三种具有不同创造性的作业：多用途测验、远距离联想测验和普通智力测验，同时测量被试大脑中 α 波出现的多少，而 α 波是在非集中注意的轻松状态下较多出现的。结果发现，创造性高的被试在创造性愈高的作业中出现的 α 波愈多，而创造性不高的被试，则在三种作业中出现的 α 波无多大区别。这表明非集中注意是创造性高的条件（Martindale, 1977）。而阿基米德在沐浴时想到物体的浮力原理；费米与朋友躺在草地上遐想解决他冥思苦想的热力学问题；华莱士因发疟疾卧床时想到进化论中的自然选择观点；凯库勒在瞌睡小憩时解开苯的化学结构之谜。这一系列科学家发明创造的事例，也充分说明，一张一弛是捕捉灵感之道。

热点聚焦 4-3　　青少年阶段是创造性思维发展的关键期

虽说创造性思维是人类高级思维过程，但我国一系列研究表明，早在儿童晚期（10、11 岁）就已具有初步发展水平。在 1980 年召开的第十二届国际心理学大会上，匈牙利心理学家卡尔梅甚至在报告中指出，5 岁半至 6 岁多的儿童在创造性思维测验中已能表现出一定水准。但发展的关键期则在青少年期。在一项研究中（何蔚，1986），参考全国超常儿童研究协作组制定的儿童创造性思维测验，对 209 名小学四、五年级学生和 348 名初一至初三学生测查表明，其成绩不仅随年龄上升，且上升速度自初一后迅猛增加。张德琇（1985）采用自编的《创造性思维潜能测验》测查 426 名初一至初三学生和 448 名高一至高二学生，结果显示年级愈高，成绩愈好。另一项采用根据吉尔福特智力结构中发散思维的剖面修订成的由 18 个测题组成的测验，测查上海地区 525 名大学生，并与高二学生对照，结果发现，一方面在中学阶段，测验成绩随年级递增，另一方面大中学生在发散思维上没有明显差异（潘洁，1983）。新近的一项针对全国六个地区 3 301 名中小学生的研究表明（沃建中等，2009），发散思维中的流畅性在初二时达到最高水平，而变通性和独特性则在初三达到最高水平，三个维度都在初中阶段有较明显的发展。

青少年创造性思维的个别差异也十分显著。有的发散快、灵活多变、富有创见，有的则平平庸庸。同时，青少年创造性思维内部发展也不均衡。年级较低的学生，在思维能力方面，求同优于求异，而年级较高的学生表现相反的情况（张德琇，1985）。这表明青少年思维变得日益富有独创性。而在发散思维内部三个特征指标上的发展也表现出不平衡，其发展水平依次是：流畅性＞变通性＞独特性。因此，培养青少年发散思维的重点是独特性和变通性。

第三节　思维规律在教育中的应用

　　学生思维能力的培养是教育的一个重要目标。对未来的教师——师范生而言,需要掌握并运用思维规律,这不仅有利于在今后的教育教学实践中让学生学会动脑、学会创造性思考,不断提高解决问题的能力,而且有利于自身的成长与发展,使自己逐渐成长为问题解决效率高、思维能力强、思维品质好且富于创造的人才。

一、思维规律在教书育人中的应用

　　教学中,教师和学生的核心活动是思维。思维规律在教书育人中的应用,主要体现在教学中教师如何结合学科教学提高学生解决问题的思维效率,藉以促进学生的思维发展,并形成良好的思维品质。在这里可以归纳为四方面的教学策略运用。

学术研究 4-3　　教学应促进学生良好思维品质的形成

　　思维品质是智力活动中智力特点在个体身上的表现,其实质是人的思维的个性特征。思维品质的成分及其表现形式很多,主要应包括深刻性、灵活性、独创性、批判性、敏捷性五个方面。

　　深刻性是指思维活动的广度、深度和难度。它表现为智力活动中深入思考问题,善于概括归类,逻辑抽象性强,善于透过现象抓住事物的本质和规律,开展系统的理解活动,善于预见事物的发展进程。研究深刻性的指标集中在概括能力和逻辑推理能力两个方面。灵活性是指思维活动的灵活程度,表现为思维起点灵活,思维过程灵活,迁移能力强,善于组合分析,思维结果往往是合理而灵活的结论。它集中表现在一题多解的变通性,新颖不俗的独特性。思维活动的独创性或创造性是指个体思维活动的创新精神或创造性特征,其实质在于主体对知识经验或思维材料高度概括后集中而系统的迁移,进行新颖的组合分析,找出新异的层次和交接点。批判性是思维活动中独立分析和评判的特性,是思维活动中善于严格估计思维材料和精细地检查思维过程的智力品质,其实质是思维过程中自我意识作用的结果。心理学中的"反思"、"自我监控"、"元认知"和思维的批判性是交融互补、交叉重叠的关系。敏捷性是指思维活动的速度呈现为一种正确而迅速的特征,它反映了智力的敏锐程度。

(林崇德,2006)

---

1. 构成良好的问题空间的教学策略

　　在学科教学中,学生在解题时首先碰到的是如前所述的表征问题,其关键是要在头脑中构成良好的问题空间,通俗地说就是理解题意。有不少学生解题解得晕头转向或解不出

题,很大一部分原因在于没有理解题意。因此,教师应指导学生从三个层次上步步把关:

① 要准确理解问题表述的语意。首先要仔细阅读题目,从文字上看清解题的目标和条件,如"增加到"和"增加了"、"大几倍"与"是几倍"等都有不同的含意。由于青少年抽象思维水平的提高,概念掌握能力大大超过儿童期,对问题表述的语意的准确理解上的困难主要不是不懂,而是粗心。因此,准确理解的关键在于仔细阅读。

② 要由表及里深入把握题意。这里需克服由于问题情境呈现的方式不同所造成的认知障碍。例如,已知一个圆的半径是 2 cm,求圆的外切正方形的面积,用 a、b 两种方式画出的标示圆半径的辅助线(见图 4 - 1),图中较难看出圆的半径与正方形的关系,问题较难解决。这里还需指出,由于青少年抽象思维处于由经验型向理论型的过渡之中,仍需要感性经验、直观形象材料的支持,因此,在把握题意时,应尽可能作出示意图,以利于表征问题。

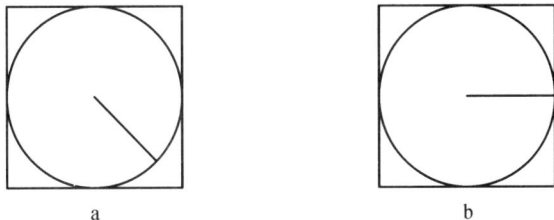

图 4 - 1　两种标示图半径的呈现方式

③ 要正确判断问题类型。当学生准确理解语意,深入把握题意之后,就应进而判断问题类型,以便将当前问题纳入自己头脑中已形成的问题类型之中。研究表明,许多学生不是因为缺乏解题的具体操作能力,而是缺乏正确归类。要做到这一点,首先要在平时注意解题类型的归纳,以便在头脑中形成相应的认知结构,为正确解题创造必要条件。其次,要善于去伪存真,才能把握问题实质。许多题目往往是以改头换面的方式出现,很容易迷惑学生,而其实不外乎出自几种类型。这也可谓问题中的"变式"。

2. 有效填补认知空隙的教学策略

当学生真正理解题意,构成良好的问题空间时,也就看清了已知条件和目标之间的空隙或差距,接下来设计和实施方案的实质就是填补这一认知空隙。教师应指导学生注意以下三个方面:

① 要利用迁移的积极影响,克服某些定势的消极作用。当学生把题目纳入一定的类型之后,就应利用已有的解题知识、经验来解决当前的问题,使问题的解决既便利又快捷,这其实是在利用正迁移的积极影响。但同时又应防止可能出现的某些定势的消极作用。在解题中时常发生这样的情况,乍一看某题属于某一类型,就开始搬用这一类型的解法,殊不知同一类型中也有一些不同的变异,完全套用已有的解法,会失之偏差,甚至会钻进

死胡同而不能退出。因此,解题时不仅要正确判断题目类型,而且一旦发现问题,要及时分析、审视,善于变通,不要为定势所束缚。事实上,中差生解题往往局限于一条思路,受定势束缚明显,而优等生则善于变通思路,换角度求解。

② 注意运用解决问题策略。当有些问题不能简单归入某一类型,或运用已有知识不能一时求解时,应积极运用一些解决问题的策略。这里要注意灵活运用,上一节提到的几种策略都可运用。例如,手段—目标策略适用于从起始状态到目标状态的途径有多种的情况,而目标反推策略适用于从起始状态到目标状态的途径较少的情况,但在解决有些难题,则从正反两个方面同时推进,往往效果更好。还要强调指出的是,上述策略只是解决问题的一般策略,结合各学科的具体实际,教师还应多给予更具体的解题策略的指导,使学生真正掌握学习的方法,而不仅仅是解题的知识。这样才能做到既促进学科学习中的问题解决,又促进学生思维能力的发展。有人对几何学科解题的思维策略训练进行了实验研究,结果表明结合学科教学进行解题策略训练是可行的、有效的。(张庆林,1995)

热点聚焦 4-4　　　　　问题解决策略及其教学

针对国内外在儿童思维训练研究中存在的不足,针对传统教学中重知识传授轻能力培养的不良倾向,张庆林等在长期实验研究的基础上,提出了促进学生思维能力提高的"策略性知识转化"理论。

该理论认为,策略性知识向能力转化必须做到概念化、条件化、结构化和自动化。所谓策略性知识的概念化,是指学生在学习策略性知识时,能借助于书面文字的表达在头脑中真正理解策略性知识,建立起准确的策略性知识概念。所谓策略性知识的条件化,是指学生不仅要学会运用所学的策略性知识,而且知道所学的策略性知识可以用到什么情景之下,或者说,在什么条件下有用。所谓策略性知识的结构化是指将点点滴滴逐渐积累起来的策略性知识加以归纳整理,使之条理化,纲领化,要做到纲举目张。所谓策略性知识的自动化是指策略性知识的掌握要达到熟练的自动化程度。

促进策略性知识向能力转化的教学模式包括六个阶段:第一阶段,策略感悟。通过一个例题的两种不同思考方法—优—劣的对比,让儿童感受和领悟到应该如何思考。第二阶段,策略尝试。让儿童运用刚才领悟到的思考方法去思考一个类似的例题。这是一种模仿性质的从具体到具体的类比。第一二阶段的感性经验,能促进策略性知识的真正理解。第三阶段,策略反思。在第一二阶段的具体感性经验的基础上进行比较和归纳,形成策略性知识的一种抽象,此时,具体感性经验已上升为抽象的策略性知识,并达到了经验化的要求。第四阶段,策略应用。这是一个从抽象到具体的过程。在老师的指导下,儿童积极运用"思维诀窍"去解决一系列由易到难的各种问题,促使策略性知识的自动化。第五阶段,策略迁移。师生共同讨论本节课所学的"思维诀窍"还可以用于哪些地方,促进策略性知识条件化。第六阶段,策略巩固。这一环节一般不在本节课完成,而是在一种策略教学之后的二至三周内完成。其目的是为了防止策略性知识的遗忘和促进策略性知识使用的自觉性和习惯化。

(张庆林,杨东,2003)

③ 调控解题时的心理状态。在解题过程中,学生的动机和情绪也是制约思维活动和解题效率的一个不可忽视的心理因素。如前所述,在动机方面,强度偏低和过高都是不利的,而学生在学习过程中恰恰在两个方面易暴露问题:一是在平时作业解题时,易出现因动机强度偏低造成的思维积极性不高的情况;二是在测验或考试解题时,易出现因动机强度过高造成的对思维功能削弱的情况。在情绪方面,诸如悲伤、愤怒、忧郁等负性情绪都不利于学生解题,而在测验或考试解题时,最主要的干扰则来自焦虑、紧张的情绪状态。因此,要让学生学会调控自己的心理状态,使自己尽量处在动机强度适中、情绪平和、愉悦的心境之中解题,以取得最佳的解题效果。

3. 解题后再反思的教学策略

学生解题的兴奋点往往囿于解题操作后的答案之中,一旦求解结束便如释重负,对解题后的反思常掉以轻心,缺乏应有的重视,而这却又是提高解题技巧、发展元认知思维的重要环节。由于青少年已具有对思维的反思能力,因而要既利用青少年这方面的能力来促进解题,又通过解题来进一步发展这方面的能力。对此,教师应指导学生进行以下三点反思:

① 反思解题过程。要克服学生重结果、轻过程的倾向,引导学生养成解题后再反思解题过程的习惯。这包括反思对问题的表征、问题归类、求解的思路和操作过程。这种反思要尽量避免刚才解题的定势,换一个角度来审视,往往易于暴露问题。

② 反思解题方法的多样性。在平时作业解题时,不要满足于一题一解,而要积极寻求其他可能的解法,争取一题多解。这不仅有利于加深对该题的认识和理解,而且也有利于促进发散思维的培养和发展。如前所述,青少年是创造性思维发展的关键期,因此通过反思解题方法也是结合学科教学培养发散思维、促进创造性思维发展的一个重要途径。

③ 反思解题途径。学生往往满足于问题的解决而不注意解题后的反思总结,使解题经验得不到及时的提炼和概括。因此,当题目完全做好,解题结果和过程也都核查无误后,对解题的反思尚未结束,还应有一个对解题经验的反思、总结。解题顺利了,有顺利的经验;解题曲折了,有曲折的教训,反思这些经验乃至教训,极有利于丰富个人的积累。这一反思既可包括题型的归类,使之逐步体系化,为以后解决同类型问题创造条件,又包括解题思路的整理和再思考,从中获得新的认识和启迪。这样的反思极有利于提高思维的深刻性和系统性。

二、思维规律在自我教育中的应用

未来社会是极具竞争性、挑战性和开拓性的社会,只有富有创造性的人才能适应未来的社会;教师的工作又是各行各业中最具有创造性的工作。因此,对于今天的高校师范类专业的学生来说,培养创造能力无论对于未来社会的适应,还是对于未来的教师工作的胜任,都具有极为重要的意义。而创造能力的核心则是创造性思维,自觉培养自身的创造性思维,也就成为思维规律在自我教育中运用的重要方面。

1. 积极参加各种创造性活动

如前所述,思维一般是在问题情境中发生的,是在解决问题的过程中发展的。创造性思维也不例外。积极参加各种创造性活动,如科技小组、兴趣小组、头脑风暴、发明竞赛、科学沙龙、创造技法讲座等,或在各种活动中进行创造性工作,自然会遇到种种常规思维所不能解决的问题,这些问题将迫使师范类专业学生进行创造性思维活动,从而为创造性思维的发生和发展提供基本前提。

实践探索 4-4　　　　　创 造 技 法

1. 类比模拟法。是用发明创造的客体与某一事物进行类比对照,从而获得有益的启发,提供解决问题的线索。

2. 聚焦发明法。是以某一事物或问题为中心焦点,然后分析这一事物或问题的周围环境,由此得到启发,进行强制联想——尽可能将周围的事物与所要解决的问题联系起来,创造出新事物。

3. 设问探究法。是通过书面或口头形式提出问题而引起人们的创造火花,捕捉到良好的设想的一种方法。它对于发现问题和解决问题是极其重要的。

4. 列举法。是将研究对象的特点、缺点、希望点罗列出来,发现规律,提出改进措施,形成一定独创性的一种方法。

5. 移植法。是将某一学科的理论、概念,或者某一领域的技术发明和方法应用于其他学科和领域,以期取得新的发明和创造的方法。

6. 逆向求索法。是逆向思维的具体运用,它是从已有的事物、现象的相反功能、状态、位置、方向、方式、顺序等方面进行反习惯性思路的反向思考和创新的一种方法。

---

2. 努力进行发散性思维的自我训练

虽然创造性思维是聚合思维和发散思维的统一,但发散思维更集中体现思维活动的创造性特点,同时,传统教育又片面注重聚合思维,造成对创造性思维的有意或无意的压制。要摆脱这种长期教育模式造成的思维定势,师范生必须结合各种实际活动,有意识地对自己进行发散性的思维训练。遇到问题,不要局限于一个维度上的思考,更不满足于一个答案,而要广思多虑、标新立异。虽然优质的发散思维以创造性为本,但作为发散性的思维训练,则可以从提高思维的流畅性入手,由变通性扩展,以量为先,在此基础上逐步提高独创性水平。

3. 多运用形象思维来开发右脑

现代脑科学的研究表明,大脑两半球基本上是以不同的方式进行思维的,左脑倾向于用语词进行思维,右脑倾向于以感觉形象直接思维。这一研究成果从根本上纠正了长期以来的左脑优势理论和只有抽象思维才是认识的高级阶段的偏见,也为个体运用形象思维开发右脑、增进创造潜能提供了科学依据。因此,只要做有心人,我们随时都可以进行形象思维,以开发右脑。

知识小窗 4－5　　　　　　　　**形象思维与右脑**

现已有研究表明,大脑两半球基本上是以不同的方式进行思维的:左脑倾向于用语词进行思维,右脑则倾向于以感觉形象进行思维,两者具有一种合作关系,即左脑负责语言和逻辑思维,而右脑则做一些难以转换成词语的工作,通过表象替代语言来思维。具体说,左脑主管抽象思维,具有语言的、分析的、连续的、计算的能力;右脑则主管形象思维,具有图像的、几何—空间的、音乐的、直觉的能力。

左脑的语言逻辑思维的本质是抽象,右脑形象思维的本质是具体。右脑形象思维还需要完成由笼统、模糊、混沌到清晰、明白的过程。分为三个阶段。第一,词的阶段。第二,单句阶段。第三,描述阶段。中央教育科学研究所史慧中在 10 个省市 5 500 个 3 岁~6 岁儿童语言发展的调查研究中,得出结论是:词若不组成句子,人与人的思想交流便没有可能。以大量语言发展事实,为儿童形象思维发展过程作了"词句逐步展开所反映的是形象思维在右脑中的进展过程"的证明。

形象思维有初级和高级之分。右脑具有形象思维功能,反映一切自然物的原型,为左脑进行语言活动提供加工的原料。右脑的形象是依靠感觉器官直接活动而获得,因此,称为初级。而另一种形象思维不仅具有形象,也有语言和逻辑的参与。今天对大脑的两半球的功能认识,改变了过去只重视左脑的语言和抽象思维活动而忽视右脑的形象思维活动的观念与做法。

(钱国屏,1999)

4. 学会捕获灵感

灵感来得迅速,而又瞬间即逝,控制和捕捉相当不易。然而灵感并不是一种捉摸不定的东西,只要把握灵感出现的某些规律,还是可以创造条件来提高捕获灵感的概率的。

首先,对某一创造性问题的解决要有充分的预备性劳动。即对问题本身以及有关资料进行长时间的、反复的探索,直至把握问题的方方面面。这是捕获灵感的最基本的条件。

其次,对某一创造性问题的思考要达到迷恋的程度。即不仅在集中思考时全心投入,而且在平时也要使该问题萦绕在心。当个体处于这一状态时,似乎使创造性解决问题的思维"触角"遍及各处,为捕获灵感创造了又一重要条件。

再次,经过一段长时间的穷思竭虑后转入松弛状态。即由张入弛,把问题暂搁,或静息、或聊天、或散步、或垂钓等,使自己处于平静、悠闲的境地。当个体处于这一状态,往往能摆脱习惯性思维的束缚,而使创造性解决问题的思维"触角"充分舒展,随时接受来自灵感的思想火花。这是最为人们所忽视的捕获灵感的重要秘诀之一。

此外,还要养成随身携带纸笔,随时记录闪念的习惯。这是因为灵感具有突发性、瞬时性的特点。一个来自灵感的闪念稍纵即逝,只有随时捕获,方能有效。

5. 习惯于大胆猜想

直觉在创造性思维中占有不可忽视的地位,其主要表现形式即为猜想。因此,师生要摒弃只重视严密的逻辑推理而轻视猜想的偏见,习惯于在创造性解决问题的各个环节上都敢于和善于大胆猜测。当然,为使自己的猜想更多地贴近现实、把握问题关键,平时要做有心人,不仅要注意拓宽学科知识,做到文理相通,而且还要注意积累大量社会、生活经验。

> 让我们回到本章开头提到的那个案例。张老师的这堂数学问题解决课,旨在通过一道典型例题的解决,来解决含参数不等式恒成立这一类问题,取得的教学效果是非常好的,其根本原因在于教学各环节紧紧围绕问题解决策略的归纳和思维能力的锻炼这一目标。首先,他让学生从熟悉的含参数方程的有解性问题解法入手思考,在类比中探究,以培养学生的类比能力和知识迁移能力。接下来,通过一题多解的训练,不仅充分利用典型问题沟通各部分知识间的联系,拓宽学生的解题思路,而且培养了学生的发散思维能力。更为重要的是,张老师在例题解决后,及时组织学生对解题方法进行多方面的反思和比较,教会学生总结问题解决的策略,寻找解题规律,培养了学生的解题策略决策能力。巩固练习,既起到了知识内化为能力、巩固基本方法的效果,又让学生学会选择方法,培养学生问题解决的优化意识。最后的变式练习环节,帮助学生体验如何从简单的问题演变、派生到复杂的问题,理解变式的基本思路,掌握变式的基本方法(如函数与方程、类比与联想、分类与讨论、数形结合、等价转换等),同时还提高了学生的辩证思维能力。

本章小结

• 思维是人对客观现实的间接的和概括的反映。

- 间接性和概括性是思维的两个基本特点。
- 思维按照不同的标准可以分为动作思维、形象思维和抽象思维；聚合思维和发散思维；再造性思维和创造性思维；直觉思维和分析思维；上升性思维、求解性思维和决策性思维。
- 想象是思维活动的一种特殊形式。想象从不同的维度可以分为无意想象和有意想象；再造想象和创造想象。想象力是智力活动富于创造性的重要条件。
- 思维所运用的心智操作主要包括分析和综合、比较和分类、抽象和概括以及具体化、系统化。
- 问题解决被视为一种最重要的思维活动，可分成表征问题、设计方案、实施方案和评价结果四个阶段。
- 思维策略分为两大类：算法式和启发式。启发式策略有手段—目标分析策略、探试搜索策略、目标反推策略、简化计划策略等。
- 影响问题解决的心理因素主要有：情绪状态、动机强度、思维定势、功能固着、迁移影响、原型启发和个性特点。

思考题

- 什么叫思维？思维的基本特性是什么？思维可以划分出哪些不同的种类？
- 思维的心智操作包括哪些？为什么说分析与综合是最基本的心智操作模式？
- 问题解决的思维活动有哪些阶段？各阶段的主要任务是什么？
- 影响问题解决的心理因素主要有哪些？
- 创造性思维的特点是什么？认识这一点对学校教学有何启发？

问题探索

- 了解学生之间在解题的思维策略上的异同，从中体会思维策略对解题的影响。
- 结合自己的专业和书上的有关内容，试探索学科创造性思维的教学策略。

第五章 记忆与教育

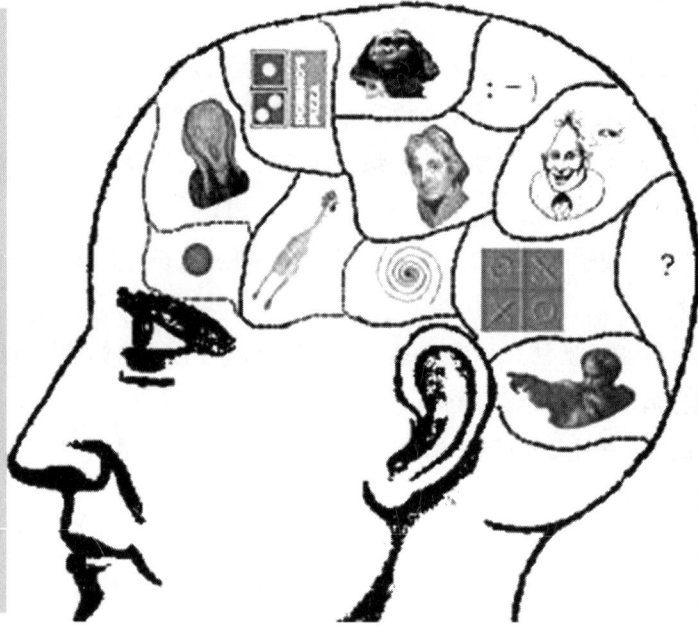

本章要点

- 记忆的概念
- 记忆的分类
- 记忆的基本过程
- 记忆的一般规律
- 记忆规律在教育中的应用

想试着回答一下吗……

- 人会完全失去记忆吗？失去记忆的人会怎样？
- 查询一个电话号码后，你随即能根据记忆拨出这个号码吗？这其中有什么规律？
- 遗忘的速度是匀速的吗？有什么规律？
- 有人能准确无误地背出圆周率小数点后的一万位数字，你知道他是用什么方法记住的吗？
- 回忆不出来的内容就是百分之百的遗忘了吗？为什么？
- 为什么老师们都不提倡"临时抱佛脚"的做法呢？
- 为什么有的人善于记忆人的面貌，而有的人却善于记忆人的姓名？
- 在考试中，是选择题简单还是问答题简单？为什么呢？

小李是一名高中生，面对多如牛毛的数学公式、密密麻麻的英语单词、杂乱无章的历史事件、拗口难懂的古文篇章……许许多多需要识记的知识，每天不得不花费大量的时间和精力，白天记、晚上记，上课记、下课记，就连吃饭、午休，甚至上厕所的时间也用上了，但效果不佳，很多知识点仍然记不住。为此，小李感到非常苦恼，甚至怀疑自己的脑子是不是出了问题。

小李同学为什么会出现这种现象？问题的关键在什么地方？怎样才能帮助他提高记忆效率呢？通过本章的学习，相信大家能从中找到答案，进而帮助小李同学找到解决问题的方法。

第一节　记忆的概述

记忆是人们对于过去经历和当前思维的串联,它关系到人们的生活、学习和工作的方方面面。按照不同的标准,记忆可分为不同的类型,并有其基本的发生过程。

一、记忆的概念

记忆(memory)是过去经历的事物在头脑中的反映。用信息加工的观点看,记忆就是人脑对信息摄取、储存和提取的过程。

人们在生活实践中感知过的事物,思考过的问题,并不会因事过境迁而完全失去所有的印象,其中有一部分作为经验在头脑中保存了下来,在以后一定的条件下得以重新恢复。例如,看过一场电影或一部小说后,人们仍能记得里面激动人心的场面和荡气回肠的情节;对于造访过的风景名胜,若干年后旧地重游,会触景生情忆起当初走访的情形,对那里的一景一物、一山一水都有一种熟悉感,甚至还能辨认出某些道路、标记和细节。至于在学习活动中,把曾经朗读过的课文背诵出来,把掌握的概念、原理、公式记住,把学得的外语词汇、语法烂熟于心等,更是司空见惯的常事。这种在头脑中对过去经验的保存和恢复的过程就是记忆。事实上,人们不仅能记忆曾经看见过、听见过、嗅闻过、品尝过和触摸过的东西,记忆曾经分析过、理解过、推演过、思考过的事物,而且也能记忆曾经体验过的情绪和操练过的动作。因而这里所谓"过去经历的事物"的内涵十分丰富,记忆的对象非常宽泛。

记忆在人的生活实践中具有非常重要的作用,以致人类无法离开它。从心理层面上看,记忆是心理在时间上的持续,使人前后心理活动能联系成一个统一的过程,如果没有记忆,许多旧经验无法对当前的心理产生影响,很多心理现象便缺乏必要的基础,很多心理活动也就无法进行。例如,没有记忆,知觉的理解性、恒常性便缺乏基础,人对周围世界的感知始终处于首次状态;没有记忆,概念无法形成,抽象思维也就不能进行。在人的心理活动过程中反复出现的现象,也正是通过记忆的积累效应使某些特点得以沉积、稳固,并进而镶嵌于个性结构之中,最终形成人的个性特点。如果心理活动缺乏记忆,也就缺乏累积的可能性,人的个性也就无法形成和发展。正如俄国心理学家谢切诺夫(*И. М. Сеченова*<谢切诺夫著,杨汝昌等译,1957>)所说:"离开了记忆,任何现实的动作都是不可思议的,因为任何心理活动,即使是最简单的心理活动都必须以保留它的每一个当前的要素为前提,进而把它与随后的要素'联结起来'。没有这种'联结'的能力,发展是不可能的:人便会'永远处于新生儿的状况'。"

从日常生活上看,记忆的作用更显而易见。一旦丧失记忆,人们将无法正常生活。我们的祖先很早就懂得"结绳而治",崇尚记忆;古希腊神话中也有专司文艺科学的 9 个缪斯女神的母亲——记忆女神摩涅莫绪涅为人们所供奉。今天我们大量知识的学习与积累更与记忆紧密相联,知识的接收、保存和提取正是以记忆这一心理活动为基础的,以至于在一些心理学论著中,往往把"学习"和"记忆"放在一个篇目下论述,有的甚至提出"记忆就是学习效率的别名"(高木重朗<高木重朗著,林怀秋译,1982>),这也是有一定道理的。更确切地说,人的直接知识的获得,固然要靠感知觉的活动,但学生大量间接知识的获得,则主要依靠记忆,而间接知识在现代人类文明的发展中占据了十分重要的地位。因此,记忆在现代人类文明中的作用便显而易见了。"当代的文明人和一万年前的野蛮人,其感觉、知觉本身差异是很小的,他们所拥有的获得直接知识的能力并没有根本的不同。他们根本的差异是他们所拥有的间接知识的不同。所以,若没有记忆,也就不会有今天的人类文明。"(杨治良,1999)

二、记忆的种类

人类的记忆现象可以从多个方面来划分,而且随着记忆研究的不断深入与发展,对记忆种类的揭示和归纳也在相应增多。

1. 动作记忆、形象记忆、语词记忆和情绪记忆

从记忆的内容维度划分,可以把记忆分为动作记忆、形象记忆、语词记忆和情绪记忆四种。

① **动作记忆**(action memory)也称运动记忆,是以过去做过的动作或运动为内容的记忆。这种记忆是技能形成的基础。在学习计算机操作、掌握打字技术、进行体操舞蹈训练、学骑自行车或摩托车时,都需要依靠大量的动作记忆。

② **形象记忆**(imaginal memory)是以过去感知过的事物形象为内容的记忆。这种事物形象也就是记忆表象,简称表象,因而这类记忆又称表象记忆。

前面一章在论及形象思维时涉及过表象这一概念。表象是当事物不在面前时,在个体头脑中出现的关于该事物的形象。这里,我们还可进一步指出表象的两个基本特性:形象性和概括性。首先,表象具有形象性特点,即我们头脑关于某对象的表象总是非常直观、形象的。但它与知觉相比,却又不那么鲜明、清晰,而显得较模糊、暗淡,且不稳定。例如,回忆桂林山水时,我们的脑海中能出现风景如画般的映像,只是远不及当时直接感知

的那样鲜明、生动、稳定。其次,表象具有概括性特点,即与知觉相比,其形象具有一定的概括性,并根据概括程度不同,有个别表象和一般表象之分。前者是在个别事物多次出现在我们面前时,对其外部形象的概括,后者则是对一类事物共有的一般形象的概括。例如,回忆起某同学的形象是个别表象,而回忆一般中学生的形象便属一般表象。当然,表象的概括只限于事物的外部形象,混杂着事物本质特征和非本质特征,未达到思维的概括水平,但它却是我们对客观世界从直接感知过渡到抽象思维的一个中间环节。表象不单由视觉形成,也可在听觉、味觉、嗅觉和触觉等各种感知觉基础上形成,如关于香蕉的表象除形状外,还可包括气味和滋味。表象是形象记忆的材料,在人类记忆中占据十分重要的地位。这是因为,在人类记忆中形象材料的储存大大超过语词材料的储存。据研究发现,前者与后者之比约为 1 000：1。

③ **语词记忆**也称**语词—逻辑记忆**(word-logical memory),是以概念及其文字、数字符号为内容的记忆。这种记忆所储存的不是事物的具体形象,而是反映事物内涵、意义、性质、规律的那些单词、定义、公式、定理、规则等。它在人的各种记忆中起主导作用,对于学生来说,尤其如此。这是因为通过词语记忆可以对记忆内容作最好的编码,便于信息加工,而且学生学习的人类文化知识经验也主要以书面化的文字形式记载,依靠语词记忆为学生所接受、储存。因而在记忆心理学中,此方面的研究成果最为集中。

④ **情绪记忆**(emotional memory)是以体验过的情绪、情感为内容的记忆,因此,又叫情感记忆。当某种情境或事件引起人强烈的情绪、情感体验时,对情境、事件的感知,以及与由此而引发的情绪、情感结合在一起,都可储存在头脑中,一旦日后有所触发,当初的情绪、情感体验会再度出现。情绪记忆不仅在文艺创作和表演艺术中起了重要的作用,而且也是一个人情感发展过程中所不可缺少的情绪体验积累的心理机制。

2. 感觉记忆、短时记忆和长时记忆

根据记忆编码方式不同、储存时间不同,可以把记忆分为感觉记忆、短时记忆和长时记忆三种。

① **感觉记忆**(sensory memory)是指当感觉刺激停止之后头脑中仍能保持瞬间映象的记忆。也就是说,当作用于我们感觉器官的各种刺激消失后,感觉并不随着刺激的消失而立即消失,仍有一个极短的感觉信息保持过程,故而又称**瞬时记忆**(immediate memory)。

感觉记忆主要有两种：图像记忆和声像记忆,即视觉记忆和听觉记忆。感觉记忆过程对视觉信息而言,约在 1、2 秒钟之内,对听觉信息而言,约在 4 秒钟之内。当我们在眨眼时闭上眼睛的瞬间之所以仍能"看见"外部世界,就是这种瞬时的视觉记忆在发生作用；

而一首歌曲结束以后仍余音缭绕,便是瞬间的听觉记忆了。感觉记忆是人类记忆系统的第一阶段,外界信息通过感觉器官首先进行感觉,在那里信息被登记,所以感觉记忆也叫**感觉登记**(sensory register)。感觉记忆中的信息是未经任何加工的,按刺激原有的物理特征编码。例如,视觉性刺激通过眼睛登记在图像记忆中;听觉性刺激通过耳朵登记在声像记忆中。感觉记忆在瞬间能储存较多信息,一般认为其记忆容量为9～20个字母或物体,甚至更多些,其中一部分信息受到人的注意就转入记忆系统的第二阶段——短时记忆,未加注意的信息便很快消失。

② **短时记忆**(short-term memory)是指信息保持在1分钟以内的记忆。其实在一般情况下,信息在短时记忆中仅30秒左右。例如,查询一个电话号码,随即能根据记忆(短时记忆)拨出这个号码,但过后却又很难再记住它,所以这种记忆也被称为电话号码式记忆。

短时记忆的容量也即广度,根据米勒(Miller, 1956)的研究,一般认为是7±2个项目。这个项目可以是数字、无意义音节或汉字、外文字母等。我国心理学工作者测定的短时记忆的广度是:线条排列是5个,无联系的汉字是6个,十进位数字是7个等。但如果对记忆材料进行组块,以扩大每个项目的信息量,可增加记忆的实际广度。例如数字934157860327,虽然刺激项目数超过了9个,但若把它分为4组:934-157-860-327,就能减轻记忆负担,扩大记忆容量。

短时记忆是感觉记忆和长时记忆的中间阶段,就其功能来说是操作性的(长时记忆是备用性的),它对来自感觉记忆和长时记忆储存的信息进行有意识的加工:一方面,它通过注意接受从感觉记忆输入的信息,为当前的认知活动服务,并把其中必要的信息经复述输入长时记忆储存(不必要的信息随即消失);另一方面,它又根据当前认知活动的需要,从长时记忆中提取储存在那里的信息进行操作,如提取一个公式对当前的数字进行运算,待用完后再放回长时记忆中。它围绕着当前的认知活动进行工作,为人们日常生活、工作、学习所不可缺少。例如翻译员的口译过程、查号台的服务、学生听课做笔记、数学运算时中间数据的暂存等都是短时记忆的功能性表现。

米勒(George Armitage Miller, 1920—)

美国著名心理学家,信息加工认知心理学的先驱。因研究短时记忆提出"神秘的七加减二"理论而闻名于世。米勒于1962年当选为国家科学院院士,曾任美国心理学会主席、美国哲学会主席,1991年获美国最高荣誉的科技奖——美国国家科学奖,2003年获美国心理学会颁发的心理学终身贡献奖。主要著作有《神奇的数字7±2,我们信息加工能力的局限》、《语言与行为》、《计划与行为的结构》等。

　　关于短时记忆的编码方式,人们主要接受康纳德(Conrad, 1963, 1964)提出的听觉性编码理论。但随着研究的深入,又继而发现短时记忆还采用视觉编码与语义编码等方式。由此可见,短时记忆的编码方式似乎会随记忆材料的变化而作相应变动,因而有人进而提出短时记忆的策略性编码观点(莫雷,1986)。

　　③ **长时记忆**(long-term memory)是指信息在头脑中长时间保留的记忆。它保留信息的时间在 1 分钟以上,短至几分钟、几小时、几天,长至数周、数月、数年,直至终身,跨度极大。它的信息来源是短时记忆阶段加工后的内容,一般经过复述,但也有因印象深刻,一次储存成功的。

　　长时记忆是记忆系统的第三阶段,与短时记忆相比,它的功能主要是备用性的:储存在长时记忆中的材料不在用时,处于一种潜伏状态,只在需要用时才被提取到短时记忆中。例如,在进行物理运算时,涉及牛顿第二定律,便从长时记忆中提取 $f=ma$ 的公式到短时记忆中,待完成运算后又放回长时记忆中储存。因此,短时记忆为动态记忆,而长时记忆为静态记忆。后者是以前者的方式在操作中起作用的。

　　长时记忆的容量极大,有人认为一个人的长时记忆可储存 10^{15} 比特信息,相当于有 1 000 多万册的美国国会图书馆藏书总量的 50 倍,是目前世界上任何计算机所不能比拟的。但迄今尚未能科学地测定其明确的容量范围。在长时记忆中,传统观点认为主要是言语编码,目前也有人研究发现是言语编码和表象编码并重,并且相互补充。其中,言语编码是通过词来加工信息,用意义、语法关系、系统分类等把言语材料组织起来,而表象编码则是利用视觉、听觉、味觉、嗅觉和触觉形象来形成记忆的。

知识小窗 5 - 1　　　　　　　　长时记忆的类型

　　在学习活动中,学生涉及最多的是长时记忆。根据信息在长时记忆中储存的情况不同,还可以对长时记忆作进一步的类型分析。

　　情节记忆和语义记忆。这是 20 世纪 70 年代才提出的一种划分类型(Tulving, 1972)。情节记忆储存的是关于个人的特定时间或事件的信息,例如,对自己亲身经历的某一活动的情景的记忆。语义记忆储存的是与个人的特定时间或事件无关的语言知识,更确切地说,它储存的是对于大家都一样普遍的事实,如言语符号、单词、语法、公式、科学定理、原理、原则、规则等。

　　陈述性记忆和程序性记忆。陈述性记忆储存的是事实性知识,即概念和事实,主要回答"是什么"、"为什么"的问题,例如,头脑中还记着牛顿第二定律($f=ma$),这就是陈述性记忆。程序性记忆储存的是在特定条件下可以使用的一系列操作步骤,即认知和动作技能,主要回答"怎么做"的问题,例如,头脑中还记着如何运用牛顿第二定律来解有关的物理习题的步骤,这就是程序性记忆。有位大脑左半球某区域受伤的患者,不能回忆最近的事情,但却不影响记忆如何做事的过程。如他可以记住如何混合、搅拌、配料等烹饪过程,但记不住这些具体的配料内容(Kaushall et al.,1981)。也就是说,他虽失去了陈述性记忆,却仍保持着程序性记忆,可见这两种记忆在大脑中的储存情况也是不一样的。

　　近来还有人认为把长时记忆划分为描述性记忆和非描述性记忆,以取代陈述性记忆和程序性记忆的划分。所谓描述性记忆是指有关事实的知识,可以通过言传一次性获得,经过意识性的回忆就可以直接提取。如外语单词、生活常识、各种事件的记忆。非描述性记忆是关于怎样去做的知识,在绝大多数情况下是不可言传的,如人们的各种技能。它以前被人们称为"程序性记忆",但近来人们发现用"非描述性记忆"能更好地反映遗忘症患者身上所保留的学习能力。例如,这些患者可以记住动作和知觉技能(典型的程序性记忆),还表现出正常的经典性和操作性条件反射并显示出语义启动效应,以及学习新的认知任务的能力,这些技能就难以用"程序性记忆"来概括,遂用非描写性记忆这一概念(杨治良等,1999)。

　　上述三种记忆既有区别,也有联系;既可视为不同的三个种类,又可视为记忆系统在信息加工过程中相互联系的三个阶段(见图5-1)。

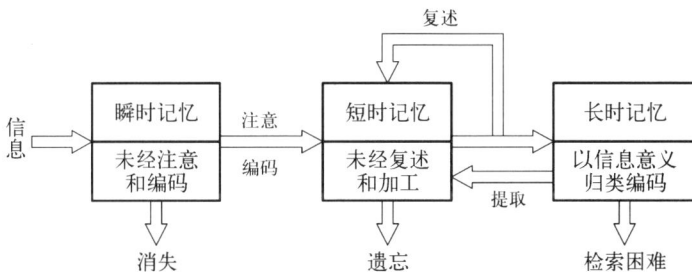

图5-1　信息心理加工过程

3. 内隐记忆和外显记忆

以记忆的意识维度划分,可以把记忆分为内隐记忆和外显记忆两种。

这种划分最早是由麦独孤(McDougall,1871—1938)提出的,这种划分自20世纪60年代末至70年代初以来,随着人们对内隐记忆现象的研究不断增多而逐渐受到重视。

　　① **内隐记忆**(implicit memory)是指未意识其存在又无意识提取的记忆。它强调的是信息提取过程的无意识性,而不管信息识记过程是否有意识。也就是说,个体在内隐记忆时,没有意识到提取信息这个环节,也没有意识到所提取的信息内容是什么,而只是通过完成某项任务能证实他保持着某种信息。正因为如此,对这类记忆进行测量研究时,不要求被试有意识地去回忆所识记的内容,而是要求被试去完成某项操作任务,被试在完成任务的过程中不知不觉地反映出他曾识记过的内容的保持状况。

学术研究 5-1　　　　　　　　　　**前 瞻 记 忆**

　　前瞻记忆(prospective memory)是指对将来要完成的活动和事件的记忆,如记得明天下午三点参加一个会议(基于时间的前瞻记忆),见到某人时记得问他借一本书(基于事件的前瞻记忆)等。近二十年来,前瞻记忆逐渐成为记忆领域研究的热点之一,引起了有关研究者的浓厚兴趣。

　　研究者们在实验室实验的基础上,提出一些解释前瞻记忆心理机制的理论。爱因斯坦和麦克丹尼尔(Einstein, McDainel, 1996)认为,前瞻记忆任务会以一个"线索—行动"编码的方式保存在意识水平之下,当出现外部提示或自我提示时,这一编码就回到意识之中,前瞻记忆任务就能够完成。例如,一个人有了"路过超市时购买食品"的打算,如果在途中看到了街道旁边的一家超市,就会使他想起购买食品这件事。

　　前瞻记忆的年龄效应也是许多研究者较关注的问题。研究者们发现,如果在日常生活中研究前瞻记忆,老年人的成绩往往好于年轻人,而如果在实验室中进行研究,则多数会得出年轻人的成绩好于年老被试的结果。这可能与任务的性质、完成任务的动机等主客观因素有关。

　　沃灵顿和魏斯克伦兹(Warrington & Weiskantz, 1967, 1974)在对健忘症患者的记忆研究中发现,他们虽不能有意识地保持学习内容,在再认测验中不能辨别出先前学习阶段呈现过的单词,但在补笔测验中却不知不觉地再现出对这些单词有一定的保持效果。这一发现也就激起人们对这类记忆现象的研究兴趣。

　　②**外显记忆**(explicit memory)与内隐记忆相比,是指有意识提取信息的记忆。它强调的是信息提取过程的有意识性,也不论信息识记过程是否有意识(见表5-1)。

表5-1　以意识为维度的记忆分类

记忆种类		识记(输入)	提 取
内隐记忆		无意识	无意识
		有意识	
外显记忆	不随意记忆(无意识记)	无意识	有意识
	随意记忆	有意识	

(杨治良,1994)

　　此外,还有人(Nelson & Narens, 1990)针对人的记忆过程,把记忆分为客体记忆和元记忆。**客体记忆**(object memory)是指人对客体信息的编码、储存和提取的信息加工过程,也就是我们以往所说的记忆。**元记忆**(meta memory)是指人对自己客体记忆的认识、评价和监控。这是人类对自身的记忆现象的研究进一步推进后所提出的一个概念,虽历时很短但却很快成为当代认知心理学研究记忆问题的一个热门课题。对其研究的结果将大大有助于我们深度发掘一个人自身的记忆潜能,提高记忆的效果和效率。

热点聚焦 5-1 元 记 忆

早在 20 世纪 60 年代初,就有人(Hart)在美国斯坦福大学做关于知晓感(feeling-of-knowing)的博士论文时,涉及记忆的监控过程问题,并指出记忆的监控过程是人类在记忆领域中最重要的,但又是了解得最少的方面,由此开了在元记忆方面的研究先河。1970 年在美国《心理学年鉴》上发表了题为"记忆与语词学习"的综述文章,作者(Tulving & Madigan)明确提出这样的一个观点:要真正了解人类的记忆,就必须要对人类自身的记忆过程有一个深入的认识。正是在这种观点的影响下,弗拉维尔(Flavell)于 1971 年首次提出元记忆(meta memory)的概念,并将其正式纳入记忆心理学一般范畴,开拓了记忆研究的又一新的领域。

何为元记忆? 尚有不同的说法。弗拉维尔认为,元记忆是指对记忆过程和内容本身的了解和控制。对元记忆理论作出重要贡献的另一位心理学家布朗(Brown)认为,元记忆主要是对记忆过程的监控。还有人(Pressley)认为,元记忆是使用策略来促进记忆的情况。元记忆是一个复杂的认知系统,它包括元记忆知识、元记忆监测和元记忆控制等三个方面。元记忆知识包括个人所有的一切与记忆活动有关的知识,如有关记忆者自身特点的知识、记忆目标和记忆内容的知识、记忆策略和记忆方法的知识等;元记忆监测是对正在进行的记忆进行监视和评价;元记忆控制是指对正在进行的不能达到目标的记忆进行调整,包括重新分配注意力、选择适当的策略等。人们相信,元记忆与客体记忆之间存在着密切的关系,前者控制和调整着后者的活动,促进记忆成绩的提高,因而在教育中有着广泛的应用价值,其研究有着诱人的前景。

第二节 记忆的一般规律

记忆的基本过程由识记、保持和回忆三个环节组成。从信息加工的角度看,这一基本过程包括信息的摄取、储存和提取等三个阶段。其中,遗忘过程在信息加工的每个阶段都会存在。以下从记忆过程和遗忘现象中揭示有关的规律。

一、识记及其影响因素

1. 识记的概念

识记(memorizing)是人们识别并记住事物的过程。它是记忆的第一个环节。识记的形式是多种多样的,可以划分为不同的种类。

(1) 根据识记的目的性划分,可以把识记分为无意识记和有意识记

无意识记(involuntary memorizing)是指事先没有预定的目的,也没有经过任何意志

努力的识记,也称不随意识记。它最典型的表现就是人们在日常生活中不知不觉地记住了某些东西。可以说,在人的一生中这类识记是最多的。它的特点是不易疲劳,但有很大的被动性、偶然性和片断性。在教学活动中,如能巧妙发挥无意识记的积极作用,有利于学生在轻松愉快之中获得知识技能。**有意识记**(voluntary memorizing)是指事先有预定目的,并经过一定意志努力的识记,又称随意识记。它的最典型的表现,就是人们在工作、学习中去用心地记住某些东西。由于它具有主动性特点,适宜完成系统性和针对性的识记任务,是学习活动主要依靠的识记类型。

(2) **根据识记的理解性划分,可以把识记分为机械识记和意义识记**

机械识记(rote memorizing)是指在不理解材料意义的情况下,采用多次机械重复的方法进行的识记。这种识记的效率相对较低,而且容易遗忘,但准确性高、使用面广,仍是识记活动中不可缺少的种类。因为即使是在意义识记中也总在一定程度上存在机械识记的成分。例如,在记英语单词时,我们可以从分析词缀、词干和词根的角度进行意义识记,但某个词究竟由哪些部分构成的,这里还需要机械识记。**意义识记**(meaningful memorizing)是指在理解材料意义的基础上,依靠材料本身的内在联系进行的识记。这种识记和积极的思维活动密切联系,又往往运用已有的知识经验,提高识记的效率和巩固性。

2. 影响识记的因素

识记是记忆的第一个环节,如何做到识记材料既清晰又快捷,是提高记忆效果、防止遗忘的重要步骤。为此,我们应了解影响识记的诸因素,寻求优化识记的途径。也顺便指出,这里我们针对记忆的各个环节来谈影响因素问题,目的是使论述更具针对性,但影响因素的这种划分也是相对的,绝不可机械理解。

(1) **识记的目的性**

有无明确的识记目的,直接影响识记的效果。明确识记任务及其相应的目的,有利于调动一个人识记的积极性和针对性。彼得逊(Peterson)曾做过对比实验,让两组被试共同识记16个单词,其中一组有明确的目的,另一组则没有,结果有明确目的的一组当时能回忆记住14个单词、两天后还能记住9个单词,而无明确目的组当时仅回忆记住10个单词、两天后只记住6个单词,前者成绩明显高于后者。在另一项实验中,要求被试尽可能完整回忆一篇课文时,可以回忆12.5个句子,而无此要求,他们只能回忆8.7个句子。因此,这里所讲到的识记的目的性不只是涉及有意识记和无意识记的问题,即便在有意识记中也存在目的性明确不明确的问题,他们对识记效果都有明显的影响。

(2) **识记材料的意义性**

所谓识记材料的意义,是指识记材料所蕴含的事物内在联系以及与识记者知识经验的联系。这种联系越多,表明识记材料的意义性越强,识记效果越好。肯斯雷(Kingsley)对此做过专门的实验研究。他组织了 348 名被试,向他们每次呈现 1 个单词或音节,呈现时间是 2 秒钟,练习一遍后,要求被试默写识记内容。结果效果与材料的意义性呈正相关:识记材料为 15 个无意义音节,能默写出的平均数是 4.47 个;识记材料为 15 个由三个字母组成的孤立英文单词,能默写出的平均数是 9.95 个;识记材料为 15 个彼此意义相关联系的英文单词,能默写出的平均数是 13.55 个。

（3）识记材料的数量

一次识记材料的数量也是影响识记的因素之一。虽然说我们大脑的记忆储存量是极大的,能容纳的记忆材料的数量几乎是无限的,但是一次识记的材料数量则会明显地影响识记的效率。苏联心理学家索柯洛夫(Соколов)的实验表明,一次识记的材料数量与识记的效率呈负相关,数量越大,效率越低:识记 12 个无意义音节达到背诵,平均一个音节需要 14 秒;识记 24 个无意义音节达到背诵,平均一个音节需要 29 秒;而识记 36 个无意义音节达到背诵,平均一个音节需要 42 秒。对无意义材料进行机械识记是这样,对有意义材料进行意义识记也是如此:莱昂(Lyons,1965)在实验中让被试背诵不同字数但难度相同的课文,结果平均每 100 字的识记时间随课文字数的增加而增多,同样呈现识记数量与效率负相关的趋势(见表 5-2)。

表 5-2　识记材料的数量与识记时间

课 文 字 数	识记总时间/分	识记 100 字平均时间/分
100	9	9
200	24	12
500	65	13
1 000	165	16.5
2 000	350	17.5
5 000	1 625	32.5
10 000	4 200	42

（4）识记材料的位置

在多个项目连续呈现的情况下,各项目在序列中的位置也会影响识记的效果。一般说,最先呈现的项目,也就是排在序列首部的项目最易记住,称为"首因效应",最后呈现的项目,也就是排在序列末部的项目也容易记住,称为"近因效应",而排在序列中部的项目相对难记。金斯利(Kingslee,1957)在一项实验中让大学生识记三种材料:无意义音节、不相关的英文单词和相关联的英文单词,然后测试识记的结果如表 5-3 所示:对序列材料两端的识记优于中间部分材料,并且这种差异在无意义材料中最为明显。

表 5-3 材料序列位置对识记效果的影响

	1	2	3	4	5	6	7	8	9	10	11	12	13	14	15
15 个无意义音节	56	35	24	22	24	8	12	9	6	3	5	3	18	26	51
15 个彼此不相关的英文单词	65	68	45	37	58	18	44	32	36	15	46	31	49	41	68
15 个意义相关联的英文单词	66	68	67	54	67	58	59	58	58	56	52	52	62	52	62

(5)识记时的情绪状态

识记时的情绪状态对一个人识记的效果也会产生影响。一般说,当心情好的时候,识记效率高,而心情不好时,则效率低。这也可以说是情感的调节功能在记忆活动中的体现——良好的情绪有助于认知操作活动的组织,而不良的情绪则会干扰直至瓦解认知操作活动(参见第七章第二节)。

二、保持及其影响因素

1. 保持的概念

保持(retention)是识记的事物在头脑中储存和巩固的过程。它是记忆的第二个环节,是实现回忆的必要前提。保持并非是原封不动地保存头脑中识记过的材料的静态过程,而是一个富于变化的动态过程,其变化表现在数量和内容两个方面。

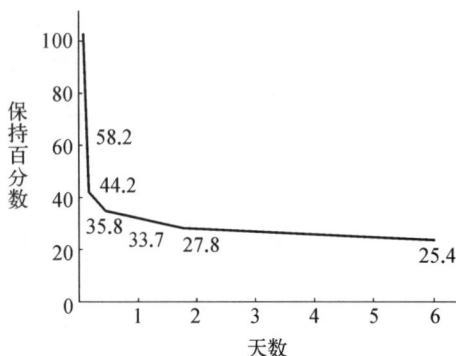

图 5-2 保持曲线

(1)保持数量的变化

德国心理学家艾宾浩斯最先用实验方法研究了人类记忆中的保持过程。他以自己为被试,以无意义音节(如 bok、fam 等)组成的字表为记忆材料(旨在避免旧经验的影响),以再学法的节省率为保持量的指标(保持量=[初学所需时间-再学所需时间]÷初学所需时间×100%),对自己进行了历时多年的实验研究,发现了人类记忆的保持过程的特点,并在其 1885 年出版的《记忆》一书中展示了该研究成果。研究表明,个体在学习记忆材料后的不同时间里头脑中的有关内容的保持量是不同的:刚学完时的保持量最高,在学后的最初时间里下降最快,然后逐渐减缓,直至接近某一水平。该过程也可以用一句话来概括:记忆材料在头脑中的保持量随时间呈先快后慢的趋势。此研究结果见图5-2。由图5-2可知,以纵坐标为保持量的百分比,横坐标为间隔时间,刚学完记忆材料(无意义音节的字表)时的保持量为100%,20分钟后为58.2%,1小时后为44.2%,8小时后为35.8%,1天后为33.7%,2天后为27.8%,6天后为25.4%,31天后为21.1%,整个过程呈保持量随时间递减,减少量先快后少的特点。图中这条曲线称为保持曲线,保持的反面是遗忘,因此它又被称为遗忘曲线,也被人们习惯地称为艾宾浩斯遗忘曲线。这里要指出,图5-2这条曲线是建立在艾宾浩斯对无意义材料的记忆和节省法测量的基础上的,对有意义材料的记忆,其保持过程有所不同(Davis & Moore,1935)(见图5-3),而采用不同的测量方式,反映保持过程的曲线也会有所不同(见图5-4),但它们的总趋势还是基本一致的。这表明,虽然记忆材料的性质以及回忆的不同水平会影响保持过程,但艾宾浩斯所揭示的保持曲线仍反映了人类保持(遗忘)过程的基本趋势。

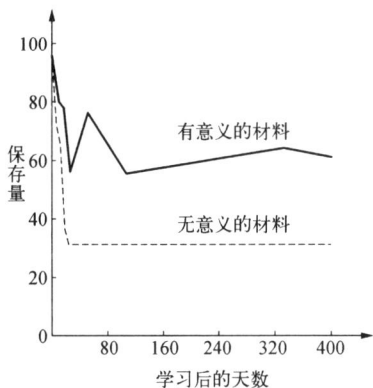

图5-3 不同语义材料的保持曲线

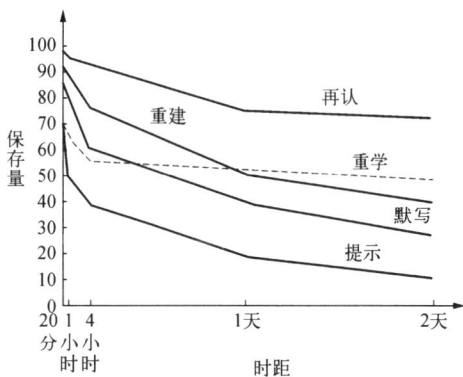

图5-4 由不同测量方式所得的保持曲线

艾宾浩斯(Hermann Ebbinghaus,1850—1909)

德国心理学家。他通过严格、系统的测量来研究记忆,成功揭示了记忆遗忘的规律——"艾宾浩斯曲线"。1880年,艾宾浩斯受聘于柏林大学,在那里继续研究记忆,并重复验证了他的早期研究。其著作《论记忆》是实验心理学史上最为卓越的研究成果之一,开创了全新的研究领域。

(2)保持内容的变化

保持在个体头脑中的材料不仅会在数量上发生变化,而且还会在内容上发生变化。阿尔伯特做过这样一个简单的实验:让被试看图A,一个月后要求他画出,结果画成了图

B,三个月后再要求他画出,便画成图 C(Allport,1958)(见图 5－5)。这种保持内容上的变化使个体的记忆发生质变,即个体头脑中储存的并非是当初识记的东西,而是被扭曲了的事实真相。这时个体记忆在保持材料的数量上不一定减少,有时甚至还会增加,但在质量上却发生很大变化。这种现象也称为记忆错觉(见热点聚焦 5－2)。

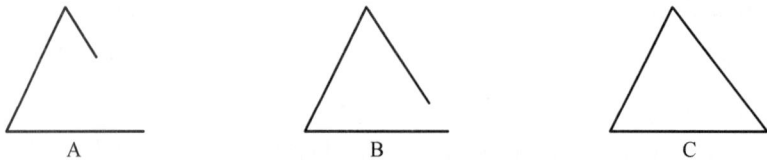

图 5－5　保持中信息的变化

热点聚焦 5－2　　　　　　　记忆错觉

　　著名心理学家铁钦纳最早提出记忆错觉(illusions of memory)的概念(Titchener,1928)。在 1964 年版的美国心理学词典中对记忆错觉也作了这样的界定:记忆错觉"是指人们在回忆过去经验时由于增删替换而形成的主观歪曲。"由于对记忆错觉研究方法上的困难,其研究远不如感知错觉那样引起人们的兴趣和关注。巴特莱特(Bartlett)可谓当时为数不多的对记忆错觉有所研究的心理学家,他采用系列再生法研究记忆错觉具有一定的影响。在一个实验中,他将一幅画(下图中的原图)让被试看一次,请他将画的内容记住。过了一段时间(如半小时),请他把原画的内容凭借记忆重新画出来(下图中的再生图 1)。然后请第二个人看第一个人画出的画,并记住它,过了一段时间,再将它凭借记忆画出第三幅画。依次继续,直至预定人次(如第十人)。原图本为猫头鹰,到第十人画出的竟是猫,记忆错觉被明显地揭示出来(见下图)。自 20 世纪 70 年代以来,随着认知心理学的发展,新的研究方法和实验技术的出现,记忆错觉已逐渐成为记忆领域的一个新动向:"时至今日,人们对记忆研究的兴趣又转向了记忆的丧失和扭曲"(Estes,1997)。记忆错觉不仅仅是心理学实验室的研究课题,还是社会多方面关注的课题,诸如传闻的可信度、目击者证词的精确性等都是记忆错觉的社会应用课题。

通过系列再生法获得的有关记忆错觉的进程图(Bartlett,1932)

2. 影响保持的因素

保持是记忆的第二个环节,如何做到使识记的材料得到牢固、持久的保持,是提高记忆效果、防止遗忘的又一重要步骤。为此,就要了解影响保持的诸因素,寻求优化保持的途径。

(1) 识记的程度

达到一次完全正确再现后仍继续识记叫过度识记,也叫过度学习。过度学习可以使识记的材料保持得更好。如果以一次完全正确再现的学习程度为100%,那么150%的过度学习是提高保持效果的最经济有效的选择。克格(Krueger,1929)在实验中让被试识记12个名词,识记程度分别为 100%、150% 和200%。在 1 到 28 天后再检查保持效果,其结果如图5-6。这表明,超过 150%并不再更多地改善保持状态。我国心理学工作者也做过类似的实验。把识记程度分为三种:33%(不足识记)、100%(刚好识记)和150%(过度识记)。实验结果表明:33%的识记遗忘率为57.3%,100%的识记遗忘率为 35.2%,150%的识记遗忘率为 18.1%,超过 150%遗忘率不再显著下降。

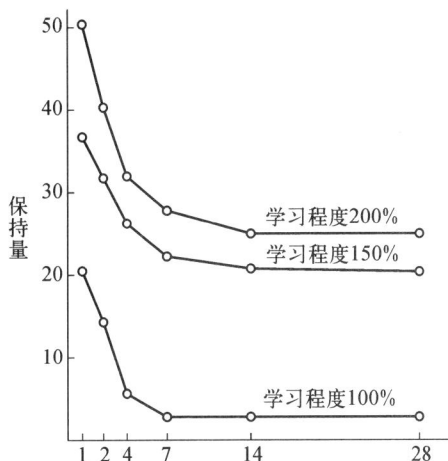

图5-6 学习程度与保持量的关系

(2) 记忆任务的长久性

有无长久的记忆任务也是影响保持的因素之一。一般说,有长久的识记任务有利于材料在头脑中保持时间的延长。在一项实验中,让学生背诵甲、乙两种难度相当、字数相近的短文。待学生背出后将两篇文章擦去,然后宣布甲文第二天检查,乙文在一周后检查。但实际上第二天没有检查甲文,一周后也没有检查乙文,而是两周后同时检查甲、乙两篇文章。结果是对乙文的保持效果(80%)明显高于甲文(40%)。日常生活也告诉我们,只求临时记住的材料往往只能保持暂短一会儿,而需要长期保持的材料才能保持得更长久些。

(3) 记忆材料的性质

记忆材料的性质对保持有很大的影响。一般说,在同样情况下,动作性记忆材料的保持效果最好,形象性记忆材料的保持也很有持久性,而诗歌又比一般的文章保持得更好些,有意义的语言材料相比无意义的语言材料,有更好的保持效果。如果学习程度相当,

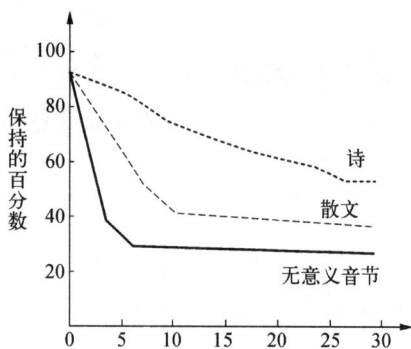

图5-7 不同材料的遗忘曲线

各种材料的保持情况经实验测定如图5-7所示。

（4）识记后的休息

识记后的休息情况良好与否，也会影响保持的效果。这是因为识记所引起的个体大脑内的记忆"痕迹"，需要有一定时间才能巩固，否则就难以保持。在一项实验中（Duncan,1949），让甲、乙两组白鼠学习一个动作，甲组白鼠每次学习后在15秒～20秒内用电击刺激，使其昏厥，以扰乱经学习刚形成的"痕迹"。结果该组白鼠无法学会这个动作，每次都要重新学习。但乙组白鼠在学后2小时用电击刺激，结果由于"痕迹"已经巩固，未受此扰乱影响。有的心理学家对需要用电休克疗法的精神病人作过类似实验，也得到同样结果。这可以说是识记后短暂休息对记忆"痕迹"的巩固作用。那么，识记后的较长时间休息，如睡眠情况又怎样呢？有人（Idzikowski,1984）进行了这样的实验：让大学生为被试，识记由16个无意义音节组成的音节表。然后分两组，一组被剥夺当天夜里的睡眠，另一组则照常睡眠。结果发现，剥夺睡眠组保持效果明显低于未剥夺睡眠组（见表5-4）。有趣的是，进一步实验发现，只要识记的当天夜里保证睡眠休息，那么第二天夜里若无睡眠，其保持效果也不会有明显的下降（见表5-5）。这表明，识记后最初阶段的休息尤为重要，它对保持效果有直接影响。

表5-4 识记后当天睡眠剥夺对记忆的影响

	当夜无睡眠组	睡 眠 组
初学遍数	26.83	29.00
重学遍数	8.33	4.00
节省百分数	69.88	85.54
自由回忆	7.17	9.33
预期回忆	5.00	8.54

表5-5 识记后第二天睡眠剥夺对记忆的影响

	第二天无睡眠	睡 眠
初学遍数	35.62	35.08
重学遍数	5.31	5.62
节省百分数	83.85	83.01

续　表

	第二天无睡眠	睡　　眠
自由回忆	7.92	8.08
预期回忆	10.15	9.92

（5）识记后的复习

复习就是多次的识记。在对记忆材料进行最初的识记之后，复习的作用就在于通过随后的一系列识记来巩固已建立起来的联系，改善保持过程。因此，复习对于保持来说，是极为重要的影响因素。艾宾浩斯曾做过这样的实验：记忆无意义音节和诗歌达到成诵，第二天再复习达到成诵，依次继续，以致达到成诵需要复习的次数越来越少：12 个无意义音节达到成诵所需要复习次数在前 6 天分别为 16.5 次、11 次、7.5 次、5 次、3 次、2.5 次；80 个音节的诗达到成诵所需要复习次数在前 5 天分别为 7.75 次、3.75 次、1.75 次、0.5次、0 次（即到第五天对于诗歌不复习也能背诵了）。这表明经复习遗忘得到了控制，识记的材料得到良好的保持，遗忘的曲线能被逐渐地"拉平"。同时也可看到，随着识记材料巩固程度的提高，复习次数可以逐渐减少，每次复习的间隔时间也可以逐渐延长。由于复习对保持的极端重要性，心理学还进一步研究了复习对保持作用的一些细节：

① 复习对保持的作用取决于信息编码的状况。已有许多实验证明，只靠机械反复不能加强保持的力度，复习不是被动的印留，而是主动的编码，即运用已储存的信息对新输入的信息不断地加以处理，使之越来越符合储存在长时记忆中的心理图式（schema）。因此，复习被视为是为信息加工提供机会，每复习一次就多一次加工处理，多一次重新考虑或寻找材料之间以及材料和个体心理图式之间的关系。

② 复习对保持的效果受时间安排的影响。首先是复习的及时性。根据艾宾浩斯的遗忘曲线，遗忘是先快后慢地进行的，及时复习有利于识记材料在急速遗忘前获得必要的加固。正如乌申斯基（К. Д. Ущинский）所指出的，我们应当及时"巩固建筑物"，而不要等待去"修补已经崩溃了的建筑物"。第二是复习的经常性。根据艾宾浩斯的遗忘曲线，遗忘是一个不断进行的过程，经常复习才能有效地遏制遗忘，使信息不断得到巩固。这也就是中国古代教育家孔子所说的"学而时习之"的道理。但复习的时间间隔可以逐渐加大，频度逐步减少。第三是复习的合理性。复习可以集中进行，也可以分为若干阶段进行。连续进行的复习称为集中复习，复习之间间隔一定时间的称为分散复习。一般说，分散复习的效果优于集中复习。有人做过实验：五年级甲班和乙班，成绩基本相同，学习自然课。甲班按大纲集中 5 节课复习全部内容，而乙班将 5 节课时间划为四次单元复习。结

果甲班不及格的占 6.4％,及格 47.4％,良 36.6％,优 9.6％;而乙班没有不及格,及格 31.6％,良 36.8％,优 31.6％。但对不同的材料也有相对的区分:技能性、枯燥性、难度大的材料,更需要分散复习;而思维性、兴趣性、难度适中的材料,可相对集中复习。

三、回忆及其影响因素

1. 回忆的概念

回忆(recall)是对头脑中保持事物的提取过程。这也是记忆的最后一个阶段。识记、保持的最终目的就是为了在必要时能回忆起它。一些书中把回忆视为再现,其实,随着对记忆现象不断深入的研究发现,保存在头脑中的信息提取有多种形式,而不仅仅局限于一般所说的再现和再认,回忆应是保存在头脑中的信息以各种方式提取的总称,内含不同水平的提取形式。当然,其中最主要的仍是再现和再认。

① **再现**(reproduction)是当识记过的事物不在时能够在头脑中重现。这是一种高水平的回忆,如学生在做闭卷问答题时,回忆学过的内容。再现按目的性划分,可以分为无意再现和有意再现。无意再现是指事先没有预定目的,也不需要意志努力的再现。人们触景生情油然回忆起某事便是一例。有意再现则是指有预定目的的、自觉的再现,如回忆某人的地址以便去拜访。再现按中介性划分,可以分为直接再现和间接再现。直接再现是指没有中介联想而径直回忆起某事的再现,如脱口而出地提到多时未见的老朋友的名字。间接再现是指借助中介联想而回忆某事的再现,如一时想不起某一公式,但经过推算、联想又重新忆起。

② **再认**(recognition)是当识记过的事物再度出现时能够把它识别出来。人们往往以为不能重现识记过的事物就是遗忘。其实,能识别再度出现的事物也是回忆。它在人的生活中相当有用且普遍。公安人员让证人看照片辨别罪犯,学生考试时做选择题等,都是再认现象。一般说,再认比再现容易,这是因为在再现中首先必须在记忆中搜寻目标刺激,然后再加以确认。再认则不必在记忆中搜寻目标刺激,而是直接呈现给个体。但现代研究发现,也有这样的情况出现:能回忆出的词却不一定能再认,这被称为 RFRW 现象(Tulving,Thomson,1973)。可见它们具有不同的回忆水平也是相对的。

除了上述两种主要形式外,从广义上看,回忆还有其他水平的表现形式。例如,多年来未接触外语了,许多单词、语法都无法再现或再认了,似乎已完全忘记了。其实不然,倘若重新学习外语,会比从未学过外语的人学得快,用的时间少,其原因是记忆中的某些残存的痕迹仍在发挥着作用。我们把这种回忆现象称为重学节省。又如,学过某知识后好久未用,自己也意识到忘了这些知识,然而却能在完成别的任务的过程中不知不觉用上了学过的知识。这就是前面提到的内隐记忆的提取过程,也可视为回忆的又一种形式。

2. 影响回忆的因素

回忆是记忆的第三环节,识记材料、保持材料都是为了在必要时能回忆材料。如何做到能准确、迅速地把保持的识记、材料提取出来,是提高记忆效果、防止在记忆的最后一个阶段中发生遗忘的重要途径。为此,应了解影响识记的诸因素,寻求优化回忆的途径。

(1) 信息加工水平

在识记时,对材料的信息加工水平会影响回忆的效果。一般说,加工水平越深,回忆效果越好。在一次实验中,让被试分别按四种不同加工深度来评价 40 个形容词:① 字母的大小写;② 某词与该形容词是否谐韵;③ 某词与该形容词是否同义;④ 涉己,即该形容词能否对自己有所形容。评价完毕后,要求被试自由回忆。结果表明:加工深度越大,回忆效果越好(Rogers, Kuiper & Kirker,1977)。在另一项实验中,让被试对单词进行三种不同水平的加工:① 结构性的,如"这个单词是用大写字母写的吗?"② 语音性的,如"这个单词和某单词谐韵吗?"③ 语义性的,如"这个单词填入下面的句子合适吗?"然后检查加工时间和回忆成绩。结果发现,加工越深,所需时间越长,回忆成绩越好(Craik & Tulving,1975)。

(2) 联想线索

在识记时是否有联想线索会影响回忆的效果。联想线索有助于信息的提取。它有多种类型:

接近联想,由某一事物想到和它在时间上或空间上相接近的事物。

相似联想,由某一事物想到和它在外部特征上或性质上相类似的事物。

对比联想,由某一事物想到和它具有相反特点的事物。

因果联想,由某一事物想到和它具有因果关系的事物。

隶属联想,由某一事物想到和它具有隶属关系的事物。

在识记材料时,建立材料之间以及它们和已有经验之间某种或多种联想线索,那么在回忆时,只要记住某一线索,就能联想出一连串材料。例如,让被试记住 20 多个词:铅笔、橘子、床、狼、桌子、猫、苹果、毛笔、钢笔、梨、椅、狗、圆珠笔、牛、桃、橱、粉笔、李子、马、沙发。被试若死记硬背,回忆效果不好,容易丢三落四。若将这些词归为四类(笔、水果、家具和动物)进行识记,这时"笔"、"水果"、"家具"和"动物"便成了回忆时的联想线索,能大大提高回忆的效果。

(3) 回忆场合

回忆场合与当初识记时的场合是否一致,也会影响回忆的效果。这里的回忆场合既包括客观环境,也包括机体的内环境。史密斯等人(Smith, Glenberg & Bjork, 1978)做过一个实验:让被试进行词对联想记忆,刺激一次是用速示器呈现,另一次由录音机呈现。然后隔一日让被试分两组进行回忆,一组在原场合,另一组在异场合。结果在原场合回忆的成绩(59%)优于在异场合回忆的成绩(46%)。在另一项实验(Rand & Wapner, 1967)中,让两组被试记忆一个单词:一组站着记,一组躺着记。然后让各组一半被试采取原来识记时的姿势回忆,其余一半被试采取相反姿势回忆。结果是采取原姿势者回忆效果较改变姿势者好。这是什么原因呢?一种情况是,场合因素与记忆材料发生某种联系,以至对材料进行编码时,也以同样方式对场合信息进行编码,场合信息也就成为提取材料的外显线索。国外把这称为情境关联记忆(state-dependent memory),也称为编码特定原则(encoding specificity principle)(张春兴,1994)。另一种情况是,场合信息是编码的,是独立于记忆材料之外而存在的,对材料进行编码时并未把场合信息联系起来,场合信息对提取材料起到了一种内隐的、无意识的作用。

(4)前摄抑制和后摄抑制

在影响回忆的因素中干扰是一个重要方面。前摄抑制和后摄抑制便是这方面干扰中的一个典型现象。**前摄抑制**(proactive inhibition)是指先学材料对回忆后学材料的干扰,**后摄抑制**(retroactive inhibition)是指后学材料对回忆先学材料的干扰。例如,我们先学习文章 A,之后又学习文章 B,当我们回忆文章 B 时,会受到文章 A 的干扰而降低回忆文章 B 的效果,这便是前摄抑制。我们先学习文章 A,之后又学习文章 B,当我们回忆文章 A 时,会受到文章 B 的干扰而降低回忆文章 A 的效果,这即是后摄抑制。研究发现,前摄抑制和后摄抑制受许多因素的制约:

① 材料的相似性。先后学习的两种材料完全相似时,后继学习相当于复习,不会产生相互干扰作用。若先后两种学习材料完全不相似时,互不相干,也不会产生相互干扰作用。只有当两种材料处于既相似又不相似的状况时,干扰作用最大。

② 先后学习材料的时间间隔。在学习完第一种材料后立即进行第二种材料的学习时,所产生的抑制作用最大,随着时间间隔加大,抑制作用减少。

③ 先学材料的巩固程度。先学材料的巩固程度越高,意味着内部联系越紧密,越能抵御后摄抑制的干扰作用,反之,则越容易受干扰作用影响。

(5)回忆时的情绪状态

情绪状态对回忆的影响也是十分明显的,并且比较突出地表现在情绪的紧张度方面。一般说,良好的情绪状态,如愉悦而轻松、平和的情绪有利于回忆,而负性情绪,尤其是紧张情绪对回忆会产生明显的抑制作用。在教学活动中常有这样的情况发生：一位学生明明独自一人在家里把课文完全背出来了，但教师让他当着全班同学的面背诵检查时，却往往结结巴巴，错误迭出，甚至无法背出。这种会使教师感到不满、使学生尤受委屈的现象便是紧张情绪造成的结果。有时对某事的回忆似乎就在脑边嘴边，可就是一时想不出、说不上，而且是越急着要把它回忆出来，越是回忆不出。这在心理学中称为"舌尖现象"（tip of the tongue），也与情绪紧张有关。遇到这种情况，一个最有效的解决办法就是暂时不去想它，待注意转移、情绪放松以后，它往往会突然闪现在头脑中，叫人有一种"欲求之而不得，不求时而自得"之感。

学术研究 5－2　　　　　　　**心境一致性记忆**

心境一致性记忆（mood-congruent memory）是指人们倾向于加工和回忆与当前的情绪状态相一致的情绪信息，即正性的情绪状态倾向于加工和回忆正性的情绪信息，负性的情绪状态则倾向于加工和回忆负性的情绪信息。

郭力平（1997）采用加考比（Jacoby）的加工分离程序，考察了抑郁被试和正常被试负性词和正性词的再认记忆测验成绩，发现抑郁被试对负性词的有意识提取成绩好于正常被试，但对正性词的提取成绩低于正常被试，存在明显的心境一致性记忆效应。郑希付（2005）采用两种方法考察了特质性焦虑与状态性焦虑两种情境下个体的记忆特点。结果发现，自然情境下，个体的焦虑水平与正性词的记忆呈显著负相关，焦虑水平越高，正性词的记忆效果越差，出现了心境一致性记忆效应；但在启动情绪状态下，没有出现这种效应。陈莉和李文虎（2006）在自然情境和情绪诱发情境两种实验情境下考察了个体情绪信息加工过程中的记忆特点，发现自然情境下没有出现心境一致性记忆效应，但在情绪诱发情境下出现了明显的心境一致性记忆效应。

但斯密史（Smith）等人的研究却发现，人格特质中感觉寻求得分高的人在回忆与感觉寻求相关的情绪词时表现出了明显的记忆偏向，个体在信息加工时存在特质一致性倾向，即心境对认知加工深度的影响依赖于个体稳定的人格特质（Mathews & MacLeod，1994；Smith，Perlstein，Davidson & Michael，1986；陈少华，郑雪，2005）。

四、遗忘及其原因

1. 遗忘的概念

遗忘（forgetting）是指不能回忆或错误地回忆。由于回忆最主要的形式是再现和再认，因此，从狭义的角度看，遗忘是指不能或错误地再现或再认。遗忘并不局限于保持的相反过程，而是涉及记忆的所有环节。在识记环节，摄取的信息不清晰、不牢固本身就蕴含着遗忘;在保持环节,信息的失漏或失真无疑是遗忘的主要方面;至于回忆环节,信息的提取发生困难,更是导致遗忘的直接原因。因此,虽然遗忘主要表现在回忆阶段,但造成的原因则需要从记忆的各个过程中寻找。

2. 遗忘的原因

有记忆当然就有遗忘,应当如何来解释遗忘这一现象呢? 对于遗忘原因有不同的解释,形成不同的理论,归纳起来主要有以下几种。

(1) 衰退理论

这是一种最古老的遗忘理论。这一理论认为遗忘是记忆痕迹随时间推移而消退的结果。如果记忆中的信息经常获得复习或提取使用,其痕迹就会得到巩固,但如果长时间不复习,也不使用,就会"日久淡忘"。这种理论较符合人们的生活常识,但却难以用实验证实。

(2) 干扰理论

这一理论认为遗忘是识记和回忆之间受到其他刺激干扰的结果。也就是说,识记过的东西是不会遗忘的,之所以遗忘,不是记忆痕迹的消退,而是干扰所致,一旦干扰排除,记忆就能恢复。这种理论虽似乎不近常理,但却有实验佐证。关于干扰说最早的实验是詹金斯和达伦巴克进行的:他们让两组被试识记同样一些无意义音节表,然后让一组被试去睡觉,另一组被试照常进行一般活动,接着分别在 1、2、4、8 个小时之后,让两组被试回忆所识记的内容。实验结果表明,睡觉组比活动组的回忆成绩好。这一结果用衰退理论无法解释,因为两组在相同间隔时间内都没有对记忆痕迹进行强化,两组回忆结果理应相同。这一结果却能很好地用干扰理论来解释:这是由于睡眠组比活动组在相同的时间间隔内所受

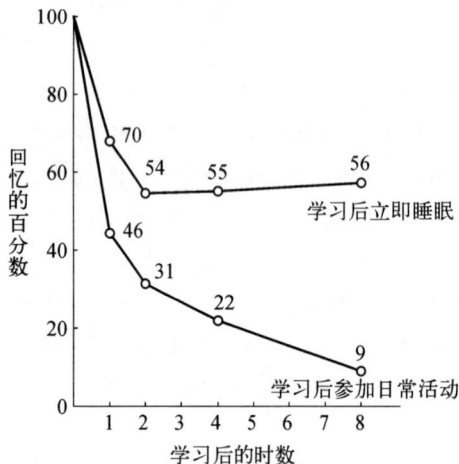

图 5-8 睡眠与清醒活动对记忆的影响

的干扰刺激少,从而造成回忆上的优势(Jenkins & Dallenbach,1924)(见图 5-8)。干扰理论的最明显的例证则是前摄抑制和后摄抑制,其详细情况见后面的有关论述。

(3) 压抑理论

这一理论认为遗忘是因为我们不想回忆起痛苦、可怕的经历所造成的。这种理论的实质是认为遗忘是由于受到某种动机的作用所致。这是因为人们有压抑痛苦记忆以免受

其所引发情绪焦虑的倾向(Freud<弗洛伊德著,车文博译>,2004)。因此,它又被称为动机性遗忘。在一项研究中发现,在成人回忆儿童时代时,30%经历与愉快情绪相联系,其次是15%经历与害怕相联系,再次是与愤怒、痛苦和激动相联系,不愉快的事更易于遗忘(Waldvogel,1947)。

（4）同化理论

这一理论认为遗忘是知识的组织与认知结构简化的过程。当人们学到了更高级的概念与规律后,就可以以此代替低级的观念,使低级观念遗忘,从而简化了认知结构并减轻记忆负担。

总之,遗忘的原因迄今还尚未完全清楚,但各种理论的提出无疑有利于从多角度认识遗忘现象,探明遗忘的真正原因。

第三节　记忆规律在教育中的应用

既然记忆有其自身的规律,又受到很多因素的影响,那应当如何运用这些规律来促进和服务于我们的学习呢? 本节将探讨记忆规律在教育教学中的应用。

一、记忆规律在教书育人中的应用

记忆规律在教书育人中的应用,更集中体现在教师如何科学地安排、组织和进行教学活动。

1. 注意教学安排的合理化

要注意合理安排课程,尽可能避免性质相近的课程经常靠在一起。例如,不要把文科类课程或理科类课程都集中在一起上,最好做到文科类与理科类课程交叉安排,其间若再插入音、体、美、劳等课程则更好,因为这样能减少由于材料相似性引起的前、后摄抑制对记忆的影响。

① 要保证课间休息,不要延长课堂教学,占用学生休息时间。因为课间休息几分钟,有利于学生巩固上一节课中记忆活动所留下的"痕迹",提高保持效果。同时,也有助于减少由于前后课上的记忆材料的间隔时间过短引起的前、后摄抑制对记忆活动的影响。

② 要适当调节教学进度,控制每堂课的信息投入量,注意克服教学中比较普遍的"信息量越大越好"的错误倾向,这不仅有利于学生课上的消化、吸收,也会因识记材料数量的

适当控制而提高了识记的效率。

2. 创设良好的教学心理背景

① 让学生处于良好的情绪状态。情绪对记忆活动有明显影响,尤其是识记和回忆两个环节,最易受到过分紧张、焦虑等负性情绪的干扰。因此,教师要善于调节课堂情绪气氛,尽可能消除不利于记忆活动的负性情绪干扰。

② 使学生具有明确的识记目的。有意识记是教学活动中最主要的识记种类。教师应根据不同的教学内容,提出明确的记忆任务:哪些需要完整背诵,哪些需要部分记忆,哪些需要记忆大意,这样有助于提高学生记忆的针对性。

③ 提高学生对记忆意义的认识。如果记忆的意义仅在于检查和考试这样的近期目标,不利于所学知识的巩固,只有提高对于长远目标相联系的识记意义的认识,才会在同样的精力投入下大大延长保持时间,改善记忆效果。因此,教师向学生提出明确的识记任务时,应向学生提出该识记内容的意义和重要性,使之成为学生的长久识记任务,而非短时的识记任务。

3. 教授记忆策略

教师在教学中不仅要传授知识,更要传授获取知识的方法。记忆策略的传授便是一个重要的方面,这将大大提高学生的学习效率,增强学生的记忆能力,促进学生素质的提高。而在具体教学中,教师还应结合学科内容进行,才能取得更好的效果。有关记忆策略的具体内容,可参见下面论述。

二、记忆规律在自我教育中的应用

许多学生在学习时并没有很好地运用科学的记忆方法来提高自己的记忆效率。不仅小学生如此,中学生、大学生也都在相当程度上存在这一问题。苏联心理学家的一项调查发现:"有56%的大学生运用了简单的记忆方法,即不断地重复同一个内容,而运用逻辑识记的方法很差。而且最使人意外的是,根据实验材料,大学生不想改变识记方法。这就是说,大多数大学生还不熟悉记忆活动的比较合理的方式与方法。"(Дьяченко, Кандыбович, 1981)在另一项研究中也发现,虽然以分类方式提取的策略在很小年龄阶段已经得到发展,但许多人甚至连大学生都不能自发运用这一策略(Salatas & Flavel, 1976)。可见,在这方面加强学生自我提高的意识是十分必要的。鉴此,我们在这里介绍一些运用记忆规律改善记忆效果的策略以供参考,以提高他们在学习活动中加以运用的自觉性和可行性,同时也进一步加深对前述的记忆规律的认识与理解。

实践探索 5-1   **"记忆术"的作用有多大?**

记忆术(mnemonic)是指任何用以帮助记忆(特别是机械记忆)的方法。对记忆术的研究可以追溯到古希腊和古罗马时代,如亚里士多德在《记忆论》中就提出,邻近性、相似性和对比有利于记住事物,而古罗马人则习惯于用房间中物品的位置与要记的内容联系起来帮助记忆,这一方法被称为"罗马房间法"。1968年,苏联著名心理学家卢利亚(Luria)出版了《记忆能手的头脑》一书,深入探讨了记忆术这一领域,引起了心理学界的很大兴趣。

从目前人们使用的各种记忆术的情况看,最主要的有两大类,一类是联系法,把要记忆的联系性不强的内容通过联想相互串联起来,如形象联想法;一类是位置法,把要记忆的事物与熟悉的具有固定空间或时间序列位置的事物联系起来,如罗马房间法就是如此。这两大类方法都离不开联想。

所以,记忆术并不神秘,只是利用联想帮助记忆的一系列具体方法而已。在学生学习的过程中,可以适当运用记忆术帮助记忆一些需要准确进行机械记忆的材料,如元素周期表、历史年代等,但过分迷信记忆术,认为通过记忆术的神奇力量可以明显提高学习效果的想法是不切合实际的。因为虽然学习离不开记忆,但学习并不等于记忆。在很多情况下,知识的理解与运用更为重要。

1. 综合完善策略

要真正提高记忆效率,充分发掘记忆潜能,首先必须树立一个综合观,即从影响记忆的各个方面来加以改进,从整体上提高记忆功能。我们把这一综合观的树立称为综合完善策略,它与国外提出的增进记忆的**多重方式**(multimodal approach)的观点也是相应的。早在一个多世纪以前,就有人(Feinaigle, 1812;Middleton, 1889)指出,有许多内部和外部因素会影响一个人的记忆。一百多年后又有人(Atkinson & Shiffrin, 1968)阐述了有关记忆的控制加工理论,认为人对记忆加工所施加的控制过程,最终会导致记忆效果的改变。后来的一些心理学家(Druckman & Swets, 1988;Backman, 1989;Herrmann, Searleman, 1990, 1992)在上述控制加工理论的基础上进一步明确地、不约而同地提出了增进记忆的多重方式的观点。他们认为,记忆过程包括对所有影响记忆加工的因素的操作,其中涉及记忆个体的自身状态、社会行为以及人与环境的感知交互作用。

2. 心身调节策略

根据上述的综合改善策略,学生在作出提高记忆的努力时,一个不可忽视的方面是调节自己的心身状态。

① 要增强自信心。在识记材料时,首先要有自己一定能记住它的信心,如果对自己的记忆力都缺乏信心,则会导致真正的失忆和健忘。因为这种信心缺乏与否的意念会对自己产生暗示作用,引起大脑皮层相应的兴奋或抑制,从而影响个体内在潜能的发挥。

② 要调动积极性。这涉及个性动力系统的调节,但主要集中于动机的激发上。怀有明确的记忆目的,确定具体的记忆目标,定有长久的记忆任务等,都是旨在调动个体记忆积极性的具体而有效的措施。

③ 要调节情绪状态。情绪不仅对认知活动具有动力功能,而且还有调节功能。如前所述,过分紧张或低沉的情绪会抑制人的记忆活动,只有在愉快、兴趣而较平静的情绪背景下,带有对当前记忆适度的紧迫感和焦虑感,才能更有利于提高记忆的效率。并且每人应该根据自己的特点,调节其最佳点。

④ 要集中注意力。注意是心灵的门户,其对心理活动的选择、保持和调控作用同样表现于记忆进程之中。特别是注意的集中程度,对识记的效果有直接的影响。因此,在记忆时,要尽力做到集中注意力。

⑤ 要保证充分睡眠。睡眠的充分与否不仅取决于时间,也取决于质量,尤其是看睡眠中含快速眼动波的多少(睡眠是由快速眼动波和慢速眼动波两种状态反复交替组成的,其中快波睡眠也即有梦睡眠,与恢复大脑机能关系密切,青少年的快波睡眠约占 20%～25%)。充分的睡眠对识记时的注意和保持的巩固有积极作用,是提高记忆不可忽视的方面。

⑥ 要注意适当营养。记忆效果与大脑神经活动的状况有关,而大脑神经活动的状况则又和个体摄入的营养有关,因此,记忆效果也就受到营养状况的影响。研究表明,芝麻、松子、核桃、花生、葵花子等含脂肪类食物,瘦肉、鸡蛋、牛奶等含优质动物性蛋白质食物,以及含各种丰富的维生素的食物,都是有利于记忆的营养物品。此外,含有乙酰胆碱和卵磷脂的食物也有助于记忆,它们包括蜂蜜、茄子、番茄、花生、黑芝麻、蛋黄、兔肉、小麦、葡萄等。因此,平时要适当多吃一些这样的食物,以改善记忆。

3. 记忆材料的优化处理策略

根据综合改善策略,这里涉及的是记忆的心理操作方面。对记忆材料的加工处理,是决定记忆效率和效果的关键,记忆规律的运用、记忆方法的选择,也主要集中于此。该策略可进一步细分为两个方面,或称两条子策略:

(1) 记忆材料的性质转化

如前所述,记忆材料性质是影响记忆的一个重要因素,因此,在对记忆材料进行加工处理时,要尽可能使之转化为有利于记忆的材料。这里又包括若干转化记忆材料的方式:

记忆材料的操作化,即把要记忆的材料转化为操作活动的对象。例如,活动记忆法——通过动手操作来记住有关材料,笔记记忆法——通过抄写、批语、做卡片等笔记形式来记住有关材料,朗读记忆法——通过出声朗读来记住有关材料等。

记忆材料的形象化，即把要记忆的材料转化为形象材料。例如，在记一些易写错的字，如"纸"时，头脑中就可出现一张白纸的形象，心里马上想到："白纸怎么会有污点呢？"这样把"纸"写成"纸"的错误便可纠正了。又如，记"avarice"（贪婪）时，头脑中出现"一个人的双眼贪婪地望着一碗米饭"的形象，这个英语单词也就记住了。

记忆材料的诗歌化，即把要记忆的材料转化为诗歌。例如，我国历史朝代比较复杂，硬记不易，但编成诗歌则朗朗上口而不忘："夏商与西周，东周分两段；春秋和战国，一统秦两汉；三分魏蜀吴，二晋前后延；南北朝并立，隋唐五代转；宋元明清后，皇朝自此完。"教学中流传的《英语字母歌》、《汉语拼音歌》、《珠算口诀》等都是运用此法的成果。

记忆材料意义化，即把要记忆的材料转化为意义材料，也就是赋予机械性材料以一定的意义性。例如，采用谐音法，借助谐音赋予材料以意义，把化学中用石蕊试纸鉴定碱性溶液呈蓝色的规律用"橄榄"（碱蓝）这一谐音词记忆，不仅不会忘记，而且"酸红"的记忆也简单化了。采用数字记运算法，使原无意义的数字也产生意义：秦统一中国于公元前221年，可想为 $2 \div 2 = 1$；爱因斯坦把朋友家的电话号码24361，记为两打加19的平方（$12 + 12 = 24, 19 \times 19 = 361$）；采用数字～字母转换法，将 0～9 数字转换成不同的字母，如 0～t，1～e，2～n 等，那么 210 就变成 net，使用时按规则转换回去。由于字母容易产生意义，便可使无意义数字被赋予一定意义。采用联想法，把原来没有意义上联系的材料赋予意义上的联系；英语中以"o"结尾的名词复数一般都是加 s，只有 hero, Negro, tomato, potato 四个单词的复数是加 es。为此，将为四个无联系的词赋予人为的联系，形成一个句子："黑人英雄吃罗宋汤"，便于记忆。

（2）记忆材料的数量简化

如前所述，记忆材料的数量是影响记忆效率的一个因素，一次识记的数量越多，记忆的效率越低。同时，人的记忆潜力虽然很大，但毕竟时间和精力有限。因此在对记忆材料进行加工时有必要加以简化。这里又包括若干种记忆材料在数量上简化的方式：

记忆材料的概括化，即对记忆材料进行提炼，抓住关键进行记忆。它包括主题概括、内容概括、简称概括、顺序概括、数字概括、文字概括等。例如，将中国古代的井田制方面的内容概括为：国君所有、诸侯享用、奴隶耕作、形似井字。也可进一步概括为：君有、侯用、奴耕、井形。

记忆材料的规律化，即对记忆材料进行分析、抽象，以便抓住规律进行记忆。例如，三角函数中有 54 个诱导公式，孤立记忆这些公式比较繁复。但仔细分析能从中找出一个共同规律：奇变偶不变，符号看象限。记住这句话，便可推导出全部诱导公式。

记忆材料的特征化，即抓住记忆材料中的特征来加强记忆。例如，记忆戊、戌、戎三个字时，抓住他们的共同特征和区别特征来记，效果要好得多。在一些历史年代的数字中也有特征可寻：努尔哈赤建立后金是 1616 年，马克思诞生是 1818 年，共产国际建立是 1919 年等。

记忆材料内容的系统化。布鲁纳指出："人类记忆的首要问题，不是储存而是检索，而检索的关键在于组织。""除非把一件件事情放进构造好的模型里去，否则很快就会忘记。"这里就涉及记忆材料的内容系统化问题。所谓记忆材料的内容系统化，就是在头脑中把识记的材料归入一定的顺序，使之彼此发生一定的联系。这里概括出两种将记忆材料内容系统化的方式：

记忆材料的归类化，即把识记材料按一定的标准组成或纳入不同的类别。其中把记忆材料组成类别，也就是分类记忆，而把识记材料纳入类别，便是归类记忆。例如，识记 20 个词：铅笔、橘子、床、狼、桌子、猫、苹果、毛笔、钢笔、梨、椅、狗、圆珠笔、牛、桃、橱、粉笔、李子、马、沙发，可以将它们分别归入笔类、水果类、家具类和动物类记忆，效果大为提高。也可把已识记的材料归入头脑中已有的类别，使之保持长久，使用方便。例如，在英语单词学习中，可以把所学得的 preserve 一词，归入头脑中 reserve、observe、deserve 这一词形相似类里储存，把 acquire 一词，归入 get、obtain、gain 这一词义接近类里储存；把 black、short、fat 等词分别与头脑中 white、long、thin 等相反词义的词联系，归入由此组成的词义对比类里储存。

记忆材料的网络化，即把识记材料编成或织入某一网络。其中把识记材料编成网络，也就是形成一种认知结构，而把识记材料织入网络，便是纳入某种认知结构。

4. 记忆痕迹的有效建立策略

加工处理后的记忆材料以怎样的方式迅速储存在头脑中并得以牢固保存呢？这便涉及记忆痕迹的有效建立问题。这一策略包括记忆痕迹的初建、加固和不断强化三个方面。

（1）*初建痕迹*

要尽可能快而准确地初步识记材料。首先，在识记的总体安排上，可采用综合识记法，即进行整体—部分—整体的识记，使人在相互联系中对各部分材料的理解与记忆变得较为便易（三种识记的效果比较见表 5－6）。（叶奕乾等，2004）

表 5－6 三种识记方法的效果比较

	所用时间	20 天后再现时平均需要提示的次数
整体识记	8	4
部分识记	16	7
综合识记	6	1.5

其次，在具体识记时，又可采用试图回忆法，交替进行识记和尝试回忆，使人能及时了

解识记对错,以提高每次识记的针对性和积极性。实验表明,无论是识记无意义材料或是传记文,无论是立即回忆还是 4 小时后回忆,尝试回忆都有利于记忆,其中将全部学习时间的五分之四用于尝试回忆的记忆效率最高(见表 5-7)。(转引自黄希庭,1991)

表 5-7 试图回忆与记忆效率的关系

	16 个无意义音节回忆的百分数		5 段传记文回忆的百分数	
	立 即	4 小时后	立 即	4 小时后
全部时间用于背诵	35±1.3	15±0.9	35±1.2	16±0.6
1/5 时间用于试图回忆	50±1.4	26±1.6	37±1.5	19±0.8
2/5 时间用于试图回忆	54±1.4	28±1.2	41±1.2	25±0.8
3/5 时间用于试图回忆	57±1.4	37±1.4	42±1.2	26±0.9
4/5 时间用于试图回忆	74±1.8	48±1.8	42±0.8	26±0.8

(2)加固痕迹

要尽可能当场巩固识记材料。如前所述,识记越巩固,日后回忆效果越好。这里可采用过度学习法。若以初步识记(即刚能背出)所需花费的识记次数为 100% 计算,那么在达到初步识记后应再花上 50% 的识记次数来巩固识记内容。实验表明,过度学习 150% 的识记是经济而有效的,不到 150% 效果明显受到影响,而超过 150% 则不经济。

(3)不断强化痕迹

要尽可能日后不断复习识记材料。根据前述复习对记忆的诸多影响,可采用超比例循环记忆法。表 5-8 第一行数字为时间单元,下面圆圈内的数字代表欲识记的不同材料。对于第一份识记材料来说,它在第 1 单元的时间内达到初步识记和加固,然后在第 2、4、8、16……单元时间里进行复习强化,以此类推。这一方法的特点是做到及时复习、先密后疏,恰能对先快后慢的遗忘过程进行强化。据说电话局接线员就用此法在较短时间内记住大量电话号码。

表 5-8 对 5 份材料的循环记忆安排

1	2	3	4	5	6	7	8	9	10	11	12	13	14	15	16	17	18	19	20	……
①	①		①				①													
	②	②		②				②												
		③	③		③				③											
			④	④		④				④										
				⑤	⑤		⑤				⑤									

让我们回到本章开头提到的那个案例。小李同学在记忆大量需要识记的知识时之所以没有效果，是因为他没有遵循记忆的一般规律，以为只要不停地记，就能记住很多知识，其实不然。

要解决这一问题，教师可结合本章中有关记忆的一般规律，在教学过程中合理安排教学时间和进度，创设良好的教学心理环境，教授学生一些有效的记忆策略。例如，在物理学的电磁场理论的教学中，老师讲授了有关导体在电磁场中运动时与电流的相互作用方面的知识：适用于磁场对电流作用发生导体运动的左手定则和适用于导体切割磁力线产生感生电流的右手定则。但学生在以后解题时，往往容易混淆这两个定则的适用情况，为此，老师编了一个口诀来帮助学生记忆："磁电作用左判动，导体切磁右判电，两手摆法都不变。"老师还指出，如果已充分理解了这两种现象的因果关系，那么这个口诀还可以简化为："左判运动右判电，两手摆法都不变。"如果还要便于记忆的话，又可进一步简化为四个字："左动右电（左手判运动，右手判电流）"。在这里老师巧妙使用了两种记忆方法来提高学生关于已学过的电磁场理论的记忆：先是运用口诀法将两条定则用三句口诀来概括，便于学生朗朗上口、成诵记忆；继而将口诀句子减少，减轻记忆负担，初步体现概括法的精神；最后真正运用概括法将两句话的口诀简括为四个字，进一步减轻记忆负担，提高记忆效率，改善保持效果。

又例如，老师在地理课教学中运用"三图"来增强有关内容的记忆。这"三图"就是：读图、填图和画图。所谓读图，就是依据地图上所表示的地理现象做综合描述。这里要经过"从文到图"和"从图到文"两个过程。前者是借助地图把课文中描述的地理知识（方位、范围、高低、水系、城市、交通线等）在头脑中形成地域观念，即将文字表述转化为地理形象的过程；后者是借助地图回忆并表述出相应的地理知识，即将地理形象转化为文字内容的过程。所谓填图，就是按照要求在空白地图上填上有关内容，包括符号、色彩、文字等。所谓画图，就是在学习地理知识时自创的一些简单的示意图。在这里，老师充分利用地理教学中特有的教学材料——地图，让学生通过读图、填图和画图，使要记的内容成为动手操作的对象和形象性的材料，以大大提高记忆的效率，同时也增强了学生对文字材料与地理形象之间的转换能力，易形成地理学习所应具有的感悟力。

当然，作为学生，小李同学则需要运用记忆的一般规律，通过调节自己的身心状态、优化处理记忆材料、有效建立记忆痕迹等各种记忆策略，改善自己的记忆效果，并提高自己在学习活动中灵活运用记忆策略的自觉性。只有这样，才能真正增强记忆效果，提高学习效率。

本章小结

- 记忆是过去经历的事物在头脑中的反映。用信息加工的观点看,是人脑对信息摄取、储存和提取的过程。它在人的实践活动和日常生活中起着非常重要的作用。

- 人类的记忆现象可以从多个方面来分类:按记忆的内容,可以把记忆分为动作记忆、形象记忆、语词记忆和情绪记忆;按编码方式和储存时间不同,可以把记忆分为感觉记忆、短时记忆和长时记忆;按意识维度划分,可以把记忆分为内隐记忆和外显记忆。

- 记忆的基本过程由识记、保持和回忆三个环节组成。在保持过程中,信息会产生质的和量的变化,质的变化主要表现为记忆错觉,量的变化表现为遗忘,人类的遗忘,特别是无意义材料的遗忘,遵循着先快后慢的规律。

- 识记、保持和回忆的效果受记忆材料、情绪、记忆任务要求等主客观因素的影响。

- 在教书育人过程中,充分运用记忆的规律包括教学安排的合理化、创设良好的教学心理背景、教授记忆策略等。在学生的自我教育中,可引导学生使用综合完善策略、心身调节策略、记忆材料的优化处理策略和记忆痕迹的有效建立策略提高记忆效果。

思考题

- 从信息论的角度看记忆是一个怎样的心理过程?

- 感觉记忆、短时记忆和长时记忆的含义分别是什么?有何特点?三者间的联系如何?

- 识记的种类有哪些?影响识记效果的主要因素是什么?

- 记忆材料在保持中会发生什么变化?影响保持的主要因素是什么?

- 回忆的含义是什么?它包含哪两种最主要的形式?影响回忆的主要因素有哪些?

- 关于遗忘原因的分析有哪几种主要理论?你个人的见解如何?

问题探索

- 调查一下周围同学在学习过程中运用记忆方法的意识与运用状况。

- 结合自己所学习的专业特点,试着运用本章中所提到的一些记忆策略来提高学习效率,并谈谈使用后的体会,写一篇学习心得。

第六章 智力与教育

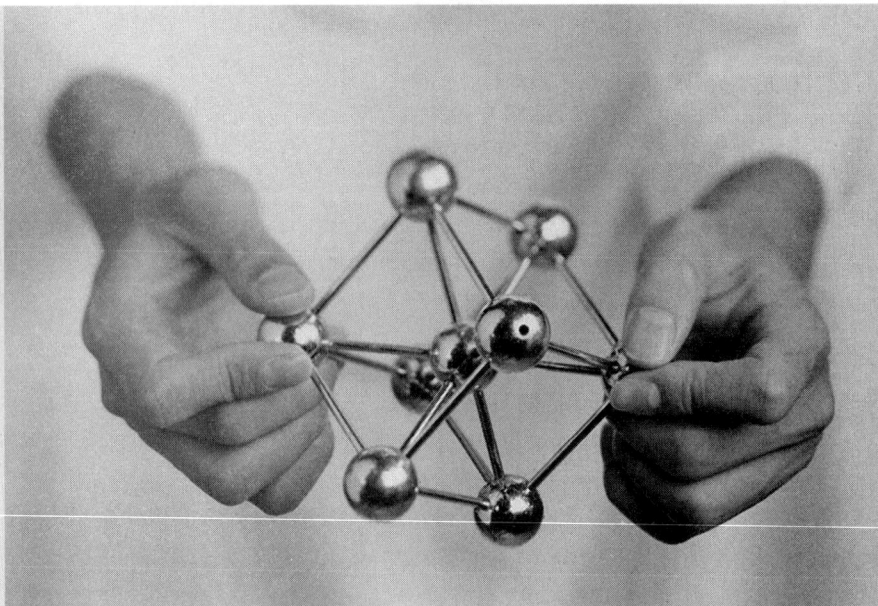

本章要点

- 智力的含义
- 有关智力结构的几种代表性的理论
- 智力发展的一般规律及智力的个体差异
- 影响智力的主要因素
- 智力与知识、非智力因素以及创造力的关系
- 智力规律在教育中的实际应用

想试着回答一下吗……

● 每个人几乎都能说出几个比较聪明的人。你认为什么样的人是聪明人呢？请列举出聪明人的五个特征。

● 曾经的美国神童赛达斯在父亲的训练下，6 个月会认英文字母，2 岁能看懂中学课本，6 岁写出一篇解剖学论文，12 岁就进入哈佛大学，却在 14 岁因患精神病而不得不入院治疗。赛达斯的经历给了我们哪些启示？

● 苏姗没有任何读写能力，甚至不会吃饭、穿衣，却在某些方面表现出超出常人的禀赋，所有的诗词只要听一遍，就能准确无误地背诵下来。这是什么原因？

● 为什么很多男孩子擅长学习数理化，而女孩子却更擅长语文、英语之类的学科？

● 智商高的人学习成绩一定就好么？

● 有人说，能够进行发明创造的人都是一些智力超群的人。你同意这个观点么？

● 为什么教师在课后辅导时要做到让"好的吃饱，中间的吃好，差的吃到"？

李老师是一名年轻的语文教师，在新一轮的教师培训中，他学习了一个新概念，即教学的智力发展原则。在专家的解释下，他明白了在日常的教学活动中，教师必须要考虑教学内容的智力培养价值，必须要遵循学生的智力发展规律，精心设计教学方案，改革教学方法，以促进学生的智力发展为目标来传授基础知识和基本技能。李老师很想在语文教学中体现这一原则，以促进学生智力的不断发展。但是如何才能做到呢？

第一节 智力的概述

关于智力,古今中外有众多的研究,下面将重点介绍智力概念、结构及其相应的理论。

一、智力的概念

在心理学界,智力是一个既非常重要又有颇多争议的概念。时至今日,有关智力概念的定义仍然悬而未决。《中国大百科全书·心理学》的"智力"词条指出:"智力一词的含义看起来好像人人皆知,实际上却很难提出一种完全令人满意的定义。"

1921 年美国《教育心理学杂志》(Journal of Educational Psychology)特辟专栏,以"智力及其测量"为题开展智力问题大讨论,当时欧美 17 位著名专家学者踊跃参加,各抒己见,研讨智力的性质和含义,结果却无法达成共识。60 年一个轮回,1986 年美国心理学家斯滕伯格和德特曼(Sternberg & Detterman)又主持了一次关于智力本质及其含义的大调研,结果仍然是众说纷纭,没有一种观点能够一统天下。在有关智力概念的众多争议中,其中最有代表性的观点有下列 4 种:

1. 智力是抽象思维的能力

主张此说者认为智力是一种抽象思维的能力,例如理解能力、判断能力、推理能力、创造能力等。智力较高的个体理解深刻,判断正确,推理敏捷,并且富有创造性,因为他们具有较高的抽象思维的能力。代表人物为法国的比纳(Binet)和美国的推孟(Terman)。

2. 智力是适应环境的能力

主张此说者认为智力是一种适应环境的能力。个体的智力越高,他适应环境的能力也就越强。在一个全新的环境条件下,这种个体能够较快地用新的反应去适应周围环境。代表人物为德国的斯滕(Stern)、美国的桑代克(Thorndike)和瑞士的皮亚杰(Piaget)。

3. 智力是学习的能力

主张此说者认为智力是一种学习知识和技能的能力。智力与学习能力之间存在着高度正相关,智力较高的个体能够顺利学习难度较大的内容,不仅学习速度较快,而且学习成绩也较好,反之亦然。个体所积累的学习效果,便是他的智力水平。代表人物为白金汉(Buckingham)、亨曼(Henmon)和迪尔伯恩(Dearborn)。

4. 智力是一种综合的能力

美国心理学家韦克斯勒(Wechsler)提出了与众不同的综合的智力定义:"智力是个体有目的地行动、合理地思维和有效地处理周围环境的汇合的或整体的能力。"不难发现,这个定义本质上是把他人的三种观点整合成一体为己所用。一是有目的的行动,学习属于此种行动的首要体现;二是合理的思维,其中以抽象思维为主;三是有效地处理周围环境,其目的正是适应环境。

二、智力的结构

关于智力的结构,众说纷纭。有关的智力理论也主要涉及智力的结构问题,并形成两大类,一类是传统智力理论,如二因素理论、群因素论、层次结构模型和三维结构模型等;另一类是现代智力理论,如多元智力理论、三元智力理论、智力 PASS 模型、真智力理论等。

1. 传统智力理论

传统理论从智力的组成和结构出发,将智力的内容分为两个或者多个因素,将其结构分解成各个不同的层次或者不同的维度。这些理论从智力的每个维度出发试图给公众一个清晰的智力概念。

(1) 二因素理论

1904 年英国心理学家斯皮尔曼(Spearman)在《美国心理学杂志》发表了著名论文《客观地测量和确定一般智力》(General intelligence, objectively determined and measured),他在此文中提出了智力的二因素理论(two factor theory)。

> **斯皮尔曼**(Charles Edward Spearman, 1863—1945)
>
> 英国心理学家。1924 年当选为英国皇家学会院士,他根据与智力测验相关的研究提出著名的二因素论,认为智力可分析为 G 因素(一般因素)和 S 因素(特殊因素)。其主要著作有《智力的性质和认知的原理》、《人的能力》、《创造的心》等。

这种理论认为,所有的智力活动都是由两种因素构成的。一种是"一般因素"(general factor),简称为 G 因素;另一种是"特殊因素"(specific factor),简称为 S 因素。G 因素参与一切智力活动,即各种智力活动中都有 G 因素的存在,因此,G 因素只有一项。S 因素则只与特定的智力活动有关,因此,有多少种不同的智力活动,相应地就有多少项 S 因素。G 因素和 S 因素二者互相联系,而 G 因素则是一切智力活动的基础和关键。

完成任何一项智力活动都需要 G 因素和 S 因素的参加。例如,完成一项词汇测验需要一般因素 G 和词汇因素 S_1;完成一项算术测验需要一般因素 G 和算术因素 S_2。由于这两项测验都需要一种共同的一般因素,因此,两个测验分数之间将出现正相关,但是,这种正相关又不是完全的,这是因为 S_1 和 S_2 是相互独立的不同的特殊因素。

二因素理论认为,各个测验分数之间的相关,是由于它们都包含一般因素 G 造成的。二因素理论的相关模型如图 6-1 所示。

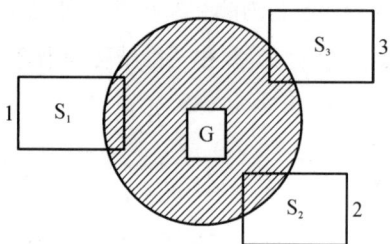

在图 6-1 中,1、2、3 分别表示三个不同的测验,阴影区域表示一般因素 G,而每个测验中的空白区域则表示完成该测验所需要的特殊因素 S_1、S_2、S_3。

从图中可以看到,测验 1 和测验 2 之间的相关系数 r_{12} 较大,因为它们二者都包含较多的 G 因素;而测验 3 和测验 1 之间以及测验 3 和测验 2 之间的相关系数 r_{13} 和 r_{23} 都较小,因为测验 3 只包含较少的 G 因素。

图 6-1 二因素理论的相关模型

(2)群因素理论

瑟斯顿(Louis Leon Thurstone,1887—1955)

美国心理学家和心理计量学家,1932 年当选美国心理学会主席,美国心理测量学会的创立者之一,并任第一届心理测量学会主席,1938 年当选为美国国家科学院院士。他把测量理论用于心理物理学、认知能力、态度、社会判断和人格等方面,他提出的智力群因素论在现代智力因素理论中,起着承前启后的重要作用。

1938 年美国心理学家瑟斯顿发表著名论文《基本心理能力》(Primary Mental Abilities),他在此文中提出智力的群因素理论(group factor theory)。瑟斯顿认为大多数智力活动可以分解成 7 个群因素或基本心理能力(开始是 6 个,后来又提出知觉速度,共为 7 个)。对 56 个测验结果进行因素分析,瑟斯顿概括出如下 7 种"基本心理能力":

① 言语理解(Verbal comprehension,V):阅读理解、言语类推、句子排列、言语推理、谚语配对之类测验中的主要因素。

② 语词流畅(Word fluency, W):字谜游戏、押韵、列举某种类型的单词(例如男孩的

名字、以 T 开头的单词)之类测验中的主要因素。

③ 数字(Number, N):简单算术四则运算的速度和准确性。

④ 空间(Space, S):该因素可能表示两种不同的因素。一种是知觉固定的空间关系或几何关系;另一种是操作性想象,想象经过变化的位置或变换。

⑤ 联想记忆(Associative memory, M):在配对联想中要求机械记忆的测验中所找到的因素。该因素反映利用记忆支撑物的程度。一些研究人员提出时间顺序记忆和空间位置记忆等其他范围有限的记忆因素。

⑥ 归纳推理或一般推理(Induction, I or General reasoning, R):瑟斯顿最初提出归纳因素和演绎因素。前者由数字完成系列等要求找出某种规则的测验加以测量最为适当,而后者由三段论推理测验加以测量最为适当。其他研究人员则提出一般推理因素,由算术推理测验加以测量最为适当。

⑦ 知觉速度(Perceptual speed, P):迅速而准确地掌握视觉细节、相同性和不同性。

群因素理论认为,每个群因素在不同测验上具有不同的权重。例如,言语因素在词汇测验中的权重较大,在言语类推测验中的权重较小,在算术类推测验中的权重则更小。群因素理论的相关模型如图 6 - 2 所示。

在图 6 - 2 中,长方形 1、2、3、4、5 分别表示 5 个不同的测验,3 个椭圆区域分别表示 3 个群因素 V、S 和 N。

从图中可以看到:第一,测验 1、测验 2 和测验 3 三者之间彼此相关,这是言语因素 V 造成

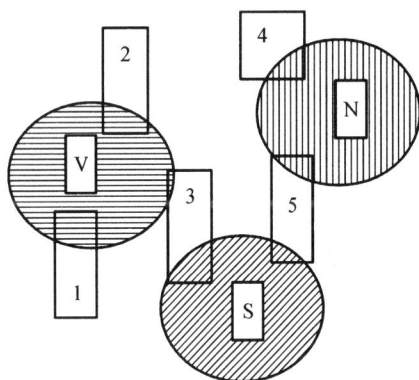

图 6 - 2　群因素理论的相关模型

的。同样,测验 3 和测验 5 之间的相关 r_{35} 是空间因素 S 造成的,测验 4 和测验 5 之间的相关 r_{45} 是数字因素 N 造成的。第二,测验 3 和测验 5 的因素构成较为复杂一些,测验 3 中具有 V 和 S 两种群因素,测验 5 中具有 S 和 N 两种群因素。第三,测验 3 和测验 5 的相关 r_{35} 要大于测验 3 和测验 2 的相关 r_{23},这是因为测验 3 和测验 5 中 S 因素的权重(斜纹区域)要大于测验 3 和测验 2 中 V 因素的权重(横纹区域)。

(3) 层次结构模型

1971 年英国心理学家阜南(Vernon)出版专著《人类能力的结构》(The structure of human abilities)的修订版,他在此书中完整提出智力层次结构模型(hierarchical structure model),即智力 4 层次结构模型,如图 6 - 3 所示。

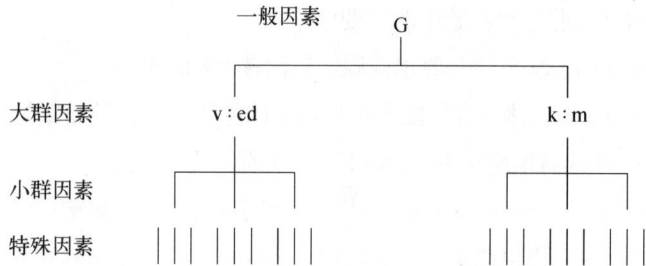

图 6-3　智力的层次结构模型

　　阜南把斯皮尔曼的一般因素 G 作为层次结构模型的最高层次。第二层次是大群因素(major group factors),一分为二: 一个是言语和教育因素,相应于言语和教育能力倾向,用符号 v: ed 表示;另一个是实践和机械因素,相应于实践和机械能力倾向,用符号 k: m表示。第三层次是小群因素(minor group factors),每个大群因素再分成若干个小群因素。例如,言语和教育大群因素分为言语、数量、教育等小群因素;同样,实践和机械大群因素分为机械信息、空间、心理运动等小群因素。第四层次则是斯皮尔曼的特殊因素 S,每个小群因素还可细分为若干个特殊因素。

　　1963 年美国心理学家卡特尔(Cattell)对 44 个智力测验进行因素分析之后,也提出了自己的层次结构模型。最高层次也是一般因素 G,在此之下则是两个相对独立的成分: 流体智力和晶体智力。**流体智力**(fluid intelligence)是一种不依赖于个体的文化知识经验的能力。不同文化背景的个体,可以具有相似的流体智力。流体智力表现为洞察复杂关系的能力、对新环境的适应能力、空间定向能力、抽象关系能力、知觉能力、操作能力等。**晶体智力**(crystallized intelligence)则是个体通过掌握文化知识经验而形成的一种能力。换句话说,它是由先前的学习而结晶化的一种能力,具有浓重的文化成分。从时间上看,流体智力和晶体智力随着个体年龄增加而具有不同的发展曲线:从出生至青少年期,流体智力和晶体智力都在快速上升。15、16 岁以后,两种智力的发展趋势出现明显变化,流体智力继续快速上升,至成年期达到高峰,但随后就随着年龄的增长而逐步衰退;晶体智力则随着年龄的增长不断地缓慢上升。

　　一些排除了文化因素影响的推理测验例如瑞文推理测验,以及某些知觉或操作测验,可以用来测量流体智力。卡特尔的研究结果表明,流体智力与文化公平测验之间的正相关为 0.48~0.78。韦克斯勒智力量表中的填图、排列、积木、拼图、译码等分测验,也可用来测量流体智力。有人认为,流体智力实际上只是一种扩张的推理能力。另一方面,受文化因素影响较大的测验例如瑟斯顿基本心理能力测验,可以用来测量晶体智力。卡特尔的研究结果表明,晶体智力与其中的推理测验之间的正相关为 0.30~0.72,与言语测验之间的正相关为 0.50~0.74,与数字测验之间的正相关为 0.35~0.74。韦克斯勒智力量表中的常识、类同、算术、词汇、理解等分测验,也可用来测量晶体智力。有人认为,晶体智力实际上只是一种扩张的言语理解能力。

（4）三维结构模型

吉尔福特（Joy Paul Guilford,1897—1987）

美国著名的心理学家,主要从事心理测量方法、人格和智力等方面的研究。他应用心理测量方法和因素分析法进行人格特质的研究,提出了智力的**三维结构模型**。其主要著作有《人类智力的本质》、《统计学》、《人格》、《智力的分析》、《超越智商》、《认知心理学的参照框架》、《创造性才能》等。

1959 年美国心理学家吉尔福特提出智力的三维结构模型（three-dimensional structure model）。他既反对斯皮尔曼的二因素理论,也反对瑟斯顿的群因素理论。1967 年吉尔福特出版专著《人类智力的本质》(The Nature of Human Intelligence),书中阐述了智力的三维结构模型,如图 6-4 所示。

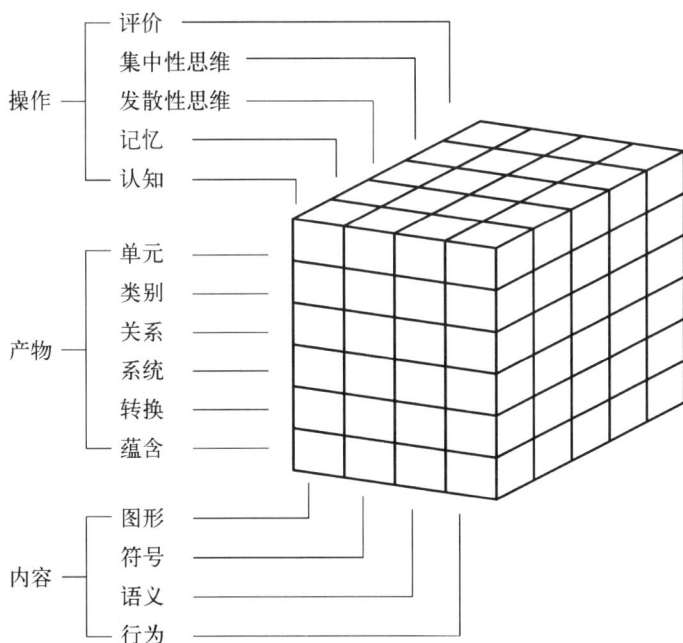

图 6-4 吉尔福特智力三维结构模型

智力的第一个维度是内容(content),即我们思维的对象,或者说是自变量。内容可以分为 4 种:

① 图形(Figural, F),指对象的形状、大小、方向、颜色等;

② 符号(Symbolic, S),指字母、数字等;

③ 语义(Semantic, M),指字、词、句、篇等的含义及概念;

④ 行为(Behavioral, B),解释本人行为和他人行为。

智力的第二个维度是操作(operations),即我们思维的过程,或者说是中介变量,它最终决定智力水平的高低。操作可以分为 5 种:

① 认知(Cognition, C),指认识和理解信息;

② 记忆(Memory, M),指保持所认知的信息;

③ 发散性思维(Divergent thinking, D),指得出多种切合题意的答案;

④ 集中性思维(Convergent thinking, N),指得出一个正确的或最佳的答案;

⑤ 评价(Evaluation, E),指对信息作出评判,即对认知的信息记忆的信息以及在发散性思维和集中性思维中所产生的新信息等,评判它们的正误、优劣、适用性、稳当性等。

智力的第三个维度是产物(products),即我们思维的结果,或者说是因变量。产物可以分为 6 种:

① 单元(Units, U),指单一的产物,如一个单词或一个数字;

② 类别(Classes, C),指一类单元,如名词、物种;

③ 关系(Relations, R),指单元与单元之间的关系,如相似或相异等;

④ 系统(Systems, S),指有组织的体系或计划;

⑤ 转换(Transformations, T),指涉及某种改变,如对安排、组织、意义等的改变;

⑥ 蕴含(Implications, I),指进行预测,从已知信息中推测某种结果。

每一个维度中的任何一项,都可以与其他两个维度中的任意两项相结合,从而构成一种智力因素。因此,我们可以得出 $4 \times 5 \times 6 = 120$,即 120 种智力因素,每种因素是一种独特的能力。

1971 年吉尔福特和霍普纳(Hoepfner)合作出版了专著《智力分析》(The Analysis of Intelligence),把内容维度中的"图形"分为"视觉"(visual)和"听觉"(auditory)两项。1988 年吉尔福特又在《教育和心理测量》杂志上发表论文《智力结构模型的若干变化》(Some Changes in the Structure-of-Intellect Model),把操作维度中的"记忆"分为"记忆登录"(memory recording)和"记忆保持"(memory retention)两项。这样,智力因素由最初的 120 种扩展到 180 种($5 \times 6 \times 6 = 180$)。

2. 现代智力理论

现代理论则提出智力具有更丰富的内容,不仅从结构上,还从不同的侧面试图揭开智力的真面目。

加德纳（Howard Gardner, 1942— ）

美国心理学家和教育学家。生于美国宾夕法尼亚州,现任美国哈佛大学教育研究院心理学教授、教育学教授,"零点计划"学术委员会主席,波士顿大学医学院神经学兼职教授,美国特质教学联盟主席。因其在1983年创建了多元智能理论,而被称为多元智力理论之父,并被誉为"推动美国教育改革的首席科学家"。

（1）多元智力理论

1983年美国哈佛大学加德纳出版专著《智力结构》(Frames of Mind)时提出了多元智力理论(multiple-intelligence theory)。其中"多元智力"的概念,具体包括以下7个方面:

① 言语—语言智力(verbal-linguistic intelligence),指视、听、说、读、写的能力。这种智力较高的个体,能够使用书面或口头语言与他人进行有效的沟通,擅长语言的理解和运用,如律师、诗人、演说家等。

② 音乐—节奏智力(musical-rhythmic intelligence),指感知、辨别、记忆和表达音乐的能力。这种智力较高的个体,对音调、音量、旋律、节奏、音色等较为敏感,如作曲家、歌唱家、演奏家等。

③ 逻辑—数学智力(logical-mathematical intelligence),指逻辑推理和数学运算的能力。这种智力较高的个体,对于抽象概念较为敏感,擅长推理和思考,注重因果关系的分析,如数学家、科学家、逻辑学家等。

④ 视觉—空间智力(visual-spatial intelligence),指准确感知视觉空间世界(包括形状、大小、方向、色彩及其相互关系)的能力,以及藉此表达头脑中想象概念的能力。这种智力较高的个体,善于通过想象进行思维,能够从不同的角度或层面来重塑空间,如飞机或轮船的导航员、棋手或雕刻家等。

⑤ 躯体—动觉智力(bodily-kinesthetic intelligence),指控制躯体的协调、平衡和运动的力量、速度、灵活性等的能力,表现为使用身体表达思想和情感的能力和动手操作对象物体的能力,如从事体操或表演艺术的人员。

⑥ 自我反省智力(intrapersonal intelligence),指认识、洞察和反省自身的能力,表现为较好地意识和评价自己的动机、情绪、个性等。这种智力对于哲学家、律师等尤为重要。

⑦ 人际交往智力(interpersonal intelligence),指与人相处和交往的能力,表现为有效地感知他人的表情、话语、手势、动作以及对此作出适当的反应。这种智力对于教师、医生、推销员等尤为重要。自我反省智力和人际交往智力也可以合称为人格智力。

7 种智力中的每一种智力都是一个单独的功能系统,7 种智力彼此之间可以相互作用而产生外显的智力行为。每个个体都同时具有这 7 种相对独立的智力。值得一提的是,上述 7 种智力并没有穷尽人类所有的智力。1998 年加德纳又提出第 8 种智力——自然智力,指人们认识和适应自然世界的能力。另外,他还提出直觉、灵感、创造力等其他智力。加德纳认为,个体到底具有多少种智力,这是可以商榷和改变的。只要能够得到足够的证据,就可以在多元智力的框架中加上它们。

实践探索 6-1　　　　　　　　**PIFS 训练**

PIFS(practical intelligence for school,学校中的实用智力)训练方案由美国哈佛大学的加德纳在综合采用了多元智力理论和三元智力理论模型的基础上提出的,用以开发学生的智力。PIFS 方案首先从三个方面了解学生:(1) 个人。了解个人的智力、学习风格与学习策略,即个人的知己能力;(2) 学业。了解个人的学业状况和学业能力,即个人的学业能力;(3) 环境。了解个人在学校情境中的适应情况,即个人的知人能力或环境能力。PIFS 方案的基本假设是:学生在学校的学习成绩和知己能力、学业能力、知人能力或环境能力的统合有关;个体课业任务的完成情况依赖于上述三种能力的大小。PIFS 方案是训练这三种能力所采取的策略是:(1) 在"知己"方面,使用深度晤谈,着重个体反应的精确性、对策略及资源的觉知和对学习的认同;(2) 在"课业"方面,使用灌输课程,包括让学生了解不同领域间的关系,指导学生对各科学习作自我监控等;(3) 在"环境"方面,使用统合策略,包括在实际活动中分析和澄清困难,指导学生将知识学习和个人学习相结合,将知识应用于学术情境和实际情境中,并以自我监控促进自我责任等。

PIFS 方案实施的结果表明,该方案成效显著,能提高学生的学业成就、学习热情和学生自我教育的责任感。

(俞国良,2007)

（2）三元智力理论

斯滕伯格（Robert Jeffrey Sternberg,1949— ）

美国著名心理学家。美国心理学会普通心理学分会和教育心理学分会主席,最大的贡献是提出了人类智力的三元理论。此外,他还致力于人类的创造性、思维方式和学习方式等领域的研究,提出了大量富有创造性的理论与概念。其主要著作有《超越 IQ:智力的三元理论》、《成功智力》、《思维方式》、《认知心理学》、《亲密关系中的满足感》、《性别心理学》等。

1985 年美国耶鲁大学斯滕伯格提出了"三元智力理论",包括情境、经验、成分 3 个亚理论。

① 情境亚理论

情境亚理论(contextual subtheory)涉及个体的外部世界,它要解答的问题是:对于不同个体和环境来说,什么样的行为才是智力行为。这种理论认为,智力是个体有目的地适应、选择和塑造现实生活环境的心理活动。

适应:个体努力达到自己与其环境之间的某种和谐,当较低水平的适应完成之后,又会考虑在较高水平上的适应。

选择:一旦出现不相适应的情况,个体就试图选择另一个可能改变的环境,目的还是达到适应。

塑造:如果个体既不能与面临的环境相适应,也不能获得另一种可供选择的环境,那么,个体就试图重新塑造一个环境,目的仍然是使自己与环境相适应。

② 经验亚理论

经验亚理论(experiential subtheory)同时涉及个体的内部世界和外部世界,因为经验好比是一座桥梁,它把个体的内部心理世界与外部世界联结起来。情境亚理论所确定的智力行为,对于具体的个体来说,必须处于一定的经验水平上,才能称为真正的智力行为。这种理论认为,智力表现为两方面的能力,其一是处理新任务或新情境的能力,其二是使信息加工过程自动化的能力。

③ 成分亚理论

成分亚理论(componential subtheory)涉及个体的内部世界,这种理论解释智力行为的心理机制。智力理论的基本分析单元是智力成分,而智力成分就是一种基本的信息加工过程。成分(component)的种类,可以按照功能来划分,也可以按照普遍性水平来划分。

按照功能,成分可以分为 3 种:

元(meta)成分,其功能是制订计划、选择策略及监控具体的加工过程;

操作(performance)成分,其功能是执行具体的编码、联系、反应的加工过程;

知识获得(knowledge acquisition)成分,其功能是获得信息、提取信息和转换信息。

另外,按照普遍性水平,成分也可以分为 3 种:

一般(general)成分,其作用是执行任务系列中的所有任务;

分类(class)成分,其作用是执行任务系列中的某一组任务;

特殊(special)成分,其作用是执行任务系列中的单项任务。

知识小窗 6-1   成功智力理论

　　1996 年,斯滕伯格在其三元智力理论的基础上提出了他的"成功智力"(successful intelligence)理论。斯滕伯格认为,所谓成功智力就是用以达到人生主要目标的智力,它能导致个体以目标为导向并采取相应的行动,是现实生活中真正能产生举足轻重影响的智力。成功智力由三个方面构成:一是分析性智力,指的是个体有意识地规定心理活动的方向以发现一个问题的有效解决方法的能力,用来解决问题和判定思维成果的质量,强调比较、判断、评估等分析思维能力;二是创造性智力,是一种超越已知给定知识和信息,产生出新异有趣思想的能力,可以帮助人们一开始就形成好的问题与想法;三是实践性智力,是一种可在日常生活中将思想及其分析的结果以一种行之有效的方法来加以使用的能力。成功智力的三个方面形成一个有机整体,具体来说就是用创造性智力找到问题,用分析性智力发现好的解决办法,用实践性智力来解决实际问题。任何人的智力都是分析性智力、创造性智力和实践性智力的组合,只不过是比例和平衡状况各不相同而已。只有成功智力的三个方面相互协调、达到平衡时才最有效。因此,具有成功智力的人并不一定要求这三种形式的智力都达到很高的水平,但无论在学习、生活还是工作过程中,他们都能充分发挥其长处,弥补自身缺陷,将能力发挥到极致。

(吴国宏,1999)

　　(3)智力的 PASS 模型

　　1990 年加拿大心理学家戴斯(Das)及其助手纳格利里(Naglieri)提出智力 PASS 模型,其中的 P 表示 planning,计划;A 表示 attention,注意;第一个 S 表示 simultaneous processing,同时性加工;第二个 S 则表示 successive processing,继时性加工。

　　戴斯认为,智力包括 3 个认知功能系统:

　　① 注意—唤醒系统。这是最为基本的认知系统,在智力活动中的功能是激活和唤醒,影响个体对信息的编码加工和计划制定。

　　② 同时—继时编码加工系统。这是信息操作的认知系统,在智力活动中的功能是通过同时性和继时性加工两种方式,对外界刺激信息进行接收、解释、转换、再编码、存储等加工。

　　③ 计划系统。这是最核心的认知系统,在智力活动中的功能是确定目标,制定和选择策略以及监控和调节注意—唤醒系统和编码加工系统等。

　　这 3 个认知系统相互影响,共同作用,同时又各自执行特定的功能。PASS 模型的原始基础是俄罗斯神经心理学家鲁利亚(Luria)的大脑功能区的理论,注意—唤醒系统对应于大脑一级功能区,同时—继时编码加工系统对应于大脑二级功能区,计划系统则对应于大脑三级功能区。

1990 年代后期,戴斯等人根据智力 PASS 模型,编制成"认知评定系统"(cognitive assessment system,CAS),用于测量计划、注意、同时性加工和继时性加工等基本的认知功能。

(4) 真智力理论

1995 年美国心理学家帕金斯(Perkins)提出的"真智力理论"(true-intelligence theory)认为,智力包括了三个方面:神经智力、经验智力和反省智力。神经智力存在于人们神经系统的功能作用之中,类似于卡特尔的流体智力。这一部分智力的确定能够解释智力的遗传特性。经验智力是指个体从经验中习得的东西,它是知识基础的广度和组织化,类似于卡特尔的晶体智力的概念。这里的经验不仅是丰富的反应经验,还包括迁移作用。而所谓反省智力则具有一种元认知的性质,强调的是智力的灵活运用。真智力理论不再无谓地对经验或遗传的作用加以辩解,而是覆盖了神经生理和元认知等智力心理学中最为核心的研究领域,因此在一定程度上解决了遗传和后天经验对于智力而言孰重孰轻的矛盾和争议。

学术研究 6 - 1　　　　　对智力的多方面的探索

对智力问题的研究始终不断,出现了多维度、多途径探索的格局。下面再简要介绍另外两种智力理论:

(1) 智力的生物生态学理论

赛西(Ceci,1996)认为,多方面的生物潜能、情境和知识都是个体行为表现差异的基础,并据此提出了智力的生物生态学模型(bioecological model of intelligence)。虽然生物潜能是以生物学为基础的,但它们的发展却与周围的情境紧密相连。因此,很难或者几乎不可能很明确地把生物学对智力的影响同环境的影响分开。赛西在阐述这几个影响智力的因素时,采取的是整体和系统的立场,这也是当代心理学的特点。

(2) 情绪智力理论

情绪智力理论(emotional-intelligence theory)中情绪智力(emotional intelligence)的概念最初由梅耶(Mayer)和沙洛维(Salovery)提出,指的是准确识别、评估和表达情绪的能力;是当某种情感可以促进思维时,达到或生成该种情感的能力;是理解情绪和有关情绪知识的能力;同时也是调节情绪以促进情绪和智力发展的能力(Mayer & Salovery,1997)。而把情绪智力引向公众,使之家喻户晓的却是戈尔曼(Goleman,1995)。在戈尔曼那里,情绪智力则包含了了解自我、管理自我、自我激励、识别他人的情绪、处理人际关系五个主要方面。尽管情绪智力在当代智力心理学中占据了一席之地,并且一些有说服力的证据也证明了情绪智力的存在,但鉴于情绪智力这一概念还存在着许多值得探讨的地方(卢家楣,2005),因此与之相应的相关研究还需要进一步地开展和深入。

第二节　智力的一般规律

任何事物都有其内在的发展规律,智力也不例外。了解了智力的含义及其理论后,我们将进一步阐释智力发展中的一些规律,包括整体智力和各种智力的发展趋势,智力发展的个体差异,智力发展的影响因素,以及智力和知识、创造力、非智力因素之间的关系。

一、智力的发展

智力的发展规律既有一个总体的发展趋势,同时也存在因属于智力的不同侧面而表现出来的速度、时间等方面的差异。

1. 整体智力的发展趋势

早在 20 世纪 20 年代,平特纳(Pintner)指出,儿童出生至 5 岁,智力发展速度最快;5 岁至 10 岁,智力发展速度仍然较快;10 岁至 15 岁,智力发展速度较慢,但仍未停止;从 16 岁起,智力水平达到顶峰。20 世纪 60 年代,布卢姆在《人类特性的稳定与变化》一书中指出,如果以 17 岁所达到的智力顶峰水平为 100%,那么,从出生至 4 岁,就已经获得其中 50% 的智力;4 岁至 8 岁,又获得另外 30% 的智力;8 岁至 17 岁,再获得最后 20% 的智力。1955 年韦克斯勒指出,20 岁至 34 岁是成人智力发展的高峰期,以后开始逐渐下降。60 岁以后则加速下降。1968 年谢伊和斯特罗瑟(Schaie & Strother)指出,成人智力发展的顶峰出现在 35 岁左右,以后逐渐下降,60 岁以后便急剧下降。1970 年贝利(Bayley)在《心理能力的发展》(The development of mental abilities)一书中指出,智力水平随着年龄的增长而上升,直到 26 岁左右才达到顶峰,此后便不再上升而保持平坦。

我国学者龚耀先等发现,3 岁至 6.5 岁智力随着年龄增长基本上直线上升。张厚粲等研究 3 岁至 6 岁儿童以及李丹等研究 2.5 岁至 8.5 岁儿童,也发现类似的趋势。

根据上述几个研究成果,我们可以得出智力发展的一般趋势是:从出生至 10~13 岁,智力快速上升;从 10~13 岁至 20 岁,智力缓慢上升;在 20 岁左右,智力达到顶峰,高峰期一直保持到 34 岁左右;从 35 岁至 60 岁,智力缓慢下降;60 岁以后,智力则急剧下降。

2. 各种能力的发展趋势

智力是多种认识能力的综合体,而各种能力的发展存在着差异,它们在发展速度、成熟时间、高峰期范围、衰退时间等方面各不相同。

迈尔斯(Miles<迈尔斯著,黄希庭等译>,2006)等人使用多种测验,研究 4 种能力的发展,研究结果如表 6-1 所示。

表 6-1 四种能力的平均发展水平

能　　力	年龄(岁)				
	10～17	18～29	30～49	50～69	70～89
知　觉	100	95	93	76	46
记　忆	95	100	92	83	55
比较和判断	72	100	100	87	69
动作与反应速度	88	100	97	92	71

(注:以 100 为最高水平,其他数字均指与最高水平相比较)

从表 6-1 中可以看到三点:

① 各种能力的高峰期的时间范围不一样。知觉能力高峰期的范围最小,从 10 岁至 17 岁,只有 7 年。其次是记忆能力和动作与反应速度能力,两者的高峰期都保持 11 年,从 18 岁至 29 岁。比较和判断等思维能力的高峰期的范围最大,可以保持 31 年之久,从 18 岁至 49 岁。

② 各种能力的发展速度和成熟时间不一样。知觉能力的发展速度最快,成熟时间也最早,10 岁时就达到顶峰。其次是记忆能力,在 14 岁左右已经达到最高水平的 95%,18 岁达到顶峰。再次是动作与反应速度能力,在 14 岁左右可以达到最高水平的 88%,18 岁达到顶峰。最后是比较和判断等思维能力,在 14 岁左右仅仅达到最高水平的 72%,18 岁达到顶峰。

③ 各种能力的衰退时间也不一样。知觉能力的衰退时间最早,从 23 岁就开始衰退。其次是记忆能力和动作与反应速度能力,两者都从 40 岁开始衰退。最后是比较和判断等思维能力,从 60 岁以后才开始衰退。

瑟斯顿在研究言语理解、语词流畅、一般推理、知觉速度 4 种主要能力的发展问题时,得出了如图 6-5 所示的研究结果。

假设成人的测验分数为一个单位即 1.0,4 种能力在各个年龄的成绩就是占成人分数的比率。从图 6-5 中可以看到,4 种能力的发展速度各不相同。以达到成人水平的 80%为例,知觉速度能力发展速度最快,是在 12 岁左右;其次是一般推理能力,在 14 岁;再次是言语理解能力,在 18 岁;发展速度最慢的是语词流畅能力,要在 20 岁以后。

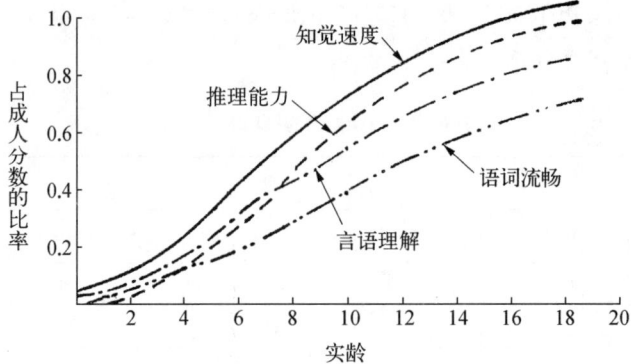

图6-5　四种主要能力的发展曲线

　　国内学者对各种能力的发展特点也做了大量研究。张厚粲(1989)等人研究发现,图形推理能力11岁之前逐年直线上升,11岁之后渐趋平稳,15～16岁达到顶峰;李丹(1987)等人研究发现,数字广度能力在10岁之前发展较快,10岁之后发展缓慢,基本保持平稳趋势,背数能力也存在类似的年龄特征;缪小春(1986)等人研究发现,3.5岁至9岁儿童的听觉语言理解能力随着年龄直线上升,龚耀先(1988)等人研究发现,各个操作分测验成绩处于高峰期的年龄各不相同,填图、填数在15～17岁,分类在13～26岁,编码在16～18岁,接龙在15～26岁,认数辨色在17～26岁。

二、智力的个体差异

　　虽然作为智力有其发展的整体规律,但对于大千世界中的芸芸众生来说,每个人智力的发展都是存在个体差异的,包括总体智力的个体差异、智力构成因素的个体间差异和智力的性别差异三个方面。

1. 总体智力的个体间差异

智力作为一个整体在发展水平和发展速度上都存在着明显的个体差异。

(1) 智力发展水平差异

以智商IQ表示智力的发展水平,在同一群体之内,有的个体智商较高,有的个体智商较低,还有的个体智商中等,但智商分布绝不是杂乱无章的,而是有其内在规律的,这就是智商的正态分布模型。早在1869年英国心理学家高尔顿(Galton)出版专著《遗传与天才》,书中首次提出人类智商呈正态分布的理论。

美国纽约大学的韦克斯勒把IQ分成7个等级,详见表6-2。

表 6 - 2 韦克斯勒对 IQ 的分类

IQ	类 别	百 分 比	
		实际样组	理论正态曲线
130 以上	极优秀	2.3	2.28
120～129	优秀(上智)	7.4	6.90
110～119	中上(聪颖)	16.5	15.96
90～109	中 常	49.4	49.72
80～89	中下(迟钝)	16.2	15.96
70～79	低能边缘	6.0	6.90
70 以下	智力缺陷	2.2	2.28

从表 6 - 2 中可以看到,以智商 90～110 作为狭义的智力中常的标准,智力中常者占全体被试的 49.72%;而以智商 80～120 作为广义的智力中常的标准,则智力中常者占全体被试的 81.64%。

智力超常的标准是智商 130 以上,理论百分比为 2.28%;而智力低常的标准则是智商 70 以下,理论百分比同样为 2.28%。

(2) **智力发展速度差异**

人们在智力发展速度上,同样存在着个体间差异。试以赛跑为例,有的运动员起跑速度特别快,有的运动员则分段加速,还有的运动员临近终点才全力冲刺等等。同样,按照智力发展的速度差异可将人们分为一般发展、天才儿童和大器晚成 3 类。

智力发展速度差异的 3 种类型也呈正态分布,即在全体人口中,天才儿童和大器晚成者的人数均极少,而一般发展的人数则占绝大多数。

关于智力发展速度差异的问题,心理学至今尚未加以深入研究,个中原因主要是,对于天才儿童和大器晚成者的认定至今仍缺乏较为科学的统一标准。尽管如此,这两类人在古今中外却是屡见不鲜的。

天才儿童,也就是年幼时智力表现超常的儿童。我国古代文人王勃、李贺、白居易、李白等,以及德国的歌德、奥国的莫扎特、英国的穆勒等,都是历史上众所周知的早慧的实例。

早期智力不甚突出,发展一般,甚至发展较差一点的个体,后来智力发展速度加快,最终后来居上的也不少见,即所谓的大器晚成。我国宋朝文学家苏洵和现代画家齐白石,以及美国的发明大王爱迪生和相对论创立者爱因斯坦都是大器晚成的典型。

2. 智力构成因素的个体间差异

智力是由多种因素构成的综合体,因此,即使个体间的总体智力没有差异,但是在智力的各种构成因素上,仍然可能存在着个体间差异。

(1) 智力构成因素的类型差异

在知觉方面,有综合型、分析型、分析—综合型 3 类。在记忆方面,有视觉型、听觉型、运动觉型、混合型 4 类。在思维方面,有集中思维型对发散思维型以及具体思维型对抽象思维型等类型差异。

(2) 智力构成因素的水平差异

从智力理论的整体性观点出发,智力量表往往包括若干个分测验。例如,韦克斯勒儿童智力量表分为言语和操作两大部分。言语部分包括常识、类同、算术、词汇、理解 5 个常规分测验;操作部分包括填图、排列、积木、拼图、译码 5 个常规分测验。显然,每一个分测验的得分与测验结果所得的总体智商的高低有着同样重要的关系。

智力构成因素的水平差异,就是指不同被试在量表所得总智商相同的情况下,他们的各个分测验的得分却不尽相同,甚至存在着显著差异的现象。

3. 智力的性别差异

男女智力差异的特点,可以用一句话加以概括:总体上平衡而部分不平衡。这种既平衡又不平衡的特点,具体表现在年龄阶段、层次分布、智力的构成因素 3 个方面。

(1) 年龄阶段

智力的发展可以分为若干个年龄阶段。在总体年龄阶段上,男女智力是相互平衡的,不存在谁优谁劣的问题;而在不同的年龄阶段,男女智力则是不平衡的,是互占优势的。我国大多数研究者的结论如下:乳婴儿时期:男女智力几乎没有什么差异;幼儿时期:男女智力开始出现差异,女性的智力略微高于男性,但差异不显著;从小学阶段开始,到女性青春期(约 10～13 岁)为止,男女智力存在明显差异,女性智力显著高于男性;从男性青春期(约 13～15 岁)开始,到 20 岁左右为止,男女智力存在差异,男性智力后来居上,开始逐渐优于女性,并且越是随着年龄的增长,这种优势就越是显著;20 岁以后,男性优于女性的智力差异逐渐减弱。

(2) 层次分布

智力差异可以表现为高低不同的若干个层次。以全体男性与全体女性的平均智力而言,智力差异在总体上是平衡的,实难判定谁为上乘。众所周知,智力测验的原始分数转换表是不分性别的,男女合用同一个常模表。

虽然男女两性的智商平均数没有什么显著差异,但是男性的标准差大于女性的标准差。从男女两性智力分布的各个层次来看,在智力水平很高和智力水平很低这两端层次中,男性人数均多于女性。换句话说,男性智力的分布较为悬殊,而女性智力的分布则较为均匀。

(3) 智力的构成因素

一般认为,智力由观察力、注意力、记忆力、思维力、想象力5种因素构成。就总体来说,男女智力在5种因素上是平衡的,不存在谁优谁劣的问题;而就部分来说,男女智力则是不平衡的,是互占优势的。即在这些智力构成因素上,仍然存在着男女性别差异。例如,在观察力方面,男性的视觉能力较强,对视觉刺激的反应速度较快。尤其是视觉的空间知觉能力,男性显著优于女性;但是在视觉的时间判断方面,男性却不如女性。女性的听觉能力较强,特别是对声音的辨别和定位,女性明显优于男性;但是在听觉的时间判断方面,女性却不如男性。在注意力方面,男性注意力大多定向于事物,对事物的注意稳定性较好,持续时间较长;而女性注意力大多定向于人物,对人物的注意稳定性较好,持续时间较长。在记忆力方面,男性理解记忆能力和抽象记忆能力优于女性,而女性机械记忆能力和形象记忆能力则优于男性。在思维力方面,男性第二信号系统的活动相对占优势,因此抽象思维能力优于女性;女性第一信号系统的活动相对占优势,因此形象思维能力优于男性。在想象力方面,男性的逻辑想象能力优于女性,而女性的形象想象能力优于男性。男性的想象表象偏重于事物以及事物与事物之间的关系,而女性的想象表象则偏重于人物以及人物与人物之间的关系。

热点聚焦 6 - 1 　　　　　　**智力存在种族差异么?**

　　美国心理学协会进行的一次最新调查显示,通过对全球人种的智商(intelligence quotient,简称 IQ)测试对比发现,在全球范围内,各人种的 IQ 值存在差异,东亚人的平均 IQ 测试值高于美国和亚洲其他地方的白种人和黑人。东亚地区的 IQ 测试值在 106 左右,白种人约为 100,美国的黑种人为 85,撒哈拉地区的非洲黑人为 70。见下图:

　　加拿大西安大略大学(University of Western Ontario)心理系教授拉什顿(Rushton)等负责编写的《对不同人种的认知能力差异进行的三十年研究》的调查报告显示,东亚人平均值高于白人,黑人最低;7 岁时的人种 IQ 差别最明显,白人孩子为 106,混血儿 99,黑人儿童为 89。在南非,混血有色人种的平均 IQ 值为 85,非洲黑为 70,白种人为 100。白种人和黑种人的 IQ 遗传走向也不相同。由于父母仅把一些特殊的基因遗传给自己的下一代,所以 IQ 值高的父母只会生出 IQ 值趋向平均值的孩子,但是父母 IQ 值为 115 的白种人和黑种人孩子平均 IQ 值却各不相同,黑种人趋向 85,而白种人趋向 100。各人种的 IQ 基因环境架构都是一样的,但是遗传能力却各不相同。对黑种人、白种人和东亚人的研究发现,IQ 的遗传可能性都在 50% 以上。报告同时列举了 10 个相关证据。

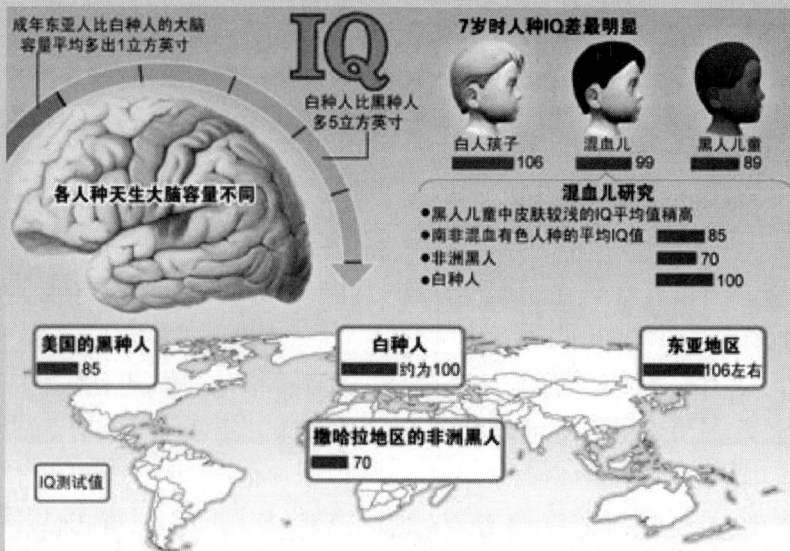

尽管近10年来国际遗传学家和体质人类学家对非洲起源论的研究和发现支持了菲利普·拉什顿的理论,调查报告的部分科学证据也是在核磁共振检查的基础上得来的。然而,调查报告一经出炉,菲利普·拉什顿就受到了排炮般的口诛笔伐,白人种族至上主义者和白人自由主义者都对他恨之入骨。罗格斯大学出版社因出版了他的书而受到威胁,被迫道歉。在西安大略大学不时有人给安大略省的警察局写信,声称拉什顿有各种各样的犯罪问题。虽然他在20世纪80年代就已经是正教授,并且因为他在学术上的成就而被选为美国和加拿大心理学会的高级会员,但自他公开发表上述观点以来,西安大略大学已经几次讨论是否将他解聘的问题。有人指控他是个种族主义者,但也有人把这个英国人的后裔看成是不知世事和爱钻牛角尖的学者。最后还是"学术自由"的政策占了上风,他被保留了原职。

(《竞报》,2005)

三、影响智力的因素

智力在人一生的发展中起着至关重要的作用,并且随着个体的成熟而产生变化,下面将从遗传和环境两个方面介绍智力发展的影响因素。

1. 遗传与智力

1963年,金林和贾维克(Kimling & Jarvik)总结了先前半个世纪中他人的52项关于遗传与智力的研究成果。尽管在这些研究中,被试样本涉及8个不同的国家,他们的社会经济地位也各不相同,而且使用的智力测验也大不相同。但是,研究结论大体是趋向一致的,即人们的遗传关系越密切,他们的智力水平也越相似。具体数据参见表6-3。

表 6-3　10 种情况的 IQ 相关系数

序　号	基 因 相 关	家 庭 环 境	相 关 系 数
1	没有关系	分开抚养	0.00
2	没有关系	一起抚养	0.25
3	养父母/子女	一起生活	0.20
4	父母/子女	一起生活	0.50
5	兄弟姐妹	分开抚养	0.40
6	兄弟姐妹	一起抚养	0.49
7	不同性别异卵双生	一起抚养	0.53
8	相同性别异卵双生	一起抚养	0.53
9	同卵双生	分开抚养	0.73
10	同卵双生	一起抚养	0.87

1974 年克雷奇(Krech)对上述研究结果进行再研究。他注意到,分开抚养的同卵双生,相关系数为 0.73;一起抚养的同卵双生,相关系数为 0.87。他也注意到,一起抚养的不同性别的异卵双生,相关系数为 0.53;一起抚养的相同性别的异卵双生,相关系数也为 0.53。因此,两者可以合并为,一起抚养的异卵双生,相关系数为 0.53。另外,一起抚养的兄弟姐妹,相关系数为 0.49。于是,再次合并为(0.53+0.49)÷2＝0.51,即一起抚养的非同卵的兄弟姐妹,相关系数为 0.51。根据这 4 个数值,可以构成表 6-4。

表 6-4　一起抚养的与分开抚养的同卵双生及非同卵兄弟姐妹之间的智力相关

环 境 变 项	遗 传 变 项	
	同 卵 双 生	非同卵的兄弟姐妹
一起抚养	0.87	0.51
分开抚养	0.73	0.40

克雷奇从横向和纵向两个方面对这组数据进行了比较。

横向比较。首先,0.87 > 0.51,这就表示在相同环境下,同卵双生的智力相关系数大于非同卵的兄弟姐妹;其次,0.73 > 0.40,这就表示在不同环境下,同卵双生的智力相关系数也大于非同卵的兄弟姐妹。综合二者,在环境因素保持不变的两种情况下,遗传因素相同者的智力相关系数都大于遗传因素不同者,这就证明遗传是影响智力的一个重要因素。

纵向比较。首先,0.87 > 0.73,这就表示同卵双生在相同环境下的智力相关系数大于不同环境;其次 0.51 > 0.40,这就表示非同卵的兄弟姐妹在相同环境下的智力相关系数也大于不同环境。综合二者,在遗传因素保持不变的两种情况下,环境因素相同者的智力相关系数都大于环境因素不同者,这就证明环境也是影响智力的另一个重要因素。

有人(Plomin & Petrill,1997)再次研究了遗传与智力的关系,具体数据参见表6-5。

表6-5　遗传与智力的关系

序　号	基 因 相 关	家 庭 环 境	相 关 系 数
1	同卵双生	一起抚养	0.86
2	同卵双生	分开抚养	0.72
3	相同性别异卵双生	一起抚养	0.60
4	兄弟姐妹	一起抚养	0.48
5	父母/子女	一起生活	0.42
6	相同性别异卵双生	分开抚养	0.32
7	兄弟姐妹	分开抚养	0.24
8	父母/子女	分开生活	0.24
9	兄弟姐妹	收养	0.30
10	父母/子女	收养	0.28

从表6-5中可以看到,遗传和环境两种因素都影响智力。例如,同卵双生的IQ相关系数大于异卵双生,这是遗传的影响;而两类双生一起抚养的IQ相关系数则分别大于分开抚养,这是环境的影响。

学术研究6-2　　　　　进化遗传学与智力差异

进化遗传学是现代遗传学的主要研究领域之一,其重要的理论基石是达尔文的进化论。从遗传学的角度来看,进化可以被描述为群体中基因频率(gene frequency)(群体内某一基因的数量)随时间发生的变化。因此,进化遗传学的研究重心在于研究进化的机制,即群体中基因频率的变化。

根据进化遗传学理论,突变——选择平衡(mutation-selection balance)的进化遗传机制导致了智力的个体差异。突变——选择平衡机制认为,由于决定智力这一性状的基因数量众多,而突变是随机发生的,相应的潜在可能影响智力的突变的数量也相对较多。对个体有较大危害的突变,表现出来就会被自然选择较快地"剔除",更多的危害轻微的突变则更容易保存下来。但当这些危害较小的突变较多地同时在一个个体身上表现出来的时候,同样会产生严重的不良影响。虽然自然选择会不断地逐代"剔除"不良的突变,但在繁育中突变也会以一定的频率不断发生,这样二者达到了一种平衡状态,即人群会始终保持一定的突变"负荷量"。一般情况下,对个体起作用的突变会维持在一定数量范围内,从而表现出正常的智力水平。当起作用的突变多到一定程度,就会造成个体智力的低下,反之,则会使个体有较高的智力水平。因此,个体突变的负荷是影响智力发展稳定性的重要因素。

近亲婚配更容易产出智力低下的后代的现象为突变——选择平衡机制提供了一个有力的佐证。与其他的婚配组合相比,近亲婚配的双方拥有更多的相同基因(来自双方共同的祖先),进而就拥有更多相同的突变。绝大多数突变是有害的和隐性的,只有当两个相同的突变基因"相遇"后,才会对个体的表现型产生不利影响,近亲婚配后代智力的低下正是由于起作用的突变达到一定数量的结果。

有人(Miller & Penke,2007)针对进化会倾向于选择较高的智力与较大的脑这一较普遍的理论假设进行了研究。研究者首先用核磁共振成像技术测量了被试的脑的大小,并据此计算出了脑尺寸的加性遗传变异系数(coefficient of additive genetic variance)。结果显示,脑尺寸的加性遗传变异系数并不高。对该结果的一个较为合理的解释是智力符合有方向性的选择,即智力越高越有利个体的适应。但脑尺寸并非如此,过大的尺寸可能危及到婴儿出生时的安全,这也就在一定程度上支持了突变——选择平衡机制对智力个体差异的解释。

(田丽丽,2009)

2. 环境与智力

环境因素本是一个宏观的大概念,包括多种成分,有物理成分,也有心理成分,还有社会成分等。而且,这些成分又处于动态变化之中。因此,心理学难以研究到底是哪些环境条件真正影响了智力。于是,研究者更为关注易于常规测量的环境因素,如父母受教育程度和家庭社会经济地位。

(1) 父母受教育程度

有研究使用纵向追踪方法,调查了父母受教育程度与儿子 IQ 的相关系数以及父母受教育程度与女儿 IQ 的相关系数(Honzik,1963)。被试年龄为 21 个月至 15 岁,男女儿童各 100 余人。这项研究得出以下两点结论。

父母的受教育程度和子女的智力,在最初几年并没有什么关系,但是到达一定年龄之后就有关系了。类似的研究(Heber,Dever & Conry,1968)总体上证实了这个结论,对于智力较低的儿童尤为如此。他们发现,母亲平均 IQ 高于 80 的子女与母亲平均 IQ 低于 80 的子女,3 岁之前,两者的 IQ 并无不同;然而,年龄较大时,两者的 IQ 的差异日益增大;到达 14 岁及以上年龄时,两者的 IQ 的平均差数甚至超过 25 分。

父母的受教育程度和子女的智力开始出现相关的这一重要年龄,女孩要早于男孩。或者说,女孩显出父母智力遗传因素影响的年龄,比男孩要早。换言之,儿童在智力发展的速度上存在着性别差异,而这与女孩的生理早熟不无关系。

美国心理学家曾对 800 名从幼儿园到 8 年级的男性智力优秀儿童,进行长达 30 年的追踪研究。成年之后,从这 800 人中分别挑选出 160 名成就最大者和 160 名成就最小者,比较对照他们父母的受教育程度。结果发现,成就最大者中,有 50% 的家长是大学毕业;

而成就最小者中,只有15%的家长是大学毕业。由此可见,家庭中父母受教育程度对子女智力的影响是不容否认的。

荷兰兵役制度规定,男性公民年满18周岁时必须接受一次体格检查和心理测验,后者包括智力测验。1954年以后,所使用的智力量表保持不变。这样,心理学家便有机会获得父亲和儿子同一年龄时在同一智力量表上的分数。另外,心理学家还调查了父亲的受教育程度及其职业以及儿子的受教育程度。最后,计算父子双方的各种相关系数,如表6-6所示。

表6-6 父子双方的各种相关系数

	父亲智力	父亲教育	父亲职业	儿子智力
父亲教育	0.53			
父亲职业	0.42	0.60		
儿子智力	0.29	0.24	0.18	
儿子教育	0.33	0.43	0.37	0.49

从表6-6中可以看到:不论父亲还是儿子,他们本人的智力和教育之间均具有较高的相关;父亲的智力、父亲的教育、父亲的职业三者和儿子的教育之间均具有较高的相关;而父亲的智力、父亲的教育,特别是父亲的职业和儿子的智力之间均具有较低的相关。

(2)家庭社会经济地位

家庭社会经济地位是一个综合了父母的教育、职业、收入等因素的指标。有研究结果表明:社会经济地位较高的儿童,4岁时平均智商为110～115,长大成人后,智商保持不变甚至稍有提高;而社会经济地位较低的儿童,4岁时平均智商为95,长大成人后,智商则下降至80～85(Tyler,1965)。

1973年的纵向研究也发现:2岁半至17岁之间斯坦福—比内量表的智商分数,平均变化为28.5分,其中社会经济地位等因素决定着智商变化的方向。社会经济地位较高儿童的智商分数保持不变或有所上升,而社会经济地位较低儿童的智商分数则有所下降(Mccall,Appelbaum & Hogarty,1973)。

四、智力与知识

智力与知识既有区别,又有密切的联系。

智力与知识的区别在于:智力是个体的一种心理现象,它是人顺利完成某种活动所不可缺少的认知因素的总和,以抽象思维能力为核心。而知识是"由主体与环境或思维与客体相互作用而导致的知觉建构,它不是客体的副本,也不是由主体所决定的先验意识"(Piaget,1986)。即知识是个体通过与环境相互作用后获得的信息与结构,它包括陈述性知识、程序性知识(包括策略性知识)。可见智力与知识分属不同的范畴。

智力与知识的联系在于:智力是以知识的获得为基础的,没有知识的支持,智力就不能得到发展,其中策略性知识是智力形成和发展过程中最活跃的因素;而知识的获得也必须以一定的智力水平作为保障,并且知识越复杂、越抽象,所需的智力水平也越高。可见智力与知识又是相互联系的。

五、智力与非智力因素

非智力因素(nonintellective factor)指的是智力因素以外的但对智力的发挥或发展有影响的那些心理因素,主要包括动机、兴趣、情感、意志、性格等,具体来说,它又由以下一些心理因素组成:成就动机、求知欲望、学习热情、自信心、自尊心、好胜心、责任感、义务感、荣誉感、自制性、坚持性、独立性(燕国材,1988)。时蓉华(1993)通过因素分析的研究方法发现,学习态度、自我意识、开拓精神、人际关系、协调能力是最主要的几种非智力因素。

尽管学术界对非智力因素的概念尚有一定的争论,但对于非智力因素的作用则基本达成共识:在同等条件下,非智力因素水平的高低决定着能力操作结果的优劣。总的来说,非智力因素的作用主要表现在以下6个方面(燕国材,1988):

①　动力作用:在学习中,非智力因素能够直接转换为内在的、持久的学习动机,成为推动学生进行各种学习活动的内在动力;

②　定向作用:在学习中,非智力因素可以帮助学生确定学习目标;

③　引导作用:在学习中,非智力因素能够帮助学生从动机走向目的;

④　维持作用:在学习中,非智力因素可以支持、激励学生始终如一地从动机走向目的,使学生具有锲而不舍的恒心;

⑤　调节作用:在学习中,非智力因素能够使学生支配、控制自己的行为;

⑥　强化作用:在学习中,非智力因素可以帮助学生振作精神、不断进取。

当然,从总体上看,智力与非智力因素的关系处于相互作用的过程之中。一方面,通过智力活动,个体可以认识世界,掌握其规律。因此,只有在它的指导下,非智力因素才会有明确的方向和对象。从外在的方面看,开展智力活动的过程中,必然会对非智力因素提出一定的要求,因而会促进非智力因素的提高;从内在的影响和作用看,在实际活动中形成的智力的各个因素的某些稳定特征,可以直接转化为性格的理智特征,所以在一定意义上,发展智力的过程也是发展非智力因素的过程。另一方面,非智力因素又会支配智力活动,只有在它的主导下,智力活动的开展才会变得积极主动。

六、智力与创造力

创造力(creativity)是指产生出某种新颖、独特、有社会或个人价值的产品的能力。当一个人用不同寻常的方式独立解决了新问题,获得了新颖、独特并具有一定价值的产品时,就显露出一定的创造能力。创造力的核心是创造性思维。

有研究指出(Rely & Luicy,1983),不同领域里的智力与创造力相关程度会有所不同。例如画家与雕刻家的智力高低和他们的创造力水平相关较低;作家与诗人的智力和创造力相关则很高,具有创造性的作家,智商平均值为120～140,没有低于120的;而科学家与工程师的智力与创造力相关程度居中。

智力研究专家吉尔福特在研究中小学生的智力与创造力之间的关系时,采用平面坐标图来分析智力和创造力的测验结果,以智商分数为横坐标,创造力分数为纵坐标,在坐标图上依次描绘每个被试的相应的坐标点。结果发现,这些坐标点汇集成一个三角形图,如图6-6所示。

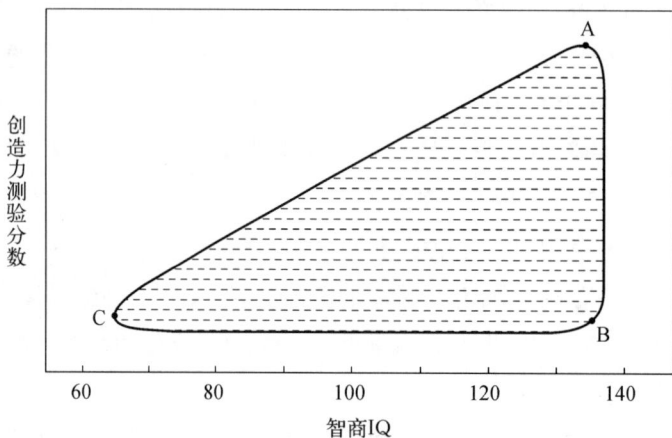

图6-6　智力与创造力关系的三角形图

"智力→创造力"方向的分析结果表明:从智力整体上来看,坐标点分布大致从左下角到右上角,这就表明,智力与创造力之间存在着正相关趋势。从智力的高、中、低三个部分上来看,智力与创造力的正相关的大小又不尽相同。智力较高组,其智力与创造力的相关较低;而智力较低组,其智力与创造力的相关则较高。换句话说,智力较低组,其创造力只有一种可能性:创造力必然较低;而智力较高组,其创造力则具有多种可能性:创造力可能高超,也可能寻常,甚至可能低下。以智商 IQ 分数 130 组为例,在图中可以看到,其创造力分数有的很高,如 A 点;而有的则很低,如 B 点。

"创造力→智力"方向的分析结果表明,从创造力的高、中、低三个部分上来看,智力与创造力的正相关的大小也不尽相同。创造力较高组,其智力与创造力的相关较高;而创造力较低组,其智力与创造力的相关则较低。换句话说,创造力较高组,其智力只有一种可能性:智力必然高于某一中上水平数值;而创造力较低组,其智力则具有多种可能性:智力可能高超,也可能寻常,其至可能低下。以创造力分数较低组为例,在图中可以看到,其智力分数有的很高,如 B 点,IQ=130;而有的则很低,如 C 点,IQ=70。

第三节　智力规律在教育中的应用

学习过智力的内涵、相关的理论、智力的影响因素之后,我们再来看看在日常的教学中应如何运用智力的规律来提高我们的教学水平。

一、智力规律在教书育人中的应用

智力的规律在教书育人中的运用主要表现在鉴定学生智力水平,因材施教,处理发展智力与传授知识的关系,培养元认知能力、非智力因素和创造力等方面上。

1. 鉴定学生的智力水平

教学的重要目的之一是发展学生的智力。因此,学生的智力能否得到有效发展,成为检验教学成果好坏的重要指标。由于当前中小学现行的考试方式所考察的并不完全是学生的智力,其主要目的是检验学生掌握知识的程度和解决问题的技巧。只有通过专门的鉴定方法,才能正确了解学生的智力发展水平,而智力测验就是鉴定智力水平的有效方法之一。

比纳 (Alfred Binet, 1857—1911)

法国功能主义心理学思想的代表,现代特殊教育研究的先驱。他长期研究并独创测量智力的方法,被誉为现代智力测量之父,于 1905 年完成第一个智力测量——比纳—西蒙智力量表,创用了心理年龄的观念。

19 世纪末,法国人比纳首创智力测验的理论和方法。1905 年,比纳与其助手西蒙(Simon)编制了世界上第一个正式的智力测验量表,即比纳—西蒙量表,并于 1908 年进行了第一次修订。美国斯坦福大学的心理学家推孟及其同事先后 4 次修订了比纳—西蒙量表(1916,1937,1960,1972),形成斯坦福—比纳量表,并采用了心理年龄或称智力年龄(mentalage,MA)的概念,简称心龄或智龄。以智龄为单位表示智力测验的结果,既可说明某儿童的智力达到什么年龄水平,也可以说明某儿童在同龄儿童中是聪明还是愚笨。例如,测得一个儿童的心龄为 5 岁,如他的实足年龄也正好是 5 岁,便说明他智力中常;如他的实足年龄已 8 岁,则属于智力低常;如他的实足年龄只有 3 岁,那他就是一个很聪明的小孩。但是,智龄不能表示聪明或愚笨的程度,如果要比较不同年龄的两个小孩哪个更聪明或更愚笨,只用智龄便无法解决。针对这一缺陷,德国心理学家斯腾(Stern,1911)提出了"**智商**"(intelligence quotient,IQ)概念来表示被试的智力水平。智商的优点是,它可以使不同年龄者的智力水平相互比较,可以表示一个人的聪明程度。但智商也存在着局限性,由于人的实足年龄是逐年递增的,而心理年龄则不是如此,特别是到了一定年龄以后会变得相对稳定甚至有下降的趋势,这样就会降低 IQ 分数,因而不能正确地反映出实际的智力水平。为了解决这个问题,美国心理学家韦克斯勒(Wechsler,1967)则采用"离差智商"的概念,编制了成人智力量表(WAIS‐R,1981)、学龄儿童智力量表(WISC,1967)和学龄前儿童智力量表(WPPSI,1967)。综合运用这些量表,可以对 4 岁至 74 岁的不同个体进行智力测量。目前斯坦福—比纳量表和韦氏量表是西方国家使用最为广泛的两类智力测量量表,在我国也都有修订版,斯坦福—比纳量表已是第四次修订,韦氏量表由龚耀先等人修订完成,韦氏的团体儿童智力测验也已问世(金瑜,1995)。

知识小窗 6‐2　　　　两 种 智 商

　　1911 年德国汉堡大学斯腾首先提出"智力商数"的概念,即智力年龄(mental age,MA)除以实足年龄(chronological age,CA)所得之商。1916 年美国斯坦福大学推孟在其修订的斯坦福—比纳量表中,首次采用智商(intelligence quotient,IQ)表示智力测验的结果,其计算公式为: $IQ = \dfrac{智龄(MA)}{实龄(CA)} \times 100$,式中乘上 100 则是为了把小数化成整数。

　　1949 年美国纽约大学韦克斯勒慧眼洞察传统 IQ 的种种缺点是本身计算方法使然,小修小补无济于事。于是另起炉灶,在其编制的智力量表中首先采用另类 IQ。原先只有一种 IQ,无须加上限定词。现在两种 IQ 并存,为示区别,遂把传统 IQ 称为比率 IQ,因为它是智龄与实龄之比率。韦克斯勒 IQ 根据平均数和标准差来计算,它的基本原理是把各年龄组儿童的智力分数看成正态分布,其平均数就是该年龄组的平均智力。某儿童的智力高低是把他的得分与平均数作一比较,以它与平均数之间的距离来表示,这个距离在心理统计学上称为"离差",离差 IQ 由此得名。

韦克斯勒提出的计算公式:离差 $IQ = 100 + 15Z = 100 + 15 \times \dfrac{X - \bar{X}}{SD}$,式中 X 表示被试的智力测验分数,而 $\bar{X}$ 和 SD 则分别表示标准化样组中相同年龄组的智力测验分数的平均数和标准差。

无论是斯坦福—比纳量表还是韦氏量表主要是用于个别智力测验。虽然个别智力测验的测量形式多样,手段精密,反馈及时,但较费时费力,不适合于大规模测试。因此,为了在同一时间内测验多个被试,就需要团体智力测验。目前比较常见的团体智力测验是瑞文测验和多水平团体智力测验。瑞文测验是由英国心理学家瑞文(Raven)于 1938 年设计的一种非文字智力测验。由于它是非文字的,因而较少受到被试的知识水平或受教育程度的影响,更能做到公正公平。瑞文测验分为标准型、彩色型、高级型 3 种类型。运用瑞文测验进行智力测验时,只需主试者用例题作一下示范被试就能明白测验规则,测验结果须先计算出原始分数,然后按常模资料确定被试者的智力等级。在我国,张厚粲等人于 1986 年对瑞文标准型测验进行了修订,出版了瑞文标准型测验中国城市修订版。多水平团体智力测验则是依据不同年龄的智力水平编制的,主要用于学校,包括初级水平、中学水平和大学水平。常见的测验有欧提斯测验(Otis Tests)、库尔门测验(Kuhlmann Tests)、汉蒙—耐尔逊心理年龄测验(Henmon-Nelson Tests),以及用于大学招生的学能测验(SAT)、中学和大学能力测验(SCAT)等,主要测量的也是智力的 G 因素(一般因素)。

需要注意的是,尽管通过智力测验可以鉴别出不同个体或群体的智力水平,但良好的智力测验需要具备一定的条件。首先,智力测验必须具有良好的效度,能测量出它所要测量的东西,即测量结果的确反映了智力水平的高低。其次,智力测验要有较高的信度,即测验结果的可靠性和稳定性。信度好的测验无论在何时何地对何人,都能像一把高精度的尺子被使用。任何智力测验都有一定的目的和使用范围,在这个目的和范围内,智力测验是有效的,超出这个目的和范围,结果就令人怀疑了。第三,智力测验必须标准化,即测题的编制、实施、记分、结果的解释都要按照标准程序去执行。只有标准化才能保证测验的信度和效度,测验的结果才有意义。

智力测验的设计、项目抽取、信效度估计等都是严肃的工作,因此测验的实施及对测验结果的解释需要小心谨慎,非专业人员或不够资格的人使用它,会产生不良后果。一方面,任何智力测验本身总是有待改进的;另一方面,对青少年来说,他们的智力还在形成过程之中,智力测验所测得的分数只是代表学生现已具有的智力水平,因此,运用目前所测得的智力分数来预测学生未来的发展,不仅不确切,而且也很危险。

2. 依据智力差异进行因材施教

因材施教就是根据学生的心理特点和其他具体情况,有的放矢、因势利导地组织和进行教学、教育工作。因材施教的心理依据是学生心理的个别差异,主要是指学生的智力和认识过程的个别差异(燕国材,1984)。就智力而言,个体的智力发展水平、智力发展速度、智力的构成因素等会因为年龄、性别的差异而有所不同,表现出智力水平和智力类型的个体差异性。因此,教师应当根据学生智力水平或智力类型的实际情况灵活地采取各种教育手段。需要指出的是,虽然通过智力测验可以鉴别出不同学生在智力水平上的差异,但教师不能因智力测验结果而轻易将学生归于低能者或高智者之列。因为在同一年龄阶段里,学生的智力水平基本上是常态分布的,低能与超常者都比较少。同一班级里这种智力上的差异更不明显。因此,教师在讲授新课时的教学方法要适合于绝大多数学生,对学生要一视同仁,不可挫伤一部分学生学习的积极性。另一方面,由于学习方法、学习态度、家庭环境等主客观原因,学生学业成绩有高有低,学习能力也有一定的差异。尽管如此,根据布卢姆掌握学习法的观点,只要区别对待,即使学生在学习时间上多寡不一,95%以上的学生都能获得优良成绩。因此,教师在课后辅导时要采取不同的策略,对成绩优异的学生可以超前辅导,对成绩差的学生要多补课,耐心帮助他们提高学习能力。

在教育教学中,教师不仅要根据学生的智力水平进行因材施教,更重要的是根据智力类型的差异性进行因材施教,扬长避短。根据加德纳的多元智力理论,人的身上存在着各种智力,这些智力是各自独立地存在于每一个人的身上,只不过对于不同的人,其智力优势有所不同而已。比如说,一个儿童有很高的音乐天赋,但对于学习书本上的知识却感到力不从心,这是因为他具有音乐智力方面的优势,而在言语或逻辑推理智力方面可能并不占优势;一个儿童的学业成绩非常好,但可能不善于进行人际交往,这说明他具有言语或逻辑推理智力方面的优势,却不具有人际智力方面的优势。再比如说,有的人擅长观察,有的人擅长思考,还有的人擅长想象;男生擅长逻辑推理,女生擅长语言表达,等等。多元智力的研究结果告诉我们,每一个儿童的智力优势是不同的。因此,教师需要在实际工作中对学生加以仔细观察,然后分门别类地进行指导,促进他们发挥各自特长,最终使其得到全面发展。

3. 正确处理发展智力与传授知识的关系

知识的获得是以一定的智力水平作为保障的,智力的发展也必须以知识的获得为基础。在知识教学的同时,教师只有注重学生的智力发展,才能提高学生的智力。如果学生智力发展良好,反过来又会为学好新知识起到更好的促进作用,这样才能形成教学效果的良性循环。正如美国教育家贝斯特(Bestor)在《教育的荒地:我们的公立学校对知识的摒弃》一书中指出的,学校教学的目标就是发展学生的智力。"真正的教育就是智力训练……""学校的存在总要教些什么东西,这个东西就是思维的能力。"因此,为了发展学生的智力,应改变教学中只偏重知识的传授而忽视智力发展的现状。那么,如何在进行知识教学的同时,发展学生的智力呢? 我们认为,以学科教学为载体,在教授学科知识的同时,引导学生不断发展智力是一种有效方式。

以数学教学为例,由于传授知识是发展智力的基础,因此在数学教学中,首先要紧扣教学大纲、教材,立足于基础知识、基本技能、基本数学思想和方法进行教学。在教学中,基础知识要讲透抓实,要注重知识的发生过程以及知识间的相互联系。课本中的典型例题,要用足、用活,常见的数学思想、数学方法要熟练应用。只有这样,才能为发展学生的智力奠定良好的基础。但是,传授知识的目的,不仅是为了增加学生的知识面,更重要的是通过知识的传授,发展学生的智力。因此,在教学中,必须优化课堂教学,坚持以学生为主体,以教师为主导,以思维训练为主轴,以发展智力为本。教师不能一味地唱"独角戏",必须充分调动学生学习的积极性,使学生最大限度地参与探知活动,通过动口、动手、动脑等方式,使外部的学习活动变为学生自身内在的智力活动,促使知识与能力的协调发展。在教学中,教师要有意识地实现由传授知识向发展智力的过渡,自觉地启发、培养学生的好奇心、求知欲。教师要善于创设问题情景,通过问题的解决过程,对学生进行思维训练,要鼓励学生独立思考,善于提出问题,多角度地分析问题,创造性地解决问题,提倡一题多解、一题多变。在课堂上,教师要实行教学民主,为学生创设相对自由的思维空间,激发培养其创新意识,让启发式、讨论式、研究式的教学形式进入课堂,加强思维多向性的训练、培养。同时,也应重视应用问题的教学,以培养学生分析问题、解决问题的能力。

4. 培养元认知能力

元认知(metacognition)是对认知本身进行反思的一个知识系统,也就是对认知的认知。根据弗拉维尔(Flavell,1976)的观点,元认知包括三个方面:元认知知识(即个体关于自己或他人的认知活动过程、结果影响因素等方面的知识)、元认知体验(即伴随着认知活动而产生的情感体验)和元认知监控(即个体在认知活动中,对自己的认知过程进行各级监控和调节,以迅速达到预定目标)。在人们的各种活动中,元认知都发挥着十分重要的监控、调节作用,其实质就是人们对认知活动的自我意识、自我控制和自我调节。因此,它的发展水平同人的智力发展水平有着密切的关系。研究表明,元认知在儿童的学习、记忆、理解、问题解决等方面的活动起着重要作用,元认知的训练可以提高儿童的智力水平

(董奇,1989)。

我们以数学教学为例,说明如何在解决数学问题的教学中培养学生的元认知能力。数学问题解决过程是学生在自己已有数学知识的基础上,把外在的数学知识结构内化为自身的认知结构,再外显为已掌握数学知识结构的过程。这是一个高级的智力活动,需要元认知的统摄、调节和控制。数学作为一门逻辑性、推理性很强的学科,在实际教学中培养学生的数学元认知能力主要采取以下措施(吴琪,2002):

① 帮助学生自觉地调整和优化学习心理。调整和优化学习心理的目的是使学生能自觉地调整和控制自己的数学学习行为,建立起喜爱数学、迷恋数学的学习情感,增强对能反映数量形式和空间形式的数学学科的关心。良好的学习心理是培养学生数学元认知能力(数学认知过程的自我意识和调控能力)的心理基础。

② 有针对性地、系统地传授元认知知识。一般而言,数学元认知知识的来源主要有三个方面:数学学科特点、学习方法、思维方法等现成的元认知知识;教师在数学学习过程中积累的元认知知识以及学生自己具有普遍适用和启发意义的学习经验。在数学学科中传授的元认知知识主要有四个方面:第一,有关数学教材、数学知识的结构特点、难易特点、思维特点、方法特点等,目的在于使学生明确这些特点后采取相应的策略进行学习。第二,有关数学学习任务方面的知识,目的是让学生做好心理准备,调整心理状态,明确学习目标。第三,有关数学学习策略方面的知识,包括思维方法、学习方法、学习步骤、行为步骤等内容,目的在于使学生能选择有效的途径,从而实现学习目标。第四,有关学生群体和个体的知识,包括学生的思维特点、记忆特点、个性特点、兴趣爱好特点、情感特点等方面的知识,目的在于帮助学生找到适合自己特点的学习方法和学习策略。

③ 指导学生学会提出与学习有关的问题,并制订学习计划。要教会学生能对与该学习任务有关的学习情景(包括学习材料、学习环境、学习时间、学习数量等)进行分析,明确学什么、为什么学、怎样学等问题,并估计自己的学习特点、自己的长处和短处等因素,以便为更好地选择有效的学习方法做准备。要引导学生考虑具体的学习计划(或步骤),明确先学什么、再学什么以及选择怎样的学习方法。还要引导学生在学习过程中监控学习进程,维持或补充或修正自己的学习行为,帮助学生明白"是什么"、"为什么"以及"为什么这样是可行的"。

④ 提高学生解题中的自我体验、监控和调节水平。解答习题是学生数学学习行为的重要内容,提高学生数学元认知水平还应包括学生在解答习题过程中的自我检验、监控和调节水平。帮助学生设计一份"自我监测表",进行定期检测,不仅能提高学生解题的正确率,而且能使学生深入了解为什么要做某一件事,从而提高学生解答习题的元认知水平。

⑤ 让学生学会评价学习的结果。具体的活动(包括解答习题)结束后,教师还应该引导学生认真地评价自己从提出问题到制定、实施计划及所达到的效果,作为这次学习活动的反馈,以进一步优化学习心理,强化自我意识,从而提高调控能力。

总之,通过以上训练,学生的数学元认知能力将大为提高,学生智力水平(主要是思维能力)的提高也会非常明显。而同一时间采取一般解题训练的学生,其元认知能力的提高就没有这么快。

5. 培养非智力因素

非智力因素与智力因素有着不可分割的联系,在智力因素等同的条件下,往往是非智力因素决定着学习的效果。由于多年的应试教育形成了片面重视智力开发、轻视非智力因素培养的不利局面,而素质教育要求人才培养既要考虑社会需求,又要着眼人的素质的提高和完善。虽然智力因素和非智力因素都影响学习质量,但由于智力因素是相对稳定的,而非智力因素则具有更大的可塑性,从而使得非智力因素对学习的作用实际上大于智力因素。因此,大力培养学生的非智力因素已成为许多教师的共识,也应当成为学校教育的重要目标之一。

在实际的教育教学中,要培养学生的非智力因素,首先就要把兴趣、气质、性格等诸多因素作为培养的突破口(杜永红,冯涌,2005)。第一,要培养学生的兴趣。教师要不断提高教学水平,采用个性化的教学艺术来引发学生的兴趣,指导学生在广泛兴趣的基础上形成中心兴趣;要积极培养师生感情,使学生在学习时对学习环境尤其是教师有良好的态度,产生愉快的情绪体验,获得心理上的满足,从而激发强烈的学习兴趣。第二,要考虑到学生的不同气质类型。教师要正确认识每位学生气质类型,针对不同气质类型的学生采取不同的教育方式和方法。第三,要帮助学生形成良好的性格特征。智力的形成与发展受性格特征的制约,例如勤奋就是对智力有突出作用的性格特征,它能补偿智力的相对弱点,并常常与认真、自信、坚定、刻苦等优良的性格密切相关,能够形成自觉学习、顽强学习的优良品质。教师要充分利用课堂教学、校风班风建设、团队活动、教师自身言行来潜移默化地培养学生勤奋的性格特征,并以较长时间的有序训练强化其勤奋特征,促使学生养成勤奋的习惯。

在实际教学中,要培养学生的非智力因素,还要遵循一定的顺序,可按照以下几个阶段进行:第一个阶段,采用个别教育方法,分别培养每个学生的兴趣、意志、情感等非智力因素。比如,教师全面了解学生的学习状况、兴趣爱好、意志品质、情绪性格(可从建立的心理档案和教师的教学经验中获得),争取教学能覆盖每个学生。对一些特征处于两端的学生,教师尤其要特别重视。第二个阶段,采用整体教育方法,使整个班集体甚至全校都形成良好的学习风气、学习习惯,让学生在其中受到熏陶,逐步培养自己的良好个性品质。这一阶段,教师应设法为学生树立良好的学习榜样,如评选学习积极分子、勤奋学习者,表彰进步最快者等。通过这些方法,引导学生都愿意向优秀榜样学习,并能从学习中获得乐趣和荣誉。第三个阶段,采取个别分化教育的方法,针对学生自身的一些不良习惯,逐个纠正提高。

6. 培养创造力

智力与创造力之间存在着复杂的关系,一个人是否具有创造力是以其智力水平是否正常为前提的。中小学生的智力绝大多数都是正常的,因此使得在教学过程中培养学生的创造力成为可能。苏联教育家赞科夫指出:"为了在教学上取得预想的结果,单是指导学生的脑力活动是不够的,还必须在他身上树立起掌握知识的志向,即创造性学习的诱因。"因此,培养学生的创造力是教师在教育教学活动中应当关注的工作。如何才能有效培养学生的创造力呢?可以从以下几个方面入手。

(1) 强化创造意识

创造意识是指创造的欲望和意愿,它是挖掘创造潜能、开发创造力的重要心理因素。原则上说,每一个人都有创造潜力,但并不是每个人都有创造意识。有创造意识的青少年,会利用一切资源,充分调动自己的潜力,朝着创造的方向突进、冲刺,其成功的机会自然远远超出缺乏这种意识、又是偶然地、不自觉地进行创造活动的青少年。强化学生的创造意识需要克服两种心理误区:一是提到创造,就马上想到爱因斯坦、牛顿、爱迪生等一些科学家、发明家的创造事业,会顿时产生高不可攀、可敬而不可效的神秘感;二是进而想到学校里的创造活动是极少数学习尖子们的事,与自己距离甚远,可能会产生自卑感。因此,教师在教学中除了向学生阐明发掘创造潜力的意义之外,还要向学生讲清创造的层次,并强调青少年学生的初级创造,即创造的普及性、普遍性,以消除创造的心理障碍。理解教学内容中出现的一种新的见解、解答问题时采用的一种新的方法都可视为学生的一种创造。教师在教学中,每当发现学生在理解内容、解答问题、完成作业等过程中有所创新,应即时予以鼓励、强化,以增强其创造的意识,从而将学习创造的过程融入逐渐充盈创造性的学习过程之中。

(2) 训练创造性思维

创造力的核心成分是创造性思维,而创造性思维是发散思维与辐合思维、形象思维与抽象思维、直觉思维及灵感与逻辑思维的统一,其中发散思维、形象思维、直觉思维和灵感更是创造性思维中的最富有创造性的成分。因此,在现实的教学中要培养创造性思维,重点则在于培养创造性思维中最富有创造性的那些成分。

首先是注重发散性提问。在教学中,教师的提问是促进学生进行思维活动的最直接的手段,发散性提问要求学生尽可能产生多而新的想法,其典型形式是:"除此之外,还有哪些?""……还有新的见解?""如果……,那么会怎样?"这类问题的重点是启发学生多方面、多角度进行思维活动,对求异思维进行引导,这才有利于促进发散思维的发展。

其次是提倡一题多解。让学生运用学过的知识解题时,提倡一题多解是培养发散思维的又一有效措施。教师要鼓励学生作多方向、多角度的探索,而不满足于一个正确的答案,这就为学生发散思维的发展创造了有利条件。

第三是鼓励质疑问难。在学生学习教学内容时,鼓励学生质疑问难是培养学生思维的独立性、批判性的一种方法,同时也是培养发散思维的一条有效措施。

第四是引发形象思维。形象思维也是创造性思维中的一个主要成分,在教学中结合学科教学不失时机地抓住切入点,引导学生积极进行形象思维也就成为发展学生创造性思维的一个有效手段。

第五是允许大胆猜想。直觉是创造性思维的重要成分,其中蕴涵着大量的合理猜想。因此,教师在教学中要允许学生在缺乏论证的情况下大胆猜想,而不是一味地压制或斥责。当然,教师也要加以适当引导,使学生的猜想建立在较广博的专业知识、生活经验和敏锐观察的基础上,这是直觉产生的必要条件。

第六是指导灵感捕获。灵感是创造性思维中非常特殊的成分,具有突发性、闪时性的特点。虽然,我们不能在教学中随意地让学生出现灵感,但却能教学生捕获灵感或提高灵感出现概率的方法。这就要求教师在教学中要让学生在紧张的学习中学会放松。张弛结合,既是学习之道,也是捕捉灵感的诀窍。

(3) 培养创造人格

创造人格是影响个体创造力发展的一个极为重要的因素,它们之间本身就有着密切的关系。创造人格促进个体创造潜能的发展和表现,而创造潜能的成功发挥,又反过来强化这些人格特点,使之进一步巩固和突出。因此,教师在教学中积极促进学生创造性发展的同时,重视其创造性人格的培养,是促进这种良性循环的有力措施。在教学环境中,创造性人格的培养主要集中在创新志向的激励、广泛的兴趣爱好的诱发、标新立异的挑战意识的培育、自信心的树立、独立性的呵护等。其培养的手段也可包括言语指导、行为强化、榜样作用、舆论配合等。

(4) 授予创造技法

创造技法的获得有助于开发学生的创造力。因此,教师可以教授一定的创造技法,对学生的创造性活动进行直接指导。首先,可让学生知道创造过程的基本阶段,每个阶段的特点和任务,以便能更自觉地把握创造过程;其次,通过子环节讲解或鼓励学生自己去查阅有关的书刊,使学生掌握一些有效的、具体的创造技法,以帮助学生更好地发挥创造潜能。常见的创造技法有:智力激励法,通过限时的小型会议形式,使与会人相互启发,激发创造性设想的连续反应,达到产生大量创造性设想的效果;分殊思考法,通过四个维度(包括流畅思考、应变思考、创新思考以及周全思考)上的定向思考,来全面激发思维;综合摄取法,是通过已知的事物,运用类比的方法,达到创造发明的目的;形态分析法,是以结构分析为基础,再使之形成各种结合,来产生更多的新观点。

(5) 营造创造氛围

泰勒(Taylor,1972)在提出其创造理论时曾指出,在创造活动中只有当五种成分协调作用时,才能产生创造成就。这五种成分是:创造性人格、创造对象(要解决的问题)、内部加工过程、环境气氛以及创造成果。可见创造性环境也是创造活动中不可忽视的影响因素。同样,学生的创造活动也需要得到适宜的创造性环境的支持。在教学中能否形成有利于学生发挥创造潜能的氛围,是影响学生创造力发展的不可忽视的因素。因此,教师可以在整个班级,甚至学校范围内开展创造性竞赛,促进学生在竞争中增强创造性。开展竞争的方法有多种,比如教师可以组织学生进行课外科技小作品比赛,可以组织学生参加各种兴趣小组等。

实践探索 6-2   发展创造力的十二种策略

大多数教师希望鼓励学生的创造性,但却不知道如何去做。这里有发展创造力的十二种策略供你思考,它或许能起到抛砖引玉的作用,使你做出其他更好的选择。

1. 重新界定问题。拿到一个问题后换一个方式来看待它。教师可以通过多种方法鼓励学生自己重新界定问题,而不要替他们完成这些工作。只有学生受到鼓励去定义和重新界定自己的问题时,他们的创造性水平才会提高。

2. 质疑并分析假设。教师可以向学生指出,许多他们以为已经知道的东西,其实没有真正知道,通过这种做法使教师自己成为质疑的典范;教师要帮助学生学会怎样提一个好的问题和怎样回答问题,让学生明白重要的是运用知识的能力。

3. 兜售创意。学生需要学会如何说服别人相信他们的创意的价值。如果学生完成了"科学"这门学科的一个项目,教师就应该要求学生展示这个项目,并向大家解释为什么这个项目做出了贡献,等等。

4. 产生想法。有创造性的人以自己的做事方式产生创造性思维,自己制订计划,而不是别人帮他们去做。教师可以和学生一起来辨认新思想中的创造性方面,教师不要仅仅做出批评,而应该提出改进的建议。只要学生提出了自己的想法,不管这些想法如何,教师都应该表扬他们,鼓励他们明晰自己的想法,并将之发展为高质量的项目。

5. 意识到知识的两面性。一方面创造离不开知识,如果一个人不知道自己的知识状况,就无法超越自己已有的知识状况。许多学生提出来的一些想法对自己来说是有创造性的,但在相应的领域内却不是有创造性的,因为早已有人产生过这些想法了。另一方面知识也可能限制个人的创造性。专家具有大量的知识,这些知识也可能成为对他们的限制,致使他们思维僵化,故步自封。

6. 明确困难并克服困难。教师应该向学生介绍自己、朋友和名人们在尝试创造性工作中遇到的障碍,以此来说明,不是只有他们才会遇到障碍。当学生付出了努力去克服障碍时,即使这些努力并不完全成功,教师都要表扬,并指出学生行为中成功的方面及成功的原因。

7. 明智的冒险。教师要让学生知道,有创造性的人能够合理地冒险并提出新思想,但在冒险的时候,他们也会犯错误、失败甚至颜面扫地。为了帮助学生学会合理冒险,并发展一种评估风险的意识,教师应该鼓励他们对课程、活动和老师冒一些理性的风险。

8. 容忍模糊性。创造性思想往往以零散的方式出现并在很长一段事时间内逐步发展,因此思想发展的这段时间会令人不舒服。要帮助学生成为有创造性的人,教师就要告诉他们不确定性以及随之而来的难受体验是创造性活动中的一部分,要鼓励他们接受这种模糊,并延长观点整合的阶段。

9. 增强自我效能感。所有学生都具有创造的能力,但他们首先必须坚信自己具有创造力。鼓励学生成功,并相信他们具有取得成功的能力,学生很可能就会得到成功。

10. 发现真正的兴趣。为了帮助学生发现他们真正的兴趣,教师可以要求他们在班上展示一项自己特殊的才能。教师必须解释清楚,做什么并不重要(在合理的范围内),重要的是他们所喜欢做的事。

11. 延迟满足。教师要告诉学生,创造性工作原则中的重要一条就是要学会等待回报。坚持越久,回报就越大。

12. 示范创造性。要发展儿童的创造性,只要求他去做什么是不行的,要让他们看到该怎样做。如果教师在行动中表现出创造性,就向学生发出了允许他们创造的信号。

(Sternberg〈斯滕伯格著,张庆林等译,2002〉)

二、智力规律在自我教育中的应用

智力规律在自我教育中也有着广泛的应用价值。师范类专业学生应利用智力的各种规律进行自我教育,为今后培养青少年学生的自我教育能力打下扎实的基础。下面仅以自学能力和阅读能力这两种学习能力为例来说明如何利用智力的规律进行自我教育。

1. 自学能力的培养

自学能力是指通过独立思考,积极主动获取知识所需要的各种能力。自学能力是智力在学生的学习活动中的一种表现。调查发现,学校里成绩优秀的学生,自学能力都比较强,他们在预习、听课、复习、解题、课外阅读等方面都有一套行之有效的方法。自学能力与记忆能力的差别在于,前者是"会学",后者是"学会"。两者都是学习中必备的能力。自学能力不仅在学校学习中起着重要作用,而且对学生毕业后的工作或学习都有较大的影响。进入大学,学生基本上是自学,教师只是起到引路人的作用;进入社会参加工作,自学能力更是必须的,对人的一生而言,知识的很大一部分来源于自学。

如何培养学生的自学能力呢? 首先,教师在教学中要做到四个注重: 一是注重激发学生的自学兴趣。教师要采用各种教学方法激发学生的学习兴趣,从而推动学生主动地去寻求知识,开阔眼界,激励学生独立自主地钻研学习内容。二是注重树立学生的自学信心。要让学生主动自觉地看书,积极动脑思考,对学生通过自学能解决的问题坚决让学生自学解决;对学生自学尚不能解决的问题,适当加以引导,让其通过自学努力解决。要对在学习上取得成功的学生,及时加以肯定、表扬,让他们把成功的喜悦变成自学的动力,牢固地确立起自学的信心。三是注重教给学生自学的方法。学习方法对能否进行有效的自学至关重要,教师应当告诉学生政治学科的学习经常用到抽象的概念和理论,数学的学习常用到逻辑的推理和证明,地理的学习则经常要用形象思维进行理解,而历史多是对陈述性事实的记忆,等等;要教给学生一般的智力活动方法,如观察法、比较法、区分本质特征与非本质特征的方法、概括等,以帮助学生掌握一定的自学方法。第四,注重培养学生良好的自学习惯。良好的习惯是学生自主学习的保证,教师应根据不同的教学要求,着重培养学生认真读书、认真思考的习惯,预习和复习的习惯,独立完成作业和检查作业的习惯,勤动笔的习惯,等等。要把培养学生的自学习惯纳入每节课的教学目标中,贯穿于平时听说读写训练之中,对学生进行严格训练,细心培养,并持之以恒,直到学生养成好的自学习惯。

其次,教师还可以在组织、评价和支持三方面对学生进行自学能力辅导。一是组织辅导。学生独立地组织自己的学习活动并不是一件很容易的事情,许多学生在做完教师布置的作业后,就万事大吉了,不能主动地确立学习目标,也不能有效地进行学习。所以教师要善于组织学生进行自学活动,如给予学生独立学习的机会,使他们通过实践亲身体会到依靠自己的力量也可以扩大知识,理解原来不懂的东西,产生自学的兴趣;同时在学生自学过程中,教师应当帮助学生解决一些实际困难,并悉心指导。例如,教师可以和学生一起制订学习计划,分配好学习和休息的时间,让学生学会如何控制自己的注意力和兴趣点,如何增强教材对自己的吸引力等。二是正确评价。教师对学生自学能力的评价,是影响学生自学能力发展的重要因素。教师可以结合学生制定的自学计划,检查他们学习的过程和结果。对顺利完成了自学活动的学生应给予表扬,对没有完成计划的学生应及时进行检查,找到问题的根源,帮助他们改进学习的方法。三是积极支持。教师的支持对学生发展自学能力也很重要。教师的支持主要体现在教给学生多种学习方法,安排充足的时间让学生自学,提供实践的机会,帮助学生改进和总结自学能力等方面。

2. 阅读能力的培养

阅读能力是智力的重要组成部分。著名教育家苏霍姆林斯基曾经说过,积30年的经验使我确信,学生的智力取决于良好的阅读能力。良好的阅读能力使青少年学生不但可以通过阅读各种书籍获得大量知识,还可以通过深入理解阅读材料的见解主张、主旨意义、艺术形象等进行有效的自我教育。比如史铁生的《我与地坛》,其中对地坛亘古存在的描写,对其间一个个小生命的细腻描绘,传递了多么丰富厚重的人生感悟!当学生通过阅读领悟得到这些深邃的意蕴时,尊重历史、尊重生命的情感便会油然而生,从而对自我进行了一次洗礼,思想也因而得到升华。由此可见,阅读是学生进行自我教育的重要途径之一。然而,只有拥有良好阅读能力的人才能够从阅读中体会其中的深刻意蕴,也才能够进行有效的自我教育。那么,如何进行阅读能力的培养呢?

一般来说,阅读能力包含两个层面的要求:一是阅读能力的基础性要求,一是阅读能力的深层性要求。两者相辅相成,缺乏阅读的基本能力,深层阅读也就无从谈起;而仅停留在基础性阅读上,就不能真正领悟阅读的精髓。阅读能力的基础性要求,强调从整体上把握阅读的内容,理清思路,概括要点,理解阅读材料所表达的思想、观点和情感。这一能力要求体现出阅读中"综合—分析—综合"的基本思路,也是传统阅读教学的基本内容。阅读能力的深层次要求,是在对文章整体把握的基础上,引导学生在阅读过程中善于发现问题,提出问题,对阅读内容作出自己的分析判断,努力从不同的角度和层面进行阐发、评价和质疑。

在日常的阅读教学中,教师可以通过有计划地布置阅读材料,从阅读能力的两个层面入手,循序渐进地培养学生的阅读能力。首先,要求学生对阅读材料进行预习,鼓励学生独立地阅读材料,提出问题和发现问题,培养独立阅读的能力和习惯。其次,在学生预习后,教师可以根据预习情况,引导学生从整体上把握阅读的内容,理清思路,概括要点,理解阅读材料所表达的思想观点。再次,教师对预习中能提出重要问题或有新见解的学生,应予以鼓励,并根据学生在预习过程中所提的问题从更高的角度来讲解,引导学生对阅读内容作出自己的分析判断,从不同的角度和层面理解阅读材料。第四,教师必须加强读书指导,严格训练,让学生掌握读书的方法。一般来说,读书要做到"五到":眼到、口到、耳到、手到、心到。眼要看得准,看得细;口要学会讲解、复述、提问;耳要灵敏,善于听取新的经验和信息;手要经常写心得体会和读书笔记;心要开动脑筋,认清本质规律。这样才能促进记忆,加强理解,提高读书的效率。教师要指导学生提高阅读效率,为今后离开学校提供继续保持良好阅读习惯的方法,使得学生终身可以通过阅读进行自我教育。

让我们回到本章开头提到的问题。李老师应当如何在教学中培养学生的智力呢？虽然智力培养不像其他具体的学科教学那样有章可循，但只要充分了解了智力的相关理论，积极发挥教师自身的创造性，就能够设计出有价值的培养方案。李老师就尝试着运用巧妙的教学设计，在《火星之旅》的教学单元中，通过三个步骤来培养学生的"成功智力"（Sternberg，1996），取得了很好的效果。

第一步，课前作业：要求学生仔细阅读事先布置的有关介绍火星的材料（培养了分析性智力），运用一切可能的方法，搜集有关火星的资料，因其中有发散性思维的要求，故含有创造性智力的成分。同时，这也要求学生运用综合、分析等分析性智力。

第二步，课堂训练：先让学生自由写出五个自己认为适合描述火星的词汇。由于事先查阅过资料，接触过大量有关的词汇，所以这一任务考察了学生的记忆能力。而学生不知道课堂上有这一任务，故也部分地测试了他们的知识面。这一任务的完成同时需要用到发散性思维和聚合性思维，体现了分析性和创造性的有机结合。然后让学生描述，如果上了火星，会看到、遇到或发生什么事情，并彼此交流、评价（创造性智力训练）。而评价部分也蕴涵了自我评价，涉及分析性智力。再将学生分组，让他们自主设计分配角色，并演出一场独幕剧，除了故事必须发生在火星之外，其他一概不限。剧情可以是宇航员登陆火星探险，也可以是遭遇火星人等，没有时间和内容方面的约束。剧情、角色的创作都体现了创造性智力。剧情发展的合理性，对白、动作设计衔接的内在逻辑性则反映了分析性智力。更重要的是，要将分析、创造的思维付诸实施。在角色分配、导演以及扮演过程中需要小组成员之间的沟通与协调，这充分锻炼了学生的实践性智力。最后，由各组学生协商一个标准，评出最佳小话剧（分析性智力，实践性智力）。

第三步，课后作业：要求学生写出一篇集科学性、幻想性和探索性于一体的有关火星的小论文。

通过以上三个步骤，学生的分析性智力、创造性智力和实践性智力都得到了很好的训练，真正体现了在教学中促进学生智力发展的基本原则。

本章小结

- 智力是一个悬而未决的复杂概念，目前最有代表性的智力定义有 4 种，即智力是抽象思维的能力；适应环境的能力；学习的能力；综合的能力。
- 智力传统理论，主要包括斯皮尔曼的二因素理论、瑟斯顿的群因素理论、阜南和卡特尔的层次结构理论以及吉尔福特的三维结构理论等;智力的现代理论,主要包括加德纳的多元智力理论、斯滕伯格的三元智力理论、戴斯的智力 PASS 模型、帕金斯的真智力理论等。

- 关于智力的一般规律:一是智力发展的一般规律,智力的发展遵循着上升→高峰期→下降的规律;二是智力的个体差异性,智力差异包括个体间总体智力的发展水平和发展速度的差异,智力构成因素的类型和水平的差异,以及智力的性别差异;三是智力的影响因素,遗传与环境对智力发展具有重要的影响;四是智力与知识的关系,二者既分属不同的范畴,又相互联系;五是智力与非智力因素,二者处于相互作用的过程之中;六是智力和创造力的关系,二者之间存在着复杂的关系。

- 智力规律在教书育人与自我教育中的应用:用于鉴定学生的智力水平,培养学生自我教育的能力。

思考题

- 什么是智力? 如何正确理解智力的内涵?
- 有哪些代表性的智力理论? 它们之间有哪些异同?
- 智力的发展遵循着什么样的规律?
- 智力差异表现在哪些方面?
- 影响智力的因素有哪些?
- 什么是创造力? 创造力与智力之间存在何种关系?
- 教师如何根据智力的规律有效地进行教育教学活动?

问题探索

- 刘老师是一名中学数学教师,他发现班级里每次考试成绩好的都是同样的几个学生,而另外几个人则总是垫底。为了帮助这些成绩不好的学生,刘老师采取了课外补课、考试训练、增加作业的难度和题量等各种方法,但效果总不理想。如果你是刘老师,你将如何利用本章所学的知识去帮助这些学生呢?

- 教师在课堂教学时,学生经常表现出两种不同的反应:成绩好的学生会抱怨教学内容过于简单而不愿听课,成绩差的学生却因为教学内容太难而放弃听课。如果你是教师,你会采取哪些教学措施保证大多数学生都愿意听而且听得懂呢?

下 编

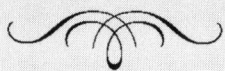

情感与教育
意志与教育
气质与教育
性格与教育

第七章　情感与教育

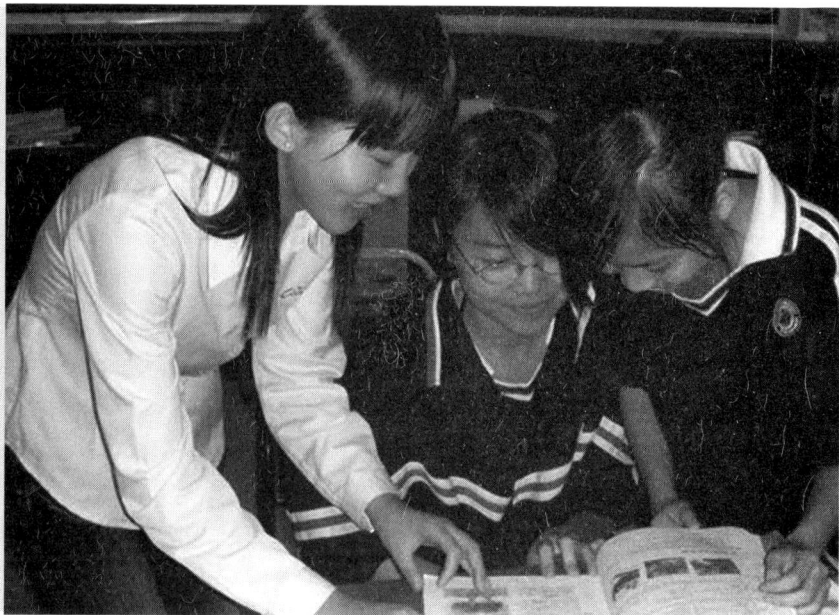

本章要点

- 情感的含义
- 情绪、情感和情操的关系
- 情绪的状态及特征
- 情感的功能及情绪发生的心理机制
- 情感规律在教书育人和自我教育中的运用

想试着回答一下吗……

- 你听说过成就＝80％的 EQ＋20％的 IQ 吗？你相信吗？
- 你知道著名球星齐达内为什么在告别赛中如此恼怒，竟然用头部将对方球员撞倒吗？
- "忧者见之则忧，喜者见之则喜"，这反映了一种什么样的情绪状态？
- 当获悉北京取得 2008 年奥运会主办权时，我欣喜若狂。此现象反映了一种什么样的情绪状态？
- 人们常说的"一失足成千古恨"通常是在什么情绪状态下发生的？
- 我们常常用"手舞足蹈"、"捶胸顿足"、"点头哈腰"等来形容某个人，请问这属于哪种表情？
- 当一个人的话语和表情发生矛盾时，你是更相信他的话语还是他的表情呢？
- 当你的学生产生情绪时，你是否总能意识到呢？你是如何辨别学生的情绪的？
- "感人之所感"、"知人之所感"反映了什么心理学原理？
- "爱屋及乌"说明人的情绪情感具有什么功能？
- 你一定有过这样的经历：起床后，觉得昏昏欲睡，对任何小的噪声都很警觉，哪怕很小的挫折都会让你极端恼火，以至于不能集中精力来学习。这个时候你会怎么办呢？
- 你能将七种表情(恐惧、厌恶、高兴、惊奇、轻蔑、生气、悲伤)同右边的图片进行匹配吗？

1　2　3　4

5　6　7

- 你是通过什么方式调节自己情绪的？又是通过什么方式影响或调节学生情绪的？

小李是一名刚刚从某师范大学毕业的大学生,主修数学,成绩优异,并经过师范专业培训,掌握了一般的教育理论和初步的教学技能。现他应聘一所中学的数学教师。同时应聘的人员有好几个,竞争非常激烈。经过面试后,应聘单位要他试讲一堂数学课,给三天的时间准备,以进一步了解他的实际教学能力。他抽取试讲的教学内容是"对数计算"。这是一节学生最难理解的内容之一,也是令很多老师头痛的一节课。小李非常想上好这堂课,以展示自己的教学胜任力。他和同班毕业的好同学一起商量,该如何有出色的表现呢? 他们想到了大学老师在课堂上说的话,若要课上得好,一定要情知并茂。那么,如果你是小李的好同学,你怎样帮助小李备课,以发挥情感效应,取得良好的教学效果呢? 这就涉及本章的教学内容,对优化教学十分有用。

第一节 情感的概述

人们在认识和改造世界的过程中,在日常的生活和交往中,无时无刻不在与情感现象打交道,处于情感撞击中的人们随时随地都可能产生喜怒哀乐等不同的态度和体验。那么究竟什么是情感呢? 情感主要包括哪几个方面呢? 我们从以下几个方面对情感进行具体说明。

一、情感的概念

情感(affection)是人对客观与现实的态度的体验。常言说:"人非草木,孰能无情。"情感是人类心理活动的重要组成部分。作为一种心理现象,情感也是脑对客观现实的一种反映,这一点和认知活动一样,但它在反映的具体对象和方式上却与认知活动迥然不同。

认知活动是对客观事物本身存在的反映,如感知觉反映的是客观事物的表面特征和外部联系,思维反映的是客观事物的本质特征和内在联系,而情感是以主体为中介的一种心理活动形式,反映的是客观事物与个体主观之间的某种关系。因而,同样的客观事物,会因个体主观因素的不同,而产生不同的情感反应,甚至导致同一个人在不同状况下产生完全各异的情感反应。例如,同样是一杯茶水,对于喜欢品茶的人来说,会引起愉悦感,对于喜欢喝咖啡的人来说,则多少有些失望;当一个人口渴时,一杯茶水犹如雪中送炭,自然非常高兴,但倘若茶足饭饱时,一杯茶水就显得多余而无快感可言了。

认知活动是以认知的特有方式来反映对象的,如感知觉以映像的方式反映客观事物,思维以概念、表象和动作方式来反映客观事物,而情感以体验的方式反映对象,并常伴随以明显的身体内部的生理变化和身体外部的表情运动。例如,当客观事物满足或未满足我们需要时,我们会产生愉快或不愉快的体验,同时还会出现相应的生理变化和表情。人们正是用这种体验方式反映出人与客观世界的种种关系。

在相当长的时期内,人们只是把情感视为实践活动过程中出现的伴随现象或副现象(epiphenomenon),而无视这种现象在对人自身的心理品质的发展和对实践活动所产生的推动作用上表现出的重要价值,甚至有的人还把情感视为对理智活动的干扰而将其置于消极的地位上:"当人被周围情境刺激到他的大脑控制减弱或失去的地步……那么,这人就有了情绪。"(Young,1961)随着对情感现象研究的深入,人们对情感的认识才逐渐加深,从而印证了一百多年前达尔文(Darwin,1872)依循"物竞天择"的自然规律审视人的情感所做出的论断:"情感生活受到进化法则的支配。"在人类漫长的进化和演变过程中,情感不仅没有退化,反而不断丰富,这就表明,情感不可能是一种副现象,更不可能是一种干扰或破坏性的东西,而是必有其帮助人类适应环境的作用。现代研究表明,情感是人的心理生活的重要组成部分,其对人的影响是多维度、全方位的。但要指出的是,情感的影响具有两重性:在一定条件下起着积极的促进作用,而在另外情况下,则起着消极的破坏作用。因此,我们要认识情感现象,把握情感规律,以充分发挥其积极的作用。

达尔文 (Charles Robert Darwin,1809—1882)

英国著名生物学家、博物学家,进化论的奠基人。1859年出版了震动当时学术界的《物种起源》。此外,他与情感心理学的关系也相当密切,代表作为《人和动物的表情》。

二、情感的种类

人们在生活里,在认识世界和改造世界、认识自我和改造自我的过程中,情感活动总会伴随而起:或内隐含蓄,或外露明显,或悠悠缠绵,或激越猛烈,或瞬息即逝,或持久不退,或浅薄易变,或深沉稳固,或喜或忧,或愤或悲,形成了一个色彩斑斓、丰富多彩的,为人类所独有的复杂的情感世界。我们可以"把这种区别于认识活动并同人的需要相联系的感情性反映统称为**感情**"(孟昭兰,1994)。但鉴于目前使用上的习惯,本章标题以及文中的有些地方仍用"情感"一词,实在必需时才用"感情"一词,以资区别。但严格地说,这一广义上的情感现象应称为感情,它包括如下三大类:

1. 情绪

情绪(emotion)是最基本的感情现象,着重体现感情的过程方面。它一般具有外部表现明显、持续时间相对较短的特点。它又可作进一步的划分:

(1) 按社会性划分,可分为生物性情绪和社会性情绪

生物性情绪与生物性需要的满足与否相联系,是个体发展中最早出现的情绪,也是物种进化中最早出现的情绪,为人和动物所共有(当然仍有本质区别)。如美食引起的愉快体验、饥渴引起的痛苦体验、威胁引起的恐惧体验等都属于同一类情绪。国内外心理研究发现,在人类婴儿出生后 4 个月已能观察到快乐、厌恶、愤怒、痛苦、惊奇等不同的情绪,恐惧的情绪出现较晚些,约在 6 个月左右才出现(Izard,1982)。社会性情绪则是在人类个体与养育者交往的过程中获得最初发展的。当个体形成情感和情操后,这些情感情操在具体情境中又有其具体的情绪性表现形式。例如,母亲看到自己的孩子所产生的愉快情绪,行人路遇不道德行为所产生的愤怒情绪,分别是母爱情感和道德情操在具体情境中的情绪性表现。因此,同样是喜怒哀乐的情绪,却可划归为不同的两类:抑或为生物性情绪,抑或为社会性情绪。它们在外表上无法分辨,唯视其与何种需要相联系,才能判其归属:若与生物性需要相联系,则为生物性情绪;若与社会性需要相联系,则为社会性情绪。

(2) 按复杂性划分,可分为简单情绪和复杂情绪

简单情绪,顾名思义,也就是人类中最基本、最普遍存在的一些单纯的情绪。我国古代名著《礼记》记载了人的"七情"——喜、怒、哀、惧、爱、恶、欲。西方跨文化研究后也提出 6～11 种不同的基本的情绪。现一般至少可包括这样一些简单情绪:愉快、痛苦、愤怒、恐惧、惊奇等。而复杂情绪是个体在社会生活实践中,在简单情绪的基础上发生、发展的,诸如妒忌、谄媚、害羞、内疚、悲喜交加、悔恨交织、百感交集等。例如,按照普拉切克(Plutchik)的观点,简单情绪是接受、厌恶、愤怒、恐惧、愉快、悲伤、惊奇和期待 8 种,而各种复杂情绪是由这 8 种简单情绪复合而成的:爱为快乐和接受的复合,焦虑为恐惧和期待的复合,好奇为惊奇和接受的复合等等。

知识小窗 7-1　　　　　关于基本情绪的种类

在英语词汇中,有400多个单词是用来描述情绪感受的,尽管它们之间的区别十分细微,但仔细分析还是可以看出不同:惊慌不同于恐惧;忧虑也有别于畏惧。用同义词的差异来区分不同情绪之间的界限比单纯对比不同的情绪要简单得多。一些理论家指出,用任何可以察觉的方式表现出来的反应,如眼前突然一亮、脸上现出光彩或口干舌燥,都属于情绪的范畴。

据此,20世纪70年代,汤姆金斯(Tomkins)提出了八种基本情绪:兴趣、快乐、惊奇、痛苦、恐惧、悲愤、羞怯和轻蔑。后来,伊扎德(Izard)在他的基础上又增加了厌恶和内疚两种情绪。与此同时,美国加州大学的艾克曼博士提出了六种基本情绪:快乐、悲伤、愤怒、恐惧、厌恶、惊奇。1980年,纽约爱因斯坦大学精神病学专家普拉奇克(Plutchik)在艾克曼(Ekman)分类的基础上又加入容忍和期盼。到1990年,费希尔(Fisher)等人认为只有五种主要情绪,爱与快乐是两种基本情绪,而愤怒、悲伤和恐惧则属于消极情绪。

最近的社会结构理论进一步扩大了研究者的视野,不再把情绪的种类局限于5～7种基本情绪,而将人在社会化中逐渐产生的诸如希望、羡慕、妒忌、傲慢、怜悯、内疚等融入了认知评价成分的情绪体验,并将行为纳入情绪研究的范畴,这使得情绪心理学成为解释人的心理发展、心理生活和心理冲突的理论和实践依据。

(孙红玖,连煦,2002)

(3) 按多维度划分,可分为各种具体情绪

美国心理学家施洛伯格(Schloberg)于20世纪50年代提出从愉快—不愉快、注意—拒绝、激活水平这三个维度上划分情绪的方式,由此细分出快乐、爱、愉快、幸福、恐惧、惊奇、痛苦、注意等情绪(见图7-1)。美国心理学家普拉切克(Plutchik)则在60年代末提出从强度、相似性和两极性三个维度上划分情绪的方式,又由此细分出忧郁、哀伤、悲痛、忧虑、惧怕、恐惧、涣散、诧异、惊奇等等情绪(见图7-2)。此外,当代情感心理学家伊扎德(Izard)于70年代则提出从愉快度、紧张度、激动度、确信度这四个维度上划分情绪的方式。愉快度表示主观体验的享乐色调;紧张度表示情绪的生理激活水平;激动度表示个体对情绪、情境出现的突然性,即个体缺乏预料和缺乏准备的程度;确信度表示个体胜任、承受感情的程度。虽划分方式尚未统一,但这些划分方式却为我们进行具体的情绪分类提供了很好的思路。

2. 情感

情感是较高级的感情现象,着重体现感情的内容方面,具有较稳定持久、内隐含蓄的特点,与人的基本社会性需要相联系。所谓基本社会性需要是指个体在后天环境中形成和发展起来的,较少受教育影响,且带有一定的先天性成分的社会需要。例如,依恋需要、交往需要、尊重需要、探究需要、朴素的美的需要等都是这类基本社会性需要的典型。这些需要往往在个体发展的早期就已出现,甚至在一些高等动物中也有萌芽。

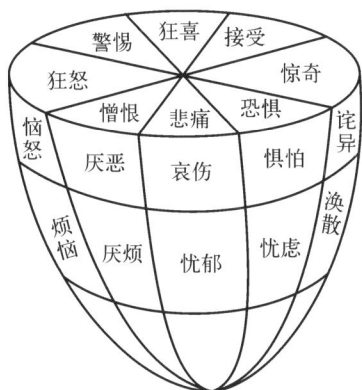

图 7-1 施洛伯格情绪三维模式图　　　图 7-2 普拉切克情绪三维模式图

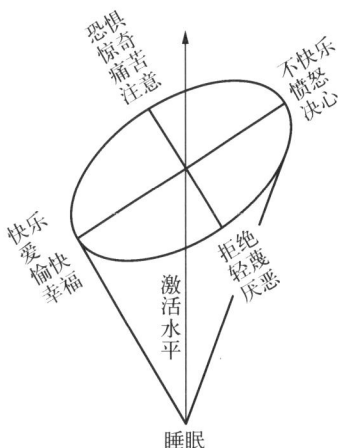

哈洛夫妇(Harlow & Harlow,1966)曾做过一个有趣的实验。他们分别用铁丝和毛巾布做了两个假猴母亲。铁丝母亲周围虽然冷冰冰的,但身上放有幼猴可吃的奶瓶,而布母亲虽有近似母猴特有的"温暖"感觉,却没有奶瓶。然后看幼猴究竟喜欢和谁待在一起。结果发现,幼猴大多数时间依偎在布母亲身边,只有吃奶时才到铁丝母亲那里。这表明,依恋需要是客观存在的。

哈洛(Harry Frederick Harlow,1905—1981)

　　英国比较心理学家。早期研究灵长类动物的问题解决和辨别反应学习,其后用学习定势的训练方法比较灵长类和其他动物的智力水平。曾荣获英国国家科学奖,1951 年当选为英国国家科学院院士,1958 年当选为美国心理学会主席,1960 年获美国心理学会颁发的杰出科学贡献奖。

在另一项实验中(Butler & Harlow,1954),把猿猴放在一个不透明的箱子里。箱子上有两个窗口,各用一块不同颜色的硬片遮盖住,位置可随机变换,但其中只有一种颜色的卡片可被推开。一旦推开硬片,猿猴可自由窥视实验室 30 秒钟,以此作为奖赏,让猿猴学会推开有一定颜色的硬片遮住的窗口。这一实验则表明了探究需要的客观存在。

分别与依恋需要、交往需要、尊重需要、探究需要、朴素的美的需要等上述各种基本社会性需要相联系的情感有依恋感(如爱与恨)、归属感(如友谊感与孤独感)、自尊感(自尊与自卑)、好奇感、朴素的美感等。这些情感虽在一般情况下并不外露,但在具体情境中,也会因客观事物刺激而以情绪(其实就是社会性情绪)形式外显,表现为一定的喜怒哀乐。这里要指出的是,这种有情感表现于外而产生的情绪会因情境变迁而变化,但情感本身则相对稳定。例如,母亲会因孩子进步而高兴,也会因孩子退步而难过,这种高兴或难过的情绪会随着情境而改变,但母亲爱孩子的依恋情感则不会轻易改变。

3. 情操

情操(sentiment)是最高级的感情现象,着重体现在感情的内容方面,具有更稳定、更含蓄的特点。它不仅与人的高级社会性需要相联系,而且还与一定的社会价值观念相结合。因为它是"以人的社会需要为中介,以某种思想和社会价值观念为中心的高级情感"(朱智贤,1989)。所谓高级社会性需要是指在基本社会性需要的基础上,受教育影响,后天形成和发展的社会需要。例如,求德需要、求知需要、求美需要等是这类高级社会性需要的典型。与这些高级社会需要联系的情操有道德感、理智感和审美感。这也是我们人类最重要的三种高级情感。**道德感**(moral feeling)是个体用道德标准去评价自己或他人言行举止是否符合其道德需要所引起的态度体验,如义务感、责任感、集体主义情感、爱国主义情感、人道主义情感等,都属道德感范畴。**理智感**(rational feeling)是个体用真理或知识的标准去评价客观事物是否符合其求知需要所引起的态度体验,如对认知活动中新发现的喜悦,对追求科学和真理时的确信感,对某些知识经验或定论(包括定理、原则、规律的揭示等)的怀疑,对某些客观世界表现出的奇妙现象的惊诧等,都属理智感表现。**审美感**(aesthetic feeling)是个体用美的标准去评价客观事物是否符合其美的需要所引起的态度体验,如对艺术作品的欣赏,对自然景物的陶醉,对人文景观的感叹,对社会中和谐现象的赞许中所蕴含的各种情感,都属审美感表现。情操在平时更不外露,但在具体情境中,与情感一样,也会因客观事物刺激而以社会性情绪形式外显,同样表现为相应的喜怒哀乐。例如,战士在战场上对敌人表现出愤怒情绪,就是其爱国主义情感(道德感)在具体情境中的情绪性表现。

学术研究 7-1　　　　　　**五 大 类 情 感**

我国情感分类一直沿用苏联的体系,将高级情感分为道德情感、理智情感、审美情感三大类,但随着人类社会生活的丰富以及人们对情感现象认识的深化,这种分类也将在实践中得到发展。在一项对我国青少年情感素质的理论和实证研究中发现,青少年情感可分为五大类,每类又有下属若干种情感:

1. 道德情感(这是指青少年根据一定的社会道德规范评价自己和他人行为时产生的一种内心体验),主要包括:(1)爱国感——对国家、民族的忠诚、热爱的情感;(2)同情感——对他人的挫折、不幸等遭遇的怜悯或同情的情感;(3)正直感——勇于坚持原则、主张公正的情感;(4)责任感——对自己分内的事勇于承担并尽力完成的情感。

2. 理智情感(这是指青少年对认识活动成就进行评价时产生的一种内心体验),主要包括:(1)乐学感——指乐于学习的情感;(2)探究感——乐于对事物的特性、机制、规律等进行研究的情感;(3)自信感——对自己学习能力确信的情感;(4)好奇感——易于对新事物产生兴趣的情感;(5)成就感——在学习中追求成功的情感。

3. 审美情感(这是指青少年在对物质或精神现象的美进行评价时产生的一种内心体验),主要包括:(1)自然美感——因自然事物的壮观、美丽、奇妙等而产生的美感;(2)艺术美感——因音乐、舞蹈、戏剧、戏曲、诗歌、散文、小说等艺术作品的表现形式、内容和含义等而产生的美感;(3)工艺美感——因学习用品、生活器物之类实用品的美学特征而产生的美感;(4)环境美感——因学习、生活场所的洁净、有序、合理等而产生的美感;(5)科学美感——因科学内容的表现形式的简洁、对称、和谐等而产生的美感。

4. 生活情感(这是指青少年对自己和他人的生命、生活进行评价时产生的一种内心体验),主要包括:(1)生活热爱感——寻求生活乐趣、向往美好生活的情感;(2)生命珍爱感——对人类、动物、植物等一切生命体的爱护和珍惜的情感;(3)自强感——指克服困难,积极进取以求获得自我发展的情感;(4)人生幸福感——指对自己的生活现状感到满意的情感。

5. 人际情感(这是指青少年对自己与他人相处、交往活动时产生的一种内心体验),主要包括:(1)乐群感——乐意与他人交往,为别人或群体接纳的情感;(2)亲密感——能与他人交流内心体验的情感;(3)归属感——希望自己为别人或群体接纳的情感;(4)宽容感——能原谅别人而心安的情感;(5)合作感——愿意与他人共事的情感;(6)信用感——因信守承诺而欣慰的情感。

(卢家楣,2009;卢家楣,刘伟,贺雯等,2009)

三、情绪状态

依据情绪发生的强度、持续性和紧张度,我们可以把情绪状态分为以下三种:

1. 心境

心境(mood)是一种比较微弱而持久的情绪状态。例如,一个人遇到喜事会神清气爽,面临困境会忧心忡忡,逢有不测则会忐忑不安等,这些都是心境的不同表现。学习的顺逆、工作的成败、人际关系的亲疏、健康状况的好坏,乃至生物节律的起伏,天气晴雨的变化等都可以成为某种心境的成因。

心境具有弥散性,它不是关于某一事物的特定体验,而是以同样的态度体验对待一切事物。当个体处于某种心境之中时,他的言行举止、心理活动都会蒙上一层相应的情绪色彩,即所谓"忧者见之则忧,喜者见之则喜"。例如,有的学生考试受挫,成绩不佳,往往会陷入闷闷不乐的心境中。这时他上课思维相对迟缓,注意力不够集中,课后做事也无精打采,甚至说起话来也有气无力,周围一切似乎都黯然失色。与之相反,有的学生学习顺利,又获得奖学金,心里乐滋滋的,在这一情境中,他上课时特别有精神,思路敏捷,反应快,课后做事也觉得格外轻松,与人交谈兴致勃勃,甚至进进出出还伴随歌声笑语,周围一切仿佛变得格外美好而富有生气。

心境持续时间有很大差别。某些心境可能持续几小时,而有些心境可能持续几周、几个月或更长的时间。一种心境的持续时间依赖于引起心境的客观刺激的性质。如失去亲人往往会使人较长时间处于郁闷心境中;一个人取得了重大的成就(如高考被录取,实验获得成功,作品初次问世等)在一段时间内会使人处于积极、愉快的心境中。人格特征也能影响心境的持续时间,同一件事情对某些人的心境影响较小,而对另一些人的影响则较大。一般来说,性格开朗的人往往时过境迁,而性格内向的人则容易耿耿于怀。可见,心境持续时间的长短,与人的气质、性格有一定的关系。

心境有积极和消极之分。积极的心境,使人振奋乐观,有利于发挥情感对人的各种促进作用。消极的心境则容易对人的各方面产生负面影响。由于在各种情绪状态中,人们最常经历的当属心境状态,也即人们更多的是在某种心境状态中活动的,后面将要提到的各种情感功能,也大都是在某种心境中发生作用的。因此,保持良好的心境状态,以充分发挥情感功能的积极作用是十分重要的。

2. 激情

激情(intensive emotion)是一种短暂而猛烈的情绪状态。如果把心境描绘为"和风细雨"的话,那么激情便可描绘成"狂风暴雨"。诸如欣喜若狂、悲痛欲绝、怒发冲冠、魂飞魄散等都是激情的各种表现。引起激情的原因,一般是受到重大事件的强烈刺激,比如极大的成功、严重的挫折、莫大的羞辱、巨大的不幸等。

激情具有冲动性的特点。所谓冲动性,是指个体处于激情状态时,其意志会失去对行为的控制,其意识会削弱对行为后果的考虑。激情爆发过程十分迅猛,大量心理能量在极短时间内喷薄而出,强度极大。处于激情中的人往往有一种"情不自禁"、"身不由己"的感受。激情发展大致经历三个阶段:① 意识控制减弱,人的行为服从于体验的情绪;② 意志控制失去,人的行为完全超出平常的反应;③ 激情平息,感到异常平静、乏力、冷漠,有时甚至会出现精力衰竭、精神萎靡的情形。

激情也有积极和消极之分。激情的积极表现为,它可以使人的情感完全卷入到当前的活动中,产生相应的情感效应,并能成为动员人的潜能投入行为的巨大动力。这在见义勇为、冲锋陷阵的特定环境中尤为突出。甚至在教学中,教师讲课讲到高潮时,也应带有一定的激情性,从而使讲课更投入,更富有感染力。至于激情的消极表现,主要是指它强大的破坏性和危害性。不少人正是在激情中,因一时的冲动失去理智而导致"一失足成千古恨"的结局。青少年犯罪中的激情性犯罪,就是一种无预谋、仅因一时激情造成的犯罪行为。

3. 应激

应激(stress)是一种高度紧张的情绪状态。它往往发生于出乎意料的危险情境或紧要关头,如突然遇到火灾、地震,遭到歹徒袭击,参加重大比赛、考试等,都有可能使人处于应激状态。产生应激的原因主要是由于个体已有的知识经验与面临事件提出的新要求不一致,又无现成办法可供参考;或个体已有的知识经验和能力不足以应付当前的境遇而产生了无能为力的无助感和紧张感。

应激具有高度的紧张性。无论是出自危险情境的应激状态,还是出于紧要关头的应激状态,个体都会由于客观事物的强烈刺激而导致其承受巨大的心理压力,并集中反应在情绪的紧张维度上。同时,在应激状态下,个体的这种紧张性还表现在生理上承受超乎寻常的负荷,以充分调动体内的各种机能资源去应付紧急、重大的事变。应激时的生理反应大致如下:当紧张刺激作用于大脑时,下丘脑产生兴奋,肾上腺髓质释放大量肾上腺素和去甲状腺素,从而大大增加通向体内有关部位(如心脏、骨骼肌等)的血流量,提高机体对紧张刺激的警戒能力和感受能力,增强体能以应付环境,但经常处于这一状态,则会削弱自身免疫功能,导致疾病。塞里(Selye,1936)在《各种伤害作用引起的综合症》里提出"应激"概念时就指出,在危急状态下的应激反应会导致适应性疾病。

个体在应激状态下的反应也有积极和消极两种情况。积极反应表现为急中生智、力量倍增,使体力和智力都得到充分调动,以获得"超水平发挥"。消极反应表现为惊慌失措、四肢瘫痪、意识狭窄、动作反复出错等。有的学生平时成绩尚好,但初次参加重大考试或比赛,往往临场发挥不佳,考砸了,便是应激的消极反应所致。当然,在一般情况下,应激更易导致的是消极反应,而非积极的反应。若要增加积极反应的倾向,事先的演练是有效手段。军人的实战训练、民兵的防空演习、学生的模拟考试等,都旨在促成应激状态下的积极反应。

热点聚焦 7 - 1   **重新思考问题,改变思维方式**

1. 重新评价情境

尽管你不能摆脱应激性事件(那个讨厌的邻居不可能搬走;你不可能改变失业或患有慢性疾病的事实),但你可以换一种不同的思维方式,我们称之为"重新评价"过程。重新评价可以使愤怒化为同情、忧虑转为果断、损失变成良机。

2. 从经验中学习

一些创伤性事件和不治之症的受害者报告说，经验使他们变得更坚强、更愉快，甚至会成为一名品质更优秀的人。在逆境中善于发现意义和好处的能力对心灵的康复非常重要，它能缓解严重疾病的进程。

3. 进行社会比较

在困难的情境中，成功的应对者通常会将自己与其他不幸的人相比较。即使他们患有致命的疾病，他们也会发现有些人的情况比他们还要糟。有时，成功的应对者也把自己与那些比他们做得更好的人进行比较。如果人们能够从被比较的人那里获得有关应对方式、控制疾病或改善压力情境的信息，这样的比较就是有益处的。

4. 培养幽默感

罗德·马丁(2001)对幽默进行了20多年的研究，一直坚信幽默的益处。马丁发现，在应激发生期间，与在通风的房子里来回踱步相比，幽默是一种较好的应对方式，尤其是当这种幽默使你看到问题的荒谬性，并使你远离问题或者获得控制感的时候。不过，讽刺性的、怀有敌意的幽默往往会使事情变得更加糟糕。

(Wade & Tavris<韦德，塔佛瑞斯著，白学军等译>，2006)

第二节　情感的一般规律

情感一度被认为是极为复杂的心理现象，但是我们仍然可以透过变幻莫测的情感现象发现其内在的规律性。

一、情绪的特性

情绪是情感领域中最活跃、也是研究相对较多的方面。它与其他心理现象相比，有一系列的特性。了解情绪的特性，有利于我们在实践活动中更好地认识和把握情绪现象。

1. 情绪的生理特性

各种心理现象的背后都有一定的生理基础，情绪也不例外。但与其他心理现象不同的是，情绪发生时，个体身体内部会出现一系列明显的生理变化，这是情绪的一个重要特点，我们称之为情绪的生理特性。情绪发生时的生理变化主要是通过人体内自主神经系统中的交感神经和副交感神经的颉颃作用导致的，它主要包括呼吸系统、血液循环系统、消化系统、内外分泌系统以及脑电、皮肤电反应等一系列的变化(见表7-1)。一般说，交感神经与紧张且不快乐的情绪有关，其兴奋时会引起血管收缩、血压升高、心跳加快、消化器官运动减弱、血糖分泌增加、肾上腺素分泌增加、汗腺分泌加量等变化；副交感神经与平静且快乐的情绪有关,其兴奋时会引起一系列与上述相反的生理变化,血管扩张、血压下降、心跳减慢、消化器官运动加强、血糖分泌下降、肾上腺素分泌减少等。

表 7-1　交感神经系统与副交感神经系统机能活动比较

	交感神经系统	副交感神经系统
瞳　孔	放　大	缩　小
心　率	增　快	减　慢
血　压	升　高	降　低
血　糖	升　高	降　低
皮肤血管	收　缩	舒　张
支气管	舒　张	收　缩
冠状动脉	舒　张	收　缩
消化液分泌	抑　制	增　多
胃肠蠕动	抑　制	增　加
汗腺分泌	增　加	减　少
肾上腺分泌	增　加	减　少

一般来说,皮肤电反应(SCR)是情绪产生变化的一个敏感性指标。当一个人情绪发生时,自主神经活动引起皮肤内血管的收缩或舒张,以及汗腺分泌活动的变化,导致人体皮肤表面的导电系数发生相应变化。当人处在紧张的情绪状态时,皮肤导电电流增加,皮肤电阻下降。由于情绪具有生理特性,所以在研究情绪时,通过测量一个人的生理变化来了解其情绪状况,也就成为测量情绪的一个重要的客观手段。所谓"测谎仪",就是根据"说谎—紧张—生理反应"的原理,制造出的一种包括测试皮肤电、脑电波、呼吸、脉搏、血压等反应在内的多道生理仪。现在还可以用"声音紧张分析器"来测量人所不能觉察的语音变化,来了解人的情绪状况,增加鉴定结果的可靠性。

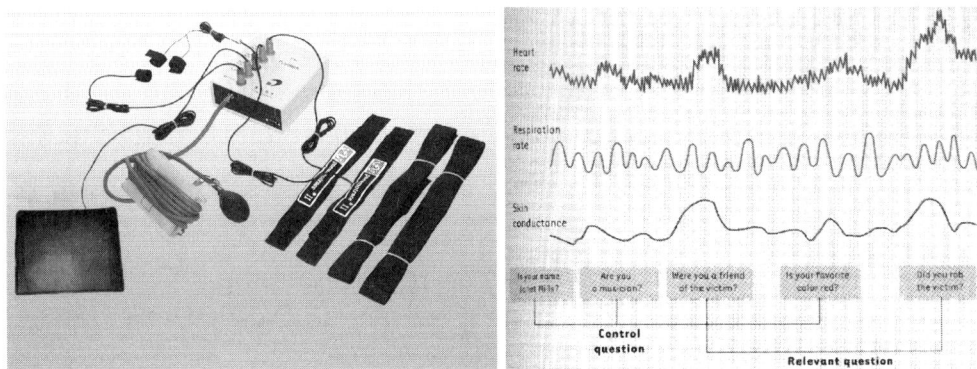

图 7-3　多通道心理生理测谎测试仪

2. 情绪的外显特征

当个体发生情绪时,还会出现身体外部变化,这是情绪不同于其他心理现象的又一个显著特点,我们称之为情绪的外显特征。这种情绪性的身体外部的变化,被称作**表情**(expression)。西方心理学将这一表情行为、情绪的生理反应与情绪的主观体验确定为情绪的三个基本成分。

人的表情可分为言语表情和非言语表情两大类。言语表情主要通过一个人言语时的音响、音速、停顿等变化来反映其不同的情绪。例如,当播音员转播足球比赛实况时,他的声音尖锐、急促、声嘶力竭,表达了一种紧张而兴奋的情绪;当播出某领导人逝世的公告时,他的语调变得缓慢而深沉,表达了一种悲痛的情绪。一般来说,喜悦时音调稍高,言语速度快,语音高低差别大;愤怒时声音高而尖且带颤抖;悲哀时音调低沉,言语缓慢无力等。非言语表情又包括面部表情和体态表情两方面,面部表情主要是通过面部的颜色、光泽,肌肉的收缩与舒展,以及纹路的变化来反映情绪(见图7-4)。根据心理学家研究,认为人的面部表情基本上反映在嘴唇、眉毛以及眼睛光泽的变化上。如狂喜时嘴角向后伸,上唇略提,两眼闪光,两眉舒展,所谓"眉开眼笑";惊奇时张嘴、瞪眼、两眉竖起,所谓"目瞪口呆"。情绪心理学研究发现:最容易辨认的情绪是愤怒、快乐、痛苦;较难辨认的情绪是恐惧、悲哀;最难辨认的情绪是怀疑、怜悯。艾克曼的实验证明,人脸的不同部位具有不同的表情作用。例如眼睛对表达忧伤最重要,口部对表达快乐与厌恶最重要,而前额能提供惊奇的信号,眼睛、嘴和前额等对表达愤怒情绪很重要。同时口部肌肉的变化也是表现情绪的重要线索。例如,憎恨时"咬牙切齿",紧张时"张口结舌"。体态表情主要通过四肢动作和身体姿势来反映情绪。如欢乐时的手舞足蹈、捧腹大笑;悲恸时的捶胸顿足;痛恨时的咬牙切齿等。其中手势是一种重要的体态表情,它协同或补充表达言语内容的情绪信息。"振臂

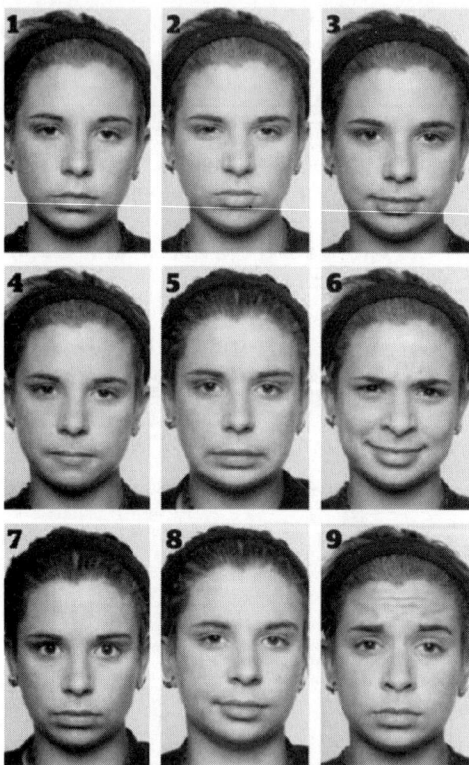

图7-4　人类的面部表情
(转引自:P. Ekman)

高呼""双手一摊""手舞足蹈"等手势分别表达了个人的激愤、无可奈何、高兴等情绪。

人类表情本身也有一系列特点。第一,表情具有先天共性。某些基本表情在个体出生的最初几天里就得以表现,并且这些表情在世界各民族中具有相当的一致性。心理学家认为,在人的大脑皮层下存在着某些表情模式的先天程序。这种先天性为人类间的思想感情交流创造了有利条件,也给人们识别、研究和利用表情提供了便利。因此,心理学研究能找出一些情绪的共同面部表情模式。艺术工作者也就能抓住各种基本的面部表情的典型模式,用一些最简单的图解线条十分成功地描绘出人的情绪状态。第二,表情具有后天习得性。人类表情是在先天发生基础上,又在后天社会交往中丰富、发展起来的。例如,先天盲婴在出生后不久拥有与正常婴儿同样的表情,这确实说明表情的先天共性。但在后天环境中,他们由于缺乏人际交往中人们对其表情的反馈和强化,表情逐渐变得淡薄、单调,与日趋丰富、细腻的正常婴儿的表情形成鲜明对照。这种后天习得性为人类表情的不断发展创造了有利条件,也是导致某些人类表情的社会文化背景差异的原因。第三,表情具有可控性。表情的生理基础与情绪不一样,后者主要受自主神经系统调节,一般不受大脑皮层的意识控制,而前者主要受躯体神经系统支配,可受大脑皮层的意识控制,从而显示出表情的可控性特点。我们既可以有意识地自然表现情绪,也可以夸大情绪或掩饰情绪,以符合社会交往、社会适应的要求。这种可控性为人类运用表情创造了有利条件。因此,教师也就有了在教育和教学中充分运用表情的可能性,他们可以通过自己的身体动作、言语声调等表情动作吸引学生的注意,鼓励或制止学生的行为,表明自己的态度,或者帮助学生更好地理解教学内容(见专栏实践探索 7-1)。同时,教师也可通过观察学生的各种表情,来了解学生上课时的情绪状态以及对教材内容的理解程度。

实践探索 7-1   **教学中的"表情解义"**

在课堂教学中,对于某些现象或概念,当我们无法用言语来表达时,可以采用非言语形式来表达,如"表情释义",即通过充分而又恰当地运用自己的言语表情——语言、语调、语速、停顿等,以及非言语表情——面容、目光、手势、姿态等,来更好地表达教学内容,反映内中的思想感情,形象地解释某些现象、概念。

例如,一位中学优秀教师在讲解鲁迅先生的《孔乙己》时,因学生对课文中"孔乙己排出几文大钱"一句里的"排"字不太理解,他就神气地走到讲台边(讲台充当酒柜),很响亮地往讲台上"排"出几个分币,寥寥几个动作,把孔乙己的心态展露无疑,使同学更深一层地理解鲁迅笔下的"孔乙己"。再如,英语单词"strength"和"force"都可以译为"力",但从词义上去看,学生很难理解。某位老师在讲解时,就做了两个动作。他先握紧双拳,向上举起,并往下用力一拉,做了一个健美运动员的姿势,然后高声说:"strength"。接着,他右拳又奋力地向正前方击出,然后又高声地说:"force"。这样,学生在欢快中很快掌握了这两个单词词义的区别。

3. 情绪的两极性

情绪的两极性是指每一种情绪都能找到与之对立的情绪。在极性、性质、强度、紧张度等各个方面，人的情绪都存在着相对立的两极状态。

从极性上看，有正情绪和负情绪之分。正情绪也即肯定情绪，如快乐、高兴、满意、兴趣等；负情绪也即否定情绪，如悲伤、烦恼、愤怒、厌恶等。从性质上看，有积极情绪和消极情绪之分。积极情绪与社会利益相符，有利于个性发展；消极情绪则与社会利益违背，有碍于个性发展。在这里顺便指出，积极情绪可以是正情绪，也可以是负情绪，消极情绪也同样如此，情绪的性质和情绪的极性不是一回事。例如，愤怒是负情绪，但对敌人愤怒是积极情绪，而教师对学生动辄发怒，则是消极情绪。同样，愉快是正情绪，但出于幸灾乐祸的愉快则是消极情绪。因此，在教学中陶冶学生情感主要在于引发学生的积极情绪，而不论这一积极情绪是愉快情绪还是不愉快情绪。例如，教师在教学中可以引发学生对自己祖国的民族自豪感、自尊感，这是积极的、正性的情绪；也可以引发学生缅怀革命领袖的悲伤情绪，这是积极的、负性的情绪。

从强度上看，又有强弱不同的情绪之分，人的任何情绪在强度上都有着由强到弱的变化等级，如害怕有担心、惧怕、惊骇、恐怖等不同的强度。情绪的强弱可以反映或预测个体被它们支配的程度，强度越大，自我被情绪支配的程度越高。

从紧张度上看，有紧张和轻松的不同情绪之分。在对个体学习或生活具有决定意义的紧要关头或某些紧张时刻，情绪容易紧张；紧张关头过去以后，可以体验到明显的轻松。一般来说，情绪感的紧张程度对个体行为活动效率具有重要影响，中等程度的紧张效果比较好。

由此可见，情绪在两极性多维度上不同程度的结合构成了人类复杂而多变的情绪。

4. 情绪的情境性

人的情绪会随所处情境的变化而变化，这就是情绪的情境性。无论是基本情绪还是复杂情绪，都是个体在具体的某种情境之中，在客观事物的作用下，并以主客观之间的一定关系为中介而发生的，当情境发生变化时，情绪也易随之发生改变。因而，在日常生活中也常有这样的情况，当某人情绪不好时，周围人会劝他出去走走，换一下环境来调节情绪，其道理也是基于此。正因为情绪会随情境变化，并且这种变化总在情绪的两极之间发生(这是由前述的情绪两极性决定的)，所以情绪也就表现出波动的特点。正如我国古代思想家所说："情，波也；水，流也；性，水也。"(《关尹子·五鉴篇》)"情之与性，犹波之与水；静时则水，动则是波；静时是性，动则是情。"(贺场)西方情绪心理学家扬(Young)和普里布拉姆(Pribram)也把情绪比作杯中晃动的水。我国心理学家燕国材(1981)甚至把情绪径直定义为"人的心理的一种异常波动状态"。情绪的情境性,或称之为情绪的波动性,为人们在特定场合朝着积极有益的方面转化提供了可能。

二、情感的功能

随着人类社会的进一步发展和人类实践活动的进一步开拓,人类情感的多功能性也越来越明显。

1. 情感的动力功能

情感的动力功能(dynamic function of affection)是指情感对人的行为活动具有增力或减力的效能。现代心理学研究表明,情感不只是人类实践活动中所产生的一种态度体验,而且对人类行为动力产生直接的影响。在同样的有目的、有动机的行为活动中,个体情绪的高涨与否会影响其活动的积极性:在高涨情绪下,个体会全力以赴,努力奋进,克服困难,力达预定目标;在低落情绪下,个体则缺乏冲力和拼劲,稍遇阻力,便畏缩不前,半途而废。一项对11~15岁青少年的实验研究(柴文袖,王文娟,1984),更以量化手段揭示了正情绪和负情绪对实际活动所产生的增力和减力作用。该实验采用鼓励组和挫折组相对照的办法,让男女青少年进行400米赛跑。结果鼓励组情绪高涨,成绩提高,而挫折组情绪低落,成绩降低,两者差异显著(见表7-2)。

表7-2 接受鼓励或指责对男女运动员成绩的影响(单位:秒)

	性 别	提高(降低)人数及成绩的变化量	总变化量相对值	每人平均变化量相对值	t	p
鼓励组	男(11人)	7人提高35.5, 4人降低 −4.2	(提高) 31.3	(提高) 2.84	2.20	$0.05 < p < 0.1$
	女(12人)	10人提高41.9, 2人降低 −2.4	(提高) 39.5	(提高) 3.29	3.61	$p < 0.01$
挫折组	男(11人)	4人提高9.7, 7人降低 −17.6	(降低) −7.9	(降低) −0.72	−0.83	$p > 0.05$
	女(12人)	4人提高5.3, 8人降低 −22.2	(降低) −16.9	(降低) −1.41	−1.86	$0.05 < p < 0.2$

现代情感心理学中以汤姆金斯(Tomkins)和伊扎德为代表的动机—分化理论自20世纪60年代产生以来,就十分重视情感的动力功能。他们不仅认为情感具有"放大"内驱力的作用,而且认为情感本身可以离开内驱力而直接起到动机作用。在他们分析的人格系统中存在四种类型的动机结构:内驱力、情绪、情绪—认知相互作用、情绪—认知结构。其中情绪是核心,无论是与内驱力相联系的情绪,或是同认知相联系的情绪,抑或是蕴含在人格结构中的情绪特质,都起着重要的动机作用。美国心理学家利帕(Leeper)进而认

为,情绪性动机在指导行为上的效果并不亚于甚至等同于有生理基础的动机,但它们都不依赖于生物组织的需要,而可由更细致而复杂的社会信号所激发,它们受到刺激物的意义(过去和现在)的制约。也正是由于情绪和动机一样都能推动行为,因此西方也把行为分为动机性行为(motivated behavior)和情绪性行为(emotional behavior)。在现代西方心理学教材中,"动机"和"情绪"往往被放在同一章中论述,这也在一定程度上反映了这种认识倾向。情感是否可直接归属于动机范畴,尚无定论,但情感对人的行为的动力作用,不仅在实践中,而且在理论上都已达成共识。我国情感心理学专家孟昭兰教授(1989)也特别强调:"情绪的动机作用并非只体现在对内驱力的放大作用上,人类的高级目的行为和意志行为的驱力作用中,也无不包含着情绪因素。"这是因为动机和情感都与需要有直接关系。一般来说,动机是在需要和诱因的作用下发生的;情感的发生则是受需要和客观事物之间的关系制约。但通过需要这一共同的媒介所维系着的这两种心理现象——动机和情感,在客观事物的趋向上并不总是一致的。因为人也会在负诱因(压力)作用下发生动机行为,但在情感上是否定。例如,一个学生出于教师的压力(惩罚或压力)而学习,但在情感上是抵触、厌恶的。因此,这里就会出现两种情境:当情感与动机在需要和客观事物的关系上一致时,情感便起着积极的作用;而当不一致时,便起着消极的作用,从而表现出情感对个体行为活动的增力或减力效能。

2. 情感的调节功能

情感的调节功能(regulation function of affection)是指情感对一个人的认知操作活动具有组织或瓦解的效能。这是随着现代情感心理学家把注意力越来越多地集中于情感和认知的相互关系以后所揭示出来的一个最为引人瞩目的功能。人们过去对情感的偏见,也主要集中在情感对认知活动的干扰或破坏方面。然而,大量研究表明,适当的情感对人的认知过程具有积极的组织效能,而不适当的情感则会产生消极的瓦解作用。这一情感功能的揭示,不仅更新了在历史上把情感作为理智的对立面来认识的观念,而且打开了非智力因素直接影响智力因素的一条重要通道,对于人类的实践活动,尤其是教学活动,具有不可估量的价值。

实践探索 7 - 2   发挥情感的调节功能,创设最佳教学气氛

情感对个体的认知过程具有积极的增力作用和消极的减力作用。因此,在教学过程中教师要善于控制、调节学生的情感,努力创设良好的教学情境。《春》是朱自清一篇优美的散文。教学之始,教师可用充满激情的语言导入新课,使学生心理上激起急于探知的求知欲和好奇心。接着,以富有表情的方式朗读,通过语音将新教材的信息输入学生的大脑,就会使学生脑海中出现春天生机勃勃繁花似锦的景象,从而引起对教材的极大兴趣,进入一种审美的境界。当学生理解了作品拟人、比喻、排比、叠音词等手法将春景表现得如此生动时,他们不仅惊叹于作品高超的表达技巧,产生愿意学习的心向,同时,也对语言所承载的情感内容、作者对春天向往之情、振奋之感产生共鸣。与此同时,也会自觉地将作品的表达技巧迁移到自己的习作之中,提高了写作能力。

情感对认知操作活动的积极与消极作用,首先反映在情绪的极性上。一般说,快乐、兴趣、喜悦之类的正情绪有助于促进认知操作活动,而恐惧、愤怒、悲哀之类的负性情绪会抑制或干扰认知操作活动。海特纳和鲍里夫(Haitner & Borrif＜海特纳,鲍里夫著,林家凤译＞,1984)曾做过这样一个实验。他们选择令人愉快和不愉快的 6 个句子作为学习材料。实验时,先测定被试的心境,然后让被试对 6 个句子,按照自己认为愉快或不愉快程度作等级评分。接着让被试学习随机呈现的 6 个句子。最后以自由回忆的方式写出自己记住的句子内容。实验结果发现,心境好的被试比心境不好的被试,不仅更能正确评定 6 个句子的愉快与不愉快的程度,而且能记住更多的句子内容。例如,处于第 8 等级心境(心境很好,很高兴)的 13 名被试和处于第 3 等级心境(心境不好,情绪低落)的 8 名被试在识记意义单位得分上有着显著差异,而在完全忘掉的句子方面的分析上,后者的遗忘量是前者的 4 倍半!孟昭兰教授以婴儿为被试进行了有关情绪状态对智能操作活动影响的系列实验研究。在实验室引发各种不同情绪的条件下,让被试完成规定的智能操作活动,并以完成的速度为主要量化指标,看被试在哪种情绪状态下进行正确的操作所需时间较少,即效率较高。一系列实验的结果表明:被试分别在快乐、兴趣和无怒等正情绪状态下进行智能操作活动的效率,明显高于被试在痛苦、惧怕和愤怒等负情绪状态下进行智能操作活动的效率(见表 7-3)

表 7-3　正情绪和负情绪在认知操作上的总体差异比较

快　乐	痛　苦	兴　趣	混　合	惧　怕	无　怒	愤　怒
125.2	174.7	46.6	72.0	178.0	100.4	142.1
$t=2.19$		$F=104.65$			$t=2.53$	
$df=111$		$df=58$			$df=71$	
$p<0.05$		$p<0.01$			$p<0.02$	

赫布（Donald Olding Hebb，1904—1985）

加拿大心理学家，提出细胞联合理论来解释知觉及在大量脑组织损伤条件下仍能保持一定智力水平的现象。他强调早期经验对智力发展的重要性，正常环境刺激是保持心理健康的重要因素。1960 年当选为美国心理学会主席，1961 年获美国心理学会颁发的杰出科学贡献奖，1979 年当选为国家科学院院士。

情感对认知操作活动的积极与消极作用，还反映在情绪的强度上。早在 20 世纪 50 年代，心理学家赫布就发现，一个人的情绪唤醒水平和智能操作效率之间似乎存在着一种非线性关系。当情绪唤醒水平较低时，有机体得不到足够的情绪激励能量，智能操作效率不高。随着情绪唤醒水平的上升，其效率也相应提高。但唤醒水平上升到一定的高度后，再继续上升，情绪激励的能量过大，使人处于过度兴奋状态，反而影响效率。这样，便存在着情绪唤醒水平的最佳点——中等程度的情绪唤醒水平最有利于智能操作活动。嗣后，有人（Wolford，1974）不仅用实验证实了赫布的研究结果，而且发现，情绪唤醒水平的最佳点随智能操作活动的复杂性而变化。在实验中，设置三种难度的智能操作活动，结果发现，活动越复杂，唤醒水平的最佳点越偏低些（见图 7-5）。这就是反映情绪强度与认知操作活动效率之间关系的耶克斯-多德森定律（Yerkes-Dodson law）。根据这一定律，我们在进行认知操作活动时，情绪强度不宜过高和过低，应保持中等水平，并且这一适中点还应根据认知操作活动难度作相应调整，难度大的，适中点偏低些，难度小的，适中点偏高些，这样才能积极发挥情感对认知操作活动的调节功能。

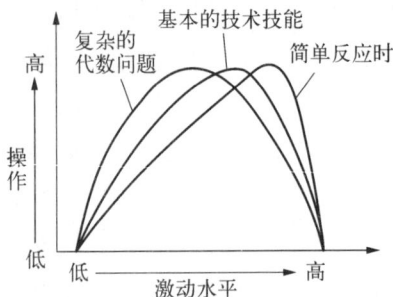

图 7-5　耶克斯-多德森定律

学术研究 7-2　　　　**情绪对认知影响的相关研究**

一些研究表明，不同的情绪与认知过程的变化有关。在某种程度上，情绪对认知的变化起着很大作用。焦虑的人对危险和威胁特别警惕，而悲伤或抑郁的人倾向于回忆过去的消极事件。马修斯等人（1985）研究了焦虑的人对威胁的警觉性。他们采用了 Stroop 任务，让被试尽快命名一些词语的墨迹颜色。有些词语是消极词,有些是中性词,要求被试忽视词语的意义,将注意力放到墨迹颜色上。研究的假设是,消极词比中性词更容易引起焦虑被试的分心,因此,焦虑被试命名消极词的墨迹颜色时其反应时间更长。此外,由非焦虑被试组成的控制组,他们在命名消极词的墨迹颜色时比焦虑组更快。研究结果有力地支持了焦虑被试对威胁更警惕的假设。

在克拉克等人(1982)的研究中,让抑郁被试在一天的不同时间回忆过去快乐和悲伤的事情。之所以要求在不同的时间回忆,是因为病人的情绪存在所谓的日变化,即在一天中的不同时间,抑郁程度不同。结果表明,在一天中最抑郁的时候,他们回忆出更多的压抑事情;而在最轻松的时候,他们回忆出较多令人愉快的事情。这项研究表明,回忆消极事件的倾向性随抑郁程度的增加而提高,这就是心境一致性记忆。对此研究者的解释是,抑郁中的情绪如悲伤是某种形式的损失在起作用。因此,快速地找到与损失有关的信息能使系统重新分配资料,以应付情境中的变化。

(Eysenck ＜艾森克著,阎巩固译＞,2000)

3. 情感的信号功能

情感的信号功能(signal function of affection)是指一个人的情感能通过表情外显而具有信息传递的效能。确切地说,一个人不仅能凭借表情传递情感信息,而且也能凭借表情传递自己的某种思想和愿望。研究表明,情感的信号功能在传递信息方面具有一系列独特的作用。

① 加强言语的表达力。在人际交往过程中,表情伴随言语,能对言语进行必要的补充、丰富、修正和完善,从而提高说话者的表达能力,帮助他人更好地理解说话者的言语内容。同时,表情具有一定的直观性、形象性,也有助于说话者借以表达一些较为抽象的言语,使听者较易接受、领会。正如苏联著名教育家马卡连柯在谈到言语表情的作用时所说:"声调的运用之所以具有意义,倒不是仅仅为了嘹亮地唱歌,漂亮地谈吐,而是为了更准确地、生动地、有力地表现自己的思想感情。"

② 提高言语的生动性。没有表情的言语,即使是再优美的语言,仍给人以呆板、平淡,缺乏生气、活力的印象。而富有表情的言语,则会使一句极普通的话语顿时散发诱人的魅力。

③ 替代言语。由于表情能传递一个人的思想感情,所以在许多场合,它可以单独承担信息的交流职能。表演艺术中早期的无声电影和现代哑剧,课堂教学中师生之间的种种体态语言的运用便是这方面的典型。

知识小窗 7-2　　　　　　人 类 的 表 情

达尔文(Darwin,1872)在《人和动物的表情》一书中就指出,人与动物在表情方面的发展具有延续性。但人类表情在丰富性、细腻性、社会性方面则与动物有着巨大的,甚至是根本性的区别。心理学家阿尔伯特

(Albert)研究了使用英语的人们的交往现象后惊奇地发现,在日常生活中,55%的信息是靠非言语表情传递的,38%的信息是靠言语表情传递的,只有7%的信息才是靠言语传递的。Dale(1970)通过分析上百万份资料后作出这样的统计结果:在日常生活中,人们平均每一句话只用2.5秒钟,平均每天只讲10~11分钟的话,而大量的信息交流是靠非言语表情承担的。在两人以上的互动场合中,有65%的"社会意义"是通过非言语表情的交流方式传递的。据说,仅是人的脸部就能做出大约25 000种不同的表情。

④ 超越言语。首先,人类表情发展到今天,已是极为丰富了,它能比言语更细腻、入微、传神地表达思想感情。英国著名戏剧家萧伯纳曾说过:"动词'是'有五十种表现法,'不'有五百种左右的表现法,但这两词的书面形式却都只有一种。"两者差异由此可见。其次,表情比言语更富有真实感。人们在交流时,事实上存在着两个层次上的信息交流,第一个层次是通过言语实现的,第二个层次是通过表情实现的。常言道,"锣鼓听声,听话听音"。这里的"话"是指言语,而这里的"音"是指表情。当一个人的表情与言语所表达的态度不一致时,人们往往更倾向于把表情中流露出的态度视为其真正的内心意向,而把言语中表达的态度视为"表面文章"、口是心非。可见表情在人际信息交流中比言语略胜一筹。

4. 情感的保健功能

情感的保健功能(health function of affection)是指情感对一个人的身心健康具有增进或损害的效能。情绪的生理特性已告诉我们,当一个人发生情绪时,其身体内部会出现一系列的生理变化。而这些变化对人的身体影响是不同的。一般说,在愉快时,肾上腺素分泌适量,呼吸平和,血管舒张而使血压偏低,唾液腺和消化腺分泌适中,肠胃蠕动加强等等,这些生理反应均有助于身体内部的调和与保养。但焦虑时,肾上腺素分泌过多,肝糖原分解,血压升高,心跳加速,消化腺分泌过量,肠胃蠕动过快,乃至出现腹泻或大小便不自主泄出。这一切又有碍身体内部的调养。倘若一个人经常处于某种情绪状态,久而久之便会影响一个人的身体健康。在一项动物实验中(Weiss,1972),通过控制电击状况,让动物被试分别处于三种不同环境之中:第一种在长期恐惧压力下,第二种在白鼠能预测的情绪压力刺激情境之中,第三种无任何情绪压力。实验结果为:在第一种环境中的白鼠由于长期胃液中盐酸分泌过多而导致了严重的胃溃疡,第二种环境中的白鼠溃疡程度较轻,第三种环境中的白鼠无溃疡现象。

知识小窗 7-3 伊本·西拿的公羊

在中世纪，享有"医学之王"美誉的著名伊朗医学家伊本·西拿曾做过一个实验。他把两只公羊分别系在两个不同的地方，给以同样的食物。一个地方是平静、安稳没有危险的草坪；另一只公羊待的地方是旁边关着狼群的动物馆。第二只公羊由于经常看到狼在它身边窥视而整天提心吊胆，精神一直处于高度紧张的状态，不久就死了。而前一只公羊却一直生活得很好。西拿做的这个实验表明，情绪不仅对人，甚至对动物也有很大的影响。

美国加州约翰·霍普金斯医学院的研究人员，从 1948 年起对该院毕业生进行长达 30 年的关于情绪与健康关系的追踪研究。结果发现，年轻时倾向于压抑、焦虑和愤怒的人比生性安静的人得结核病、心脏病、癌症等疾病的比例高出三倍。这种情绪与健康的关系，早在两千多年前就引起古希腊和中国古代医学的重视。希波克拉底曾论述过情绪与性格类型的致病作用。在我国的《黄帝内经》一书中则更有情绪与疾病诊断、治疗、预防的关系的详尽论述。现代医学中则发展起一门专门研究心理(主要是情绪)与躯体健康关系的分支科学——心身医学，并且进一步发现情绪调节健康的生理机制，主要是通过影响人体内的免疫系统的功能，来对人的健康产生全面影响的。随着时代的发展，人们对"健康"的认识也不再囿于狭隘的生理学模式，而是广延于生理—心理—社会学模式，"健康"既包含生理健康，也包含心理健康。而情绪良好，本身也是心理健康的一个重要组成部分。保持愉快、乐观的情绪状态能增强机体的抵抗力，提高有效适应环境的能力，减少疾病发生的可能性。这是因为健康的情绪能保持大脑及整个神经系统一定程度的张力状态，利于充分调动机体潜能，不仅能提高工作的效益和耐久性，而且能增强机体的活力，促进良好的食欲和睡眠，使机体产生强大的生理、心理驱力，保证神经、内分泌系统机能的正常运行，从而使机体处于健康状态。因此，情感的保健功能对现代社会生活中的每一个人，尤其是身心正处在发展之中的青少年来说，都具有十分重要的意义。

5. 情感的感染功能

情感的感染功能(infection function of affection)是指一个人的情感具有对他人情感施加影响的功能。当一个人发生情绪时，不仅能自身感受到并产生相应的主观体验，而且还能通过表情外显，为他人所觉察，并引起他人相应的情绪反应。例如，你走过大街，看见有人被车撞伤，在路边痛苦地呻吟，你自己也会感到难过。西方心理学把这种现象称为移情。这就为教师凭借表情将教材中蕴涵的情感表现出来影响学生，使之获得相应的情感体验提供了依据。

实践探索 7-3　　发挥情感的感染功能,让学生获得情感共鸣

　　在教学中,教师一定要注意通过情感的感染来增进学生的情感体验,使学生爱老师所爱,憎老师所憎,达到以情育情的目的。例如,有位教师教《祖国啊,我亲爱的祖国》,紧紧抓住诗歌的意象节奏和旋律,一字字,一声声,来倾吐自己献身祖国的愿望。第一节诗人以深沉悲痛的心情、委婉曲折的笔触,回溯了祖国数百年来贫困、落后的历史,朗读时,仿佛听到一支以低音缓慢升起的乐曲,给人一种沉重感,这种音韵效果与诗人对贫困祖国的忧患意识十分相似。第二节诗句朗读时简短急促,仿佛看到诗人把忧国的情绪化为深深的悲怆。第三节诗句拉长,节拍增多,反复回旋,抑扬顿挫。第四节,节奏加快,把全诗的感情推向高亢、激昂的高峰。由于揭示了教材的情感因素,把体现作者的情感呼唤出来了,打动了学生的心弦,使作者与教师、学生的情感产生了共鸣,从而在情感的体验中加深了对该诗歌的理解。

　　美国情感心理学家斯托特兰德(Stotland)认为,**移情**(empathy)就是"由于知觉到另一个人正在体验或去体验一种情绪而使观察者产生的情绪性反应"。他用实验证实了这种现象。他让被试观察由自己助手充当的假被试接受透热疗法时的情景。假被试表现出三种可能的体验:痛苦、快乐和一般。被试在观察时看到假被试的三种不同的情绪体验,他们的生理反应也同时被记录了下来,结果发现,被试在观察时也产生相一致的情绪体验。在人们的日常生活中还可以看到,当一个人的情绪引起另一个完全一致,且有相当强度的情绪时,我们称之为情感共鸣。其实,它就是最典型、最突出的移情现象。心理学研究表明,一个人的情感会影响他人的情感,而他人的情感还能反过来再影响这个人原先的情感,这就是人与人之间的情感发生相互影响。这是情感的感染功能所导致的必然结果。情感的这一功能为人与人之间情感的交流提供了可能,有助于促进个体的情绪社会化,同时也有助于渲染、调节或控制他人的情感以达到"以情育情"的目的。

6. 情感的迁移功能

　　情感的迁移功能(transfer function of affection)是指一个人对他人的情感会迁移到与他人有关的对象上去的效能。自1890年詹姆斯首先进行了记忆训练的迁移实验之后,迁移现象引起了心理学家的极大兴趣,他们提出了不少有关认知方面的迁移理论。嗣后发现,迁移现象具有相当的普遍性,而非仅局限于认知。"由此可以看出,动作技能、知识、情感和态度都可以迁移。"(邵瑞珍,1983)一个人对他人有感情,那么对他人所结交的朋友,所经常使用、穿戴的东西,也都会产生好感。这似乎是把对他人的情感"迁移"到他人所接触的人和物上去了,这便是情感的迁移现象。中国有句成语叫"爱屋及乌",便生动而典范地概括了这一独特的情感现象。苏联心理学家雅克布松(Якобсон<雅克布松著,王玉琴

译,1988＞)认为:"高级神经活动的规律……也可以解释为对具体情感所趋向的客体的范围的扩大过程,甚至也可以解释为所体验的情感的性质的变化过程,即情感迁移","周围现实的客体和现象起初对我们是无关痛痒的,由于在它们之间以及在引起我们的情绪反应的客体之间建立起暂时联系,这些客体和现象本身开始引起情绪反应。如果我们在某一具体的地方、家庭等有不愉快、委屈、受侮辱等强烈的体验,我们都会对这个地方、家庭等产生厌恶的态度。恋人不仅爱自己所爱的对象,而且对他们幸福约会的地方也会依恋;他开始对他平时不关心的周围生活的现象、客体产生了极大兴趣……所体验的情感的性质之所以起变化是由于条件反射的联系。"这对我们认识情感迁移功能的内在机制是有一定启发的。在教学中,教师挚爱的情感投射到学生的心灵上会唤起学生相应的情感反映,继而又把教师的爱迁移到教师所教的功课上,即所谓"亲其师,而信其道"。因此,教师要有效地运用情感的迁移功能,诱导学生热爱所学科目,一方面要重视"情感资本"的积累,与学生建立真挚的感情,让学生体验到老师的爱,并发展为师生互爱,从而使学生亲近你,愉快地接受你的教育。另一方面,要真正喜爱自己所教的学科,努力构筑与教学目标相适应的知识和能力结构。同时,根据学科的情感目标采取某种情感教学模式及其相应的教学策略来优化教学,创造良好的晕轮效应,从而使情感迁移功能在教学中起到改善学生对所学学科的倾向性效能。

三、情绪发生的心理机制

为了在实践活动中能更好地调控情绪,使之能积极发挥其功能效用,我们有必要研究情绪发生的心理机制。诚然,这些机制是相当复杂的,但纵观已有研究,在心理层面上至少存在着一些重要因素对情绪发生的心理机制产生影响。

1. 客体与需要关系是决定情绪的主要因素

我们在本章第一节中就已指出,客观事物本身并不直接决定一个人的情绪,而是有其主观上的中介,以致情绪是主客观之间的某种关系的反应,个体的需要便是其中的一个重要中介。需要是一个人对客观事物的要求在头脑中的反映,属个性倾向范畴。同样的客体在不同人身上之所以会引起不同的情绪反映,在很大程度上与人的需要不同有关。因此,决定个体情绪的一个重要因素,是客体与需要之间的关系。

这一关系首先决定情绪发生的极性。一般说,客观事物满足个体需要,产生正情绪,如快乐、喜悦、欢欣等;而客观事物不满足个体需要,则产生负情绪,如痛苦、愤怒、郁闷等。其次,这一关系决定情绪发生的种类。由于客观事物与需要之间的关系在现实生活中是十分复杂的,因此决定的情绪也会多种多样。例如,对个体生存需要构成威胁的客体,往往会引起恐惧;而有损自尊需要满足的客体,则易导致焦虑;更有甚者,当客体与一个人的多种需要发生关系时,它虽满足个体某一需要,但同时又不能满足个体另一需要,便会产生诸如悲喜交加、爱恨交织的对立情绪,甚至百感交集之类的复杂情绪。再者,这一关系决定情绪发生的水平。由于人的需要有层次上的不同,有生物性需要,也有社会性需要;在社会性需要中,又有基本社会性需要和高级社会性需要之分,因此,吃喝玩乐之类的生物性需要满足与否所引起的情绪,在水平上自然不能与求知、创造、奉献之类的高级社会性需要满足与否所引起的情绪相提并论了。事实上,需要的层次越高,与之相联系的情绪发生的水平也越高。最后,这一关系还决定情绪发生的性质。凡与社会利益、个性健康发展的需要相一致的情绪就是积极情绪,反之,是消极情绪。

正因为客体与需要之间的关系在决定情绪的发生中有如此重要的作用,以致我们以往在定义情绪内涵时,也往往从需要和情绪的关系上加以界定。然而,随着人们对情绪现象的不断深入探究发现,把情绪发生的心理机制仅归结为受这一关系制约,也是不全面的。事实上,在情绪发生的机制上,还有一些因素起着十分重要的作用。

2. 客体与预期关系是决定情绪的又一重要因素

预期(expectation)是一个人根据自己的经验、习惯对客观事物做出的一种事前估量,属认知范畴。它根植于个体在生活过程中逐渐内化形成的认知结构,并依据外来信息不断修正,始终处于动态变化之中。它可能被人充分意识到,表现为有意识的估量,也可能未被充分意识到,表现为潜意识的估量。例如,晴天出门未带雨具,这是因为"不会下雨"的潜意识估量所致。人的绝大多数行为活动都伴有预期,这是人的意识活动的超前性反映的表现。综合大量观察和研究材料发现,预期也是客观事物影响情绪的一个重要中介,客体与预期关系是决定情绪发生的又一重要因素。(卢家楣,1988)

这一关系首先决定情绪发生的强度。一般说,客观事物超出个体预期越大,它满足个体需要与否所引起的情绪越强烈;反之,则越微弱。这种情况在生活中比比皆是。人们往往会因意外的收获感到格外高兴,也会因意外的失败感到分外懊丧;而对意料中发生的事,无论是满足需要,还是不满足需要,产生的情绪要平静得多。在一项实验中(Epstein & Roupenian,1970),给三组被试以电击刺激,测试其焦虑水平,让其中两组预知电击强度(一组得知强些,一组得知弱些),而第三组不知电击强度,结果表明,同样强度的刺激,若对其强度有准确预知,比无所预知引起的焦虑弱。贝克维茨(Berkowitz,1960)进行了一项实验,发现由没有预料到的挫折情境所引起的挫折感,要比可以预料到的挫折情境所引起的挫折感更为严重。我国心理学教授卢家楣也成功利用了"超出预期"这一因素,在真实的教学情境中诱发学生的情绪,以达到必要的强度。

实践探索 7 - 4　　　　教学心理学情感维度上的一种
教材处理策略——超出预期

　　超出预期策略是指在教学过程中教师应恰当处理教学内容,使呈现的教学内容超出学生预期,引发学生的兴趣,以有效调节学生的学习心向,提高其学习的积极性。该策略的心理学原理涉及两个环节:(1) 超出预期引发惊奇;(2) 由惊奇转化为兴趣。

　　此策略尤在如下情形运用:一是将看上去似乎是比较平淡的教学内容,出乎意料地与奇异现象联系起来,使学生惊奇地发现其中所存在的不可思议的事实;二是将看上去似乎是枯燥乏味的教学内容,出乎意料地与生动事例、有趣知识联系起来,使学生惊奇地发现其中所蕴含的趣味性;三是将看上去似乎是简单易懂的教学内容,出乎意料地与学生未曾思考过的问题、未曾接触过的领域联系起来,使学生惊奇地发现其中所具有的深层内涵;四是将看上去似乎是"教条性"的内容,出乎意料地与现实社会、生活实际、生产实践和未来工作与事业联系起来,使学生惊奇地发现其中所显示的实用价值;五是将看上去似乎是经典性的内容,出乎意料地与现代社会、高新科技联系起来,使学生惊奇地发现其中所折射出的时代气息。

　　这一策略运用的关键在于巧妙组织教学内容,使新材料的呈现在符合学生认知需要的基础上,尽可能超出他们的预期,产生惊奇感,以达到"出奇制胜"的效果。例如,某教师在讲"分子运动论"时,先拿出两瓶液体倒在一起,问"是否还是两瓶原有的容量?"学生根据物质不灭定律都作出"保持原有容量"的选择。结果大大超出学生的预期:两瓶液体倒在一起只有一瓶半了。那半瓶液体到哪里去呢?学生感到惊奇,又由惊奇变为急于探索的兴趣,大大提高学习新材料的积极性。

(卢家楣,1998)

　　其次,这一关系还直接决定惊奇一类情绪的发生。我们知道,惊奇也是人类重要的基本情绪之一。但它的发生往往在个体明确客体与需要关系之前,因而不是由客体与需要之间的关系决定的。这也是以往试图用客体与需要关系作为唯一因素解释情绪发生现象时所出现的一个重要理论缺陷。其实,当与个体需要之间的关系尚不明确的客观事物出乎预期地发生时,只要超出预期达到一定程度,就会引起惊奇情绪,并可由超出预期的不同程度,区分出从新鲜感、新奇感,到惊异、惊讶、惊愕,直至震惊、惊呆、惊厥等一系列不同强度的惊奇类情绪。这类情绪可称为中性情绪,与苏联心理学家所讲的"不确定性情绪"(Петровский,1970,1976)是一致的:"惊奇"是一种对突然发生的情况的情绪反应,它没有肯定或否定特征的明显表现(Петровский,1986),当然,这种中性情绪也会随着客体与需要关系的明确而转化,分别变为惊喜、惊恐、惊恸等富有极性的正负情绪。由于惊奇情绪的发生往往是认知活动与兴趣的先导,所以弄清客体与预期之间的关系直接决定惊奇一类情绪的心理机制,在教育活动中更具有重要意义。

3. 认知评价是决定情绪发生的关键因素

随着认知心理学的发展,现代情感心理学越来越重视情绪发生的认知理论。20世纪50年代美国女心理学家阿诺德(Arnold)提出了情绪的评估—兴奋学说,60年代另一位美国心理学家沙赫特(Schachter)提出了情绪的认知—激活学说,七八十年代拉扎勒斯提出了情绪的认知—再评价学说。虽然这些理论的侧重点不同,但都充分肯定了认知评价在情绪发生中的作用。

拉扎勒斯(Richard Stanley Lazarus,1922—2002)

美国心理学家,应激理论的现代代表人物之一,对情绪和适应作了大量的研究。关于应激反应的过程,他提出了情绪认知评价理论,认为生活过程中的其他因素都是以认知评价为转移的。1989年获美国心理学会颁发的杰出科学贡献奖。

正如阿诺德举例所说:在森林里看到熊会产生恐惧,而在动物园里看到关在笼子里的熊却不产生恐惧。原因是情绪产生取决于人对情境的认知评价,通过评价来确定刺激情境对人的意义。这里的"意义",其实主要就是包括客观与需要和客观与预期两方面关系。也就是说,客观事物与需要、预期的关系究竟如何,最终受一个人头脑中认知评价的影响。例如,同样是考试得80分,学生会用不同的认知评价产生不同的情绪体验。若从成绩等第上评价,会因刚好划为"良"而庆幸;若从以往成绩比较中评价,则会因退步而不悦。心理学研究表明,这种认知评价会受一个人知识经验、思想方法和信念、价值观等的影响。受到挫折,缺乏辩证观念的人只看到事物失败的一面,产生悲观情绪,而具有辩证观念的人,会从"失败是成功之母"的角度认识挫折,避免消极情绪。

学术研究 7-3   外部诱导对情绪影响的一个实验

一个人对事物的认知评价会受到其他人的诱导、劝说的影响,因此,一个人的某种刺激所引起的情绪也就会因诱导、劝说而改变。拉扎勒斯和斯比斯曼(Lazarus & Speisman)曾做过一个实验,他们让四组被试分别看同一部反映澳大利亚原始部落男子成年礼的电影。成年礼是原始社会里个体从童年进入成年的一个标志性仪式。仪式的形式是多种多样的,如折断门牙、纹身、刺脸、穿鼻等,其中较典型的是割礼。影片中有不少骇人听闻的残酷画面。对A组,用讲解肯定画面的残酷性;对B组,用讲解否定画面的残酷性;对C组,用超然的态度讲解画面;让 D 组看无讲解的电影。结果发现,同样的画面刺激,通过讲解引导被试对其进行不同的认知评价,导致不同强度的紧张情绪。运用皮肤电测试表明:A 组最紧张,D 组其次,B、C 组最弱(见图 7-6)。对外部诱导的实质在于帮助一个人调整认知评价,从而改变对客观事物与需要、预期关系的认识,达到影响情绪的效果。

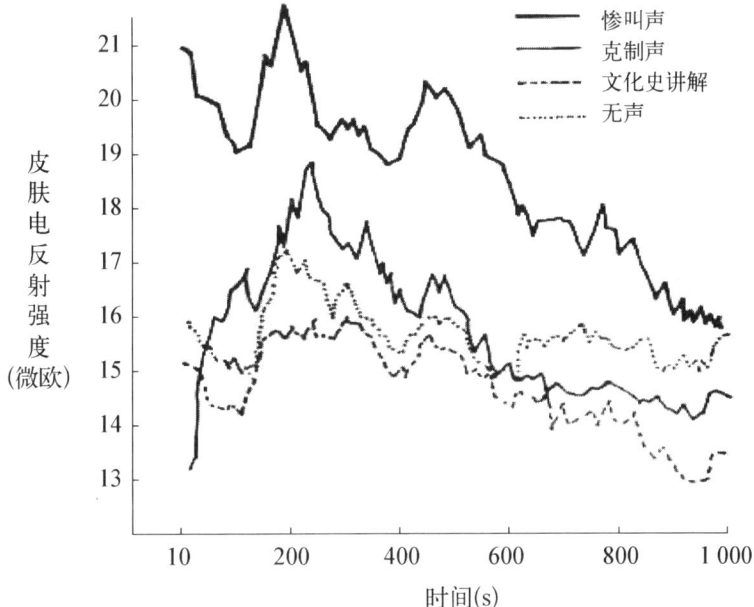

图 7-6 在不同配音下观看同一割礼影片时的皮肤电反应

第三节 情感规律在教育中的应用

以往,无论是在教育学领域还是心理学领域,多数研究者将认知作为研究的焦点,而情感则往往遭受冷遇。随着新课改的推进和人们素质的提高,教育界对情感的重视程度也在逐级上升,情感教学不再仅仅停留于学术上的探讨,而是走进了课堂,走进了人们的心灵。

一、情感规律在教书育人中的应用

学校教育是教师和学生共同参与的双边活动,也是特定情境中的人际交往活动。无论是处于教育主导地位的教师,还是处于教育主体地位的学生,都是有血有肉、有情有感的个体。因此,整个教育活动是"一个涉及教师和学生在理性与情感两方面的动态的人际过程"。如何重视教育中的情感因素,发挥其积极作用,以增进教育活动的科学性和艺术性,优化教育效果,也就成为现代学校教育改革的一个重要课题,也是教师日常的教书育人工作中不可忽视的一个重要方面。

1. 教学中的情感应用

教学是学校教育最主要的途径,也是最易出现重知轻情现象的一个教育领域。因此,强调教学中的情感应用,以达到以情优教的效果,具有十分重要的意义。情感教学心理学研究表明,教学中存在着静态的三大情感源点——教师、学生和教材。当教师和学生围绕着教材内容展开教学活动时,这些情感因素便被激活,并在师生间发生流动,产生动态的三大回路(包括十多条分支回路):师生间伴随教学中认知信息传递而形成的情感交流回路、师生间人际关系中的情感交流回路和师生情感的自控回路,以及各回路的支路,形成教学中情感交流的动态网络。但在传统教学中由于情感因素没有得到重视,其流动是处于无目标、无控、无序的自然状态,缺乏构成系统的重要条件,即系统的统一功能。因此,应该在对教学中的情感现象有正确认识的基础上,通过有组织的教学手段来充分调动情感因素的积极作用,将情感回路变成一个有目标、有控、有序的情感交流系统,以发挥为教学最终目标服务的统一功能。

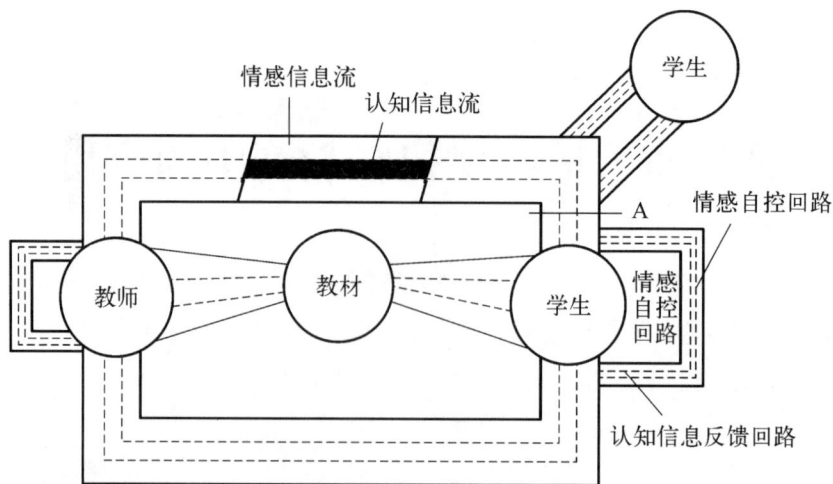

图 7-7 情感交流回路剖面图

学术研究 7－4　　　　教学中存在的三大情感回路
——从动态上分析

情感教学心理学研究表明,从动态的角度分析,教学中存在的三大情感源点之间会发生情感互动,形成三大情感回路,以及各回路内相应的一些支路,没有看清它们,就无法把握和驾驭教学中的情感现象、真正认识教学中的情知系统。

1. 师生间伴随教学中认知信息传递而形成的情感交流回路。这是教学中最大的一条情感交流回路,它又包括五条小支路:(1)伴随教学中认知信息传递的顺逆状况所产生的师生间情感交流回路;(2)伴随教学中认知信息传递,师生对学科、对教学内容的情感交流回路;(3)伴随教学中认知信息传递,师生间交流蕴涵在教材内容中的情感交流回路;(4)伴随教学中认知信息传递,师生主导情绪状态的交流回路;(5)伴随对教学中认知信息传递状况评价所产生的师生间情感交流回路。

2. 师生人际关系中的情感交流回路。它包括以下四条小支路:(1)师生间情感的交流回路;(2)生生间情感的交流回路;(3)师生基本人际情感状况;(4)生生基本人际情感状况。

3. 师生情感的自控回路。它包括两条小支路:(1)教师情感的自控回路,这是教师对自我情绪认知、监控和调节所形成的回路;(2)学生情感的自控回路,这是学生对自我情绪认知、监控和调节所形成的回路。

(卢家楣,2008)

情感教学心理学研究表明:情感是影响教学活动的重要心理因素之一,积极的情感对教师的教和学生的学都具有动力作用,是提高教学效率的重要条件。那么如何利用教育中的情感因素以达到优化教学的效果?

(1)在教学中确定情感目标

以往人们在分析教学过程时,多数将注意力集中于教学中的认知系统,而忽视情感系统。事实上,教师、学生和教材既是构成教学中认知系统的三个基本要素,也是构成教学中丰富而复杂的情感现象的三个源点。教师的情感包括教师对教育和教学工作的情感、对所教学科及其有关知识内容的情感、对学生的情感、主导情绪状态和情绪表现(即表情运用状况)等。学生的情感包括学生对学校学习活动的情感、对所学课程及其有关知识内容的情感、对教师和其他同学的情感、主导情绪状态、课堂情绪气氛和情绪表现等。教材虽是物,但其内容直接或间接地反映了人类实践活动的情况,是"人化了的物",其内容本身就蕴含着大量的情感因素。因此,当教师和学生围绕着教材内容展开教学活动时,不仅认知因素,而且情感因素也被激活了。正如美国教育心理学家布卢姆在描述学校学习模型时所指出的那样:学生是带着原先的认知行为和情感特点来接受教学的。因此,教学不仅要有认知目标,也要有情感目标。尽管情感目标需依据实际情况确定,但基本上应包含：让学生处于兴趣——愉悦的情绪状态之中,为认知活动也为情感的陶冶创设良好的情绪背景;让学生在接受认知信息的同时获得各种积极情感和高尚情操的陶冶;让学生对学习活动本身产生积极的情感体验,形成良好的学习心向和好学、乐学的人格特征。

(2) 在教学中通过认知信息回路调控情感

在认知信息回路与情感回路并存的教学活动中,教师不仅可以在情感信息回路内部调控学生的学习情感,也可以通过情知交互作用,从认知信息回路上调控情感,使之既有利于学生本身的发展,又有助于进一步促进教学中的认知发展。

① 精心选择教学内容

美国教育家布鲁纳(Bruner)在《教育过程》一书中明确指出："学习的最好刺激乃是对所学材料的兴趣。"对于中学生来说,在教学活动中真正能引起他们积极的情绪体验的,首先莫过于教学内容本身所具有的内在魅力。诚然,教学内容是根据学科教学大纲和教材选定的,但任课教师在这方面仍有一定的灵活性、主动性和创造性。"学校经常碰到教学大纲和教科书存在缺点的现象。但我们认为,全部工作都取决于教师,一个知识渊博的、热爱自己工作的、生气勃勃的、精力充沛的教师一定会使任何教学大纲变活,并补正最差的教科书。"(巴班斯基,波塔什尼克<李玉兰译,1985>)因此,教师可以,而且应该根据学生的实际情况、学科发展的现状和社会政治文化生活的变化,对教学内容作适当调整、增补,以求精心选择。事实上,所选择教学内容的好坏,会直接引起学生完全不同的情绪体验："教师选择的教学内容可以是枯燥、单调的;可以不带个人的主观积极的情绪色彩,只是客观地提出一系列的事实与概念。当然,这将在学生那里产生不满足的情绪感受。相反,教师选择的教学内容若是高质量的,那么它们就能引起学生满足的感受,教学活动使他们激动、感兴趣、思想集中、开心、兴奋。"(鲍良克<叶澜译,1984>)这一方法是根据情绪发生的心理机制,通过高质量的教学内容(客观事物)满足学生求知需要的方式,来调控学生的情感。

② 巧妙组织教学内容

从教学内容的选择到教学内容的呈现,中间还有一个组织、加工的过程。通过这一过程,不仅将所选择的教学内容有机地组织起来,以体现内在的逻辑联系,而且更重要的是,要显示这些教学内容内在的魅力。这里的关键是,要尽可能使学生感到这些教学内容超出预期地满足自己的求知需要。例如,我们应尽可能地将看来比较经典性的教学内容,出乎意料地与当代社会、现代科技联系起来,使学生对教学内容产生明显的时代感;将某些看来有些"教条性"的教学内容,出乎意料地与现实的社会、生产实践问题和未来的工作、事业问题联系起来,使学生对教学内容产生明显的实用感;将某些看来相当枯燥而又必要的教学内容,出乎意料地与生动的事例、有趣的知识联系起来,使学生对教学内容产生明显的趣味感;将某些看来似乎简单易懂的教学内容,出乎意料地与学生未曾思考过的问题、未曾接触过的领域联系起来,使学生对教学内容产生明显的新奇感,从而激起学生的学习热情。

实践探索 7-5 从求知需要的满足中求乐

美国教育心理学家华尔特(Walter,1976)曾说过:"教师的工作本质上就是推销工作。因为教师要设法说服学生,使他们相信教师的这一学科是有价值的,是值得学习的。"其实,教师在这一过程中的作用,就是要当好"推销员",把自己教授的教学内容从满足学生求知需要的角度,"推销"给学生,使学生乐于接受。例如,初中几何课"绪论"一节,按课文中内容讲:"几何学是研究物体的形状、大小及物体间相互位置关系的一门学科。"这不会引起学生快乐的情绪,因为他们并没有要研究物体形状、大小及相互位置关系的求知需要,他们甚至不理解为什么现在要学几何。因此,有位教师就巧妙地组织教学内容。他先是提出问题:为什么球架要造成三角形的?为什么铁门要造成四边形的?为什么车轮要造成圆形的?……这些问题倒是能引起学生了解发生在他们生活中种种几何现象的兴趣,激起他们要探索隐藏在这些现象背后秘密的求知需要,渴望教师告诉他们。这时那位教师才说,这都是几何课上要解决的问题,今后会逐步给大家讲解。并进而指出几何知识在工农业生产和日常生活中的作用。这样,在学生看来教学内容似乎能满足学生的求知需要,便怀着快乐的情绪听课了。

③ 择优采用教学形式

这里的教学形式是相对于教学内容而言的一个广义的概念,它包括教学的模式、策略、方法和手段等。在国内外教学中已出现各种各样的教学模式,仅美国师范教育专家乔依斯和韦尔就从上百种教学模式中排选出发现法、掌握学习法、非指导性教学法等25种模式,而与模式相配合的各种策略的运用就更多了。至于教学手段,随着录音、录像、投影、电影、幻灯和多媒体等电化教学技术、设备的发展,也呈多样化趋势。这些都为教师教学形式的择优采用创造了有利条件。这里的关键是因"材"择法——根据不同的教学材料和教学对象的不同特点选择最佳教学形式,以满足学生在特定教学情景中的需要,产生相应的积极情绪体验。

(3) 在教学中通过情感信息回路调控情感

在教学中通过情感信息回路调控学生情感,使之处于良好的情感氛围之中,这不仅有利于直接促进学生各种情感的陶冶和培养,而且也有利于促进和优化学生的认知活动。

① 教材内容的情感性处理

教材内容的情感性处理是指在将教学内容向学生呈现的过程中,教师从情感角度着眼,对教学内容进行必要的加工处理,使之能充分发挥情感因素的积极作用。教材内容可分为四大类:一是蕴涵显性情感因素的教材。即通过语言文字材料、直观形象材料等使人能直接感受到其中所蕴涵的情感因素的教材,主要在艺术类、语文类(包括外语类)教材中;二是蕴涵隐性情感因素的教材。虽主要用以反映客观事实,并不带明显的情感色彩,但在反映客观事实的过程中仍然会不知不觉地使人感受到其中所隐含的情感因素的教材,在文理各科教材中都有,在史地类中更为多见;三是蕴涵悟性情感因素的教材。即本身不含显性或隐性情感因素,但却具有引起情感的某种因素,并能被具有一定领悟水平的个体所感受到而产生相应情感的教材,主要在理科类教材中;四是蕴涵中性情感因素的教材。就我们目前的认识和感受水平而言,完全不含情感因素的教材,仅囿于理科教材中,这类教材虽本身不含情感因素,但我们也可以通过一定的情感教学策略使其具有情感。这里有几种方法供借鉴(卢家楣,1994):

情感迁移法:教师在教学过程中巧妙组织呈现方式,使教材内容成为积极情感—兴趣的诱发因素。

言语情趣法:运用富有情趣的语言讲解有关教学内容,使之具有相应的情感色彩。陈景润的中学数学老师就曾用极为形象、生动、富有情感的语言来激起学生去探索数学奥秘的热情。

拟人比喻法:用拟人化口吻比喻有关教学内容,使之具有情感色彩。例如,在讲楞次定律时,把线圈比喻为具有"冷酷"和"多情"双重性格的人,当磁极来时,线圈的近端产生同性磁极,对原磁极发生排斥,表现出"冷酷无情",但一旦磁极走时,近端又即生异性磁极,对原磁极发生吸引,表现出"多情柔和",随后概括为"来之斥之,走之拉之"八个字,使学生听了既感到情趣盎然,又加深了理解和记忆。

轶事插入法:通过"借题发挥",介绍有关知识背后隐匿着的一些可歌可颂、可敬可佩的人物轶事,使学生对这些教学内容产生亲切感,从而使之具有情感色彩,同时还可更好地体现寓德育于教学的精神。

美感引发法:通过充分展示教学内容中隐涵的美的因素,引发学生相应的美感体验,从而给教材内容赋予一定的情感色彩。例如,$F = ma$,$E = mc^2$ 等都用最简洁的函数关系反应客观世界中力和加速度、能量和质量的和谐奇妙的统一,体现了科学美。

热点聚焦 7 – 2　　　教学内容的处理策略

1. 展示情感策略

该策略运用于蕴涵显性情感因素的教材内容。它的基本含义是教师通过自己对教材内容的加工提炼，让教材内容中所蕴涵的显性情感因素得以尽可能的展示，从而使学生获得相应的情感体验。该策略所依据的主要心理学原理是情感的信号功能和感染功能。

2. 发掘情感策略

该策略运用于蕴涵隐性情感因素的教材内容。它的基本含义是教师通过自己对教材内容的加工提炼，让教材内容中所蕴涵的隐性情感因素得以尽可能的发掘，从而使学生获得相应的情感体验。该策略所依据的主要心理学原理是情感的迁移功能。

3. 诱发情感策略

该策略运用于蕴涵悟性情感因素的教材内容。它的基本含义是教师通过自己对教材内容的加工提炼，让教材内容中所蕴涵的悟性情感因素为学生所尽可能地感悟到，从而使学生获得相应的情感体验。该策略所依据的主要心理学原理是认知评价在情绪发生机制中的作用。

4. 赋予情感策略

该策略运用于蕴涵中性情感因素的教材内容。它的基本含义是教师通过自己对教材内容的加工提炼，赋予教材内容以一定的情感色彩，从而使学生获得相应的情感体验。该策略所依据的主要心理学原理是情感迁移功能。

(卢家楣,2000)

② 教师情感的自我调控

在教学过程中教师情感的自我调控具有特别重要的意义。这是因为情感具有感染功能，教师的情感会在教学过程中随时随地影响学生的情感，起着极为重要的调控作用。在这方面教师尤要注意两种调控：一是教师情绪状态的调控。有不少教师没有意识到这一问题的重要性，对自己的情绪任由兴致、不加调控，有的还出于错误的认识，为体现教学的严肃性而故意板着脸，表现出"冷静"、"沉着"、"严厉"的教态，这都会影响学生的情绪，产生消极效果。正确的做法是，教师在教学活动中要始终调控好自己的情绪，处于饱满、振奋、愉悦、热忱的状态，以感染学生情绪、活跃教学气氛，为学生认知活动创造最佳的情绪背景，特别是当教师由于种种原因而情绪不佳时，更要以教师的责任感和敬业心调控自己，正如马卡连柯所说："从来不让自己有忧愁的神色和抑郁的面容，甚至有不愉快的事情，生病了，也不在儿童面前表现出来。"二是教师对所教学科的情感调控。以往教师考虑的是如何教好自己所教的学科，而往往没有意识到自己对所教学科的情感会潜移默化地影响学生对该学科学习的情感和态度。正如苏霍姆林斯基所说:"教师对教材冷漠的态度会影响学生的情绪,使其所讲述的材料好像和学生之间隔着一堵墙。"而"热爱自己学科的教师,他的学生也充满热爱知识、科学、书籍的感情。"因此,优秀教师不只是传授知识、培养能力,而且还要将自己对学科执着追求的精神、热忱和感受带给学生,以激起学生情感上的共鸣,这就要求教师不仅避免在教学中流露对所教学科的冷漠,乃至厌烦、反感等消极情感,而且还要重视培养学生对该学科的热爱之情。

③ 师生情感的交流

在教学活动中师生之间不仅交流认知,也交流情感;不仅交流教学内容中的情感,也交流着师生人际间的情感。而师生人际间的情感也会通过迁移功能影响学生对教学活动、教学内容的情感和态度。我国古代教学名著《学记》中"亲其师,信其道"之说,便深刻地揭示了这一道理。师生情感交流的核心便是爱心融入。这就要求教师从职业道德的高度认识师爱的意义,培养师爱情感,并掌握施爱于生的艺术。这里简介一些具体方法:

施爱于细微之处。俗话说"于细微之处见深情。"往往在师生交往的细微之处最能使学生感受到教师真诚而深厚的爱。对学生一道目光的友好接触,对其名字的一声亲切呼唤都会产生师爱的魅力。

施爱于需要之时。根据情绪发生的心理机制,教师首先应考虑如何将自己的师爱之情化为满足学生某些合理而迫切的需要的行为,这样才能从根本上引发学生的积极情感反应,促进师生在教学中的情感交流。

施爱于意料之外。根据情绪发生的心理机制,客观事物越超越出预期,产生的情绪强度越大。因此教师要使自己的行为能真正引起学生情感上的振动,从而产生师生情感上的炽热的碰撞,那么教师就要设法在师生交往中使学生出现某些出乎意料的感觉。

实践探索 7-6　　　　将师爱给予每个学生

教育家苏霍姆林斯基曾经说过:"如果你不爱学生,那么你的教育从一开始就失败了。"作为教师,有了爱也就有了教师职业的一切。师爱是最能打动学生的力量。两千年前,孔子的学生患上了恶疾,别人不敢接触他,而孔子却执手安慰,给了他心灵上强有力的支持。对学生来说,教师的爱是一种信任,一种尊重,一种鞭策。对于后进生尤其如此。在现实中,爱一个好学生并不难,因为他本身就讨人喜爱,爱一个坏学生才是对教师的重大考验。北京有一位普通的化学教师,他几年来用爱心把一个个毫无学习兴趣的学生拉了回来,给他们学习的勇气和信心。让迷恋网络的男生成为班级第一个出国留学的人,让沉入早恋的女生考上了大学。他是用什么灵丹妙药让这些学生找到了学习的兴趣呢? 他的心声是: 其实坏学生和好学生只有一步之遥,没有一个学生天生就是坏学生,他们缺少的就是爱。只要你付出足够的爱,他们就能迷途知返,向着有阳光的地方走去。

施爱于批评之中。师爱具有明显的教育性,这是一种慈与严相结合的爱。教师不仅要怀着一片爱心去鼓励、赞扬学生的点滴进步,也要怀着同样的爱心去批评、指正学生的缺点错误。由于批评易引起学生不悦、反感甚至恼怒的情绪,因此在批评时仍能让学生感受到教师的拳拳之心、真挚之情是不容易的,然而这恰恰也是批评教育的艺术性之所在。

施爱于学生之间。教师一方面把自己对学生的爱直接施与学生,另一方面也要通过学生集体将爱传递给学生。这不仅有利于直接促进学生间的情感交流,增强集体的凝聚力,而且也有利于学生更深切地感受到蕴含在学生间情感背后的师爱。

施爱于教学之余。不仅在教学中,在教学之外也有大量的师生接触,注意课外的"感情投资"会获得教学中意想不到的收获。

实践探索 7 - 7　　　　　　　　情感教学模式

随着人们对学习和教学中情感现象的逐步重视,情感教学模式应运而生。情感教学模式是在情感教学心理学的理论基础上形成的,以最大限度地发挥情感因素的积极作用来优化教学为目标,较为稳定的教学活动结构框架,并配有情感教学策略和评价体系。但这一教学模式不同于一般的以认知为主线的教学模式,它只是根据教学中情感本身的活动规律,以情感为主线,从情感维度规范教师在教学活动中的教学行为,以充分发挥情感的积极作用。其教学目标就是,通过对教学中情感因素的充分重视和有效调动,最大限度地发挥情感因素的积极作用,优化教学。

情感教学模式包括四个基本环节:诱发、陶冶、激励和调节。情感教学策略是有效推动情感教学模式运行的教学操作指南。在诱发环节上,有认知匹配策略、形式匹配策略、超出预期策略、目标吸引策略、情境模拟策略等;在陶冶环节上,有展示情感策略、赋予情感策略、发掘情感策略、诱发情感策略、情感迁移策略等;在激励环节上,有象征性评价策略、积极性评价策略、主体性评价策略、特色性评价策略、归因诱导策略等;在调控环节上,有创设氛围策略、张弛调节策略、表情调控策略、灵活分组策略、良性积累策略等。这些策略是通过理论演绎和实践归纳的途径获得的,是将情感教学心理学理论同一线教师的教学实践经验相结合的产物,具有可行性和有效性。

(卢家楣,2006)

---

2. 德育中的情感应用

以上我们探讨了如何选用情感心理规律,优化一般教学过程。这里我们将着重探讨如何选用情感心理规律,优化德育过程。

(1) 利用情感的迁移功能,促进道德信念的形成

我们在讨论情感的发生机制时已明确:认识因素在情感的发生中起着重要的作用。事实上,学生作为主体,他对外部世界的反映总是包含认识与情感这两个不可分离的方

面。在品德教育中也同样如此。学生在获得诸如价值体系等道德认识的同时，也会对这些内容产生相应的态度与情感。教师进行讲解，使学生产生一定的道德认识，固然是必要的，而与此同时，教师自身对这些道德观、价值观的诚挚的态度对学生的影响也显得尤为重要。

德育过程与一般的教学过程一样，是师生的双边活动过程。在这一过程中，学生会自觉或不自觉地接受教师情感与态度方面的影响。如果教师是学生所敬佩的对象，而同时教师又以其真挚、信任的态度向学生施以道德观、价值观的教育，学生则会在获得相应道德认识的同时，因情感的迁移作用而产生对教师的信任感，从而最终形成相应的道德信念。

这首先要求教师增强自我修养，成为学生心目中的楷模。这样师生将在态度、情感等方面达到和谐一致，学生在信任教师的同时，也信任其所传授的道德与价值观。只有"亲其师"，才能"信其道"。其次，教师还应在德育过程中，自觉地展示自己的道德情感，做到既晓之以理，又动之以情。

（2）利用情感的感染功能，引发道德情感的共鸣

就其情感的内部过程而言，它是一种个体现象：表现为个体心理上的态度体验；而就其个体与个体之间情感的相互影响而言，它又是一种社会现象：因情感共鸣，个体情感得以社会化。这也就是情感的感染功能。那么，在品德教育过程中，如何利用这一功能引发情感共鸣，从而收到良好的效果呢？

首先，要有真情实感。这是情感共鸣发生的基本条件。例如，要向学生进行人民利益高于一切的价值观教育，教师可讲述有关的先进事迹，还可以组织学生看展览，看电影等，使学生在感人的事实中，体会到真情实感，以免从概念到概念地理解那些抽象的道理。其次，教师还要发挥其主导作用，把握时机，调节课堂气氛，最终引发情感共鸣。这同时要求教师具有较为丰富的表情，在适当的时候利用脸部表情、语调及相应的体态表露自己的喜怒哀乐，以引发共鸣。

（3）利用情感的动力功能，促进道德行为的发生

我们知道，有了一定的道德认识与道德情感，如果不付诸行动，则不能收到良好的教育效果。道德行为的发生，既是培养学生一定品德的最终目标，同时也是衡量一定品德是否形成的标志。

依照情感研究成果，相应的道德情感不仅是德育赖以进行的中介因素，也是推动学生做出相应的道德行为的直接原因。情感是活动过程中的一种体验，反过来它又对行为产生直接影响，成为行为的直接动力。在激发学生行为动机、促进其道德行为发生的过程中,我们应注意以下两点：其一,应注意到从行为动机到具体行为存在一个转化过程。例如,我们通过有关英模的感人事迹,激发起学生的爱国热情,并不是要学生直接去仿效他们的行为,而是要与平时的学习活动联系起来,让学生体会到只有学好本领才能报效祖国。其二,我们还要引导学生做到持之以恒。已经发生的道德行为如果只是昙花一现,则无异于一时的冲动。引导学生持之以恒,同样要求教师自觉利用情感的动力功能,不断去激发学生。

二、情感规律在自我教育中的应用

我们惯于讲述情感规律对他人的影响和作用,殊不知它亦不失为自我教育的一个有效依据。

1. 要正确认识情感在自我发展中的意义

对师范生来说,情感在自身发展中的意义主要体现在以下几个方面：

① 良好的情感有助人格的完善。这是因为现代情感理论已揭示情感在人格结构中的地位,伊扎德的分化情感理论甚至将情感置于人格结构中的核心位置。一个人经常表现出某些情绪反应,获得某些情感体验,他就逐渐形成具有相应情感特点的人格特质。

② 良好的情感有助于身心的健康。这在前一节的有关情感的保健功能方面已有论述。

③ 良好的情感有助于学业的提高。这在前一节的有关情感的调节、动力等功能方面已有论述。

同时,良好的情感更是教师素质修养的一个十分重要的组成部分,具有自身发展和教师职业要求的双重意义。

2. 要有意识地陶冶高级社会情感

我们知道高级社会情感在个体身上并不是自发形成的,而是在丰富的社会实践环境中,尤其是在教育的影响下,在相应的情绪体验的基础上逐渐萌生、发展的。因此,作为师范生应利用高校学习生活和参与社会实践活动的机会,主动接受来自道德感、理智感和审美感方面的陶冶,珍惜在这些方面所得到的情绪体验,为高级社会情感的发展做出积极的主观努力。例如,积极参加各种赈灾活动、社会公益活动、读书活动、创造发明活动、艺术鉴赏活动、游览祖国大好河山的活动等,并在活动中有意识地感受各种积极的情绪体验。

3. 要提高情绪修养水平

情绪修养的实质就是善于调控自己情绪,使之经常处于良好的状态。这里良好状态的基调是愉悦、兴趣以及学习、工作时的紧张程度。情绪修养的关键就是学会消释和克服不良情绪。这里仅对高师生较常见的不良情绪的调控方法作一简介。

（1）排除苦恼

在高师生的学习生活中总会遇到不顺心的事，抑或挫折和失败，引起各种苦恼，表现为烦恼、痛苦、悲伤等。苦恼是一种负性情绪，不仅使人消沉，影响行为活动的积极性和智慧潜能的发挥，而且时间一长，更会有碍健康。因此排除苦恼是提高情绪修养的一个重要方面。这里可根据情感规律采取以下几种方法：

① 铲除苦恼根源。产生苦恼的根本原因是客观事物不满足个体主观需要。因此一旦有不顺心的事发生，不能把自己的意识束缚于该事后果的思量之中，而应把注意力放在如何解决问题的努力上，以积极的态度直面现实，从根本上铲除引起苦恼的根源，这是排除苦恼的最切实有效的方法之一。

② 改变认知角度。虽说客观事物不满足个体主观需要是产生苦恼的根本原因，但其直接原因则仍是个体对客观事物与主观需要之间关系的认知评价，因此，有意识地改变自己的认知角度，"一分为二"地对待问题，努力从客观事物中分析、寻找合理的、积极的因素，是排除苦恼的有效方法。

③ 适当宣泄情绪。如果一时产生较强烈的苦恼情绪，不宜积压在心里，可采取适当的方式加以宣泄。如到操场上去跑几圈，或找一个合适的地方用木棍敲击砖石，待到累得满头大汗、气喘吁吁时会感到精疲力竭，心情反而会明显好转。有时，悲伤之极，不妨大哭一场，哭也是释放积聚能量、调节平衡的一种方式。

知识小窗 7-4　　　　　　情绪宣泄的健康收益

72 位患有风湿性关节炎的成人参加了这一研究。这种疾病会导致周边关节的慢性炎症，并伴有疼痛和残疾。研究者假定情绪宣泄可以帮助缓解和疾病有关的压力，因此，可以减轻一些日常功能上的问题。在研究中，一半病人被安排到宣泄组，在连续 4 天里每天用 15 分钟向录音机倾诉心灵最深处的感受以及身边充满压力的生活事件。控制组则将同样多的时间用在中性任务上，例如，描述彩色风景画。结果发现，在短期内，宣泄组的病人情况更糟了一点——因为任务引发了许多负性情绪。然而，3 个月后，宣泄组比控制组成员持续体验到了较少的生理机能不良反应，具体表现为在行走和弯腰时问题更少。

(Kelley, Lumley & Leisen, 1997)

---

④ 调换环境。如前所述，情绪具有情境性，苦恼情绪也不例外。当苦恼情绪一时难以摆脱时，可到其他宿舍走走，或到图书馆里去看看自己平时感兴趣而没有时间去看的书，或到街上、闹市区逛一下，或去影院去看一场轻松的、戏剧性的电影，如是节假日，有条

件的话,最好外出旅游、走亲访友,通过暂换环境排除苦恼。

⑤ 睡觉休息。苦恼缠绕、头绪紊乱时,睡觉休息也会收到意想不到的效果。因为睡觉时,大脑处于暂时放松、静息状态,情绪也得到彻底松弛。一觉醒来,人会异常冷静,刚刚被苦恼扰乱的头脑,会变得异常清醒,有助于以新的角度思考问题,评价现实,梳理头绪,从而达到消除苦恼的目的。毛泽东生前就十分赞赏此法,他曾说:"烦恼时,睡上一觉最好。"

(2) 学会制怒

怒,也是一种负性情绪,依据强度不同,可分为愠怒、愤怒、大怒和狂怒等。这里所指的主要是已进入激情状态的愤怒。在性质上具有两重性:积极的、充满凛然正气的怒和消极的、不该发作的怒。面对敌人的丑恶行径,义愤填膺、怒不可遏,与之作针锋相对的斗争,这便是积极的怒;在并非原则性的问题上,为一些鸡毛蒜皮的小事而大动肝火、怒气冲冲、大发雷霆,这则是消极的怒。克服和避免后一种怒,是情绪修养的又一重要内容。这是因为,一方面处于激情状态的消极性的怒,会使我们的意识失去对行为的有效控制,失去对行为后果的冷静思考,往往会产生不明智的行为举止,影响人际关系,甚至做出"一失足成千古恨"的蠢事,同时还会损害健康。我国古代《黄帝内经》中就有"怒伤肝"的明确警示;另一方面,高师生又正处于血气方刚之时,易于情绪激动,爆发怒气。因此,可以说,能否善于制怒,也是衡量青年人情绪修养水平的一个重要标志。世界上根本不发怒的人恐怕少有,但要做到少发消极的怒是完全有可能的,这需要人们着重把握两点:

首先,要拓宽心理容量。心理容量(俗称气量)越大的人越能经受较强的刺激而不动怒。为此,第一要培养远大的生活目标,习惯于从大局、从长远处着眼,不拘泥于小节琐事;第二要善于理解他人,一旦发生矛盾、冲突,要习惯于从对方的角度来看问题,以便心平气和地讲清道理;第三要尊重他人,因为事实上,一个人的脾气不管怎样暴烈,对其内心真正尊重的人是

"Okay,现在请放松……就像上周那样,我会把这块红布在你面前举起来,一直数到10……在你生气之前我会把它放下来的。"当个体被暴露在逐渐增加的愤怒刺激面前时,学会保持一种平和放松的状态。

很少发火的;第四要提高文化知识修养,一般说,文化知识修养高的人,看问题比较通达,心理容量也就相对比较大,不易发火动怒。

其次,要具有防怒措施。平时有一套防怒的操作手段,才有利于临场有效制怒。第一,在怒气刚产生时,及时制怒比较有效。一个非常有效的方法就是,把舌头在嘴里转十个圈,能使自己正急速膨胀的怒气顿时有所消退;第二,当怒气有所消退时,要自己反问自己,"如果真有道理能否延迟些时间再发火?"等等,从而把自己的意识重新拉回到冷静的、理智的状态;第三,要针对自己易发火的特点,养成接受他人劝言和自我暗示的习惯,从外部诱导中获得制怒的信息和力量,如林则徐在自己的厅堂上高挂"制怒"的大匾,每当他遇事欲怒时,看一看这块匾上的"制怒"两字,便用理智和自制力来调控情绪,避免发火。

(3) 消除紧张

现代高校的学习生活讲究学习的效率和效益,强调竞争和挑战,紧张情绪是难免的。诚然,适度的紧张对学生来说,是有益而必要的,但一旦过度,则同样走向反面,产生一系列消极影响,如大脑神经的兴奋抑制过程失调,出现暂时性的不平衡,干扰认知活动,降低其活动的效率,并会引起心跳加速、血压升高等生理反应,不利健康。特别是考试、测试时,过度紧张的问题尤为突出。

如何调节情绪,以防止过度的紧张,也是高师生情绪修养的一个方面,这不仅有利于他们临场发挥智慧水平,而且也有利于平时身心健康,改善生活质量。这里主要谈临场紧张的消除方法:

① 降低动机强度。对于每次测验、考试,我们理应全力以赴,努力考出水平。但走进考场临考时,头脑中就不要再考虑这次测验或考试的成败、得失了,而是带着一份平常心,只要求自己像平时做练习那样正常发挥就可以了。

② 弱化自我意识。考试过度紧张的学生往往自我意识很强烈,过多地注意别人对自己的评价,关心自我在别人心目中的形象,一边考试一边还在担心自己落后于他人,这无疑是自我加压,陡增紧张感。因此,在考试时要弱化这方面的自我意识,只管自己潜心答题,不管他人评价与考试状况。

考试焦虑:一种"高度唤醒"和"过度担心"的心理状态。

③ 进行放松操练。考试时应提早到场,试卷发放前往往也是最紧张的时候,如一时镇静不下来,可运用呼吸进行放松操练:双眼轻合,先深吸一口气,使全身肌肉紧张,达到极限后慢慢放松;同时,缓缓呼气,重复数次。此操练应平时加以练习、体会,考试时才能达到最佳放松效果。

④ 实施"焦点转移"。若考试中途出现怯场现象,可立即采用"焦点转移法"加以调节:伏桌暂歇

片刻,做深呼吸,默数一、二、三、四……尽量回忆生活中自认为最有趣的事,待情绪平复后再继续应试。

⑤ 重视"舌尖现象"。答题时,遇有一时记不起来的地方,切莫硬想,这可能就是前面提到的舌尖现象——因情绪紧张所引起的记忆短时抑制。这时,越急越想不出,越想不出越急,导致恶性循环。此时,不妨先做其他题目,这也有助于自动解除抑制状态,恢复记忆。遇到难题,也不要过多纠缠,引发紧张情绪,而应暂搁一边,待最后解决。

⑥ 保证考试前休息。考试前夕切莫挑灯夜战,而要保证充分睡眠和休息,以免因休息不足而诱发紧张情绪。

> ### 热点聚焦 7 – 3　　降低学习中的威胁——源自脑科学的证据
>
> 当面临威胁时,大脑会立刻跳挡。杏仁核会通过丘脑直接短路截取感觉信息,立刻产生无意识加工,打断正在进行的学习活动,占用大脑原本就有限的加工资源。这常常导致学习失败,无法使学生形成有意义的联结。在压力状态下,下丘脑—脑垂体—肾上腺轴激活,释放皮质醇(cortisol),进而引发一系列的身心反应:抑制免疫系统、血压增加、肌肉绷紧等。这些反应可以暂时帮助个体应对压力,但长期处于高皮质水平会导致海马细胞死亡,破坏学生的记忆;同时焦虑、威胁常常使个体注意力变得狭窄,考试焦虑个体产生注意偏差,而抑郁个体则呈现记忆偏差。总的来说,对大多数学习情景,中等以下的压力最好。高压力和威胁必须从学习环境中尽可能地降低或去除。

让我们回到本章开头提到的那个案例。一位老师在讲授"对数计算"这部分内容时,他并不急着讲述教科书中的有关内容,而是给大家出了一个引起学生兴趣的问题:"某人听到一则谣言后一小时内传给两人,这两人在 1 小时内每人又分别传给两人,如此下去,一昼夜能传遍 1 000 万人口的大城市吗? 开始谁都认为这是办不到的事,但老师却明确告诉同学们,这是可以做到的,只要用对数计算一下即可得到证实。这样一说,立即引起学生的兴趣。于是老师在黑板上写出这样的数学式子: 2^{24} ,并说,今天我们就是来学习可以用来轻松计算这类问题的对数计算方法。于是同学们都怀着急切要了解这种方法的心情,开始这一方面的学习。

在教学中如何发挥情感因素的积极作用,教学的开始环节,即课程的导入环节是一个不可忽视的方面。一些有教学经验的优秀教师都十分注意课的导入问题,并把激发学生兴趣、激活认知作为课程导入的主要环节。本课讲授的是对数的运算问题,如果平铺展开,学生不知道这种运算的实际用处,难以引起学生学习的兴趣。案例中老师先提出如上问题,大家认为这是根本不可能的事,但老师却将其变成了可能,且用的方法非常简单。这就大大超出预期,引起惊奇,并由此引发学习的兴趣。可以说,这是非常成功的符合兴趣一类情绪发生原理的导入方式。这对本章开头的案例中小李如何进行公开示范"对数计算"具有较好的借鉴作用。

本章小结

- 情感是人对客观与现实的态度的体验。

- 情绪的分类:按社会性划分,可分为生物性情绪和社会性情绪;按复杂性划分,可分为简单情绪和复杂情绪;按多维度划分,可分成多种具体情绪。

- 情绪的三种心理状态:心境、激情和应激。心境是一种比较微弱而持久的情绪状态;激情是一种短暂而猛烈的情绪状态;应激是一种高度紧张的情绪状态。

- 情绪的特性主要包括四个方面:情绪的生理特性、情绪的外显特性、情绪的两极性、情绪的情境性。

- 情绪的两极性主要体现在情绪极性、性质、强度、紧张度四个方面。

- 情绪的功能主要表现在情绪的动力功能、调节功能、信号功能、保健功能、感染功能和迁移功能六个方面。

- 情绪发生的三个心理机制:客体与需要关系是决定情绪的主要因素;客体与预期关系是决定情绪的重要因素;认知评价是决定情绪发生的关键因素。

- 情感规律无论在教书育人中还是在自我教育中都起着非常重要的作用。

思考题

- 情感是怎样一种心理现象?主要有哪些种类?

- 何谓社会性情绪?它和情感、情操有何联系?

- 心境、激情和应激的内涵各是什么?有何特点?

- 情感的动力功能、迁移功能、感染功能分别是什么?在教学和德育中有什么作用?

- 情感的调节功能是什么?教师在教学中应如何利用这一功能来提高学生的学习效率?

- 情绪发生的心理机制是什么?了解这方面知识对教学和德育工作有何启发?

问题探索

- "因材施教"是一条每个教师乃至每个人都知道的教育规律,情感教育也不例外。现代科学研究表明,个体的情感发展是先天遗传基因和后天环境相互作用的结果,每个学生的情感经验不同,都有自己独特的情感世界。那么教学中,如何才能利用情感上的个体差异,帮助学生提高情感智力,进而优化学生学习呢? 或者说建立一种什么样的环境才能有助于学生情感发展,促进学生社会化?

• 请根据本章介绍的情感教学心理的相关原理及知识,设计一个教学方案。

第八章 意志与教育

本章要点

- 意志的含义
- 意志的心理结构与品质
- 意志与认识、情感、个性和动机的关系
- 理解并学习将意志的规律运用于教育实践当中
- 重视意志锻炼的方法

想试着回答一下吗……

- 有的人拥有十分优越的学习条件，但他虚度光阴、不思进取，也有的人身处在十分恶劣的环境里，却仍然顽强学习、不屈不挠，是什么力量促使他坚持学习的呢？

- "伟大的目标产生伟大的毅力"。有的学生很小就树立远大的理想和奋斗目标，为了实现这些目标，他具有特别顽强的意志。目标和意志究竟有什么关系？

- 有的人办事常表现出"三分钟热度"、"三天打鱼，两天晒网"，结果常常是虎头蛇尾。这种人缺少怎样的意志品质？

- 军事指挥员在战场形势错综复杂、瞬息万变的情况下，能根据多变的形势迅速作出决断。你能说出军事指挥员应具有怎样的意志品质吗？

- 人们常说要锻炼意志力，那么你知道该怎么合理地锻炼意志力吗？

- 一个人一旦决定做一件事之后，就应该去执行决定。为什么说执行决定是意志行动实现的关键阶段？

- 有人认为，教师可以在教学活动中有意设置一些困难情境，让学生经受适当的挫折，使他们在面对挫折、战胜挫折的过程中锻炼意志品质。你认为有道理吗？

　　杨杨是一名初三学生，但意志薄弱，自制力差。杨杨是家中的小皇帝，从小受到父母的过分宠爱，结果养成了我行我素、随心所欲的习惯。在学校也不能约束自己的言行：上课有时做小动作，有时讲废话，有时甚至呼呼大睡，放学后做作业总是拖拖拉拉，最后要么草草了事，要么索性不做，然后飞快地跑出去玩。随着年级的升高，杨杨不仅学习成绩每况愈下，而且在人际交往、劳动等多方面都表现不佳。杨杨成了老师、父母的一块心病，新来的班主任马老师不仅没有放弃对杨杨的教育，而且还采取了一系列的干预措施。

那么班主任马老师是如何帮助杨杨克服意志品质方面的不足,锻炼他的意志力的呢? 这将在本章的学习中找到问题的答案。

第一节 意志的概述

学生在学习的过程中,总会遇到各种各样的干扰、困难和挫折,学生正是在排除干扰、克服困难和战胜挫折的过程中表现出主体有意识、有目的地行动的决心和力量,这就涉及心理活动的另一个重要的方面——意志。意志是心理学研究中相对薄弱的领域,却又是学校教育中十分重要的心理现象。

一、意志的概念

意志(will)是在实现预定目的时,对自己克服困难的活动和行为的自觉组织和自我调节。人在与客观世界相互作用的过程中,对客观世界的反映往往是积极主动的。人不仅要接收内外刺激,产生认识、情感等,还要采取一些意志行动,反过来影响客观世界。一般意志的心理活动是这样的:人依据自己对客观事物的了解来确定行动的目的,再根据这个目的来调控自己的行为,以努力实现先前所确定的目的。可见,目的性和调控性是意志的两个基本特征。

人的意志是具有明确目的性的。动物也作用于环境,有些高等动物的行为仿佛也有目的性。但是从根本上说,动物的行为不能达到自觉意识的水平。尽管它的动作可能十分精巧,但是它不可能意识到自己行为的目的和后果。因此动物的行为是盲目的,是"无意地发生的,而且对于动物本身来说是偶然的事情"。(《马克思恩格斯选集》,1972) 而人类的活动则完全不同,它是有意识、有目的、有计划地实现的;并且"人离开动物愈远,他们对自然界的作用就愈带有经过思考的、有计划的、向着一定的和事先知道的目标前进的特征"。(《马克思恩格斯选集》,1972) 人在从事意志活动之前,活动的结果就已经作为行动的目的存在于他的头脑中,他以这个目的来指引自己的行动,"这个目的是他所知道的,是当作规律来规定他的行动的式样和方法,使他的意志从属于这个目的。"(《资本论》,1975) 没有自觉的目的,就失去了有意识地改造世界的前提。因此,只有人类有目的性的活动才能在自然界里打上自己意志的印记。

意志对自己的内外活动具有调控性,这种调控性体现在意志对行为执行着两种功能,即激励功能和抑制功能。前者在于推动人们去从事达到预定目的所必需的行动,后者在于制止人们从事不符合预定目的的行动。意志的这两项功能在实际活动中是统一的。例如,有了利用业余时间学好外语的决心,这种决心一方面推动人去进行外语学习活动,另一方面又抑制那些可能干扰他学好外语的其他活动。意志的调控性还反映在克服各种困难上。人常常会遇到种种内部和外部的困难,要克服这些困难,就不能不对自己的活动和行为进行自觉的组织,就不能不进行自我调节。通常把困难分为外部困难和内部困难,其实外部困难是通过内部困难起作用的。举起 10 公斤的重物行走一段路程,对一个手无缚鸡之力的病弱之躯,是一项艰难的任务,需要他作出相当的意志努力;但对一位健壮的举重冠军来说,则不足以检验他的意志力。因此,意志的调控性水平是以克服困难的程度来表征的。

动物没有意志,它只能消极地顺应周围环境,成为自然的奴隶;人有了意志,就能够积极地改造外部世界从而有可能成为现实的主人。人在纷繁复杂的环境中主动地提出目的,同时主动地采取行动来改变环境以满足自己的需要。因此意志集中地体现出人的心理活动的自觉能动性。

二、意志的心理结构

意志作为一种稳定的心理特征,具有其独特的心理结构。了解这些心理结构能帮助我们更好地培养优秀的意志品质。在意志行动中,人们有时会产生两个或两个以上的目标而引起冲突;也可能因为既定目标不能实现而产生带有紧张、烦恼等情绪的挫折。人们对目标的确定既与其期望相关,又是抉择的结果。因此,意志行动中的冲突、挫折、期望、抉择组成了复杂的意志心理结构。对于意志的心理结构的组成,国内学者也有相似的观点(黄希庭,2007)。本文将从以下四个方面对意志的心理结构作出介绍。

1. 意志行动中的冲突

在意志行动中,人们往往可能会有两个或两个以上的目标,而这些目标又不可能同时实现,这样就引起了意志行动中的目标冲突。例如,一位学习成绩不很理想的初中生临近毕业时,要考虑到底是升普高还是升中职? 如果选择普高,今后要付出很大努力,并有可能还是考不上大学;如果选择中职,虽能考上,但不是自己和父母理想的去向。一个人既想要升普高又想要升中职,这样冲突就出现了。冲突可能是由于理智的原因引起的,也可能由情绪等原因导致。但是,冲突一旦出现,就会伴有某些情绪,比如焦虑、紧张、烦恼和心神不定等。当问题对于个人来说十分重要,而可供选择的各种方案又都具有较强的吸引力、让人难以割舍时,冲突状态就会更棘手,令人倍受煎熬。

勒温（Kurt Lewin, 1890—1947）

德国心理学家。以研究人类动机和团体动力学而著名，场论的创始人，社会心理学的先驱。他试图用团体动力学的理论来解决社会实际问题，这一理论对以后的社会心理学发展有很大的影响。其主要著作有：《拓扑心理学原理》、《社会科学中的场论》等。

德国心理学家勒温(Lewin, 1935) 构建了描述冲突的结构模型，以说明不同冲突的性质和作用。此模型包含了四个重要的概念：

① 效价。效价是指物体或活动的积极或消极的倾向。在图表中用"＋"、"－"符号来表示，当物体或活动对个体的影响倾向是积极的，即具有吸引力时用"＋"表示；而当物体或活动对个体的影响倾向是消极的，即具有排斥力时则用"－"表示。在接近—接近型冲突和回避—回避型冲突中，"＋"(吸引)、"－"(排斥)特性分别标示在不同的物体或活动上；在接近—回避型冲突及多重接近—回避型冲突中，正、负效价标示在同一物体或活动之中，这时该物体或活动则具有两歧的效价。

② 向量。向量是指促使个体趋向或远离有效价的物体。

③ 运动。个体在面对某种情境中出现的单一的驱力(趋向的或远离的)时，个体使用的某种行动方式。

④ 生活空间或场。生活空间或场是指每次冲突而产生的疆界。例如，在回避—回避型冲突中，疆界有着重要作用。假若没有疆界的限制，个体就有可能离开生活空间，不作任何反应，也就是完全回避整个情境。

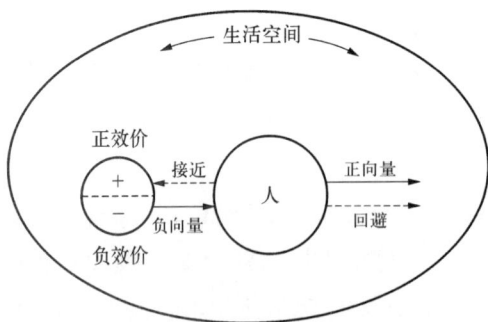

下面以一个模型图来解释冲突结构模型。此模型图反映的是接近—回避型冲突。也就是，一个两歧效价的物体，正效价会产生正向量，它促使个体接近或移向这一物体。而负效价会引起负向量，它能促使个体回避或远离该物体。正是因为正负两方面力量的共同作用，从而形成接近—回避型冲突。下图的外周表示的是生活空间、场或疆界(图 8-1)。

图 8-1　接近—回避冲突模型
(彭聃龄, 1988)

学术研究 8-1　　　　　　心理冲突的理论研究

心理冲突往往会伴随人的一生,人类就是在解决一个个冲突过程中不断成长,一次次走向成功。然而对于冲突产生的根源、冲突的内涵等,是心理学界一直争论不休的话题。每个学派都从不同角度提出自己的观点,以下介绍一些具有代表性的理论。

1. 驱力理论。该理论认为,冲突是由于各种驱力同时作用于个体,当相反的两种驱力势力相当,人们难以决定行动的方向时所产生的焦虑不安的情绪状态。这个观点和现在关于冲突的定义比较相似。每种驱力代表着个体想要追求的一个目标,当两个目标同时出现又不可兼得时,冲突就产生了。现实生活中的冲突往往不是单一的,常会出现多重趋避冲突。

2. 社会文化冲突理论。该理论认为,每个人都生活在特定时期的社会文化中,特定的社会文化所包含的一些矛盾冲突也会融入个人的心理活动中。豪莱(Horney)认为西方社会文化内部存在着三种矛盾倾向:(1) 竞争与友爱、谦卑的矛盾。一方面,社会生活迫使人们不得不与他人进行竞争。另一方面,社会又教导人们,人与人之间必须友爱、谦让、谦卑。(2) 人们的享受需要与满足这些需要所遭受到的挫折之间的矛盾。随着现代社会经济的不断发展,人们的各种欲望日益膨胀,但客观环境不可能满足人们所有的欲望。(3) 个人追求自由与受到的各种限制之间的矛盾。社会给予人许多自由的许诺,但在现实生活中,他们的自由会受到种种限制。正是由于社会文化本身所固有的矛盾使人产生各种心理冲突。

3. 观念冲突理论。该理论认为,人类的多数冲突都来自自身认知表征的不一致,"庸人自扰"也就是这个道理。劳特巴赫(Lauterbach)将心理冲突定义为"存在于个人生活重要领域中的个人自身观念与态度、价值观及对事物看法的矛盾或不一致"。即人们对于同一件事情,从不同的角度作不同的理解,却又无法统一这些观念,于是产生了心理冲突。解决这些心理冲突,需要重新认识问题,权衡利弊,作出比较适合的选择。

4. 角色冲突理论。该理论认为,每个人在各自的岗位上扮演着不同的角色。人们需要根据具体的环境作出角色的转换。当面临某种情境下的角色转换发生困难,或者出现一个情境需要几个角色同时参与,而人们又无法胜任时就会产生心理冲突。随着身心不断成熟,阅历不断丰富,一个人所扮演的角色也不断增加。解决这些心理冲突,需要人们及时转换角色,胜任每个角色,同时又能担当多个角色。

(章明明,韩励,2006)

2. 意志行动中的挫折

挫折(frustration)是指个体的意志行为受到严重阻碍,既定目标不能按预期实现时所产生的一种带有紧张、烦恼等情绪的状态和不良反应。挫折一般包含以下几方面内容。

① 挫折情境。影响或妨碍意志行为的情境,这是产生挫折的前提。不同的情境使个体产生挫折感的程度是不一样的。

② 挫折认知。个体对挫折情境的认知和评价,这是产生挫折和应对挫折的关键。挫

折情境能否产生挫折,在很大程度上取决于个体对挫折情境的看法。由于个体的认知不同,即使在同一挫折情境下,个体对挫折的感受程度也是不同的。比如有的学生为在考试中取得 80 分的好成绩而高兴,而有的学生虽然得到同样的成绩但却会有沮丧感和失败感。

③ 挫折反应。伴随着挫折认知而引起的情绪或行为上的反应,如气愤、紧张、焦虑和攻击等。当挫折情境、挫折认知和挫折反应三个因素同时具备时,就构成完整的心理挫折。但有时没有挫折情境,只有挫折认知和挫折反应两个方面,也能产生心理挫折。如有人总是担心领导怀疑自己的工作能力、不信任自己而产生焦虑、烦恼等情绪反应。

挫折的存在是难免的。任何人在生活和工作中都会碰到各种各样的问题,不可能总是一帆风顺的,他们可能会被一些无法排除的因素干扰,而使某些预期的目标难以实现。挫折也不都是消极的,而是有弊也有利。在有些情况下,挫折可以激起人产生更大的意志努力,激励人们朝向预期的目标更加努力地前行。有研究表明(Amsel & Rossel,1952),大白鼠在遇到挫折之后出现了反应率暂时提高的现象。研究中将大白鼠分成强化组和挫折组两组。实验要求被试穿越一个设置好的通道,在通道的中间和终点各设置一个目标盒,即通道上设有两个目标盒。强化组通道中的两个目标盒都放有白鼠喜欢的食物;挫折组通道中位于中间的目标盒没有放食物,而在位于终点的目标盒则放有食物。结果表明,挫折组的大白鼠跑的速度要明显快于强化组的大白鼠。虽然,人类对挫折的反应要比动物更加复杂。但是,这个实验表明了个体在受挫折的情况下也可能会出现超强的意志行为。

3. 意志行动中的期望

期望是希望某些事发生的主观愿望,它是一种与未来有关的动机。期望实质上就是希望意志行动能达到的预期目的。期望的结果往往会带来某些需要的满足,这样就促使人产生为实现目标而引发的动机。在现实生活中一个人会有各种各样的期望,行为的结果有时会和期望一致,但有时又可能和期望之间发生矛盾。于是一个人就要选择有可能实现的目标,并对目标作出细致、科学的安排,制定符合自己个人情况的近期目标、中期目标和远期目标。目标的选择和确定与一个人的抱负水平有着密切关系。抱负水平是指一个人估计自己完成某些重要事情所能达到的目标水平。抱负水平越高,选定的目标就越高,意志行动中的期望也就越高。例如一个人在打靶之前希望自己能打 7 环左右,但结果只打中了 5 环,于是就产生了失败感;如果他击中的是 9 环,这时就可能会产生成功感。可见,成败感是一个人期望与实际成就之间所产生的"正差"(抱负高于成就)和"负差"(抱负低于成就)时的一种主观体验和感受。

4. 意志行动中的抉择

心理学家冯特曾依据动机的特点把意志的基本形式划分为三个类型：冲动动作(triehandlung)、有意动作(willkürhandlung)和选择动作(wahlhandlung)。冯特认为,在这三种类型中,选择动作是最能体现出意志特点的。要作出选择,就一定涉及决策问题。因此,抉择成为意志行为的一个基本特性。从目标确立、计划制定,到决定执行,都需要意志行动中的抉择。

一个人时常会遇到两种或两种以上行动的可能,需要依据某种标准舍弃一个而选择另一个,并想方设法实现这一选择,那么可以说,这个人作出了一项抉择。如果仅有一种可能性的行动,或者行动虽有多种可能性,但无需权衡优劣就可采取的行动,都不能称作抉择。抉择可以看成是问题解决的一个重要过程,它伴随问题而产生。一般认为,抉择过程可有以下一些彼此相互连接的阶段所组成：

① 分析现状、明确问题；

② 探寻各种可供选择的解决方案；

③ 对各种可供选择的方案进行分析、筛选与评估；

④ 作出决定：在各种方案中选择最佳方案；

⑤ 贯彻执行方案；

⑥ 监督执行。

三、意志品质

个体的认知活动、情绪活动和意志活动,都表现出个人不同的相对稳定的特点。这些从过程的角度(不是从内容的方面)归纳出的特点,可称之为人的智慧品质、情绪品质和意志品质。这三类品质之中,意志品质(volitional characteristics)的研究和揭示最为重要,因为无论心理学者研究意志,还是学生学习关于意志的知识,归根结底,都是为了培养和发展个体的良好的意志品质。何况,意志品质也从一个侧面反映出意志现象的某种规律性。

在意志行动的前述两个阶段中,表现出人的诸多意志品质,主要有如下几种：

1. 独立性

独立性(independence)是指个体倾向于自主地采取决定和行动,既不受外界环境的影响,也不易被周围人们的言论所左右。意大利诗人但丁(Dante,1265—1321)由于反对当时权重势大的教皇统治,被教皇罗织罪名,最终被判处终身放逐。在他逝世前 5 年,当局曾宣布,若他当众认罪,可允许其回国。但丁为了不使自己的清白遭受玷辱,断然拒绝。他说:"一心循着你自己的道路走,让人家随便怎样去说吧!"这句为马克思十分欣赏的名言,显示出一种高度独立的意志特征。

和独立性相反的是依从性或受暗示性。这种人缺乏主见,人云亦云,想事处事,先看看左邻右舍,别人怎么干,自己也跟着怎么干,这是意志薄弱的表现。伊索寓言中有一个笑话讲的就是这种人:一个人牵了一头驴,和他的儿子一起去赶集,走到半路,他听到有人议论:"真是一对傻瓜,有驴都不知道骑。"于是他赶紧让儿子骑上驴,自己在前面牵驴。不一会儿,又听见人议论:"好个溺爱孩子的糊涂家长,儿子年轻力壮反而骑驴,父亲年迈体衰反而徒步,儿子也是个不孝顺的人呢!"于是,他又急忙让儿子下来牵驴,自己骑驴。可是,走了一程,又听到有人议论:"真是个狠心的家长啊!让小小年纪的儿子走路,他倒舒舒服服地骑在驴上!"听后,他左右为难,忽然灵机一动,他决定父子俩都骑上毛驴。可是没想到,路上又传来愤怒的斥责声:"你们是想把驴子压死吗?你们也太会欺负这不会说话的哑巴了!"最后,苦恼的父子竟然满头大汗地抬着驴子去赶集了。由此可见,具有这种性格的人,难以充分发挥自己的智慧和个性,工作中难以发挥应有的独创性。

独立性又不同于独断性。独断是以主观、片面、一意孤行为其特征的。独立性则以冷静的理性思考为基础。因此独立性强的人虽不人云亦云,但也不会一概拒绝他人的合理见解而陷入刚愎自用的境地。

2. 果断性

果断性(decisiveness)是指善于在复杂的情境中迅速而有效地采取决定,一旦采取了决定,就及时地投入行动。欲求事业成功,把握时机是很重要的。时机又是变化的、流逝的,只有处事果断的人,才能抓住有利的时机。果断的意义,在军事指挥员身上表现得尤为突出。战场形势错综复杂,瞬息万变,形势的复杂需要进行细致缜密的分析研究,形势的多变则需要迅速及时地作出决断。因此,战斗的胜负不仅取决于指挥员决策的正确与否,而且还取决于决策的及时与否。即使军事布置是正确的,如果在时间上延迟耽误,也可能会招致失败。

与果断相反的特性有两种。一是优柔寡断。这种人每遇抉择,总是犹豫不决,摇摆不定,动机的斗争没完没了,难以作出最终选择。好不容易作了个决定,又迟迟不付诸行动,生怕走错步子而后悔。这种人的智慧水平可能不低,但因其太缺乏行动性,结果限制了才能的发挥。莎士比亚笔下的哈姆雷特,他头脑清醒,感觉敏锐,感情丰富,但由于他过分地耽于思索而怯于行动,结果错失多次良机,终难实现替父报仇的夙愿。果断的另一对立面是鲁莽。鲁莽者办事倒很少迟疑,说干就干,但他在行动时却不善于事前作周密的考虑和斟酌,结果多半成事不足败事有余。所以,避免优柔寡断,需要当机立断;避免草率鲁莽,需要深思熟虑。军事史上卓越的军事将领,必定具有多谋而又善断的性格。

3. 坚韧性

坚韧性(perseverance)是指在行动中坚持决定,百折不挠地克服一切困难和障碍,完成既定的目的。人生是一个漫长的过程,实现人生的总目标,需要数十年的奋斗。长时期地向着既定的目标奋进、拼搏,必须有意志的坚韧性。鲁迅在"风雨如磐"的旧社会,特别强调要坚持"韧性的战斗"。韧性的战斗要求坚韧的意志品质。老一辈卓有成就的革命家、科学家、文艺家,他们之所以取得成功,除了他们的才能之外,无一例外地都具有一个共同的心理品质,即意志的高度坚韧性。正是这种坚韧性,使他们数十年如一日地克服种种艰难险阻,百折不挠地向前搏击。马克思的《资本论》是用了四十年的时间才完成的,有一段时间,他天天在大英博物馆阅览室的一个固定座位上读书,每当他发现有价值的材料时,他便兴奋地用脚跺一下地,结果天长日久,那块水泥地面上竟留下明显的一条沟,它是马克思坚韧意志的见证。大目标是由一系列小目标积累而成的。有些小目标的实现,也需假以时日,不能一蹴而就。只有持之以恒,风雨无阻,经年不辍,一个人才能成为胜利者。而夺取胜利的保证,就是坚强的意志,即坚韧性。可见意志的坚韧性就体现在善于长久地坚持业已开始的符合目的的行动,做到锲而不舍,有始有终;善于抵御不符合行动目的的种种主客观诱惑的干扰,做到千纷百扰,不为所动。不论前进道路上如何困难重重,决不放弃对目的的执著追求;不论行为过程中如何枝节横生,总是心无旁骛,不达目的,决不罢休。

意志的坚韧性既不同于动摇,又不同于执拗。动摇的人,可能刚开始的时候决心不小,冲劲十足,但一旦遭遇挫折,就畏难而退了,或者以各种借口原谅自己,甚至怀疑当初所作决定的必要性或可行性。这种人办事,常显出"三分钟热度"、"三天打鱼,两天晒网",结果常常是虎头蛇尾。在生活中这种人为数不少,属于意志薄弱者之列。至于性格执拗者,其特点是只能刻板地依照一成不变的计划行事,不能敏锐地觉察情势的变化,不善于及时根据新情况,相应地对行动方式乃至对行动目的作出修正,并相应地改变自己的行为。良好的意志品质,不仅表现在坚持贯彻执行既定的决定,而且也表现在必要时善于当机立断地改变旧的决定,采取新的决定。顽固、执拗、一意孤行、我行我素,也是意志薄弱的特征。

实践探索 8-1　　　有成就的人所表现出的惊人坚韧性

坚韧性往往是人们取得事业成功的重要因素。古今中外,很多伟大的学者、科学家、思想家等都表现出惊人的坚韧性。例如:

司马迁写《史记》花了 15 年。	马克思写《资本论》花了 40 年。
左思写《三都赋》花了 10 年。	达尔文写《物种起源》花了 20 年。
洪升重写《长生殿》花了 9 年。	哥白尼写《天体运行论》花了 36 年。
李时珍写《本草纲目》花了 27 年。	摩尔根写《古代社会》花了 40 年。
曹雪芹写《红楼梦》花了 10 年。	歌德写《浮士德》花了 60 年。
徐霞客写《徐霞客游记》花了 34 年。	托尔斯泰写《战争与和平》花了 37 年。

(燕国材,马加乐,1992)

4. 自制力

自制力(self-control ability)是指善于掌握和支配自己的行动和心理状态。人不仅是客观现实的主人,也应是自己的主人。做自己的主人,意味着要根据正确的原则指挥自己,控制自己。人的各种愿望和冲动并不都是合理的。合理的欲望和冲动在一定条件下也并不都是适当的。人生活在社会环境中,生活在同他人的相互关系中,个人的利益和愿望同社会利益和他人愿望会时时发生矛盾。有时,个人的一时冲动和愿望同他本人的利益也会存在矛盾。因此,人必须依据社会的规范来约束自己的行为,同时根据自己的根本利益来调节自己的行动。《普通一兵》的主人公马特洛索夫是苏联反法西斯战争中的英雄,他曾为了战斗的胜利,用身体堵住敌人碉堡的枪眼,以身殉国。他信奉一句格言:"去做自己应该做的事,不做自己想做的事。"实践这句话本身就考验着人的自制力量。

自制力表现为发动行动和抑制行动两个相互联系的方面。也就是说,一方面要克服外部困难或某种内部动机的干扰,强迫抑制自己的某种行动;另一方面,在内外干扰的条件下,发动和维持某种行动。抑制自己的行动,就是"不做想做的事"。学生在课堂上遵守纪律,在公共场所遵守规章制度,身患疾病时按医嘱忌食自己喜爱的食物等等,都属于自制力的表现。我国英勇的烈士邱少云就可作为自制力发挥的典范。在一次战斗中,他奉命隐蔽在阵地上,被炮弹烧着了衣服。按照美国心理学家马斯洛所谓的"需要层次理论",当人的基本"安全需要"受到威胁时,必然会奋起灭火自救。但是,邱少云为了不在敌人面前暴露目标,却强忍着剧痛,一动不动,直至被火焰夺去了生命。这是为了共产主义事业,为了战局的利益,发挥人的高度自制力的动人典范。这一活生生的事例也有力地证明了,一个人高尚而强烈的社会性动机可以在很大程度上制约和克服生理性动机,从而显示出令人惊叹的意志力量。

在存在外部困难和某种内部动机的干扰时,发动和维持自己的行动,就是"去做应做的事"。暑假里的一天,某学生按计划该完成假期作业,但那天炎热难耐,或他觉得疲乏,想休息一下,或他被当晚的电视节目所吸引,或有好朋友约他出去听精彩的音乐会。他想到计划必须如期完成,于是就会坐在桌边完成作业,靠的就是自制的力量。体育运动,特别是竞赛性运动,大多是对人意志的考验。中国女排健儿,长期经受超大运动量训练,忍受了常人无法想象的劳苦,她们成天在运动场上跌打滚爬,累得腰酸背痛,有时竟流着眼泪接球、扣球。因此,从性格锻炼的角度看,中国女排"三连冠"的辉煌胜利,其实是一簇灿烂的顽强坚毅的意志品质之花,是对人类所能达到的坚强性格的一曲响亮的赞歌。

热点聚焦 8 - 1　　　　　　　**自制力与个性**

　　心理学家芬德(Funder,1986)等研究了自制力与个性的关系。他把抗诱惑力作为自制力的指标,并选取了 116 名男女儿童作为被试。研究要求被试在吸引人的玩具面前和在封盖的玩具箱面前从事学科作业 6 分钟,并告诉他们 6 分钟以后就可以停止作业去玩玩具。结果发现,与抗诱惑力强有关的个性特质,男性为慎重、注意、理智、保守、合作、专心,女性为机智、多谋、好胜;而与抗诱惑力弱有关的个性特质,男性为攻击、敏感、浮躁、不能自制,女性为抑郁、抱怨、易怒和脆弱。

(阴国恩,1996)

克服艰险及由此引起的恐惧心理,去从事某项活动,表现出人的勇敢精神,这也与自制力的发展有关。一个古稀老人游泳,已经很罕见了,可是秘鲁有位 77 岁的老翁丹尼尔,居然敢在海洋中击水劈浪达 7 小时 34 分钟之久,成功地横渡直布罗陀海峡。这类事例表明,坚强的意志,能使人作出多么令人叹为观止的行为。

自制力还表现在对情绪反应的控制上。情绪是会直接影响人的行为的。因此,对情绪的有效控制,也间接地调节着人的行动。突然遇到危险,人往往会产生恐惧,甚至惊慌失措。但呆若木鸡也好,手忙脚乱也好,都无助于人应付险情,反会使当事者遭殃。只有临危不惧,镇定自若,从而急中生智,思考对策,才可能化险为夷。但做到这一点,需要有高度的自制力。

第二节 意志的一般规律

人的意志是在活动中,特别是在克服困难的过程中表现出来的,并且与认知和情感有着密切的关系,因此,我们也只能在研究这些关系中去探索意志的某些规律,为教育实践服务。

一、意志和意志行动

人的意志是主观、观念的东西。主观要见之于客观,观念要变为现实,就必须要付诸行动。因此意志的体现离不开行动,行动一旦有意志参与便成为意志行动。

1. 意志行动的含义

意志行动(volitional movement)是指受意志组织和控制的行动。它与没有意志参与的无意识行动、自动化行动、无目标行动、无动机行动等相区别。

2. 意志行动的基本特点与表现

意志行动是人类独有的,但并不是人类的一切行动都是意志行动。意志行动具有如下一些基本特征:

① 意志行动具有目的性。无目的的行动称为无意行为,比如,有的小孩看到地上的树叶喜欢习惯性地漫无目的地玩耍;有目的的行动称为有意行动,比如,学生按照自己制订的学习计划复习功课。意志行动是一种有意行动。人往往根据实践的需要和自己的目的和动机,带着一定的主观性去行动,表现出意志行动的计划性和目的性。

② 意志行动以随意行动为基础。人的行动可以按照是否受到意识控制而分为随意行动和不随意行动两类。不随意行动是不自主的行动,不受意识所控制,如吮吸反射;随意行动则是指自主的行动,受意识控制,如去图书馆看书,去电影院看电影等。意志行动属于随意行动。人对客观世界的反映是主动的,人能主动地根据需要去认识世界,反映世界。人不仅能够反映事物的表面现象,而且还能反映事物的内部属性和本质规律,能将认识由感性认识上升到理性认识。同时,人不仅仅能从社会实践中形成重要的思想,而且还能以正确的思想和理论为指导,通过实践活动把某些设想变成现实中的东西,这就是人们所说的在自然界打上了人类"意志的印记"。

③ 意志行动与克服困难相联系。有意行动按照克服困难的程度来分,可分为一般行

动(非意志行动)和意志行动。一般行动虽说事前有一定的目的性,但是能够轻而易举地完成,无需意志参与。而意志行动必须克服困难才能完成,因此需要意志参与。例如,在凉风阵阵的夏夜漫步海边,这种行为虽有目的,但毫不费力,并不需要意志的努力,所以这种行动就属于一般行动;相反,如果是在烈日之下长途跋涉,则绝非易事,必须有意志的参与才能完成,这种行动便属于意志行动。

④ 意志行动是发展性的。人的意志行动是发展的、前进的,不会只停留在某一阶段。人的意志随着实践的增加而不断发展、丰富和提高,会逐渐摆脱旧思想、旧观念的束缚,摆脱对客观事物及其规律知之不多的状态,使其意志行动上升到一个新的高度。

⑤ 必须符合客观规律。人的意志行为表现为按照预定的目的来支配和调节行动。但是,即使按照预定的目的调节了自己的行动,也未必能够达到目的。人的预定目的最终能否实现,还得看人的认识是否符合客观规律。如果人能够正确认识和把握客观规律,并依据客观规律确定行动目的、制订行动计划和采取正确的方法,经过不断努力,这个目的才有可能达到。

意志行动的特殊表现之一就是所谓的冒险行动。冒险是主体在活动结果具有不确定性或者对活动失败招致的不利后果有所预计的条件下进行的一种活动。因此一个人是否敢于为了自己的目标从事冒险行动,以及他能承担多大的风险,都从一个侧面鲜明地表现出他的意志力的强弱。在社会生活中,机遇常常伴随着风险。古往今来,人类许多伟大的发明创造和丰功伟绩,都曾经历过无数的风险。人类敢于面对、承担和战胜无数风险的历程,无不闪烁着巨大意志力量的光辉。

3. 意志行动的过程

意志总是通过一系列具体行动表现出来的。研究意志行动,主要是分析行动的心理方面,即心理对行动的组织和调节过程。意志行动的心理过程分为两个阶段,即采取决定阶段和执行决定阶段。

采取决定阶段是意志行动的开始阶段。它决定意志行动的方向,规定未来意志行动的轨道,因此是完成意志行动必不可少的重要阶段。执行决定阶段是意志行动的完成阶段,在这个阶段里,人的主观目的转化为客观结果,观念的东西转化为实际行动,实现主体对客观世界的改造。

(1) 采取决定阶段

决定的采取并不是刹那间就完成的,它是一个过程,有着丰富的心理学内容,体现出人的意志品质。

决定的采取,包括行动目的的确立、行动动机的取舍和行动手段的选择等环节。行动目的是指人的行动所要达到的目的是什么,行动动机则反映着人为什么要达到这一目的,行动手段是指借助什么具体行动去达到目的。人通常面临着不止一个目的,这就要求个体必须对其进行选择。为了作出恰当的选择,他必须根据每个目的的意义和价值,考虑其必要性,并根据主观和客观的条件,考虑其实现的可能性。如果每一种目的都有诱人之处,即都有某种必要性和可能性,就会使人产生心理上的冲突,使其在不同目的之间举棋不定。各个行动目的的诱人程度越是强烈和相近,这种冲突就越尖锐,作出抉择也就越困难。有时目的本身在客观性质上并不矛盾,但是不可能在同一时刻实现,也需要主体进行比较,权衡其轻重缓急,作出先后或主次的安排。克服这些困难,完成目的的选择,都要求人作出意志的努力。

目的的确定之后,还需要决定达到目的的手段或途径。如果各种手段的选择余地很大,就要求分析和比较各种手段的有效性和合理性。有时由于知识经验不足而一时找不到合适的手段,或不同手段各有其利弊,也会在手段的选择上犹豫不决,产生困惑。

在同一动机的驱动下,会存在确立何种目的和选择何种手段的问题。这时目的和手段的抉择主要取决于个人的知识状况、能力水平以及有关的主客观条件。但是在很多情形下,影响人采取某种目的和手段而舍弃其他目的和手段的,是不同的动机彼此斗争的结果。动机的斗争,常常是人在不同目的之间游移的重要内在原因。人之所以采取此项目的而放弃彼项目的,有时并不是取决于对目的本身的客观必然性和可能性的认识,而是由于与此项目相联系的动机战胜与彼项目相联系的动机的结果。例如,一个上海的中学毕业生打算报考大学,那么他是报考本市一般大学呢,还是报考外地重点大学?尽管他自知有被重点大学录取的把握,并且了解重点大学有更高的学术水平和更好的学习条件,但他如果被追求大城市安逸生活的个人动机所主宰,就会回避将来可能会被分配到外地工作的重点大学,而挑选一所专为本市培养人才的普通大学。

动机的斗争也影响着行动手段的选择。有的手段对达到目的是有效的,但它为社会道德所不容。为高尚动机所推动的人就不会选取这类手段,而为某种卑微动机所左右的人,则可能做出"不择手段"的事情。例如,一个真正怀着求得知识以更好地为建设祖国服务的动机而报考大学的人,他为了达到被录取的目的,所采取的方法和途径是认真复习功课,踏实地做好各种准备工作,决不肯为获得高分而营私舞弊。但一个把大学当作获取个人名利的跳板,怀着谋私利的动机而报考大学的人,则可能为了录取大学而钻营种种旁门邪道,甚至不惜做出违法乱纪的事情。

（2）执行决定阶段

决定一经采取之后，决定的执行便是意志行动实现的关键阶段。因为即使行动的动机再高尚，行动的目的再美好，行动的手段再完善，如果不付诸实际行动，这一切也就失去了意义，便不能构成意志行动。

执行决定，常要求更多的意志努力。这是因为：第一，执行决定的行动要求巨大的智力或体力紧张，并要求忍受由行动或行动环境带来的种种不愉快的体验。例如坚持冬季户外长跑，要战胜气候严寒和生理疲劳；做科学研究要求艰苦而持久的思维探索。第二，积极而有效的行动，要求克服个体个性中原有的消极品质，如懈怠、保守等。第三，在执行决定过程中，与既定目的不符的各种动机还可能在思想上重新出现，引诱人的行动脱离预定的轨道。第四，行动中会出现意料之外的新情况、新问题，而主体可能又缺乏应付新情况、解决新问题的现成手段，这也会造成人的行动的踌躇或徘徊。第五，在行动尚未完成之前，还可能产生新的动机、新的目的和手段，它们会在心理上同既定目的发生竞争，从而干扰行动的进程。所有这些方面，都是妨碍意志行动顺利进行的因素，要求人作出更多的意志努力。

这些困难的克服，取决于一系列条件。坚定的信念和世界观是有效克服困难的基本条件。信念和世界观是人的行动的一般准则，当人具有清晰的行动准则并坚信其正确时，才能坚决地同困难作斗争。

人所提出的目的的性质，对于困难的克服有着重要意义。目的越重大、越崇高，就越能促使个体产生力量去克服所遇到的困难。不过，目标切忌定得过高，不切实际，如果不具备实现的客观可能性，最终必然会导致行动的半途而废；同时，目标也不能定得太低，因为这样个体很容易就达到目的，不利于培养和锻炼人与困难作斗争的毅力。因此，为了培养意志，过高和过低的目的都是不可取的，它必须是明确而适当的。

二、意志与认识、情感的关系

意志和认识过程有着极为密切的联系。

意志的特征是具有自觉的目的。而人的任何目的都不是头脑里所固有的，也不是主观自生的，它是人过去和现在的认识活动的产物。目的虽是主观的东西，它的来源却是客观世界。人的行为目的不可能凭空产生，人确立这种或那种目的，归根结底取决于人的需要，而需要也是人对客观现实的反映，是通过人对自身需求的认识而形成的。物质需要是人对物质性需求的反映。因此，离开了认识过程，意志就无从产生。

人的行动目的，也不是任意提出的，它受着客观规律的制约。从主观方面看，只有当人确信他的愿望和目的符合客观规律,具有实现的可能性时,他才有决心认同此项愿望和目的;从客观方面看,也只有他的愿望和目的确实符合客观规律时,他的意志行动才有可能得到实现。因此列宁说:"人的目的是客观世界所产生的,是以它为前提的。"(《哲学笔记》,1956)只有认识了客观世界的规律,认识了人自身的需要和客观规律间的关系,才能提出和确立合理的目的。

实现意志活动还需要有行动的手段。关于行动手段的知识和技能,也是通过认识活动来获得的。个体的认识愈是丰富和深入,他所积累的相关知识和技能愈多,他在意志活动中对行动手段的执行才愈是顺利和有效。

众所周知,意志行动是与克服困难相联系的,因此在实现每一项具体的意志行动的时候,为了确立目的和选择克服困难的手段,通常要审度客观的情势,分析现实的条件,回顾以往的经验,设想未来的后果,拟订种种方案,编制行动计划,并对这一切进行反复的权衡和斟酌,这就必须依赖感知、记忆、想象、思维的过程。这些过程实际上构成了意志活动的理智成分。因此,离开了认识过程,就不会有意志活动。而心理学家有关习得性无助的研究,似乎从反面证明了人对自己行为的结果的认识,会制约其意志行为的表现。赛利格曼(Seligman)等于20世纪60年代末发现,狗在连续多次遭受电击而无法躲避的情形下,会产生一种反应,即在即使可以躲避时也不再躲避而任其电击,这就是所谓习得性无助的现象。20世纪70年代中期,海若托(Hiroto,1975)等以大学生作被试,把被试分成两组,令其在强噪音干扰的条件下进行作业。其中一组对这种干扰可以设法躲避的条件下作业时,另一组则根本无法躲避。然后,当两组被试均被置于可躲避的条件下作业时,后一组被试也很少试图去躲避噪音(张述祖,沈德立,1995)。这组被试在明显的有害刺激面前"认输"而不作努力,似乎表明了他们意志的消失。这种变化是基于他们对以前行为结果的认知而发生的。

意志对认识过程也有巨大的影响,它会使认识更加具有目的性和方向性,也会使认识更加广泛和深入。人对外部世界有目的、有计划并需克服各种困难的认识活动,诸如观察活动的组织、随意注意的维持、随意识记的进行、创造性想象的实现、解决问题的思维活动的展开等等,都离不开人的意志努力,即离不开意志过程。这些认识活动只有在意志过程的支配和调节下,才能深入地、完全地完成。

情感对意志的作用体现在两个方面。首先,情感可以成为意志的动力。通常来说,积极、乐观的情感或情绪对人的某些行为能起推动或支持作用,例如,对祖国的热爱和对敌人的仇恨,激励着人们去保卫祖国和消灭敌人。而一个对所要达到的目标抱着漠然、冷淡态度的人,是难以表现出坚强的意志的。其次,情感也可以成为意志的阻力。人在从事他所不乐意去干的活动时,就会发生这种情形。"不乐意"的情感,对于这项活动而言是一种消极的体验,它妨碍着意志行动的贯彻,造成意志过程的内部困难。此外,人在完成某项他所热衷但却又感到棘手的任务时,也可能发生这种情形,因为由外部困难所引起的消极的情感体验(困惑、焦虑、彷徨以至痛苦),也动摇和销蚀着人的意志。

意志对情感也存在影响,有时还表现为对情感的直接控制。意志力薄弱会导致意志行动半途而废,从而使人产生消极的情感,而意志坚强则可克服不良情感的干扰,把行动贯彻始终。比如一个遭遇不幸而陷于哀伤心境中的演员,为了不妨碍本职工作,在舞台上仍能成功地扮演喜剧角色,那么他就是凭借意志的力量,抑制了一种情绪而激发了另一种情绪。平时人们所说的“理智与情感的冲突”,其实是由意志遵循理智的要求,从而实现的对情感的驾驭。认识过程本身并不具有直接的控制情感的功能,控制是由意志来完成的。所谓“理智战胜情感”,是指意志的力量根据理智认识克服了与理智相矛盾的情感;而“情感战胜理智”,是指意志力不足以抑制情感的冲动而成为情感的俘虏,背离了理智的方向。

总之,认识、情感和意志是密切联系、彼此渗透着的。发生在实际生活中的同一心理活动,通常既是认识的,又是情感的,也是意志的。任何意志过程总包含有理智成分和或多或少的情感成分,而认识和情感过程也包含有意志成分。事实上,并不存在纯粹的、不与任何认识和情感相关的意志过程。因此,不能把意志仅仅归结为反映活动的效应环节,而应看作是完整反映活动的一个方面。研究意志,就是研究统一的心理活动的意志方面。

三、意志与动机的关系

人的意志行动是由一定的动机所推动的。对人的意志行动来说,动机的意义是多方面的。首先,动机是人的意志活动的推动者,表现出对人的意志活动的激励作用,是人的行为的积极性的源泉。其次,动机作用表明着人的意志行动的指向性:人为什么选择这种行动而非其他? 也就是说,动机是决定行动方向选择的原因。最后,在上述推动作用和选择作用的基础上,动机就成为人的意志行动的调节手段:它不仅在行动的初始阶段指引个体做什么和如何去做,而且在行动的过程中指引个体修正、调整自己的行为。

动机可以由当前的具体事物所引起。如感到寒冷的人有取暖的需要,附近的木柴、引火物等,都能引起他产生烤火的动机。可是引起动机的远不限于当前的事物,也可以是事物的表象和概念,甚至是人的信念和道德理想等。例如对真理和正义的坚信和热爱,个人的责任感或事业心,在一定条件下都能成为动机,推动人去从事意志活动。

人的动机的性质和强度是各不相同的。不同性质和强度的动机,对人具有不同的意义,具有不同的推动力量。意志行动的方式、行动的坚持性和行动的效果,在很大程度上受到动机性质和强度的制约。

学术研究 8-2   **动机对意志行为的影响**

    有一项实验研究了不同动机对大学生行为的影响。研究者把大学生分成三组,要求他们用右手食指拉动测力计上悬挂的 3.4 公斤重的砝码。对第一组被试不说明任何理由;对第二组被试,要求他们在完成任务时应表现出自己最大的能力;对第三组被试则说明任务的重要社会意义。结果,一、二、三组完成任务的指标数分别为 100、150 和 200。

    苏联心理学家克瓦维拉施维里(Квавилашвили,1990)的一项研究证明了这一点。为了解被试执行"非常重要"和"重要性较小"的任务时抗干扰能力的区别。他要求大学生在延迟 5 分钟之后去完成某项工作,在这延迟时段内,安排有的被试从事有兴趣的活动,有的从事无兴趣的活动,有的则无所事事。实验结果如表 8-1 所示。从表中至少可以看出两点:第一,执行重要任务的成绩明显优于重要性较小的成绩(48∶27);第二,执行非常重要任务受干扰(延缓期间所进行的活动的兴趣强弱)的程度较小,而执行不太重要任务受干扰的程度较大(39∶43 对 21∶12)(张述祖,沈德立,1995)。

表 8-1   任务重要性对抗干扰能力的影响

任 务	空候(无所事事)	无兴趣活动	有兴趣活动
非常重要	48	39	43
重要性较小	27	21	12

    在意志行动中,动机的社会性因素起着重要作用。社会性动机所产生的力量可能会很大,以致会超过和压制人的生物性本能。比如印度民族主义领袖甘地(Gandhi,1869—1948),为了政治斗争的需要,可以抑制进食的自然需要,曾进行绝食斗争多日。战争是一种要求人具有高度意志力的社会现象。在战争行动中,可以清楚地看出动机的性质同它对意志行动的推动力量之间的关系。古往今来,投身正义战争的士兵,为崇高的动机所推动,具有一往无前、艰苦卓绝的精神,善于克服千难万险,表现出坚强的意志。在从事非正义战争的军队里,士兵为打仗而打仗,或仅为金钱或其他个人动机而战,他们在艰难和危险面前,容易胆怯、动摇,表现出薄弱的意志。正义战争的领导者之所以高度重视战前动员的作用,不义战争的策动者之所以常常对自己的士兵作欺骗宣传,力图把他们的战争意图说得冠冕堂皇,其心理学依据就是人的不同性质的动机对意志行动具有不同的激励作用。

    一个人复杂而多样的动机,以其一定的相互关系而构成动机系统。在同一个体身上,处于不同地位的动机在意志行动中所起的作用是不同的。某些动机比较强烈而稳定,另一些动机则比较微弱而不稳定。一个人最强烈、最稳定的动机,成为他的主导动机,这种主导动机对他而言,相对地具有更大的激励作用。在其他因素相等的条件下,人采取同他的主导动机相符合的意志行动时,通常比较容易实现。在实际生活中,可以看到人比较容易实现与他主导动机相一致的意志行动的例子。比如,少年儿童的游戏动机一般比较强烈。有的少年学生在学习方面害怕困难,意志表现较差,但他却可能在与同伴们的游戏中对克服困难表现出较大的顽强性和坚韧性。一个有着强烈的创造动机和探索欲望的科学家,要他坚持日常琐事方面的某项事情(虽然他也想做)也许难以持久,但他却能长期孜孜不倦、数十年如一日地专攻他所面对的艰难的课题。

前面说到,不同性质的动机可以具有不同的力量,但是某种动机对一定个体究竟能产生多大的推动力,最终还必须以个体的动机系统的特点为转移。比如游戏方面的动机对于儿童或者对于成人,其激励作用就不一样;求知类动机的激励作用,对学者和商人的激励作用也不尽相同。当我们谈论动机系统对人的行为的作用时,着重指明:因为同一种动机在个体身上占有不同地位,故而对人的行为会发生不同的影响。当我们谈论动机性质和它具有的力量的关系时,是指二者在多数社会成员身上表现出来的一般趋向。前者说的是个别性,后者说的是普遍性。普遍性是由个别性归纳而来的,同时它又具体地表现于个别性之中。

四、意志的形成和发展

动物没有意志,意志是人所特有的心理现象,它是在漫长的从猿到人的进化历程中,随着人类的产生而产生的。人的意志发生的源泉不在机体内部,而在社会劳动之中。社会劳动给意志活动的产生提出了需要并提供了可能。

首先,劳动的社会性为意志的形成和发展提供了基本条件。人类的祖先在通过社会劳动来满足个人的需要时,还必须根据社会的要求,为满足整个社会的需要而行动。这是因为他们在长期的生活实践中认识到,必须首先从事某些并非直接满足个人需要的行动,才有可能满足个人的需要。比如,他必须先制造供别人使用的狩猎或捕鱼工具,别人使用这些工具去获得食物,然后才能供他果腹。这种使行动服从某种社会性的间接目的的情形,是意志产生的起点和基础。抑制个人的意愿和需求,忍受或克服个人生理上或心理上的困难,而使行动服从于既定目的、任务的能力就从这里形成和发展起来。

其次,劳动促进了心理的器官——大脑的进化,并促使了语言的产生和发展。而人的自觉目的的提出以及达到目的的计划和手段的拟定,都需要借助于语言这个工具,而语言也正是在社会劳动中才产生出来的。因此,意志是随着人类的形成,在劳动和言语交际的基础上产生的。

　　从个体发展上看,意志产生的契机也是社会性的。初生婴儿没有所谓的意志活动。他们在与周围成人的交往中,最初学会根据成人的言语指令来调节自己的随意注意,尔后又逐步学会按照成人的要求来支配自己的身体动作,再以后,随着儿童完成对言语的掌握和自我意识的发展,他才慢慢地能够依照自己的愿望和意图去采取有目的的行动。

　　意志是人所特有的心理现象,任何时代、任何社会制度和任何阶级的人都有意志这样一种心理活动形式。但是不同时代、不同社会制度和不同阶级的人,他们的意志、动机和目的的思想内容是不尽相同的。从这个意义上讲,意志也受着社会历史条件的制约。

五、意志的控制与失控

　　意志作为一种优秀的心理品质,存在很大的个体差异。有的人具有顽强的意志,可以使事情朝着自己期望的方向发展;而有的人则恰好相反,很容易被外界的困难和压力所压倒,失去对事物的控制,这就是所谓的意志的控制与失控。

1. 意志控制

　　意志控制是指一个人能左右事件的进展和结果,使期望和目标相一致。意志控制的作用主要表现为:一是对外控制,即按照人的期望和目标来改变自然环境和社会环境;二是对内控制,即按照主体的期望和目标来改变自身的生理素质和心理素质。

　　意志控制实际上就是对行动的激励和克制。激励表现为推动人集中自己的一切力量积极行动以达到预定目的。例如,一个人为了学好外语,意志推动他去背单词、听外语磁带、阅读大量英文资料、模仿范文写作等等。克制则表现为阻止或放弃妨碍预定目的的实现的某些生活习惯或行为。例如,有的人为了提高学习成绩而放弃睡懒觉的习惯或减少玩游戏、打球次数等。因此,在具体活动中,意志对行动控制的激励和克制联系十分紧密。为实现预定目标所采取的行动越有激励性,就越能克制那些阻碍预定的目标实现的行为;反之,越是能克制那些与预定目标不一致的行为,为实现预定目标而采取的行动也就越有力。通过对行动的激励与克制,人的意志能对环境和自身进行很好的控制。

　　人的意志控制是要消除在实现预定目的过程中的内部障碍和外部障碍。内部障碍是指与实现预定目的相矛盾的内心种种干扰。例如,虽有预定目的,但对现实缺乏信心、决心;实现既定目标过程中出现疲劳、分心等现象。外部障碍是指与实现预定目的相矛盾的外部种种干扰。例如,大学生想自己创业,却面临资金不足、场地缺乏等现实压力,或者来自别人的阻碍、压制和打击等精神压力。只有克服这些来自内部和外部的障碍,人的意志的控制作用才能充分发挥,才能实现预定的目的。

　　人的意志控制能力表现出很大的个别差异。有的人能很好地控制自己的行动和情绪,即使面临外界压力也能坚持己见,朝着正确的目标迈进,他们不把责任归咎于环境和命运等不可控因素,而是由自己来承担所有责任。有的人则不能很好地控制自己的不良行为和情绪反应,面临困难时经常举棋不定,他们倾向于把责任归咎于环境和命运等不可控因素,而自己不愿承受责任。因此,从行动结果的归因方面,可以把人的控制倾向分为内在控制型和外在控制型。内控型的人,相信自己能够控制环境,有较强的自信心,能够感受到自己的努力与行动后果之间的联系。外控型的人,相信自己是被环境或命运控制的,难以看到自己的努力或能力与行为结果之间的关联。

2. 意志失控

失控是指当一个人遇到困难或有威胁性的情况,而自己感到无力应付时出现的对事件失去控制能力的表现。自然、社会环境以及人的生、老、病、死等都有可能成为威胁性因素而使我们丧失对事件的控制能力。例如,交通中断阻碍我们不能准时到达预定目的地,自身条件的不足影响自己大学毕业后的工作选择等等。人们在失控时的反应可能各不相同,但是一般都可能有以下一些行为反应:

（1）寻找信息

一个人失控后首先渴望得到的是更多的信息,以从各种信息中形成对目前处境的认识。如果失控者获得了更多信息,可能会对目前处境的认识更加全面,可能会找到摆脱困境的办法,恢复对事件的控制能力。但也可能会带来两种不良后果:一是对来自环境的影响很敏感;二是对获得信息的理解很片面。例如,一个人患了某种疾病,自己往往会想方设法寻找各种信息来认识这种疾病,他可能对医生和周围人们关于疾病的谈话特别敏感,对报纸、电视等传媒的报道也特别留意,但对获得信息的理解常常是很片面的。

（2）对困境反应加剧

人在失控时会有恢复控制的倾向和愿望。有人曾做过这样的实验(Rickers-Ovsiankina,1928),研究者让被试做一些简单的作业,如数珠子、堆积木、做粘土手工等。在被试的作业做到中途时,主试以叫被试去室外为由让其中断作业。一会儿被试再回到室内后,所有被试无一例外地自动重做前面的作业,重做率为100%。在另一项实验中,当被试被要求停止现在未完成的作业,而改做其他的作业。这时被试明显地表现出想尽早完成被要求改做的作业,然后抽时间再重新去做前面被中断的作业,重做率为79%。即使不被允许,很多被试仍然坚持要完成被中断的作业。

如果人们对失控后的困境事先完全没有预料到,其消极影响则会更大。有实验证明,如果给被试以噪音或电击等困扰物,又不能让他们获得有关困扰物的信息,导致被试不能控制这些困扰物,其消极反应会明显加剧,例如心率加快、出现紧张焦虑情绪、肾上腺素分泌增多等不良反应。在另一项实验(Glass & Singer, 1972)中,研究者让三组被试分别在无噪音、被试可控制的噪音和被试不可控制的噪音的实验条件下完成一项作业,然后让其中两组被试在无噪音条件下再完成一项作业。结果发现,不可控制的噪音干扰了前面两项任务的完成;而可控制噪音则不影响其他任务的完成水平。这些实验表明,即使在困境消失之后,失控仍然会对以后的行为产生消极影响。

（3）**失控后的抗争与消沉**

一个人在失控后的行为反应是多种多样的,最常见的有抗争和消沉两种。

当人已有的控制能力被强行剥夺或受到较大威胁时有可能会产生抗争或反抗反应。引起抗争的主要原因是本来可以做出的选择却被外力取消,或者自己将要做出选择时面临外界的巨大压力,这时人们就会选择抗争或反抗。在失控时,如果当事人认为行为结果的价值越大,或对自由选择的期望越高,而控制能力的剥夺又会影响这些方面的自由选择,这时引起抗争的强度就可能会越大。

人在失控时的抗争常会引起下列情绪或行为上的反应: ① 产生气愤、敌对或攻击情绪。如果你被强行夺走正在阅读的书籍、被别人无礼挡住前进的道路或受到严重不公正的待遇时,你可能就会产生上述情绪或行为反应。② 尽力挽回失去的控制能力。上例中被别人夺走的书籍要求尽快返还,受到不公正待遇会竭力反抗,要求给予公正等。③ 对结果的认识会发生变化。被外力强制作出选择而自己却无能为力时,则可能会改变自己的认识。例如,青年男女的自由恋爱如果被外力强制拆散,就有可能会产生认识上的变化。

消沉是失控的另一种常见反应。它和抗争相反,是指因失败而放弃改变困境的种种努力,常产生于屡遭失败之后。如果屡次想改变困境、挽回控制力都没能取得成功的话,人就可能放弃各种努力,产生消沉反应。生活中某一方面的失控所引发的消沉反应可能会影响到其他方面,导致在做其他事情上也倾向于放弃自己的努力,甚至将可控制的事件也作为不能控制的事件来对待。消沉还可能会引发长期抑郁和焦虑等不良情绪。

人们在失控后对挫折的反应存在很大的差异。有的人坚持不懈,百折不挠,努力想挽回控制力,不达目标,誓不罢休。也有的人失控后心灰意冷,意志消退,乃至一蹶不振。一些研究表明,一个人在失控后所产生抗争或消沉反应可能与以下一些条件有关:

① 强内控型的人较易产生抗争,而强外控型的人则较易产生消沉。

② 经历失控次数较少的人较易产生抗争,而经历失控次数频繁的人则更易引发消沉。

③ 一般刚刚失控之后容易产生抗争,而在失控后经过多次努力失败后则更易产生消沉。

④ 长期习惯于有控制力的人(例如有成就的男性)较易产生抗争,而已经习惯于没有控制力的人(例如妇女或儿童)在遇到困难时更易选择放弃。

第三节　意志规律在教育中的应用

通过第二节的介绍,我们了解了意志的规律,但这不是我们的最终目的。我们的目的是运用这些规律培养学生,使其具有坚强的意志,即关注意志规律在教育当中的具体应用。

一、意志规律在教书育人中的应用

由于后天教育、训练和个人努力的不同,个人意志品质的优劣差异可以是很悬殊的。而青少年学生的主要任务就是学习,不仅要学习文化知识和技能,还要学习社会规范和行为,是一项长期而艰巨的任务。所以,在教书育人的过程中,运用意志的有关规律促进青少年学生的学习,并在学习过程中培养他们的意志,是教育者应高度重视的问题之一。

1. 以知促志,以学习中的正确认识促进意志行动

认识和意志有着密切的关系,认识是意志的基础和前提,是意志行动达到最终目标的根本保证。只有有了对事物和活动本身及其结果的深刻认识,才能作出完成任务的有效的意志努力。所以,在教学过程中,以对学习的认识来促进学生的意志努力,最终完成学习任务的做法,就是认知和意志关系的规律在教学中的具体运用。

首先,在教学中让学生树立学习目标能激发行动的动机,唤起积极行动去实现这一目标。学习目标应"适当、明确、具体",因为目标是意志行动的基本特征,行为目标越适当、明确、具体,行动的方向也就越能正确把握,对行动的推动力量也就越大。因此,教师在教学过程中应多采用目标定向或目标导向的方法,让学生树立学习目标,以引导学生的行动,并随时以目标的实现与否督促学生的意志行动,促进其学习任务的完成。

其次,对学习的意义和结果的认识也能激发学习中的意志努力。如前所述,人的意志力量的强弱在很大程度上是由动机的强弱决定的。在学习过程中,了解学习的意义、认清学习的结果便是激发动机,进而激励意志的一种手段。所以,教师应利用一切机会积极引导学生认清学习的重要意义,引导学生展望在学习中战胜自我,获得成功后的令人向往的情境,并施以适当的奖惩措施,以激发学生通过意志努力去获得学习上的成功。在国外的心理训练课程中,"自我暗示"是一项很重要的内容,要求学员尽可能清晰地想象自己在某件事上获得成功后的情境,以增强动机,加强信心,有助于意志行动的贯彻。

2. 以情增志,以学习中的积极情感增强意志力量

情感和意志也有密切关系。在教学活动中,教师应充分运用这一规律,通过引发学生

积极的情感体验,以增强学生克服困难的顽强意志,最终达到完成学习任务的目的。

积极的情感能激发起人的行动动机,使人表现出巨大的意志力量,从而以极大的热情去战胜困难,完成任务。这正是发挥了情感的动力功能。那么,怎样才能引发学生的积极情感体验呢? 首先,将学生对教师的情感迁移到学习中去。教师应与学生建立起真挚、亲密的师生关系,重视情感因素对教学的影响力量。在学校学习中,学生因喜爱某一位教师而克服困难,努力学好这位教师所教学科,这样的例子屡见不鲜。其次,在具体的教学活动中,教师在对学生的学习进行总结评价时,要以正向的、鼓励性的评价为主,不仅对成功的行为结果要及时进行表扬鼓励,在对待失败的行动结果的评价中也应尽量让学生看到自己的成绩和进步。这样能使学生产生愉悦感,增强自信心,以促使他们敢于接受更高目标的挑战。相反,对行动结果的漠视或负性的评价,会令学生失望、沮丧,从而减弱他们的自信,使他们怯于面对下一步的考验。已有研究(Jucknat,1937)表明,一个人信心的强度与他的成功率成正比例关系。前述关于习得性绝望的现象,是意志教育工作中应绝对予以避免的。为了使学生获得足够多的成功以及由此而带来的积极情感体验,教师宜在教学中遵循"小步子"原则,即让学生达到的行为目标不可太高,必须适合他的现有水平,最好把一个大目标分解成若干个小目标让学生分段逐步完成,并在完成后及时给予鼓励性的评价。

3. 以难砺志,以学习中的困难任务磨砺意志品质

学校的日常教学是学习的主要活动内容,通过日常教学中具有一定困难的活动来磨炼学生意志,既有助于意志品质的培养,又能促进学习任务的顺利完成,获得一举两得的效果。在这方面,"挫折教育"的某些做法是可以借鉴的。因此,教师可以在教学活动中有意设置一些困难情境,让学生经受适当的挫折,使他们在面对挫折、战胜挫折的过程中锻炼意志品质。但在实际操作中要注意:一要把握时机,一般来说,最好在学生的意志水平达到一定程度,对具体学习活动的意义、目的有一定的认识,并有相应的情感激励的条件下实施,才能取得好的效果,否则易产生"拔苗助长"的负面影响;二要注意个别差异,应根据学生的个性特点,尤其是心理承受能力的不同而区别对待。如对心理承受能力较强而又骄傲自满的学生,可较多使用这类方法以锻炼其意志,而对于自卑感强、心理承受能力较弱的学生,则应慎用这类方法。

4. 以范励志,以学习中的他人榜样激励自己意志

美国心理学家班杜拉的社会学习理论认为,人们的行为往往是通过观察、模仿榜样而习得的。在意志教育中,这种方法同样适用。教师不仅可以通过看电影、听报告、参观等形式来使学生了解各种英雄人物的优秀意志品质,还应以身作则,以自身的榜样示范来影响学生,而且后者的作用更加重要,对学生的影响力更大。试想一名做事犹豫不决、半途而废、缺乏自身约束力的教师如何能培养出具有优秀意志品质的学生呢？因此，教师要引导学生以他人的榜样力量去激励自己的意志，促使他人的优良意志品质在自己身上内化。

二、意志规律在自我教育中的应用

学生在了解意志的规律后，也应该在自己的学习、生活中对意志品质进行有意识的培养，这也是自我教育的一个重要方面。这可从以下几方面入手：

1. 树立远大的理想和健康的人生观

人的行为是由他的行为动机所指引的，意志是遵循着自己的目的而对行为进行调节的过程，并且不同的行为动机和目的对人的推动作用是不同的。因此，为了培养良好的意志品质，高尚动机的形成和发展是不可或缺的。青少年学生正处在人生观和世界观初步形成的关键时期，为了培养和发展高尚的行为动机，就必须从大处着眼，树立远大的理想和健康的人生观。因为，只有当一个人把自己的一生同祖国和人民的命运紧密联系起来，立志为祖国和社会而献身时，他服从于这一目的的一切具体行动，才会由此获得丰富的社会意义，他就有可能以巨大的动力去克服个人遭遇的种种困难和干扰。大凡胸怀大志者，都有一种视个人得失安危于不顾的浩然正气。南宋的政治家、文学家文天祥，为敌人所俘，威胁利诱都不足以使之屈服，于性命难保之际还慨然写出"人生自古谁无死，留取丹心照汗青"的名句，表现了宁折不弯的民族气节和坚强的意志品质。而从中国科技大学少年班的79级学生张凯的成长经历中，我们则看到了当代青少年身上那种不达目的誓不罢休的坚强毅力：张凯自幼就立志学习鲁迅，因此不论酷暑严寒他都刻苦学习。在他上初中时，父亲不幸去世，但他并没有被击倒，而是更刻苦地学习。当他在不足15岁就被中国科技大学少年班破格录取的时候，很多人称他为"神童"、"天才"，而他却说："我不是'神'，也不'奇'，只是从小就立下了志气，志气是胜利和成功的先导。"

某些利己主义者也能在一定程度上发展意志力，但他们的意志品质绝不可能达到完美的高度。这是因为，在他们可能遭遇的各种困难中，有一些困难是他们注定无法超越的。比如，以个人的荣华富贵、吃喝玩乐为人生目的的人，他们必定是贪生怕死之辈，这种人既以享乐为人生第一要义，就势必难以通过物质生活困苦的考验，至少无法通过死亡的考验。即使有的人不崇尚物质利益，仅以个人扬名为人生唯一追求，当他一旦意识到由于某些原因而成名无望时，也很快会沮丧颓唐，失去斗志。某些怀着个人野心投机革命队伍的人，某一天身陷敌人囚牢，在酷刑和死亡面前难免不叛变。由此可见，远大的理想和正确的人生观，是培养坚强意志品质的首要前提。

一个有远大理想的人,当然绝不等同于一个空想家。为了把远大理想的人生观付诸实践,他必须正确对待他每天所从事的活动,包括学习和工作,以及各种社会交往。这时,他对理想的执著,具体化为他对具体活动所抱有的责任感,如遵守社会公德,认真履行社会义务,对所从事的职业尽心尽责;在职业活动中,工人对产品负责,店员对顾客负责,医生对病人负责,教师对学生负责,领导人对他属下的群众负责,等等。每个人总是从事这种或那种社会活动或职业活动,这些活动构成他一生活动的主要内容,因此受人的理想和人生观所制约的强烈责任感是人的意志发展的重要前提。一个对事对人都采取漫不经心、玩世不恭的态度的人,是谈不上有什么坚强意志的。

知识小窗 8-1　　　　意志自我教育的几种形式

意志的自我教育主要有以下三种形式:第一,自我激励。有人常把名人诗句、格言箴语置于案旁,作为自己的座右铭。当学习、工作和生活遇到挫折时,他们会用这些座右铭来激励自己,使自己产生战胜困难的必胜信心和巨大动力。我国著名的美学家朱光潜就经常用这种方法来激励自己;第二,自我监督。一个人的行为只能依靠别人的监督,是难以培养出顽强意志的。只有加强自我监督、自我约束,才有可能成为意志顽强的人。古往今来,无数著名人物都曾努力加强自我意志的锻炼,为自己制定各种规则、要求来约束自己,从而取得事业上的成功。第三,自我批评。经常自我反省,能认清自己的优缺点,从而克服缺点,发扬优点,使自己的意志力得以加强。写日记是自我反省的一种好方法。每天写日记就像跟自己进行一次交流,给自己提供了一面自检的明镜。而且写日记本身也是一种锻炼的方法。我国著名气象学家竺可桢就是一个典型的例子。他坚持写了六十多年的日记。直至去世的前一天,他还写了日记。

(燕国材,马加乐,1992)

2. 向自己明确地提出锻炼意志的任务

懂得一个客观的道理是一回事,把道理贯彻于自己的实际行动又是另一回事。因此,是否向自己提出明确的锻炼意志的任务,其效果是大不一样的。良好的意志品质不可能自然而然地形成,必须下工夫锻炼才行。因此自己定出明确的任务是必不可少的。正如苏联心理学家谢利凡诺夫(Селиванов<谢利凡诺夫著,熊承涤译,1956>)所说:"当意志的形成是在别人有目的的影响下进行的时候,通常说的是意志教育。但在一个人自己提出特别的任务去培养和加强自己的意志,并且在这方面采取实际行动时就说的是意志的自我教育了。"毛主席从少年时期就立志"以天下为己任",为了实现理想,他在学生时代就自觉地磨炼自己的意志。刮风下大雨的时候,别人都躲在屋里,而他却迎着风雨在山林旷野中散步,并称之为"风浴"、"雨浴"。毛主席把自我教育和自我锻炼当成生活中的大事来对待,终于锻炼出坚强而又坚韧的意志品质。同样,学生懂得了良好的意志品质只有通过坚持不懈的锻炼才能获得的道理后,就有可能有意识地明确提出意志锻炼的目标和计划,从而极大地促进意志的发展。

3. 要有系统地从事自己不感兴趣(即缺乏直接吸引力)但却富有意义的工作

生活中,有意义的工作远非都是令人兴趣盎然的。你若对一项有意义的工作(或活动)缺乏兴趣,千万不能消极回避,也不可借故推托。从事这类工作,恰恰是考验和锻炼意志的机会,应当确定目标,强迫自己去做。

值得强调的是,培养学生的意志决不能忽视任何"小事",必须从抓紧日常的小事做起。世上的大事都是由小事积成的,倘不在诸多小事上日积月累地锻炼意志力,而期望有朝一日在大事上能造就出一个意志坚强者,那简直是幻想。许多生活小事,例如贪睡者每天按时起床,贪玩者每次定时复习功课,都是实现意志的时机,同时也是锻炼意志的时机。如果把良好的意志品质比作一座大厦,那么这座大厦是由千百万次细小的成功行为的砖石垒砌起来的。每通过克服困难而完成一次具体行动,就等于为大厦增添一块砖瓦;相反,每一次对自己软弱的迁就和对困难的退缩,都意味着拆除一堆砖瓦。意志的大厦,是毁之容易建之难,一分的懈怠,要用几分的努力去补偿。因此,诸如"我明天再开始吧"、"我下次再努力吧"之类的借口,是培养意志的大敌。有句古话"勿以善小而不为,勿以恶小而为之",这是从伦理角度对人的劝谕。如果把这里的"善"理解为"应作之事",把"恶"理解为"应禁之事",则此话对意志的培养是十分有益的。它告诉人们:不要推诿、拒绝和拖延去完成应该去做每一件小事,也不要纵容、姑息和迁就自己去做不该做的每一件小事。《钢铁是怎样炼成的》一书中,有一段关于保尔·柯察金戒烟的描述:有一次,当着保尔·柯察金的面,几位战友争论着一个人是否能克服自己的习惯,例如吸烟。保尔说,当然能够,是人支配习惯,而不是习惯支配人。这时,一个在座者挖苦他说:"漂亮话,柯察金就爱说漂亮话……他自己吸烟吗? 吸烟。他知道吸烟没有好处吗? 知道。可烟至今仍在他嘴上。"柯察金当即从嘴里拿出香烟说:"我再也不吸了。"从此以后,他真的没有再吸过一支烟。保尔·柯察金就是这样培养起自己的果断和坚韧的意志。

4. 充分利用意志行动中的理智成分和情感成分,帮助自己坚持完成意志行动

当面临重大困难,意志行动的坚持发生危机时,人们应当动员自己的思维和想象活动,去向往和憧憬完成行动的美好结果,这样会增添克服障碍、追求诱人前景的勇气;当然,如果深刻地认识和真切地想象不完成行动将招致的严重后果,可能也会增强人们想方设法战胜困难的勇气。

　　一般来说,当人陷入困境之时,容易悲观失望,消减斗志;当人功成名就之日,又容易陶醉于荣耀,不思进取。这两种情形,都是对人的意志品质的考验。因此,困难时特别要想到光明,充满对未来的希望。解放前一些革命志士被反动派逮捕入狱,仍然乐观地坚持斗争,就源于他们心中燃烧着的希望,确信共产主义事业必胜。当人处于境顺意遂的环境中,则应"居安思危",防止胜利冲昏头脑,警惕自己进取锐气的衰退。新中国诞生后,陈毅元帅有诗曰:"鹏程自今始,在莒永不忘"。"在莒永不忘"说的是公元前 658 年,齐桓公登位,他邀管仲、鲍叔、宁戚三人共饮。席间鲍叔祝酒说:"使公毋忘出奔于莒也,使管仲毋忘束缚而在于鲁也,使宁戚毋其饭牛而居于车下。"原来,齐桓公曾因国内之乱,从莒地仓惶出逃避难,管仲曾在战乱中被人绑于鲁国,宁戚则因生活潦倒,躺在牛车下乞讨度日。陈毅引用"在莒永不忘"的故事是表达自己的胸臆:牢记战争年代的艰难困苦,以自励在长征中永葆大鹏之志。对于学生的学习来说,对于自己不喜爱但又很重要的学科或学习内容,应当在意志努力下完成,这不仅是知识学习的要求,同时也是意志锻炼的要求。这一过程就充分体现了以理智力量促进意志行动的道理。

5. 采取一些自警自戒、自律自励的具体方法

　　为了磨炼自己的意志,人们设想了许多具体的方法。有的人针对自己有待克服的弱点书写有关的格言警句置于案头,天天可见,所谓"座右铭"。《资治通鉴》的作者司马光一生好学不倦,为抓紧时光多读书,他设计了一套独特的卧具:一架木板床,一条粗布被,一个圆木枕头。圆枕放在木板上,很容易滑掉,可使他不致贪睡,司马光称之为"警枕"。春秋时期的越王勾践在会稽败于吴国,屈服求和,但他从此不顾自己为君之尊,卧薪尝胆,借此不忘会稽之耻,砥砺坚强的复国之志。积十年的努力,终于转弱为强,灭了吴国。在当今社会,日本某些幼儿园一年四季让幼儿进行赤身裸体锻炼,甚至进行冬泳,除了达到锻炼体魄的目的,更主要的是磨炼其意志。印度则规定了小孩的"饥饿日",以"饿其体肤,苦其心志……"在不断克服困难、达到目的的进程中,人的意志品质就会随之发展起来。

　　让我们回到本章开头提到的问题。我们来看一下班主任马老师是怎样帮助杨杨克服意志品质方面的不足,锻炼他的意志力的呢?

　　首先,他抓住杨杨爱"玩"这一特点,将他推选为文体委员助理,这是一个专为杨杨设置的职位。这一举动不仅发挥了杨杨的特长,而且使杨杨有机会与老师、同学建立起真挚、亲密的关系,唤醒杨杨久失的自尊,促使他增强意志力。

其次,马老师要求杨杨的父母改变对他的教育方式,要求他们对杨杨不能再一味放任,而应对杨杨的言行严格要求,比如督促他每天在规定的时间内完成作业,并逐渐过渡到让他自己制订学习计划。"溺爱型"的教养方式导致杨杨形成了不良的意志品质,因此对杨杨的教育不仅要在学校进行,关键是还要有家庭的配合,通过新的教育方式培养杨杨的独立性和自制力。

再则,马老师和杨杨父母还应引导他对玩的兴趣,比如让他尝试集邮、摄影等。通过有意义的爱好,激发他对知识的渴求,并逐步促使他对学习产生兴趣,从而达到"以知促意"。

此外,对于杨杨的点滴进步,老师、家长都及时予以鼓励,使杨杨在情感上产生愉悦感,增强自信心和自尊感,促使他向更高的目标挑战。

本章小结

- 意志是在实现预定目的时对自己克服困难的活动和行为的自觉组织和自我调节。目的性和调控性是意志的两个基本特征。
- 意志行动即指受意志组织和控制的行动。
- 意志行动具有五个基本特征:(1)行动是具有目的性的。(2)行动以随意行动为基础。(3)与克服困难相联系。(4)行动是前进性的。(5)必须符合客观规律。
- 意志行动心理过程分为两个阶段,即采取决定阶段和执行决定阶段。意志的心理结构主要包括意志行动中的冲突和挫折,期望和抱负水平,选择与决策等。
- 意志的品质包括:独立性、果断性、坚韧性和自制性。
- 意志控制是指一个人能左右事件的进展和结果,使期望和目标相一致。意志失控是指当一个人遇到困难或有威胁性的情况,而自己感到无力应付时出现的对事件失去控制能力的表现。
- 意志规律要合理恰当地应用在教书育人和自我教育中,以期达到磨炼意志,培养良好的意志品质的目的。

思考题

- 什么是意志? 意志与认识、情感和动机有什么关系?
- 什么是意志行动? 意志行动心理过程分为哪几个阶段?
- 意志是怎样形成和发展的?

- 意志有哪些品质？
- 如何在学校教育中培养学生的意志力？
- 你能举出锻炼人的意志品质的几种方法吗？

问题探索

- 运用所学内容，分析你自己的意志品质的优劣。
- 正确理解"以难励志"，并为自己设置某种具体的困难，以实际行动战胜它。

第九章 气质与教育

本章细目

本章要点

- 气质的含义
- 气质的分类
- 气质的成因说
- 气质的特性以及影响
- 气质规律在教育中的实践应用

想试着回答一下吗……

- 同样是刚出生的小孩,有的爱哭爱闹,有的则比较安静;有的在睡觉时稍有响动便马上惊醒,而有的则睡得很香,有时轻轻碰他几下还不醒来。这就是气质的差异吗? 气质差异是与生俱来的吗?

- 人们日常生活中所说的 "学生气质"、"军人气质"中的"气质"与我们心理学中的"气质"概念是否一样?

- 人的性格有好坏之分,那么人的气质有没有好坏之分?

- 有人说"江山易改,禀性难移",一个人的气质究竟能不能改变?

- 你对自己的气质了解多少呢? 你知道自己属于哪种气质类型吗?

- 人的气质是如何形成的呢? 跟父母的气质有没有关联呢?

- 有人说"不同的气质有其职业适应性",你认为有没有道理?

蝉鸣声中,师范生张明大学毕业进入初中教师岗位,迎来了他人生中的第一批学生——初一(1)班新生。为了有效地组织管理这个班级,张老师打算开学第二周就建立班委会,以便在课程学习、宣传交流、劳动卫生、文艺体育等方面充分发挥学生干部的作用。经过自我推荐和同学选举,最终有四位学生干部脱颖而出,他们是小佳、小怡、小炳和小鼎。小佳、小怡、小炳和小鼎在进行具体分工的时候遇到了问题:这四个人学习都很好,都有文艺或体育特长,都有为班级服务的强烈意愿,那么学习委员、宣传委员、劳动委员、文体委员四个职位如何分配才能最有利于工作的顺利开展呢? 虽然接触时间并不长,但是张老师和同学们都注意到:小佳精力充沛,态度直率,行动有力,能以极大的热情投入工作感染他人,但容易急躁冒进;小怡思路灵活,行为敏捷,喜

欢交往,能够很快地适应新环境新事物,但兴趣容易变换;小炳为人稳重,心平气和,做事认真踏实,学习和工作中都表现出较强的韧性和耐力,但不善于应付环境的迅速变化;小鼎想象丰富,观察细致,思维周密,善于发现别人不易发现的问题,但寡言少语、缺乏冲劲和号召力。张老师依据心理学的气质理论,为这四位学生干部提出了分工建议,并且得到了采纳。一个学期下来,这个班级各个方面的工作有声有色,班委干部胜任愉快,同学们也很满意。那么,张老师所依据的气质理论究竟是什么? 为什么可以有效地指导班委干部的分工? 除此之外气质理论对教师的教育、教学活动还有什么指导意义? 对人们的学习、工作、生活还有哪些积极作用? 我们可以在本章的学习中找到问题的答案。

第一节 气质的概述

气质是个性心理特征的重要组成成分,比较稳定地影响着每个人的心理和行为表现,使之染上了一层浓厚的色彩。

一、气质的概念

气质跟人们日常所说的“脾气”较为相似,那么我们心理学中对于气质又是怎样理解的呢?

1. 气质的含义

气质(temperament)指的是个体经常地、典型地表现于心理和行为过程的速度、强度、稳定性、灵活性及指向性等方面的动态特征。人们认知的快慢、情绪的强弱、意志努力的程度、注意集中时间的长短以及心理活动是倾向于周遭的外部事物还是倾向于个人的内心世界等等,都是气质的表现。气质使人们的心理和行为过程具有个体自己的独特色彩或独特风格。

需要指出的是,心理学的“气质”概念是一个相对严谨的科学概念,它与我们平时所说的“脾气”、“性情”、“秉性”等生活概念比较接近,而与“学生气质”、“军人气质”、“艺术家气质”中的“气质”的生活概念截然不同。日常生活中的所谓气质,实际上是指一个人仪表风度和文化修养方面的特点,不可与心理学的气质概念混为一谈。

2. 气质的类型

气质是一个非常古老的概念。古希腊医生希波克拉底(Hippocrates)在其《论人的本性》一书中最早指出了人与人之间存在着气质差异,并且推测人们的气质差异起源于人们生理方面的差异。后来,古罗马医生盖仑(Galen)发展了希波克拉底的学说,最早提出了对气质进行分类的思想,认为人的气质可以分成胆汁质、多血质、粘液质和抑郁质四种基本的类型,每一种类型都有其独特的表现。不同气质类型具体在个体身上的典型心理特征和稳定的行为表现为:

胆汁质(choleric temperament)的人,精力充沛,心理变化剧烈,反应迅速,行动有力。情绪发生快而强,情感体验猛烈,容易激动,但平息也快。往往敢作敢为,决策果断,但缺乏自制与耐心。语言直率明了,表情鲜明,具有外倾性。

多血质(sanguine temperament)的人,活泼好动,心理变化灵活,反应比较迅速,举止敏捷,易于适应新环境。情绪发生较快但不持久,情感体验丰富但不深刻。往往兴趣广泛,注意容易转移。善于交往,表情生动,具有外倾性。

粘液质(phlegmatic temperament)的人,安静沉着,心境平和,反应较慢,举止稳重,善于忍耐。情绪发生较慢,情感体验较弱。自制力和持久性较强。注意稳定但难以转移。言语不多,表情淡漠,具有内倾性。

抑郁质(melancholic temperament)的人,认知敏锐,多愁善感,谨慎孤僻,举止迟缓。观察事物细致周密,善于发现他人不易察觉的细节。想象丰富。对问题理解透彻。情绪发生缓慢,情感体验深刻而持久,但表情流露很少。遇到困难和挫折容易畏缩。沉默寡言,自制内敛,具有内倾性。

需要说明的是,现实生活中,某种气质类型的代表乃至典型代表,在人群里毕竟只占少数,更多的人是两种或两种以上气质特征兼而有之,被称为混合型或中间型。例如,有的人是胆汁质兼有多血质或抑郁质兼有多血质,有的人是多血质、粘液质、抑郁质的混合型,甚至还有的人是四种气质类型的混合型。而且,同样是混合型,不同气质特征的混合比重又有所不同。这就使得人们的气质表现更加丰富多彩。

后来的学者对气质进行了进一步的研究,也有人对于气质的分类提出了不同的标准。然而,无论依据什么标准来对气质进行分类,某一种单独的气质类型者总是很容易识别,两种气质类型的混合型或中间型也比较容易识别,而多种气质类型的混合者本身气质特点不太明显,自然就不容易识别了。

知识小窗 9 - 1 **四种典型的气质类型**

你知道什么是气质吗？你知道四种典型的气质类型吗？请你再来看看这四幅图,相信你一定会对胆汁质、粘液质、抑郁质、多血质这四种典型的气质类型有更深刻的理解。

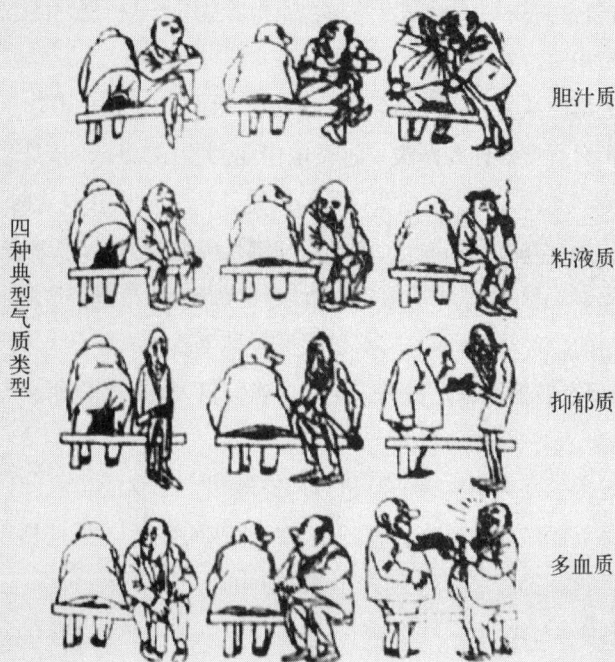

胆汁质

粘液质

抑郁质

多血质

四种典型气质类型

(皮特斯特鲁普,1987)

3. 气质类型的识别

若想真正了解一个人的气质类型,需要涉及心理学研究的多种方法。在此,我们将一些比较常用的方法介绍如下:

(1) 观察法

观察法就是在自然条件下有目的、有计划、有系统地收集研究对象在日常活动中的行为、言语、表情等方面的有关信息,通过分析和研究,把握研究对象的心理。气质类型可以通过观察来了解。如知识小窗 9 - 1 所示,不同气质类型的人在同样的生活场景中的行为表现是各有不同的,而且有时候这种差异是相当明显的。观察法用来了解心理状况包括气质特点,往往比较客观、准确、方便,但是观察法的运用通常需要比较充裕的时间。

（2）自评法

自评法也即自我评估法,建立在自我心理分析的基础之上。因为研究对象就是研究者自己,所以,自我评估的准确性和精确性受到评估者自身的教育程度、专业水平、评估动机以及自我掩饰程度等等的影响。自评法操作简便,同时对自评者是很好的自我反思、自我教育的实践机会。在学校教育实践中,自评法常常被教师和学生用来分析把握自己的气质特点。

（3）心理测验法

心理测验法运用标准化的心理量表来测定和度量研究对象的某类心理现象。测量气质的心理测验量表大致可以分为两类:一类是作业测验,如苏联的《安菲莫夫气质量表》和我国王文英等编制的《80.8神经类型测验》,都是让研究对象在规定时间内进行符号操作,然后根据其符号操作的速度、数量、准确性和错误类型等指标,来评定其气质类型或与气质对应的神经类型;另一类是自陈量表,如波兰的《简·斯特里劳气质调查表》和我国陈会昌等(1985)编制的《气质调查问卷》,都是根据各种气质的典型行为表现,罗列出自我陈述式的测验题,让研究对象回答是否符合自己的实际情况,最终根据每个人的得分情况来判别其气质类型。

虽然使用心理测验法对研究者的测量技术有着较为严格的要求,但是因为心理测验法可以同时对很多人的气质特点进行客观、准确、快速的衡量与描述,所以目前在教育、心理、体育运动、企业管理等领域都得到了广泛的应用。

（4）仪器测定法

仪器测定法就是使用仪器设备来了解人的气质。例如,使用动作神经过程测试仪测定气质的时候,一般由被试的左手、右手、左脚、右脚各控制一个反应键,主试操纵声、光刺激,要求被试按规定作出反应,与此同时主试负责记录不同的反应时,最终根据被试反应的速度和质量等指标来确认其气质。

仪器测定法的实质是心理实验法,即在控制一定条件的前提下人为引起被试的反应从而研究其心理。由于运用仪器测定气质,涉及实验的设计、条件的控制、设备的维护等,对研究者提出了较高的专业要求,这就限制了仪器测定法的广泛运用。

二、有关气质的理论

虽然气质是一个古老的概念,但关于气质是如何形成的,以怎样的指标进行气质类型的划分等的探讨却旷日持久,并出现了各种有关的理论。

1. 气质的体液说

最早提出气质概念并划分气质类型的是古希腊医生希波克拉底和古罗马医生盖仑。

他们认为,人们的气质之所以不同是因为人体内部四种体液的比例不同,这四种体液分别为:生于心脏的血液、生于脑的粘液、生于肝的黄胆汁和生于胃的黑胆汁。气质一词的希腊文原意就是"体液的混合比例"。在体液的混合比例中,血液占优势的人属于多血质,粘液占优势的人属于粘液质,黄胆汁占优势的人属于胆汁质,而黑胆汁占优势的人属于抑郁质。每一种体液都是由冷、热、湿、干四种性质相匹配而产生的。例如,血液是热与湿的配合,多血质的人温而润,气质好似春天一般;粘液是冷与湿的配合,粘液质的人情感淡漠,气质就像冬天一样;黄胆汁是热与干的配合,胆汁质的人热而燥,气质犹如夏季;黑胆汁是冷与干的配合,抑郁质的人冷而燥,气质恰似秋季。另外,活动少的生活方式使人积蓄粘液,活动多的生活方式使人积蓄胆汁,从而产生相应的气质表现。因此,气质在一定程度上依赖于气候条件和生活方式。

希波克拉底和盖仑都是气质研究的先驱者,他们对气质类型的划分和各种类型表现的描述既准确又精细。因此,他们对气质类型的命名被后世许多学者采用,一直沿用至今。但是,他们对于气质分类的依据或者说对于气质成因的解释缺乏科学依据,所以后世的学者仅仅沿用了多血质、粘液质、胆汁质、抑郁质的名称,至于对气质的实质的理解,则与希波克拉底和盖仑大相径庭了。

2. 气质的体型说

德国的精神病学家克雷奇默(Kretschmer,1925)根据自己对精神病患者的临床观察,提出了按人的体型来划分人的气质类型的理论。他按人的体型把气质划分为肥短型、瘦长型、斗士型以及发育不全型四类,同时他把精神病划分为躁郁症和精神分裂症两类。他认为,不同的体型导致不同的气质类型,与特定的精神病症相对应。例如,在躁郁症患者中,体型为肥短型的占大多数,即称为躁郁性气质,瘦长和斗士型则较少;在精神分裂症患者中,体型为瘦长型的最多,即称为分裂性气质,其次是斗士型和发育不全型,肥短型则较少。他甚至还认为,精神病患者和正常人之间并没有本质的不同,而只有显性和隐性的区别。

我们很容易看到,克雷奇默把一切人都归入到精神病患者的类型中去,这显然是错误的。

3. 气质的体质说

美国的心理学家谢尔顿(Sheldon,1942)认为,人的体质决定气质。他根据人的体质特点将人的气质划分为三种类型:内胚叶型(也称内脏紧张型)、中胚叶型(也称躯体紧张型)、外胚叶型(又称大脑紧张型)。内脏紧张型者直率诚恳,善于表达自己的情感,但不拘小节;躯体紧张型者精力充沛,但缺乏洞察力;大脑紧张型者爱思考,易疲劳,内倾,但过于敏感和神经质。

气质的体质说难以令人信服,因为事实表明,人们的体质与气质之间没有什么必然的联系。

4. 气质的血型说

日本学者古川竹二、西冈一义等人(1927)认为,人的气质是由不同的血型所决定的。他们把人的气质与人的血型对应起来,也划分成 A 型、B 型、AB 型和 O 型。他们认为,A 型气质者外表与内心都消极保守,温和内向,谨慎多虑;B 型气质者外表积极进取,活泼任性,善于交际,但不易动感情;AB 型气质者外表似 B 型气质者而内心似 A 型气质者;O 型气质者外表与内心均积极进取,好胜自信。

然而研究证明,气质的血型说也是缺乏科学依据的。

5. 气质的激素说

英国生理学家柏尔曼(Berman)等人认为,气质类型取决于人体内分泌腺体的活动。他们根据人体某种内分泌腺体特别发达或不发达、分泌激素较多或较少,把人们划分成各种气质类型:

① 甲状腺型:如果甲状腺分泌激素多则表现为精神饱满,感知灵敏,意志力强;分泌不足则思维迟钝,行动缓慢,甚至有可能导致痴呆症。

② 肾上腺型:如果肾上腺分泌激素多则表现为毛发浓密,精神健旺,雄壮有力,情绪容易激动,好斗;如果分泌不足则毛发稀疏,无精打采。

③ 脑垂体型:如果脑垂体分泌激素多则表现为骨骼粗大,性欲强,脑力发达,有自制力;分泌不足则身材矮小,肌肉萎缩。

④ 副甲状腺型:如果副甲状腺分泌激素多则表现为容易激动,缺乏控制力;分泌不足则肌肉无力,精力不足,缺乏生活兴趣。

⑤ 性腺型:如果分泌激素多则表现为进攻行为多且猛;如果分泌不足则进攻行为少且弱,容易对文学、艺术、音乐等感兴趣。

从神经—体液调节机制来看,内分泌腺所分泌的不同的激素及其数量的多少确实会激活身体的不同机能,它们对气质的影响是毋庸置疑的。但是,气质的激素说孤立地强调内分泌腺的分泌活动对人的气质的决定作用,忽视了神经系统特别是高级神经系统的活动特征对气质的更为直接的影响,因而它是片面的。

6. 气质的高级神经活动类型说

苏联生理学家巴甫洛夫在研究高级动物的条件反射时发现,不同动物高级神经活动的各种特性的独特而又稳定的组合,构成了动物神经系统的不同类型。巴甫洛夫的这一发现,为气质学说提供了科学依据。

巴甫洛夫（Ivan Petrovich Pavlov, 1849—1936）

　　苏联生理学家、心理学家。巴甫洛夫的主要贡献在于提出了经典条件反射理论和高级神经活动类型学说。其主要著作有《心脏的传出神经》、《主要消化腺机能讲义》、《消化腺作用》、《动物高级神经活动（行为）客观研究 20 年经验：条件反射》、《大脑两半球机能讲义》等。

　　巴甫洛夫的研究指出，高级神经活动的基本过程就是兴奋过程和抑制过程。兴奋和抑制具有三个基本特性，即：

　　① 强度——指大脑皮层细胞的工作能力以及这种能力的极限。

　　② 平衡性——指大脑皮层细胞的兴奋过程与抑制过程的强度对比关系。如果强弱相似为平衡；如果一强一弱、强弱不相似则为不平衡。

　　③ 灵活性——指大脑皮层细胞对刺激反应的快慢程度以及兴奋和抑制两个相反过程相互转变的难易程度。

　　巴甫洛夫根据高级神经活动特性的不同组合确定了四种神经类型，即：弱型；强，不平衡型；强，平衡，活泼型；强，平衡，安静型。而这四种神经类型的外部表现，恰恰相当于古希腊学者希波克拉底等人对气质的分类的描述。因此，巴甫洛夫认为，高级神经活动类型是气质类型的生理基础——气质是"神经系统活动类型在行为方式上的外在表现"。其关系参见表 9 - 1。

表 9 - 1　高级神经活动类型与气质类型对应关系表

高级神经活动过程			高级神经活动类型	气质类型
强　度	平衡性	灵活性		
强	不平衡		兴奋型（不可遏止型）	胆汁质
强	平　衡	灵　活	灵活型（活泼型）	多血质
强	平　衡	不灵活	安静型	粘液质
弱			抑制型（弱型）	抑郁质

　　后来的学者对此又作了许多研究，发现神经活动类型并不总是与气质类型相吻合的。气质是一种心理特征，而巴甫洛夫关于高级神经活动类型的学说只是揭示了气质的自然科学基础，实际上，影响气质的因素，除了高级神经活动特性之外还包括个体的整个身体组织及其功能，社会环境对人的气质也有重要的影响作用。

正因为大家普遍接受巴甫洛夫的高级神经活动学说对气质的生理基础的阐述,所以目前往往通过对神经系统活动特点的测试来确定气质类型,例如本章前面提到的苏联的《安菲莫夫气质量表》和我国王文英等编制的《80.8神经类型测验》。

学术研究 9-1　　　　　　气质理论的新进展

20世纪80年代以来有关气质理论不断有新的涌现,并相互借鉴和融合,加深了人们对气质的理解。以下是部分有关新理论的简介:

(1) 气质调节理论

斯特里劳(Strelau,1995)从人与环境的相互作用关系出发,提出了气质调节理论(RTT)。他认为气质是指有机体的、主要由生物决定的、相当稳定的特性。他通过一系列跨文化研究和双生子研究发现,气质具有六种特质:活泼性(briskness)、坚持性(persistence)、感觉敏感性(sensory sensitivity)、情绪反应性(emotional reactivity)、持久性(endurance)、活动性(activity)。他还编制了包括这6种特质的行为—气质量表(FCB-TI)。

(2) 气质的行为—基因理论

巴斯和普洛敏(Buss,Plomin,1984)认为气质出现于儿童早期的遗传性的人格特质,这些特质为后来的人格发展奠定了基础。为了划分行为特征是否属于气质,他们确立了两个标准:具有遗传性;出现在儿童早期(大约2岁)。据此区分了四种气质特质:情绪性(emotionality)、活动性(activity)、社交性(sociability)和冲动性(impulsivity)。该理论称为EASI气质理论,并编制了EASI—III气质问卷。显然,气质的遗传性是该理论的关键因素。

(3) 气质的发展理论

罗思巴(Rothbart,2006)通过在气质领域的理论与实证工作,将气质定义为在情感、活动和注意领域,反应性(也称情绪性)和自我调节方面天生的个体差异,提出了气质发展理论,主要涉及三个领域:气质的结构、气质的发展变化、反应性与调节性的相互作用过程。根据这个理论,她与同事开发了由家长实施评定的婴儿行为问卷(IBQ)和儿童行为问卷(CBQ),以及青少年早期气质问卷(EATQ)、成人气质问卷(ATQ)等。

(4) 气质的情绪理论

戈德史密斯和坎波斯(Goldsmith,Campos,1982)关于儿童气质的概念是描述性的、多维的和以情绪为中心的,被称为气质的情绪理论。他们认为情绪性并不是单一维度,而是指在所有基本情绪上的个体差异,既包括正性情绪,也包括负性情绪。气质的情绪理论在探索婴儿和儿童早期情绪性社会发展研究中获得很多成果。他们开发了由家长实施评定的婴儿行为问卷(IBQ)和儿童行为评价问卷(TBAQ),包括活动水平(Activity Level)、快乐(Pleasure)、社会恐惧(Social Fearfulness)、愤怒倾向(Anger Proneness)、兴趣持续(Interest /Persistence)五个方面(Goldsmith,1996)。

(5) 单维气质理论

卡根(Kagan,1984)认为气质是指出现在婴儿期的行为和生物学上的遗传性特征,通过实验室的情境设置的方法测试儿童对陌生事件(人、物体和情境)的最初反应,揭示儿童在一个维度上的两种极端的气质类型:抑制—非抑制:当遇到陌生事件时,儿童表现为害羞、安静、谨慎、情绪保守和胆小,属抑制性气质;表现出社交性、好讲话、情感自发、略微害怕,属非抑制性气质。卡根经长期追踪研究后认为,在婴儿期气质结构中只有"抑制—非抑制"可保持到青春期后不变,表明只有"抑制—非抑制"才可能是划分气质类型的可靠标准。而边缘系统,特别是杏仁核、下丘—垂体—肾上腺轴、网状系统和交感神经系统被认为是两类气质的生物基础。

(张文海,卢家楣,2010)

第二节 气质的一般规律

人的气质差异是先天形成的,受高级神经活动类型的制约,那么气质本身是否有着自己独特性呢?气质的形成和发展有无规律可循?

一、气质的特性

气质是构成个性心理特征的三大重要组成部分之一,具有天赋性、稳定性、动态性和两重性等四方面的特性。

1. 气质的天赋性

气质是高级神经活动在行为方式上的表现,而人的高级神经系统是由个体的生物因素尤其是遗传因素决定的,气质是生物进化的产物,所以我们说气质具有天赋性。

研究表明,新生婴儿就已经具有天赋的气质差异。格塞尔(Gesell,1943)对新生儿的观察研究及我国心理学教授林崇德(1982)关于同卵双生子、异卵双生子的研究,均证实了气质的天赋性以及个体间的差异性。在日常生活中我们也能够发现,那些新生婴儿,有的急躁易哭,有的活泼好动,有的宁静安详,有的敏感胆小。这也可以说明人一出生,在气质上就已经有了一定的个体差异。

正因为气质与生俱来,具有天赋性,所以性格、能力等其他个性心理特征的形成都会受到气质的影响。

2. 气质的稳定性

我们已经看到,气质类型的生理基础是高级神经系统活动各种特性的独特而又稳定的组合,受到个体的生物因素尤其是遗传因素的制约。通常,高级神经活动类型的特点是相当稳定的,因为人的生物因素尤其是遗传因素总是相当稳定的,所以一般而言气质总是比其他个性心理特征具有更大的稳定性。格塞尔曾对同卵双生子进行了 14 年的追踪观察研究,结果发现这些同卵双生子们各自的气质特点在人生发展过程中几乎没有什么变化。

当然,我们在强调气质具有很大的稳定性的同时,并不否认气质也具有一定的可变性,因为高级神经活动类型的特点毕竟也有可能在一定条件下发生一定的变化。个体气质特点的变化,受到遗传变量、年龄变量、教育变量和其他社会变量的影响,也即对一个人而言,由于某些特殊原因而导致的遗传素质的改变,由于年龄增长而发生的生物因素如内分泌特点的变化,家庭教育、学校教育和职场教育的作用以及在社会活动如人际交往中所接受的影响等等,有可能使个体有意无意地对自身的某些气质特点加以"掩饰"或"改造",只是气质的任何变化都需要有一个长期的、缓慢的、渐进的过程。例如,有人曾经对 306 名七七级和七八级大学生作气质分析,发现 192 名属于粘液质和抑郁质的学生中,约有 60% 原先是倾向于多血质或胆汁质的,之所以会发生气质类型的变化,是由于七七级和七八级大学生所处的特定的外部环境,或者说他们所经历的特定的社会历史条件的剧烈变化对他们产生了巨大的作用力。(李铮,1982)这就表明,社会环境因素可能对大学生的气质具有影响作用,导致这一特定群体的气质类型比例发生了改变或经受了改造。

此外,心理学的研究表明,后天形成和发展起来的性格、能力也会对气质产生一定的影响,从而使人的某些气质表现在一定程度上得到增益或受到遮盖。

3. 气质的动态性

气质是个体在心理和行为活动过程中经常地、典型地表现出来的动态特征。它主要反映在个体高级神经活动系统对内外刺激的感受程度、耐受程度、情绪的兴奋程度、反应的敏捷程度、适应的可塑程度以及心理与行为表现的倾向程度等方面。有的人感觉敏锐,有的人感觉迟钝;有的人举重若轻,有的人举轻若重;有的人反应快速、变换灵活,有的人则反应缓慢、变换困难;有的人对外界事物的变化易于适应,有的人却难以接受;有的人情绪兴奋的强度大、种类多、可控性好,有的人则强度弱、种类少、可控性差;有的人心理和行为经常地指向外界且较多地显露于外部,叫做外倾或外向,而有的人心理与行为经常地指向内心且较多地收敛于内部,称为内倾或内向。

由此可见,气质的动态性表现比较复杂,主要包括如下六个方面的心理指标:

(1) **感受性**

指高级神经活动系统对内外刺激的感受能力。人的感受性与感觉阈限成反比例的关系。感觉敏锐的人,其感觉阈限就低;感觉迟钝的人,其感觉阈限就高。这是神经系统强度特性的表现,反映在人们身上的个别差异是十分明显的。

(2) **耐受性**

指高级神经活动系统在时间和强度上经受内外刺激的能力。举重若轻的人耐受性好,举轻若重的人耐受性差;持之以恒的人耐受性好,轻言放弃的人耐受性差。耐受性也是神经系统强度特性的表现,反映在人们身上的个别差异也是十分明显的。

(3) **反应的敏捷性**

指高级神经活动系统在具体心理过程或行为反应上的进行速度。这种具体的心理过程或行为反应可以是随意的,也可以是不随意的。随意的如记忆、思维、注意转移等的快慢,不随意的如无意注意、无意运动反应等的指向程度的强弱。反应的敏捷性是神经系统灵活性的表现。

(4) **行为的可塑性**

指高级神经活动系统在自我调节、适应环境方面的难易程度。对外界事物的变化易于适应的人可塑性好,对外界事物的变化难以接受的人可塑性差。一般而言,心理和行为反应的可塑性与神经系统灵活性的关系十分密切。

(5) **情绪的兴奋性**

这是高级神经活动系统在情绪反应方面的特性。包括对相关刺激的敏感程度、情绪兴奋的强烈程度、对情绪反应的抑制能力(即兴奋和抑制的平衡程度)等。情绪的兴奋性既与神经过程的强度特性有关,也与神经过程的平衡特性有关。

(6) **外向性与内向性**

指个体的心理活动、言语和动作反应是表现于外部还是表现于内部的特性。表现于外部的称外向性或外倾性,表现于内部的称内向性或内倾性。外向性和内向性与神经系统功能的强度有关:外向性是兴奋过程强的表现,而内向性是抑制过程强的表现。

气质的这些心理指标的不同组合便构成各种不同的气质类型。表9-2揭示了典型气质类型与这些心理指标的关系。

表9-2　典型气质类型与心理指标

气质类型	感受性	耐受性	敏捷性	可塑性	情绪兴奋性	倾向性	速度	不随意反应
胆汁质	低	较高	不灵活	小	高	外向	快	强
多血质	低	较高	灵活	大	高	外向	快	强
粘液质	低	高	不灵活	稳定	低	内向	慢	弱
抑郁质	高	低	不灵活	刻板	体验深刻	内向	慢	弱

　　由此可见,气质特征反映心理与行为的动态性,取决于上述体现高级神经活动系统特性的心理指标,而不受心理与行为活动的内容、目的和动机的影响,不被心理与行为活动的时间、环境和其他条件所左右。例如,一个人不管在什么活动中总是很敏感或者总是很迟钝。

　　当然,心理和行为活动的动态表现并非完全取决于气质。无论什么气质的人,当遇到令其开心的事情时,通常总会精神振奋,情绪高涨,干劲倍增;而当遇到令其伤心的事情时,则难免精神不振,情绪低落,行动疲惫。这种由活动的内容、目的和动机所引起的心理和行为活动的动态表现,不属于气质特征。

学术研究9-2　　　关于气质的情绪特性的深入探讨

　　我们试图一方面根据客观存在的气质的情绪特性来丰富原来的"情绪兴奋性"的内涵,另一方面又尽可能使丰富后的"情绪兴奋性"内涵所涉及的各种二级气质的情绪特性与气质的其他心理特性取得有机联系,从而实现对"情绪兴奋性"内涵的重新界定。新界定的"情绪兴奋性"内涵包含如下几个气质的情绪特征。

　　情绪兴奋的敏感性。它涉及的是引起一个人情绪兴奋所需要的最小刺激量问题,反映一个人产生情绪兴奋的难易差别。有的人受到一点刺激就易引起情绪的兴奋,或喜或忧,或悲或愤,激起一片情感的波浪。而有的人则不然,常呈"清风徐来,水波不惊"之状,情绪比较平静。

　　情绪兴奋的强度。它涉及的是一个人情绪兴奋所能达到的强烈程度,反映一个人产生情绪兴奋的大小差别。有的人情绪兴奋时可达到很大的强度,很容易出现激情状态,如欣喜若狂、暴跳如雷、悲痛欲绝等,而有的人虽亦情绪兴奋,但强度一般都较小,很少达到激情水平。

　　情绪兴奋的速度。它涉及的是一个人情绪发生过程的时间特性,反映一个人情绪由平静到兴奋或由兴奋到平静所需时间的长短差别。在同样刺激下产生情绪兴奋,其过程也是因人而异的。有的人速度很快,情绪一下子引发出来,有的人则比较慢。与此相似,情绪平复的过程也有明显的个别差异。有的人情绪兴奋快,平复也快;有的人情绪兴奋快,平复则慢。

　　情绪兴奋的变化速度。它涉及的是一个人情绪兴奋变化过程的时间特性,反映一个人情绪兴奋从一个状态变化到另一个状态的快慢差别。有的人不愉快时,很难使他高兴起来,但有的人则不然,情绪转变较快。

情绪兴奋的外显性。它涉及的是一个人情绪兴奋时的外部表现状况,反映一个人情绪兴奋外显的强弱差别。有的人内心体验十分强烈,外部表现也同样如此,即所谓喜怒哀乐溢于言表。有的人则不然,虽然内心体验强烈、深刻,似波涛汹涌,但外部表现却依然水平如镜,难以为人察觉。

情绪的易控性。它涉及的是一个人情绪兴奋状态的调控状况,反映一个人情绪兴奋时的自制程度。有的人情绪一旦兴奋起来很难自制,有的人相对来说易于自制。

(卢家楣,1995)

4. 气质的两重性

气质作为心理活动的动态特征,它赋予人的心理活动和行为表现以独特的色彩。有趣的是,在我们的社会评价体系中,任何一种气质类型甚至任何一种具体的气质表现都既有其积极的一面又有其消极的一面,这就是我们所说的气质的两重性。比方说,活泼是一种气质表现,它的积极方面是使人容易适应环境、与人交往,而它的消极方面则是使人容易虎头蛇尾、见异思迁。再比方说,敏感也是一种气质表现,它的积极方面是观察细致、思考深刻,常可使人发现别人发现不了的问题,但它的消极方面则是负担过重、耐受有限,不时令人深感身心疲惫。

气质的两重性使它与性格、能力明显地区分开来。显而易见,任何一种性格特征,对于自己或对于社会而言,都有相当明确的好坏之分。例如乐观为好、悲观不好;勤奋为好、懒惰不好。任何一种能力表现,对于完成任务来说,也都有相当明确的高下之分。若论学习成绩,自然是善于学习者胜过拙于学习者;若论人际关系,通常总是善于交往者优于拙于交往者。然而对于任何一种气质特点,我们都不能简单地下结论说这是好的或不好的。

二、气质对性格和能力的影响

气质是天赋的,与生俱来的,对性格和能力的形成和发展具有不可忽视的影响。

1. 气质对性格的影响

首先,气质影响某些性格特征的形成和发展的速度。比如胆汁质者比多血质者更容易养成勇敢的性格特征;多血质者比粘液质者更容易养成果断的性格特征;粘液质者比抑郁质者更容易养成坚忍不拔的性格特征;抑郁质者比胆汁质者更容易养成精细审慎的性格特征。

其次,气质影响性格特征的表现方式。例如,同样具有"勤奋"性格特征的人,胆汁质者常常是精力充沛、迫不及待地工作;多血质者往往是情绪饱满、灵活机智地工作;粘液质者从容不迫、持之以恒地工作;而抑郁质者则认真细致、默默无闻地工作。虽然大家都具有同样的性格特征,但因气质类型不同,工作风格迥异。

那么,气质是如何影响性格的呢?波兰心理学家斯特里劳(Strelau,1987)根据其研究揭示了气质对性格的影响机制:个体的气质特点引起环境的变化,而环境的变化则影响个体性格的发展;不同个体的气质特点不同,环境的变化相应地也会各有不同,从而引起各自性格的发展不同;另外,不同个体的气质特点不同,也导致不同个体对刺激需求的不同,这就使不同个体有意无意地去选择适合自己的环境,进而影响各自性格的发展。

2. 气质对能力的影响

气质对能力的影响主要表现为:某些气质特点会有利于某些能力的形成和发展,而某些气质特点则会阻碍某些能力的形成和发展。

有一项对我们国家优秀运动员的调查表明,优秀运动员们由于运动项目的不同而呈现出不同气质类型的分布。例如,乒乓球运动员中进攻型选手以多血质者和胆汁质者居多,而防守型选手以粘液质者居多;短跑、跳高、击剑、摔跤等运动项目以胆汁质者为宜,体操以多血质者为宜,而长跑、登山则以粘液质者为佳。研究还发现,集体项目中不同运动员的"气质互补"效应,可使集体项目水平得以更高发挥。例如,篮球、排球、足球等集体项目,既需要有多血质和胆汁质的进攻型选手,也需要有粘液质的防守型选手,整个球队才会更协调、更充分地发挥出高水平。

日本学者对相扑、围棋选手的气质类型也进行过全面的分析研究,所得结论为气质类型与运动能力的关系极其密切。

知识小窗 9 - 2   职业要求与气质

在某些种类的活动中,气质特性可能不仅决定着完成活动的进程,而且也在一定程度上决定着活动的结果。在那些对动作或速度提出相当严格要求的劳动领域、作业种类中,心理动态表现的个体特点可能成为影响是否适宜从事该种活动的一个因素。在某些职业中,对动态特性的要求很高,必须按这类特性预先对人们进行选拔。例如,那些想要成为试飞飞行员或某些生产部门的调度员或掌握某种杂技技能的人,都需要具备坚强而灵活的神经类型。情绪兴奋性,作为气质的一个方面,在演员和音乐家的活动中是必不可少的。

(彼得洛夫斯基著<张世臣等译>,1986)

三、气质在实践中的作用和意义

气质对人的性格和能力都有影响,那么气质是否能决定一个人的社会价值和成就的高低呢？气质对于人们的实践活动又有何影响呢？

1. 气质不能决定人的社会价值和成就高低

虽然气质对性格、能力具有一定的作用，并且对个体的活动具有普遍的影响，但是气质本身不能决定人活动的社会价值和成就高低。据研究，当年俄国四位著名的作家分别是四种气质类型的代表：诗人普希金属于胆汁质，小说家赫尔岑属于多血质，寓言家克雷洛夫属于粘液质，而喜剧家果戈理则属于抑郁质。四个人的气质类型各不相同，却并不影响他们同样在文艺领域中取得杰出的成就。而达尔文、尼采、柴可夫斯基等，都具有抑郁质的鲜明特征，也都在自己的专业方面取得了丰硕的成果。所以，聪明、高尚、富有首创精神、乐为社会作出贡献的人，既可以具有不同的气质类型，也可以具有相同的气质类型。"在每一个创造领域(科学、技术、艺术以及各种各样的劳动)的杰出人物中可以看到不同气质类型的代表人物。"(彼得罗夫斯基＜张世臣等译＞，1986)

正因为气质不决定一个人活动的社会价值和成就高低，所以就不能简单地认为某种气质类型是好的或者某种气质类型是坏的。

2. 善用气质特征提高自身素养和实践效率

虽然气质不能决定一个人活动的社会价值和成就高低，但因为气质具有两重性，各种气质类型都同时兼有优点和缺点，都存在着需要扬长避短的问题，所以，了解并善用气质特征，对于人们的自我修养和实践活动具有重要的意义。

(1) 根据气质特征进行自我修养

人要能调控自己，首先要了解自己的气质，做自己气质的主人。例如，胆汁质的人应注意把握自己的情绪，处事冷静，以礼待人；多血质的人应要求自己做事专注坚韧、踏实认真；粘液质的人应要求自己反应敏捷，办事果断利落；抑郁质的人则应要求自己合群、自信，遇事不怕困难。我们只有注意克服自身气质的缺点，才能使自身气质的优点更加焕发光彩。

(2) 根据气质特征开展人才甄选

虽然气质本身无所谓好坏优劣，但是气质可以在一定程度上影响某些活动的性质和效率。比方说，营销师等工作岗位要求迅速灵活反应，对于胆汁质和多血质的人较为合适，而会计师等要求仔细耐久的素质，对于粘液质和抑郁质的人较为合适。

不难理解，有些特殊职业如车辆驾驶员、宇宙飞行员、大型动力系统调度员以及运动员等，必须经受高度身心紧张，或者要求作出灵敏、精确、沉着的反应，往往会对从业者的气质特征提出某些特殊要求。

其实,在组建领导决策班子、协作攻关小组以及竞赛拼搏团队的时候,如果能在考虑品德、才干、绩效、性别等因素之外,注意使一班人气质互补,可以促进心理相容,提高工作效率。

知识之窗 9-3   科学选材与心理训练

某市射击队为了备战第十届全国运动会,在一线队员进行集训的同时,也选拔部分二线的青少年队员参加。在选拔二线队员的过程中,射击队与某体育学院长期从事体育运动心理学的教学和研究工作的陈教授、杨教授合作,开展科学选材,不但按常规考评了运动员的运动技术和身体素质,而且还增加了气质测验等心理测试环节,建立了入选青少年队员的心理档案。接着,教授们、领队们、运动员们以及市射击训练中心的资深教练们一起,对不同心理特点尤其是气质特点的运动员如何确定最适合自己的运动专项进行了"心理会诊"。射击包括3个具体项目,对运动员的要求各有不同。飞碟射击:又分多向、双多向,碟靶飞行路线变化多、飞行时间短,如果不能及时击发,碟靶就会落地,这就要求运动员体力好、反应快、敏捷灵活;手枪射击:又分速射与慢射,尤其是速射有严格的时间要求,即必须在8秒、6秒、4秒内各击发1组,过时则成绩无效,这就不但要求运动员站立和单臂举枪稳定性好,而且还得具备果断坚决的心理素质;步枪射击:分卧、跪、立3种姿势,虽然对时间的要求不太严格,但是特别需要耐心和坚持性。由于各方面对每一个青少年运动员的气质特点和比赛表现都有了全面、深刻的了解,所以在确定运动专项的时候意见比较一致:原则上让多血质、胆汁质或多血—胆汁混合型的队员从事打飞碟和手枪速射项目,让粘液质或多血—粘液混合型的队员从事步枪射击和手枪慢射项目。在后续的赛前训练过程中,教练们又针对每一个青少年队员的具体情况制订计划、个别指导,优化心理素质与提高运动技术双管齐下,最终,该市射击队在第十届全国运动会上获得了好成绩。

---

(3)根据气质特征主动因材施教

对于工作对象主要是人的教育工作者、管理工作者、领导工作者以及思想政治工作者来说,充分认识人的气质的差异性,有助于提高分别对待、因材施教、因势利导的自觉性和主动性。例如,在编班分组、调整作息时间或者改革原有规章制度的时候,多血质和胆汁质的人通常容易适应,无需特别注意;而对抑郁质和粘液质的人,则需要提醒、关照和引导,才能帮助他们逐步适应新的变化。然而,在平时按部就班的学习、工作和劳动中,抑郁质和粘液质的人比较善于约束自己,而对多血质和胆汁质的人,却应该多加督促,甚至严加批评,方能使之遵守组织纪律。

四、气质在人群中的分布

国内有许多学者对气质的分布特点进行了研究,但由于对气质类型的划分标准不同、进行研究的视角不同、采用的研究方法或测量工具不同等,得出的结论自然也就不同,而且不便于相互比较。(李铮,1982;阮承发等,1984;吴小玲,1984)尽管如此,一般仍倾向于这样的认识,即在自然状态下青少年的气质类型以混合型居多,单一型相对较少;而在单一的代表性气质类型中最多的往往是多血质,其次为粘液质、胆汁质,最少为抑郁质。以下是近年来实施的气质研究中涉及气质分布且结果比较一致的两项研究。

在一项采用电脑及心理测量软件测定 375 名中职学生的气质类型的研究中发现,单一气质类型 150 人,占 40.0%;混合气质类型 225 人,占 60.0%。对单一气质类型作进一步分析发现,其中所占人数比例由多到少依次为:多血质 77 人,占 51.3%;粘液质 35 人,占 23.3%;抑郁质 20 人,占 13.3%;胆汁质 18 人,占 12.0%。(郭争鸣,肖跃群,徐伟辉,宋海鹏,2002)在另一项对 1 255 名 9~22 岁的大中小学生的气质研究中也发现了较为相似的分布情况:单一气质类型的人数 442 人,占 35.2%;混合气质类型的人数 813 人,占 64.8%。在单一气质类型中所占人数比例由多到少依次为:多血质 169 人,占 38.2%;粘液质 108 人,占 24.4%;抑郁质 91 人,占 20.6%;胆汁质 74 人,占 16.7%。同时,还发现,各种气质类型的男女性别差异均无统计意义,城市和农村学生之间也无显著差异。(潘春燕,徐约西,2004)

第三节 气质规律在教育中的应用

气质对于我们每个人的学习、工作、生活都有一种潜在的影响,另外处于发展期的青少年气质可能在社会环境的影响下发生改变,针对这种情况,我们该如何利用气质规律对青少年进行更有效的指导和教育呢?

一、气质规律在教书育人中的应用

在教学过程中,教师如果能够认识并合理利用气质规律,针对学生的气质差异进行因材施教,一定会取得事半功倍的效果。

1. 认识学生要注意气质特点

作为教师,必须要研究自己的工作对象,只有掌握学生的心理,才能有效地教书育人。而认识学生的心理,当然包括掌握学生个性的重要方面——气质特征。如前所述,气质具有动态性,这种动态性实际上反映的是个体高级神经活动系统对内外刺激进行反应的特点,而这些特点使得每个人的心理与行为带有其独特的色彩。同时,气质具有稳定性,这种稳定性使得教师能够根据学生以往或现有的气质特点来推测他们后续的心理和行为表现,从而更科学、更主动地去引导学生,帮助他们在学习、工作、生活、交往等各个方面赢得更大的发展。

2. 了解气质要采用多种方法

教师应采用多种研究方法来了解学生的气质。既可以用观察的方法,也可以用问卷、测验、实验的方法,还可以引导学生对自己的气质特征进行自我分析、自我评估。同时,教师要把学生显露在外的气质特征和隐含在内的性格特征综合起来进行考察,只有这样教师才能客观、全面地了解学生的气质,才能由此及彼、由表及里、去粗存精、去伪存真地把握学生个性的整体,避免产生认知偏差。

实践探索 9-1　　　　　　内田-克列别林气质测验

1902 年,德国心理学家克列别林(Kraepelin)提出了"连续加算法"的心理作业研究。其后的 20 多年里,日本心理学家内田勇三郎对此进行修订创新,最终形成了内田-克列别林气质测验(Uchida-Kraepelin temperament test,简称 U-K 测验)。U-K 测验问世至今,在日本已成为十分著名的心理测验,被广泛应用于教育、医疗、司法、企业管理等各个领域。

U-K 测验是一种连续加算的作业性测验。测验纸上一共印着 34 行数字,每行数字为 3～9 的不规则排列。要求被试以最快速度将相邻的两个数字相加,然后舍弃十位数而将个位数写在这两个相邻数字中间的空当中。每过一分钟由主试发令"换行"。连续加算 15 分钟暂停,休息 5 分钟;再进行 15 分钟加算,测验完成。完成整个测验需要 40 分钟左右。团体测验、个别测验均可,但团体测验效果更优。

U-K 测验将气质划分为 12 种类型:稳定型、神经质型、轻度躁郁型、压抑型、循环型、果断型、顽强型、干脆型、内向安定型、分裂型、自我表现型、粘质型。对被试的整体评价需要根据测验所得的曲线形状和数量化指标综合考虑分析而确定。

北京体育大学肖玉凤教授采用 U-K 测验量表,运用 Fuzzy 数学方法建立气质类型模型,对定量处理气质类型问题作了大量研究,并运用于教育实际,取得了一定成效。

(佘凌,2005)

---

3. 考察学生要防止气质偏见

气质具有天赋性,是高级神经活动类型特点在行为方式上的反映,深受遗传因素的制约,并且影响着个体的性格特征的表现。各种气质类型以不同的比例存在于人群之中,而每一种气质类型甚至每一种气质表现都具有其积极的一面和消极的一面。事实表明,教师在考察学生时,往往会产生如下两个方面的偏见:一是单单着眼于教师自己喜欢的,或者内心期望学生具备的气质特点,而忽视了那些气质特征"不合己意"者;二是因为教师本人与某些学生在气质的某些方面相似而产生认同乃至"共鸣",或者是因为教师本人与某些学生在气质的某些方面相异而产生抵触和成见。这些都会直接或间接地妨碍教师对学生做出客观、全面、公正的分析与评价。生活场景中不乏这样的事例:对于同一种气质类型,不同的人从不同的角度着眼,就会得出不同的甚至截然相反的见解。例如,对于多血质的学生,偏爱则谓之积极主动、活泼灵巧,不喜则谓之哗众取宠、轻浮不够稳重;对于胆汁质的学生,偏爱则谓之直率爽朗、反应敏捷,不喜则谓之急躁粗心、简单冲动;对于粘液质的学生,偏爱则谓之勤勤恳恳、踏踏实实,不喜则谓之从容有余、效率欠佳;对于抑郁质的学生,多数教师不甚喜爱,觉得他们反应缓慢、表情冷淡,而忽视了他们观察精细、耐心周到、情感体验深刻、比较善于自律等特点,其实这类学生在某些方面的成绩完全有可能超过其他气质类型的学生。所以,教师在考察学生时一定要注意防止气质偏见,摈弃有色眼镜,公平地对待学生,正确地了解学生。

4. 教育学生要考虑气质特点

教师教育学生只有考虑到学生的心理特点才能收到事半功倍的效果。既然学生分别属于不同的气质类型,而每一种气质类型都各有其长处和短处,那么,教师对不同气质类型的学生就应该采用不同的教育方法或管理措施,真正做到因材施教、扬长避短。一般而言,多血质和胆汁质的学生对批评和挫折的承受力较强,教师可通过严肃批评等手段来促使他们奋发向上;而粘液质和抑郁质的学生对批评和挫折较为敏感,教师宜采取和风细雨、旁敲侧击等委婉的方式促使他们自觉进步。此外,多血质和胆汁质的学生比较外向,善于交往,喜欢与人打交道,适合做一些"抛头露面"的工作,如宣传鼓动、联络接待以及公共关系协调等;粘液质的学生比较安静沉稳,适合做一些"按部就班"的事务性工作;抑郁质的学生内向精细,适合做一些要求耐心和细心的技术性工作。当然,教师要多创设情境与机会,让学生各得其所,在实践活动中发挥自己气质的长处,修正自己气质的短处,这样才能提高学生的自信心和行为积极性。试想,在一项学生辩论会的活动中,如果让抑郁质学生负责公共关系,让胆汁质学生负责选手签到,那显然是弃长就短、用人不当。

5. 性格培养要针对气质差异

虽然性格主要是在后天的环境熏陶尤其是教育影响之下逐步形成和发展起来的,但毕竟性格是以气质为基础的。由于气质对性格的不容忽视的作用,因此教师在对学生的性格培养中,一方面必须充分针对其气质特点,相应地采取不同的方法,因势利导;另一方面也必须认识到要改变气质的长期性,这是由气质的天赋性所决定的,不能奢望立竿见影,不可急躁冒进;再一方面还必须端正态度,不能因为气质改造是长期任务,既然在学校较短的学习时间内不太可能收到较快成效,于是就忽视甚至放弃对学生的性格培养和气质改造。由于性格培养和气质改造的长期性,学校建立学生的心理档案,进行长期的追踪研究,是一种较为有效的好方法。

6. 引导学生克服自己的气质弱点

各种气质类型都有各自的长处和短处。教师在对学生的教育教学活动中,要注意引导学生科学地看待自己的气质,既要看到长处,也要看到短处,既要看到气质改造的长期性和艰苦性,也要看到气质改造的必要性和可能性,从而自觉主动地"扬长避短"乃至"增长改短";要切实帮助学生正确地理解气质的作用,既要认识到气质类型不能决定一个人的社会价值和成就高低,也要认识到不同行业、不同专业、不同职业对从业者的气质特点具有不同的要求,从而充分调动个体的主观能动作用,发挥自身气质的优点,克服自身气质的缺点或弱点,让自己在选择职业并且适应职业的过程中尽可能掌握主动权,尽可能实现人适其职、人尽其才。

二、气质规律在自我教育中的应用

由于高师生是未来的教师,因此高师生读书期间就应该在自我修养、自我完善方面比其他学生有更高的自觉性、积极性和坚韧性。了解自身的气质特点,学会做自己气质的主人,遵循气质的一般规律,努力完善自己的气质特征,有助于高师生在现在的学习和交往中掌握主动,胜任愉快;在未来的教师生涯中教书育人,成就斐然。

1. 把握自身气质特点,实践中扬长避短

高师生想要做自己气质的主人,想要根据教师职业要求来完善自己的气质特征,就得从清醒认识自身气质类型特点及其对教育教学工作的利弊着手。

通常了解自己的气质,可以采用自我观察、与他人比较、请同学评议以及做气质测试等方法;而要了解各种不同气质类型特点对教育教学工作的利弊,则可以采用社会观察、学校见习、听取学生评议或将不同教师的教育教学工作风格进行比较等方法。如果某些高师生对气质类型存有偏见,就应该首先自我矫正这种不正确的观点。

多血质的高师生反应灵活,兴趣广泛,适应行为的可塑性强,但是注意力容易分散。因此,在求学时要防止自由散漫、用心不专,要自我培养集中注意、提炼中心兴趣的能力和扎实专一、坚忍不拔的性格特征;将来任教时,可发挥灵活多变的教学风格,让学生在活泼求新的教学氛围中求知和进步。

胆汁质的高师生思维敏捷,爽直果断,勇于进取,不畏困难,但是容易急躁,缺乏耐心。因此,在求学时应注意养成良好的自我控制能力和做事耐心细致的性格特征;将来任教时,可发挥豪放洒脱的教学风格,让学生在热情奔放的教学氛围中受到感染和陶冶。

粘液质的高师生沉着冷静,注意稳定,脚踏实地,持之以恒,但是反应较慢,且较固执。因此,在求学时要注意开拓思路,克服墨守成规的呆板的学习方式;将来任教时,可发挥稳健踏实的教学风格,让学生在扎扎实实的教学氛围中打下良好的基础。

抑郁质的高师生内向细心,谨慎温和,观察敏锐,情感体验深刻,但是行为的可塑性、积极性和果断性较差,容易遭受挫折的负面影响。因此,在求学时要注意学会心理调适,防止忧郁和怯懦等消极情绪,欣赏自己的进步和成功,培育并增强自信,正确对待挫折;将来任教时,可发挥深刻细腻的教学风格,使学生在深思熟虑的教学氛围中潜移默化并由此获益。

热点聚焦 9-1　　　　教师气质类型与教学风格的关系

教师的教学风格特点既受到其学识水平、思想修养、语言修养等方面的影响,同时也与其本人的气质类型密切相关。不同的教学风格体现出教师气质类型的差异,气质类型是教师教学风格形成的心理基础,了解性格气质特征对形成良好的教学风格有积极的指导意义。

1. 多血质

多血质的教师在教学过程中常常具有创新性,善于博采众长,接受新思想和新观点。他们上课时富有激情和感染力,集爱恨于一身,融语言表情于一体,讲课有时如同演讲,体态语言丰富,手舞足蹈,抑扬顿挫,非常具有吸引力。他们还善于处理突发事件,教学机智运用得当。但他们也常常因缺乏耐心和毅力,对基础差的学生和班级不能好好地辅导和教诲,对教材内容深度的把握有时不够。

2. 胆汁质

胆汁质的教师在教学上表现得热情豪爽,容易激动,喜欢标新立异。上课时情绪起伏波动较大,兴致高时口若悬河,如滔滔江水连绵不绝,博闻强记;兴致低落时则冷若冰霜。这种气质类型的教师组织教学能力强,但脾气暴躁,自制力较差,激情不易控制,常常会影响教学效果。

3. 粘液质

粘液质的教师讲课时从容不迫,认真、负责、勤奋、持久,态度持重,慢条斯理,以理服人,善于提问,启迪思路,富有耐心。他们讲课时性情随和,深入浅出,循循善诱,对讲课的内容处理井井有条,条理分明,层次清晰,但也缺乏激情和教育机智,不够灵活,讲课中创新成分较少,反应较为迟缓,一旦碰到意外事件就会显得优柔寡断、瞻前顾后,有时则会表现得惊慌失措。

4. 抑郁质

抑郁质的教师在课堂教学中往往是按部就班,细致而平板,讲课生气不足,语言平铺直叙,缺乏表情,举止迟缓、软弱。但他们富于想象,看问题比较深入,往往能够一针见血,为人老成持重、小心谨慎,办事有条不紊,不求速度只求质量,有一种坚忍不拔的精神。

(肖耀根,2008)

2. 遵循气质一般规律,发展中掌握主动

必须指出,虽然气质不能从根本上决定一个人的学业成就高低和生涯发展水平,但是在其他条件相等的情况下,某些气质类型的学生群体更有可能在学业成绩和智力水平上表现出明显的"气质优势"。

有人研究表明,中小学生的学业成绩与气质的情绪性和内外向性相关显著,多血质、多血—粘液质、多血—胆汁质是有利于学习的气质类型。(张履祥,钱含芬,1995)另有人也做过相似的研究,结果与之相似近。(刘明等,1990)此外,有人还发现不同气质类型者的思维品质具有不同特点,表现在思维的深刻性、独创性、灵活性、批判性和敏捷性方面均存在差异。(方晓义,申继亮,1991)其他研究也证实了气质类型与记忆、注意、观察等心理活动有着较为密切的联系。

还有人(吴龙华,张丽珠,祝蓓里,1982)采用《内田—克列别林测验》对170名体育系大学生的气质类型进行了测定和分析,发现其中75.79%的学生为多血质、粘液—多血质、粘液—胆汁质、多血—胆汁质、粘液质。他们据此推论:具有这五种气质类型之一的人更适合从事体育专业,更有可能成为合格的体育教师。这个研究给我们带来的思考是,虽然总体来说气质不能决定人的成就高低和社会价值,因而也没有好坏之分,但是某些气质类型的人可能比其他气质类型的人更适合从事某些专业或职业,因而可以推测某些气质类型具有独特的专业优势或职业优势。因此,不仅仅是社会上的各行各业在网罗人才的时候要非常留意不同气质类型的候选人所具备的气质优势,而且我们的中学生在填报高考志愿的时候或高校的各个专业在招收学生的时候,都必须高度注意不同气质类型的个体的专业匹配性或职业匹配性。

因此,高师生在现阶段就应该审视自身的气质特点对于专业学习的利弊影响,根据自身的气质特点来调整专业学习的方式方法,同时也可促进自己的外语学习和社会实践,更为日后走上教师岗位对学生因材施教、因势利导而积累原始资料和宝贵经验!

学术研究9-3   超常儿童与常态儿童气质类型的比较研究

王文英、张卿华采用他们研制的《80.8神经类型测验》对超常儿童和常态儿童的神经类型(气质类型)进行了比较研究。结果发现:超常儿童组中灵活型、亚灵活型(多血质)者占了57.75%,而常态儿童组中灵活型仅占5.00%;超常儿童中未发现弱型(抑郁质)者,他们的高级神经系统的基本特点是:神经系统的兴奋与抑制过程都比较集中,强度非常强,均衡性和灵活性均好。这个研究对于超常儿童的鉴别与常态儿童的培养都具有一定的启发作用和指导意义。

让我们回到本章开头提到的问题。张老师依据心理学的气质理论为小佳、小怡、小炳和小鼎这四位新当选的学生干部提出了分工建议,让精力充沛、态度直率、行动有力,能以极大的热情投入工作感染他人,但容易急躁冒进的小佳担任文体委员;让思路灵活、行为敏捷、喜欢交往,能够很快地适应新环境新事物,但兴趣容易变换的小怡担任宣传委员;让为人稳重、心平气和、做事认真踏实、学习和工作中都表现出较强的韧性和耐力,但不善于应付环境的迅速变化的小炳担任劳动委员;而让想象丰富、观察细致、思维周密,善于发现别人不易发现的问题,但寡言少语、缺乏冲劲和号召力的小鼎担任学习委员。这样的具体分工较为充分地发挥了四位新当选学生干部的气质优势,有利于班级工作的顺利开展。当然张老师和全班同学们也会继续考察这些学生干部,经过一段时间后还可以对他们的工作提出改进意见或者对他们的分工进行调整。

其实,张老师除了提出分工建议之外还分别与四位新当选的学生干部促膝谈心,对担任班级工作的小佳、小怡、小炳和小鼎,既肯定其气质的积极方面也指出其气质的消极方面,引导他们自我教育、自我完善,扬己之长补己之短,注意防范因为自己的气质弱点而给工作造成问题或困难。比方说,小佳在带领同学进行文体活动的时候要注意把握自己对同学的态度,别发脾气;小怡从事宣传工作要注意耐心细致,别出差错;小炳负责班级的劳动卫生工作,要注意采用一定的方式方法调动大家的积极性,别包办代替;小鼎帮助同学们学习要注意积极引导,别被动应付。正因为这些班干部在开始工作之前就对自己的心理特点、工作目标和可能出现的问题都做到了胸中有数,所以后来才能对自己的工作胜任愉快,不仅服务了班级同学,也锻炼提高了自己。

本章小结

- 气质是指个体经常地、典型地表现于心理和行为过程的速度、强度、稳定性、灵活性及指向性等方面的动态特征。

- 典型的气质类型可以划分为胆汁质、多血质、粘液质和抑郁质,而一般人的气质类型往往是其中两种或两种以上的混合型。

- 气质类型可以通过观察、自评、心理测验和仪器测定等方法来识别或鉴定;巴甫洛夫的高级神经活动学说能够较好地解释气质的生理机制。

- 气质的特性包括:气质的动态性、气质的天赋性、气质的稳定性、气质的两重性。

- 气质对性格和能力的影响:气质是性格和能力形成和发展的基础。气质是天赋的,与生俱来的;而性格和能力是后天在气质以及其他因素的影响下逐渐形成的。

- 气质在实践中的作用和意义：气质不能决定人的社会价值和成就高低,要善用气质特征提高自身素养和工作效率。
- 气质规律在教书育人中的运用：理解学生要注意气质表现,了解气质要采用多种方法,考察学生要防止气质偏见,教育学生要结合气质特点,性格培养要考虑气质差异,引导学生克服自身气质弱点。

思考题

- 什么是"气质"? 生活概念的"气质"和科学概念的"气质"有何区别?
- 气质类型的划分依据以及各种典型气质类型的表现是什么?
- 气质与性格的关系如何? 气质与能力的关系如何?
- 气质在实践中有何意义和作用?
- 怎样理解"气质无好坏之分"?
- 高师生如何根据气质规律来进行自我教育?

问题探索

- 不同气质类型的人适合不同的职业或工作,请你分析自己的气质类型将来从事何种工作最为合适。
- 如果你将来从事教师职业,那么你如何根据教师职业的要求来对自己的气质扬长避短?

第十章 性格与教育

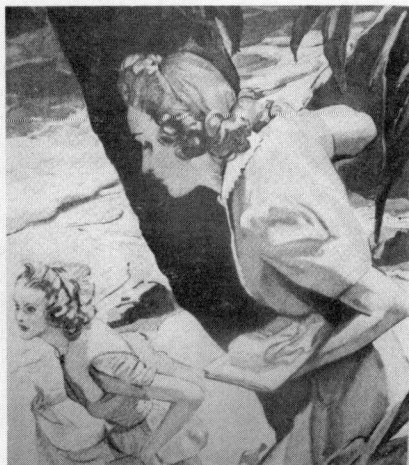

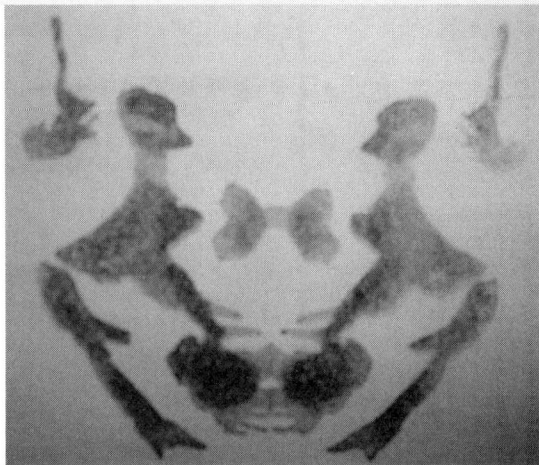

本章要点

- 性格的含义
- 性格的结构与类型
- 性格形成和发展的趋势、影响因素、心理机制及其动态特征
- 性格的鉴定、培养途径及不良性格的矫正
- 运用性格规律促进自我教育

想试着回答一下吗……

- 有人用"江山易改,本性难移"来形容人的性格,你认为是否合适?
- 为什么"龙生九子,九子不同"?
- 孪生兄弟即使在不同的环境中长大,其性格也有很多相似之处,说说其中的道理。
- 一个人一生中相当长的时间是在学校中度过的,学校会对一个人的性格产生影响吗?
- 有人说,青少年看了太多的暴力影视片后,其性格容易暴躁,动辄动武,这有道理吗?
- 根据日常生活中的一些案例,你认为性格对人的成才有影响吗?
- 学生良好的性格可通过反复强化某种行为得以巩固,在学校教育中教师应该怎样培养学生优良的性格特征呢?

于萍是一位学习刻苦、成绩优秀的学生,但是她胆小怕事,对集体漠不关心,不愿帮助同学。许多任课老师对她过于偏袒,忽视她的缺点。班主任周老师针对于萍的性格特点,制订出改变其不良性格的计划,那么周老师会怎么做呢?

如果说气质是个性的特征系统中影响其表现形式的外部色彩的话,那么性格则是个性的特征系统中具有核心意义的成分。它与人们日常生活中所说的人品、秉性等含义相近。青少年个性的塑造和完善,在很大程度上表现为良好性格的培养,这也是学校教育的重要培养目标之一。那么性格是什么?它有哪些发展的规律?青少年学生的性格特点何在?在教育实践中,如何培养学生良好的个性品质以及如何引导学生进行自我完善?这便构成本章的主要内容。

第一节　性格的概述

性格是什么？其结构又是什么？我们将在本节围绕这两个问题进行阐述。

一、性格的概念

性格(character)是人对现实的稳定的态度和习惯化的行为方式中所表现出的个性心理特征。诸如勤劳、懒惰，诚实、狡猾，勇敢、懦弱，谦虚、骄傲等，都是对一个人性格特征的描述。性格是一个人本质特征的独特、稳定的结合，是人与人之间相互区别的主要方面。

知识小窗 10-1　　　　　人 格 与 性 格

人格包含性格。"性格"一词源于希腊语，意为雕刻的痕迹或戳记的痕迹。这个概念强调个人的典型行为表现和由外部条件决定的行为。我国心理学界倾向于把性格(character)定义为个人对现实的稳定的态度和习惯化了的行为方式。例如，一个人在各种场合总是表现出对同志热情诚实、与人为善，对自己虚心谦逊、严于律己，遇事坚毅果断、深谋远虑。这种对人、对己、对事的稳定态度和习惯化了的行为方式所表现出来的心理特征，就是这个人的性格。而那些在一时情境下的行为表现则不能视为他的性格。例如，一个人处理事情通常很果断，偶尔表现出优柔寡断，那么优柔寡断就不能看作是此人的性格特性，而果断才是他的性格特征。同样，也不是任何一种行为方式都可以表明一个人的性格特性，只有习惯化了的行为方式，才能表明其性格特性。

人格是一个人的存在方式，是个人生物遗传素质与环境交互作用的产物。人格中的气质是先天的，是体质和遗传的自然表现，很难改变，无好坏之分；人格中的性格是后天的，是社会文化模式的刻印，有可能改变，有好坏之分。

人格中的气质和性格又是密切联系的。先从气质对性格的影响上来看：(1) 气质会影响个人性格的形成。因为性格特征直接依赖于教育和社会相互作用的性质和方法。气质作为性格形成的一种变量，在个体发生的早期阶段就表现出来，从而会影响父母或其他人的不同行为反应，形成不同性质的个体与社会环境的交互作用。(2) 气质可以按照自己的动力方式渲染性格特征，从而使性格特征具有独特的色彩。例如，同样是乐于助人的性格特征，多血质者在助人时往往动作敏捷，情感明显表露于外，而粘液质者则可能动作沉着，情感不表露于外。(3) 气质还会影响性格特征形成或改造的速度。例如，要形成自制力，胆汁质的人往往需要作极大的努力和克制，而抑郁质的人则比较容易形成，用不着特别抑制自己就能办到。再从性格对气质的影响上来看，性格也可以在一定程度上掩盖或改变气质，使它服从于生活实践的要求。

(黄希庭，2007)

在现实生活中,客观事物的种种影响会通过认知、情感和意志活动在个体的反映机制中保持下来,形成一定的态度体系。所谓**态度**(attitude)是个体对某一对象所持的评价和行为倾向。这里的"某一对象",既可以是客观的,如某事、某物、某人,也可以是主观的,如个体自己,故有对事、对物、对人、对己的各种态度存在。当个体在长期的生活实践中逐渐形成对现实稳定的态度,并以一定的方式表现于个体的行为之中,构成个体所特有的行为方式时,其性格特征也就形成了。正如恩格斯所说:"人物的性格不仅表现在他做什么,而且表现在他怎么做"。"做什么"反映了个体对待现实的心理倾向,表明个体追求什么,拒绝什么,即人对现实的态度;"怎么做"反映了个体的行为特点,表明个体采取什么样的手段,如何追求既定目标,即人的习惯化的行为方式。这里要注意的是,性格是个体在长期实践活动中沉积下来的稳定的态度和习惯化的行为方式,因此,在有些情况下个体所表现出的态度和行为,只是一时一地的情境性反应,不能视为性格特征。在具体面对现实中的人和事物时,不同的人会表现出不同的态度。即使相同的态度,也会采取不同的行为方式,这就构成了人们的不同性格。

性格在个体的整个个性特征中处于重要地位,具有核心意义。它是一个人对现实的稳定态度和习惯化的行为方式,总是与其价值观、人生观、世界观相联系,体现了一个人的本质属性,具有明显的社会评价意义。人与人个性特征的差异首先表现在性格上。日常生活中,当我们提到一个人的个性时,主要指的是一个人的性格。同时,性格在个性特征中所具有的核心意义,还表现在它对其他个性特征的影响上。首先,性格会制约能力发挥或发展的方向与水平。良好的性格对一个人的能力发挥或发展具有积极的导向作用,能使一个人的聪明才智用在正道上,在符合集体和社会需要的方向上发挥作用;不良的性格则会把一个人的聪明才智引入歧途,在损害集体和社会利益的道路上自毁、泯灭。这在学校教育中有许多成功的经验和沉痛的教训。同时,良好的性格,尤其是勤奋刻苦、坚忍不拔、锲而不舍等性格特征,能使一个人的智慧、潜能得到充分的发挥,甚至能使先天能力上的不足得到很好的补偿,"勤能补拙"便是这个道理。相反,有的人原本具有很好的智力与潜能,但由于缺乏毅力、不思进取、游手好闲,能力得不到应有的发挥和发展。其次,性格会掩盖或改造气质。这是由于一个人的社会角色所要求的性格特征会对其中某些气质特点产生持续影响的结果。例如,一个精密仪器的设计师应具有仔细、耐心、冷静的性格特征,那么在其职业化的过程中,他会逐渐抑制或改变原本冲动、粗心、暴躁等气质特点。

总之,性格是具有核心意义的个性心理特征,表现为人对客观现实的态度和相应的行为方式,是个体本质特征独特、稳定的结合,是人与人相互区别的主要标志。

二、性格的结构

性格是十分复杂的心理现象,包含着多个侧面,具有各种不同的特点,这些性格特征在不同的人身上,组成了独特的性格模式。性格的结构有四方面特征:

1. 性格的态度特征

性格的态度特征(attitudinal characteristics of character)是指人在对客观现实的稳固态度方面所表现出的个体差异。它是性格最重要的组成部分。人对客观现实的刺激总是予以一定的态度反应,客观现实的多种多样对应了个体性格中态度特征的多样性。性格的态度特征主要有三种:一是对社会、集体和他人的态度特征,比如爱国、爱集体或缺乏对祖国、对集体的感情,礼貌待人或粗暴无礼,耿直或伪善,富有同情心或冷酷无情等;二是对学习、工作、劳动和劳动产品的态度特征,比如,勤奋或懒惰,认真细致或马虎大意,创新精神或墨守成规,勤俭节约或挥霍浪费等;三是对自己的态度特征,比如,谦虚谨慎或骄傲放任,自尊自信或自卑自贱等。这三种态度特征相互关联,彼此影响。

2. 性格的理智特征

性格的理智特征(rational characteristics of character)指人在认知过程中所表现出的特点,又称性格的认知特征,主要指人在感知、记忆、想象和思维等过程中表现出来的认知特点和风格的个体差异。例如,在感知觉方面有主动观察型和被动观察型,罗列型和概括型,快速型和精确型;在思维方面有独立型和依赖型,分析性和综合型。

3. 性格的情感特征

性格的情感特征(emotional characteristics of character)指人在情绪情感活动的强度、稳定性、持续性以及稳定心境等方面表现出来的个体差异。在强度特征方面,有的人情绪情感体验比较强烈,一经引起,便难以控制;有的人情绪情感体验则比较微弱,易于用意志控制。情绪的稳定性、持续性方面的特征主要指情绪被激发后,起伏波动的程度和保持时间的长短。如有的人情绪容易波动,起伏程度大,时而冷静,时而激动,自我不易控制;有的人情绪一直比较平静,自我控制强,不易看出起伏波动。有的人情绪活动维持时间短,稍纵即逝,不留痕迹;也有人情绪活动持续时间长,对自我心理影响较深。稳定心境方面的个体差异也很明显,有的人总是心境开朗,活泼好动;有的人则多愁善感,抑郁沉闷。

4. 性格的意志特征

性格的意志特征(volitional characteristics of character)指人对自我行为的控制水平、目标明确程度以及在长期工作和紧急情况下表现出来的个体差异。人对自我行为的控制有目的性或盲动性,纪律性或散漫性,主动性或被动性,自制性或冲动性等个体差异。在长期的学习和工作中,不同的个体有不同的表现。有的人持之以恒,有的人见异思迁或半途而废。面对紧急或困难情境,有勇敢果断、镇定自若、受挫性高的人,也有怯懦畏缩、惊慌失措、受挫性低的人。

性格的四个层面不是独立存在的,而是彼此间紧密联系、相互影响的。其中性格的态度特征和性格的意志特征在性格结构中占主导地位。

三、性格的类型

性格的类型(type of character)指一类人身上所共有的或相似的性格特征的独特结合。这种结合使一类人的性格和另一类人的性格明显不同。但性格结构极端复杂,在对性格进行分类时,很难规定出有绝对标准的性格分类原则。现将目前有代表性的几种观点介绍如下:

1. 理智型、情感型和意志型

从心理机能上划分,性格可分为理智型、情感型和意志型。这种分类观点是英国心理学家培因(Bain,1855,1859)和法国心理学家李波特(Ribot,1906)等提出来的,它依据智力、情绪、意志三种心理机能何者占优势来确定性格类型。理智型的人通常以理智支配自己的行为,处事较冷静;情感型的人行动易受情感左右,凭感情办事;意志型的人目标明确,行动有较强的控制能力。

2. 内向型和外向型

从心理活动倾向性上划分,性格可分为内向型和外向型。此观点由瑞士心理学家荣格(Jung,1913)提出,是性格类型论中最为著名的观点。荣格根据个体里比多(libido)的活动性来划分性格类型,里比多指个体内在的、本能的力量。里比多的活动指向于外部环境,就是外向型(外倾型)(extraversion)的人;里比多的活动指向于主体自身,就是内向型(内倾型)(introversion)的人。外向型的人,容易适应环境的变化;内向型的人偏重主观世界,一般较难适应环境的变化。

热点聚焦 10-1　　　　　　　**主观幸福感与人格特征**

近年来,国内外一些研究发现,许多人格特质与人的主观幸福感密切相关。人格是预测人的主观幸福感的有力指标。外向性与神经质就是其中非常重要的指标,并取得了跨文化的一致性。研究显示,外向性与主观幸福感呈正相关,能有效预测积极情感,会增强主观幸福感;而神经质则与主观幸福感呈负相关,是消极情感的预测指标,会减少主观幸福感。一般来说,外向性的人充满生机活力,与他人相处融洽,容易产生积极的情感体验,生活满意度高,因而主观幸福感比较强。而神经质本身就是指个体验消极情绪的倾向,神经质的人容易体验到抑郁、焦虑等消极情绪,且调节情绪能力比较差,与普通人相比更容易激动,所以神经质与不幸福感联系密切。

此外,有研究表明,乐观、控制点等人格特质对人的主观幸福感也有重要的预测作用。乐观的人对未来充满希望,往往能看到生活中积极的一面,能经常保持着愉快的心境,体验到较高的幸福感。有关控制点的研究表明,内控的人应激方式会更好,他们相信自我本身的力量,幸福感受比较强。

(张姗姗,刘文,2011)

表 10 - 1　艾森克对外倾型和内倾型性格特点的描述

外 倾 型 特 点	内 倾 型 特 点
1. 老是注意外界所发生的事情,追求刺激、敢于冒险;	1. 倾向于事先计划,三思而后行,严格控制自己的感情,很少有攻击行为;
2. 无忧无虑,随和,乐观,爱开玩笑,易怒也易平息,不假思索地行动;	2. 性情孤独,内省,生活有规律;
3. 有与别人谈话的需要,好为人师,容易冲动;	3. 对书的爱好甚于对人的交往,除亲密朋友外,对人总是冷漠,保持一定的距离;
4. 喜欢变化,有许多朋友;	4. 很重视道德标准,但有些悲观;
5. 善于交际,不喜欢独自学习。	5. 安静,不善交际。

(Eysenck, 1985)

3. 理论型、经济型、权力型、社会型、审美型、宗教型

从社会生活方式上划分,性格分为理论型、经济型、权力型、社会型、审美型、宗教型。这种观点是由德国哲学家、教育家斯普兰格(Springer,1928)提出来的。他根据人类的六种生活方式,把人的性格划分为相对应的六种类型。理论型的人对认识客观事物、追求真理有极大的热情,观察事物客观冷静,重视理论,力求把握事物本质,但在解决实际问题时常无能为力。纯理论家和哲学家属于这种类型。经济型的人一切以经济观念为中心,从实际获利出发评价事物价值,并以追求财富、获取利益为个人生活目的。现实中实业家属于这种类型。权力型的人有强烈的权力意识和支配欲,无论对待何事何人,都易表现出对对象的支配倾向,喜欢自己做决定。社会型的人重视社会价值,有献身精神,常以关心他人、热爱社会为自我追求的目标。这类人大都从事社会公益事务,如社会慈善、文教卫生等职业。审美型的人极为重视美学价值,评价事物一切从美的角度出发,沉醉于对自身的感受之中,对实际生活不很关心。这类人以追求美和实现美为最高目标,艺术家多属于此类。宗教型的人把宗教信仰作为生活的最高价值,这类人有坚定的信仰,极富同情心,以爱人爱物为行为标准。

相对上述六种性格类型而言,具体到个人通常都不是单纯的某一类型,往往是主要侧

重一种类型但同时又兼有其他类型的某些特征。奥尔波特等（Allport, Vernonand & lindzey, 1931, 1951, 1960）根据这种划分编制出《价值观研究》量表, 借以测量人们在这六种价值倾向上的相对强弱。

4. 生产的倾向性和非生产的倾向性

从心理健康性上划分, 性格分为生产的倾向性和非生产的倾向性。这种观点是美国心理学家弗洛姆（Fromm）提出来的。弗洛姆认为生产的倾向性属于一种健康、理想的性格; 非生产的倾向性则属于一种不健康的、障碍的性格。一个人的心理是否健康, 取决于他身上所包含的积极和消极的性格特征的多少。

生产的倾向性是人们发展的一种愿望、理想或目标, 在任何社会都还没有人能够达到生产的倾向性这一完美、健康的性格。这一点似乎与马斯洛（Maslow＜马斯洛著, 许金声译＞, 2007）提出的"自我实现的人"相类似。一个人只有生活在健全的或具有创造性的社会中, 才可能会形成这种性格。具有生产的倾向性性格的人一般能够充分挖掘自我潜能, 实现自身价值, 成为创造者。

非生产的倾向性是人们都不喜欢、希望回避的一种病态性格。它可以进一步分成以下几类: ① 剥削倾向性。这类人自己不想生产或创造社会产品, 而是希望通过诡计、暴力等方法, 从他人那里获得自己想要的东西。② 接受倾向性。这类人自己没有生产社会产品的能力, 只能依赖于他人得到所需的东西。③ 市场型倾向。这类人注重迎合市场需要, 他们常把自己看作商品一样, 按照雇主的要求来塑造性格。④ 贮藏倾向性。这类人想通过贮藏来使自己获得足够的安全感。在生活中常表现为节俭、吝啬, 过分珍惜自己的财产, 不愿与他人分享财富等。

5. 外向性、随和性、谨慎性、神经质和开放性

从人格描述模式上划分, 性格分为外向性、随和性、谨慎性、神经质和开放性。一些研究者在人格描述模式上提出了人格的大五模式, 这一模式甚至被人称为人格心理学中的一场革命（Goldberg, 1992）。研究者们通过词汇学的方法研究, 提出大约有以下五种特质可以涵盖性格描述的各个方面。

外向性反映了个体对外部世界的积极投入。外向的人充满活力, 乐于和人相处, 常伴有积极的情绪体验。而内向的人常谨慎、安静, 喜欢独处, 对外部世界不太感兴趣。随和性指的是一个人在合作与社会和谐性方面的差异。随和的人常注重和他人和谐相处, 善于谦让, 大方, 乐于助人。不随和的人则更加重视自己的利益, 不很关心他人, 有时怀疑别人的动机。谨慎性描述了人们控制、调节和管理自身冲动的方式。谨慎的人常尽量避免麻烦, 他们也容易获得成功。极端谨慎的人让人觉得乏味、单调, 缺少生气。冲动的人常被认为是

快乐的、有趣的。但是冲动的行为会给他们自己带来一些麻烦。神经质是指一个人体验消极情绪的倾向。神经质得分高的人容易体验到抑郁、焦虑、愤怒等消极的情绪。他们对外界刺激的反应比较强烈,对情绪的调节能力比较差。而神经质得分低的人则比较平静,情绪化较少,善于调节自己情绪。开放性反映了一个人的认知风格。开放性的人兴趣广泛,富有想象力和创造力,欣赏艺术,对美的事物敏感。封闭性的人则偏爱常规,讲求实际,比较保守和传统。

第二节　性格发展的规律

性格的发展有一定的趋势,在发展和形成过程中受生物因素、环境因素和主观因素的影响,并表现出一定的心理机制和动态特征。

一、性格发展的趋势

性格发展有其自身的趋势。有人(刘明等,1990)研究了我国儿童青少年性格特征的年龄发展趋势。他们采用问卷法对来自城乡的 2 127 人的情绪特征(包括稳定性、强度、持久性和主导心境)、意志特征(包括独立性、自制力、坚持性和果断性)和理智特征(包括思维水平、求知欲、灵活性和权衡性)进行测查。研究结果表明:我国儿童青少年性格发展的水平随年龄的增长而提高,表现为由低到高的整体发展趋势。但发展速度并不均衡,小学二至四年级发展缓慢,小学四至六年级发展较快,小学六年级至初中二年级发展非常缓慢,几乎处于相对停滞状态,初中二年级至高中一年级则出现快速发展趋势(见图 10 - 1)。该项研究还表明,性格特征的情绪特征、意志特征和理智特征发展趋势又各不相同(见图 10 - 2)。

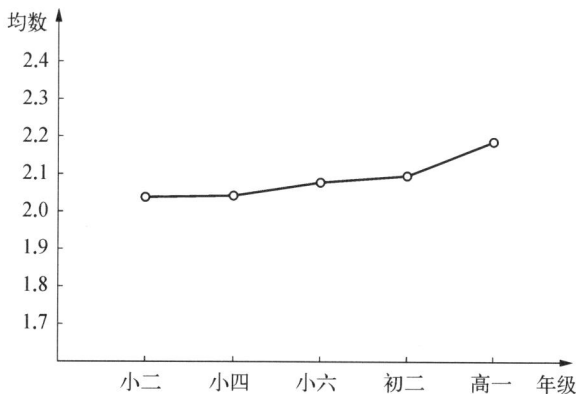

图 10 - 1　我国中小学生性格发展总趋势

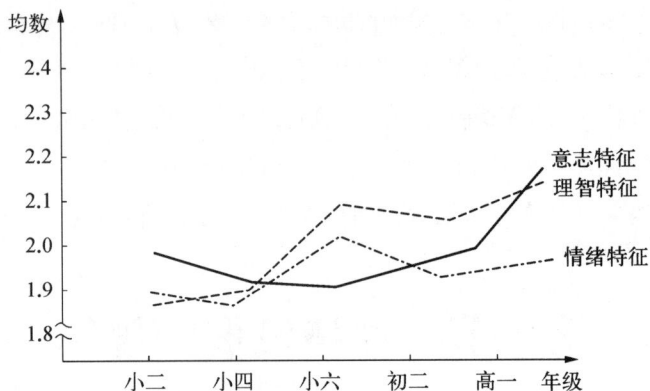

图 10-2　我国中小学生性格三特征发展总趋势

二、影响性格形成和发展的因素

　　关于性格的形成和发展,曾有两种极端的观点,即遗传决定论和环境决定论。现在人们大多认为性格是遗传和环境因素共同作用的结果。其中,遗传是性格的前提,但环境对性格的发展起决定作用。遗传是生命的基础,但只有在环境的土壤中才能发挥作用。环境是一个宽泛的概念,凡是对个体产生影响的外在刺激,都可以称为环境因素。例如,家庭、学校、社会等都是性格形成和发展的重要环境因素。此外,主观因素也是影响人的性格形成和发展的因素之一。以下我们从影响性格形成和发展的生物遗传因素、环境因素(包括家庭、学校、社会文化等)和主观因素来加以阐述。

1. 生物遗传因素

　　性格的形成有其生物学的根源。双生子研究是检验生物遗传因素在性格形成中作用的一种常用方法。同卵双生子比异卵双生子更相似:同卵双生子的基因基本相同,而异卵双生子的基因则不一定相同。在运用这一方法的研究中,不管哪一类双生子均为相同年龄、相同性别并且生活在相同的家庭环境中。因此,环境对于他们来说都是一样的。如果说遗传对性格的形成与发展产生主要影响,那么双生子的性格应该是非常相似的。

> **学术研究 10-1　　　生物遗传影响的研究证据**
>
> 　　艾森克(Eysenck, 1985)研究发现,不管是在相同环境下还是在不同环境下成长的同卵双生子,在内外向和神经质这两个维度上的相关,都显著高于异卵双生子。可见,生物遗传因素对于个性发展具有重要影响。弗洛德鲁斯(Floderus, 1980)等人的研究也得出类似的结果。

国内也有一些学者采用艾森克个性问卷,用行为遗传学方法计算双生子个性的遗传度来探讨遗传因素对儿童个性的影响。丁宁(1994)等研究表明,在内外向和神经质量表上,儿童遗传度均较高,说明儿童个性特征在这两个方面主要受到遗传因素影响;遗传因素对精神质的影响,要小于遗传因素对内外向和神经质的影响。李晶(1998)等研究显示,内外向量表的平均遗传为 0.692。舒峰(2004)等研究得出内外向量表的遗传度为 0.689,表明内外向受遗传因素的影响较大,这一结果与李晶是基本一致的。张晓薇(2008)等研究表明,大于 12 岁的男性青少年在内外向和精神质方面,遗传度分别高达 0.94 和 0.70;大于 12 岁的女性青少年在掩饰性方面,遗传度为 0.74,受遗传因素影响较大。

上述研究的结果虽不尽一致,但都揭示了遗传对于个性的重要影响。遗传是个性发展过程中不可或缺的重要因素。

　　我国曾有一项关于双生子的研究历经了近 20 年。研究者们于 1964 年通过各种生理指标选择了 22 对同卵双生子和 18 对异卵双生子为研究对象,并对他们展开追踪研究。研究者们于 1982 年对这些双生子运用《明尼苏达多项人格测验》进行测量,并计算出每项人格分量表的**遗传率**(heritability,简称 H)。结果显示,双生子性格特性的许多方面或多或少存在着遗传的可能(表 10 - 2)。

表 10 - 2　双生子在 MMPI 中 10 个量表得分的相关系数和遗传率

		r_{M_2}	r_{n_2}	H
Hy	癔病	0.50	0.49	0.02
Ma	轻躁狂	0.24	0.01	0.02
Pd	病态人格	0.02	0.08	0.07
Sc	精神分裂症	0.69	0.01	0.20
Pa	偏执狂	0.39	0.13	0.30
Pt	精神衰弱	0.49	0.07	0.44
D	抑郁症	0.49	0.07	0.45
Hs	疑病症	0.56	0.17	0.50
Si	社会内向	0.60	0.04	0.60
Mf	性变态	0.74	0.04	0.73

r_{M_2} 为同卵双生子的相关系数,r_{D_2} 为异卵双生子的相关系数。

(资料来源:《医学心理学文集》1983 年,10(3),第 54 页。)

(1)内分泌腺和高级神经活动的类型

个体一出生就可能由于生理机制的差异而表现出不同的特点。新生儿有的爱哭爱闹,难以平静;有的则哭闹较少,平稳安静,活动量小。新生儿的内分泌腺和高级神经系统的类型特征与其活动水平上的差异有着密切关系。例如,甲状腺功能亢进的儿童容易冲动、烦躁、紧张,甲状腺激素分泌不足的儿童活动迟缓、不能持久;脑垂体功能过盛者,注意力分散,冷漠,缺少情感反映,不足者会影响儿童身心发展。肾上腺功能发达者情绪易兴奋和激动,不足者容易疲劳和衰弱。

高级神经活动类型的差异对儿童性格的影响更为持久。就像巴甫洛夫(И. П. Павлов<巴甫洛夫著,周先庚,荆其诚,李美格译,2010>)指出的"类型是动物神经活动的一种生来就具有的体质形态——即遗传型。可是因为动物从出生之日起,就遭受周围环境的各种各样的影响,它必然要以一定的、最后往往由整个一生中被巩固起来的活动来回答这些影响,所以动物最后具有的神经活动,是各种类型特征和外在环境所引起的各种变化的合金——即混合型或性格"。按照巴甫洛夫的观点,高级神经活动类型是影响性格形成的因素之一,是性格产生的前提条件。从生理机制的角度来看,性格是高级神经活动类型等先天因素和后天生活环境因素共同作用的结果,先天类型(即神经系统的强度、平衡性和灵活性)和后天环境形成合金的过程指的是在先天神经活动类型的基础上建立受后天生活影响的暂时神经联系的过程。一方面,先天类型影响着暂时神经联系的形成和变化;另一方面,后天建立的暂时神经联系也影响着神经类型的特点。对个体的性格而言,仅仅由高级神经活动类型不能确定一个人的性格,相对而言,由后天影响建立的暂时神经联系对性格形成具有更为直接的意义。正因如此,每个人的性格既蕴含着某种生物遗传的色彩,又烙上了后天生活经历的明显印记。

(2)性别差异

性别差异对人类性格的影响有明显作用。性格的性别差异与男女性激素有关,研究者们曾尝试研究激素与性别相关行为之间的关联。结果表明,处于青春期的男性分泌的睾酮(雄性激素)是女性分泌量的十倍多。这种激素分泌量的差异与男女所表现的传统行为差异具有很高的相关,如攻击性、独立性、支配性等。研究也发现,睾酮分泌量较多的女性往往更适合从事男性化的职业,并且能够在此领域取得一定成绩。

虽然研究者们重视生物因素在男女性格形成过程中的重要作用,但他们也强调男女形成各具特色的性格特征同时会受到社会环境因素的影响。新生儿一出生,社会环境因素的作用就显现出来。父母会根据婴儿的性别贴上相应的标签,并对他们做出符合其性别角色的各种反应。男女性格的形成过程一般要历经模仿、认同、内化这几个阶段。先是不自觉地学习与自己同一性别、被社会认同个体的性别角色行为,例如,男孩可能不自觉、不稳定地学习其爸爸的行为动作。接着进入个体对自我性别观念和行为的认同阶段,个体能主动、积极地模仿与自己性别相同榜样的价值观念和行为方式。最后是性别内化阶段,儿童已经对同性别个体的言行产生理解和共鸣,他们能够理解性别与特定言行的内在联系,自己也会自觉地做出符合自身性别特征的行为。大家普遍认同的性别角色,往往通过家庭因素、学校教育、社会习俗和舆论等方式对成长中的儿童不断产生影响,使其最终形成稳定的自我性别角色,并展现出与性别角色一致的外显行为。

（3）外表特征

体型、身高和外貌等生理上的特征,对个体性格的形成也有影响。西方不少心理学家提出性格的体格类型说,认为不同体型的人性格不同。

体型外貌等生理特征之所以对性格形成有影响,主要可归结为社会文化的评价作用。因为这些特征或者符合或者不符合社会文化的价值观,由此影响他人对个体的不同品评反应。符合社会认可体格标准的人比不符合标准的人得到更多的社会认同,相应地产生问题较少,社会顺应性好。例如,一个长相可爱的胖娃娃,常常得到周围人的喜爱和亲近,容易形成自信、乐观、活泼开朗的性格;相反,外貌不好的儿童通常都会有以特有的消极方式对外部世界作出反应的倾向,较易形成内向、自卑的性格。

（4）发育早晚

生理成熟的早晚对性格的形成也存在一定影响。早熟者的性格特征一般表现为社会化程度高,责任感强,比较遵守社会准则,易理解别人和处理人际关系;而生理成熟晚者则常依赖于自己的态度和情感行事,责任感欠缺,不太遵守社会准则等。

以上概括介绍了影响性格形成的生物遗传因素。这些因素为性格的发展提供了可能性,但要使之成为现实性,起决定作用的是个体与之相互作用的后天环境因素。

2. 家庭环境因素

家庭被称为"制造人类性格的工厂",它是儿童最早接触的环境。儿童总是最先在家庭生活中开始和后天环境之间的相互作用,由此慢慢顺应、认同外界的种种影响,然后这些影响得到内化,并在自我的反映机制中保存、固定下来,形成初步的性格体系。

（1）父母教养方式和态度

在家庭环境的各因素中,父母的教养方式和态度对儿童性格的形成和发展有很大影响。许多心理学家的研究都证实父母教养态度和儿童性格之间的关系密切(见表 10-3)。研究表明:双亲如果对孩子采取信任、民主和宽容的养育态度,儿童就容易表现出行为积极、态度友好、情绪稳定、独立性强等性格特征;相反,双亲如果对孩子采取溺爱、严厉或者惩罚、支配等养育态度,儿童则容易表现出情绪不安定、退缩、适应性差、对人不友好等消极的性格特征。双亲态度中,母亲对孩子的态度对儿童性格发展尤为重要。

表 10-3   父母教养态度与儿童的性格特征

相关系数 / 儿童的性格特征 / 父母教养态度	意志坚强	情绪稳定	自发努力	友好态度	敌对行为
信　任	0.74	0.60	0.27	0.44	−0.40
民　主	0.43	0.16	0.36	0.33	−0.40
容　忍	0.56	0.53	0.05	0.19	−0.10
严　厉	−0.16	−0.08	−0.38	−0.38	0.40

此外,双亲对孩子的教养方式和态度也必须一致。父母的态度不一致,方式不统一,会大大降低父母在孩子心目中的权威性,削弱家庭教育的作用。孩子在此种家庭中易形成不尊敬父母、言行不一,甚至性情暴躁等不良的性格特征。

热点聚焦 10-2   父母教养态度与儿童的性格特征

1. 专制的　　　　　依赖性,反抗性,情绪不稳定,自我中心,胆大
2. 支配的　　　　　依赖性,服从,自发性,消极,温和
3. 保护的　　　　　缺乏集体观念,智慧,亲切,无神经质,情绪稳定
4. 过分照顾的　　　依赖性,被动性,神经质,固执,冷酷
5. 残酷的　　　　　独立的,逃避,神经质,固执,冷酷
6. 民主的　　　　　独立的,协作的,交际的,亲切,天真
7. 娇养的　　　　　任性,反抗性,神经质,幼稚气
8. 服从的　　　　　攻击的,粗暴,无责任感,不听话
9. 忽视的　　　　　攻击的,情绪不稳定,团结的,冷酷,创造性
10. 拒绝的　　　　冷淡,粗暴,反社会性,神经质,注意不稳定

(2) 家庭自然结构

家庭自然结构状况对儿童性格的发展有着深刻的影响。一般认为对儿童性格产生影响的家庭结构主要有三种,即大家庭、核心家庭和破裂家庭。大家庭是指几代同堂、人口相对较多的家庭。大家庭中的孩子受到良好家风、家规等的耳濡目染,从而有助于形成良好的性格。但也可能存在严重的隔代溺爱现象和长辈在教育孩子问题上和其父母做法不一致的情况,致使孩子无所适从,形成情绪不稳等不良性格特征。核心家庭是指一对夫妇和一个孩子组成的家庭。这种三口之家是目前中国社会比较普遍的一种家庭结构。核心家庭中由于年轻父母缺乏养育孩子的经验和方法,对孩子的教育容易走向极端,或过于溺

爱、放纵或管教过严,从而导致孩子形成不良性格。目前我国城镇以独生子女家庭为常见的家庭结构,这种家庭结构中成长的孩子的性格发展已经引起社会的广泛关注。独生子女容易成为家庭的中心,受到全体家庭成员的过度重视,视为"小太阳"。于是,有的父母对孩子过分溺爱;有的父母则对孩子期望过高,教育失之过严,容易导致孩子性格发生问题。此外,还有一些孩子生活在破裂家庭中。破裂家庭是指父母离异,孩子跟着单亲生活(单亲家庭);或者是父母双亡或遭父母遗弃,孩子跟随隔代长辈生活或者生活在亲戚家中。破裂家庭中的孩子常因幼年时情感缺失或者缺少合理的教育,在人格发展上容易出现异常。但如果教育方式合理,给予孩子合理而足够的爱与安全感,破裂家庭的孩子也能形成良好的性格特征。

(3) 家庭氛围

家庭氛围是指家庭各成员共同营造的气氛。家庭成员中的夫妻关系在家庭气氛的形成中的作用是最主要的。夫妻关系能影响其他成员之间的关系,也潜移默化地影响着孩子性格的形成和发展。研究表明,在不同家庭气氛中成长的孩子在性格上有很大的差异。在宁静、和睦的家庭气氛中成长的孩子,较有安全感,对人信任,他们往往情绪乐观,待人友好,充满自信,能很好地胜任学习或工作任务。在气氛紧张、对立的家庭气氛中成长的孩子大多缺乏安全感,情绪消极,容易紧张和焦虑,他们害怕父母迁怒于自己,忧心忡忡,对人不够信任,比较容易产生情绪与行为问题。有研究表明,与生活在幸福美满家庭气氛中的儿童相比,离异家庭中成长的孩子会存在更多的心理痛苦和学业困难(Jonsson & Gahler,1997);成年后,离异家庭中长大的儿童可能有更不幸福的婚姻,离婚率也比较高(Amato,1996)。但也有研究发现,幼年经历父母离异等不幸事件影响的青少年,如果有其他积极因素的参与,他们的性格会更坚强,更具忍耐性。必须注意的是,父母长期的冲突形成紧张的家庭气氛比离婚事件本身对孩子的影响更具有破坏性(Hoffman,1986),和睦宁静的家庭气氛才是影响孩子性格形成的基石。

(4) 出生顺序

孩子的出生顺序会对其性格的形成和发展产生一定影响。这种影响并不是由孩子出生本身的先后顺序引起的,而是由孩子在家庭中的地位和父母对待出生顺序不同孩子的态度差异所产生的。目前一些研究者研究了出生顺序对孩子性格发展的影响,但还没有得出比较一致的结论。高尔顿(Galton)对大量科学家进行了研究,结果发现,在著名的科学家中长子及独生子女的比例较高。贝尔蒙特(Belmont)研究发现,长子在瑞文智力测验中的成绩比其他排行的孩子要高。长子比其他排行的孩子学业成绩要好,能更多地考入理想大学,而成为问题儿童的比例却较低。中间出生的孩子,依赖性会更强,会要求更多的帮助,往往对不公平的事件更加敏感。最后出生的孩子,自尊心较强,智商偏低。艾森伯格(Eisenberg)研究认为,长子或独生子具有更多的优越感。孩子在家庭中越受重视,其性格发展越倾向于独立、自信和优越。如果他们的地位发生变化,原有的性格特征也会随之发生改变。例如,在家庭中如果和爷爷、奶奶同住,会存在隔代溺爱现象,孩子容易形成自私、任性、独立性差等不良的性格特征;如果和爷爷、奶奶分开住,父母不再对孩子百般溺爱,还要求他们尽力帮着做些家务,这样他们不良的性格特征会得到一些改变,其性格逐渐向独立、自信、宽容、有责任心的方向发展。

学术研究 10 - 2　　　　美国心理学家墨菲总结的几位
心理学家的研究结果

研究者	研究结果
伯德尔	独子和长子显示出稍高的支配性,末子显示出较低的支配性。
加　曼	男孩子出生顺序早对痛苦的感受性大。
艾森伯格	长子或独子比中间的孩子或末子更具有优越感。
埃利斯	中小家庭中长子成为名人的多,大家庭中后面的孩子成为名人的情况多。
福斯特罗斯	嫉妒性较强的孩子中长子较多。
吉迪纳夫莱希	长子有较少的攻击性、指导性和自信心,比较内向。中间的孩子没有长子那样缺乏攻击性,而且问题最少。末子往往畏首畏尾,内向性次于长子,攻击性仅次于独子。独生子更显示出攻击性和自信心。
维　特	在过激的人中,独生子所占的比例较大。在保守的人中,长子较多,末子也相当多。
伯　曼	躁郁症患者 100 例中,长子占 48 例,中间的孩子占 30 例,末子占 22 例。

(5) 独生子女

国外早期有研究表明,独生子女的性格特征可能存在一些缺点。19 世纪,美国儿童心理学家霍尔(Hall) 通过对独生子女研究后认为,独生子女本身就是一种病。而霍尔的学生博汉农(Bohannon)则认为,独生子女在特殊儿童中占的比例较多、社交能力较低。苏联心理学家布隆斯基(Блонский)也指出,独生子女是"问题儿童",性格和道德上都可能存在缺陷。后来,芬顿(Fenton)等人改进了研究方法,他们用 12 项指标对 34 名独生子女和非独生子女进行比较研究,结果发现在多数项目上差异并不显著,而在"自信"这一项目上,独生子女比非独生子女表现得更为优越,从而否定了独生子女是"问题儿童"的观点。吉尔福特

(Guilford)和武斯特(Woreaster)对 141 名非独生子女和 21 名独生子女在诚实、创造性、勤劳、秩序和自制等 5 项性格特征进行了对比研究,结果表明,独生子女的 5 项性格特征均比非独生子女优越,见表 10 - 4。

表 10 - 4　独生子女与非独生子女的性格评定

特　征	独生子女	非独生子女	两者差
诚　实	1.23	1.35	+0.12
勤　劳	1.78	2.03	+0.25
创造性	1.94	2.23	+0.29
自　制	1.58	1.85	+0.27
秩　序	1.23	1.40	+0.17

(注:分数越低,表示某种特征越好;"+"表示独生子女优越)

随着国内计划生育政策的实施,我国独生子女越来越多。我国学者对独生子女的性格特征也做了大量的研究。北京师范大学林崇德等人(1980)曾调查了 120 名独生子女,研究内容涉及 8 个方面,表 10 - 5 反映的是独生子女性格特征各方面的得分情况。表中显示,独生子女具有较强的自信心和自尊心,但不够谦虚,独立性还不够强,接近 1/3 的独生子女缺乏独立性;在自私品质方面,有 1/3 独生子女表现为自私。从这项研究还可以看出,独生子女性格特征总体状况良好,表现在某一具体的特征方面有一定差异。

表 10 - 5　独生子女对自己的态度

项目　人数分配　被试	谦　虚			自信心			自尊心			独立性			自　私		
	✓	—	✕	✓	—	✕	✓	—	✕	✓	—	✕	✓	—	✕
幼儿园	8	12	20	10	24	6	26	8	6	10	14	16	12	18	10
小　学	17	9	14	28	10	2	36	3	1	17	15	8	11	6	21
中　学	16	14	10	21	16	3	33	4	3	21	9	10	13	7	20
合　计	41	35	44	59	50	11	95	15	10	48	38	34	36	21	51

(注:"✓"表示肯定,"—"表示一般,"✕"表示否定)

(6)家庭重大生活事件

生活中发生的重大事件也直接影响个体性格的形成和发展。例如,亲人病逝、自然灾害以及意外风险等,都属于家庭生活中的重大事件。个体在亲身经历这些事件的时候会有深刻的内心情感体验,以致在性格特征的形成、发展中留下烙印。比如,儿童丧失父母,往往会抑郁、沉默。这一事件对儿童影响巨大,如果不能正确对待并进行及时的调节,可能会形成孤僻、冷漠、内向等性格特征。灾难降临之后,幸存下来的人们为突如其来的灾难感到震惊不已,为未来的生活感到惶恐不安,为亲友的伤亡感到罪恶、悲痛,从而有可能使个体的性格产生突变。

3. 学校教育环境因素

儿童进入学校学习的阶段后,学校向学生传授文化知识,督促学生进行体格锻炼,还对学生进行思想品德教育,帮助学生树立正确的人生观和世界观,这是学生的性格特征得以进一步形成和发展的关键时期。

(1) 教师教育态度

教师是学生学习的榜样,其言传身教对学生性格特征的发展起着潜移默化的影响。

在教学中,教师采取何种作风的教学态度,学生往往表现出对应的性格特征。研究表明,教师态度呈放任型,不控制学生行为,也不指导学生学习,学生就会表现出无团体目标、无组织、无纪律的倾向;教师呈专制型态度,包办学生一切学习活动,全凭个人好恶对学生赞誉毁贬,学生则表现得情绪紧张、对立,行动上也因循守旧,态度不一致;如果教师采取民主型态度,尊重学生的自尊心和人格,学生则情绪稳定,态度友好。一般而言,教师在学生心目中具有相当的权威,因此教师的表扬和肯定往往使学生信心倍增;教师的批评和否定却有可能导致某些学生产生"破罐破摔"的心理。

(2) 思想教育、校风、班风

学生良好的性格品质和他们在校接受的思想教育密不可分。例如,对学生进行系统的马克思主义教育,让学生了解社会发展的特点和规律性,对学生形成共产主义的世界观,树立科学的方法论极有帮助,由此将促进学生形成健康的性格特征。学校是师生共同组成的集体,集体的风气、特点,会不断感染置身其中的学生,故而对其性格的形成和发展有很大的影响。一个学校有好的校风或班集体有好的班风,学生会普遍表现出有组织性、纪律性,合群、友好、勇敢等优秀的性格特征。集体风气对学生行为的评价,在学生意识里也存在类似"教师期望效应"的作用。日本心理学家长岛真夫(长岛真夫著,欧阳钟仁译,1987)曾挑选出一个班集体里地位较低的几名学生担任班级委员,并具体指导他们工作。一学期后,发现他们在学生中的地位发生了很大变化,表现得自尊,有责任心,整个班级的风气也有所改变。

(3) 体育锻炼

体育锻炼对铸造学生性格有重大意义。参与者通过体育运动,不仅可以强身健体,增强自信,而且由于运动所需要的各种技巧,还可培养其多方面的性格特征。不同运动项目可培养不同的性格特征:球类运动强调主动性、独立性和合作性,滑冰、体操等项目更加强调自我控制,长跑则可以锻炼人不畏艰难、持之以恒的精神。

4. 社会文化因素

每个人都生活在某一特定的社会文化环境之中,社会文化对一个人性格的发展有着十分重要的影响。社会成员的性格特征在社会文化中得以塑造,社会文化会使其社会成员的性格特征趋于相似,这种相似特征对于维持社会稳定具有一定作用。

(1) 社会风气

所有个体都是在一定的文化背景和社会制度下成长起来的,社会特定的风俗习惯、道德标准以及经济文化发展水平的差异对个体的性格有着自然的影响。例如,我国的儒家文化提倡仁爱,鼓励人们谦和、礼让。在这种社会风气的长期熏陶下,我国成了世界闻名的"礼仪之邦",但缺乏挑战性和竞争性。当今社会,我国实行改革开放的治国方针,经济文化水平迅速发展,在社会价值取向上提倡民主,提倡各尽所能、公平竞争,力求强国强民。在这种社会风气下,人们普遍增强了进取性、竞争性,对生活更为乐观、自信,也更具有独立性。

(2) 社会交往

社会交往对性格的形成和发展也颇具影响。同龄人之间的交往由于彼此年龄相仿,面临的社会评价标准相似,更容易相互理解、彼此支持。青少年往往希望自己被同伴团体所认同以产生归属感;如果自己被排斥在同伴团体之外,就会产生孤立感。真诚的交往环境能促进个体具有安全感、自信心、合作性、共情等性格特征;不善社交、缺乏朋友的个体,常有不被理解、不为社会承认的消极情感体验,往往会对其人格的健全发展产生不良影响。另外,由于同龄人之间具有可比性,良好的交往关系能促使个体间形成良好的竞争心态,你追我赶,齐头并进,共同成功。相反,同龄人的交往环境中,如果存在不健康的因素,会影响个体人格的健康发展。

(3) 社会实践

社会实践活动在性格发展中的作用十分明显。学生终究要走上劳动岗位,参加生产劳动,即劳动是社会实践活动的最基本活动。职业对人的种种要求对性格发展也有一定作用。人长期从事某种职业,工作要求他反复充当与职业相适应的角色,久而久之就形成了某种倾向的性格特征。例如,研究人员长期的研究工作使他们养成一丝不苟、实事求是、善于独立思考的习惯;文艺工作者则更容易养成感情丰富、活泼开朗、富于想象的个性;而飞行员则容易形成沉着、稳重、冷静,有高度责任感的性格特征等等。有人对运动员的性格特征进行了研究,结果表明,不同运动项目的运动员的性格特征也有所不同。

5. 主观因素

除了以上提及的那些因素外,主观心理因素也影响着一个人性格的形成和发展。任何环境因素对人的性格产生影响,都必须首先通过个体已有的个体发展水平和自我意识活动才能发生作用。后天环境的各种影响,经过个体接受、理解,然后与已有的个性体系相互作用,继而促使自我对环境刺激作出相应的反应和行为。其中,自我意识对一个人的性格形成和发展起着十分重要的作用。个体的自我意识主要包括自我认识、自我体验与自我控制三种心理成分。刚出生的婴儿,尚不能区分我与非我,常将自己的手、脚与周围的玩具视为同样性质的东西而加以玩耍,显然,此时婴儿并不具备自我意识。随着年龄的增长,个体的自我逐渐分化为"主观的我"和"客观的我"两个方面。在个体的自我意识中,若"主观的我"和"客观的我"之间发生了矛盾,将给个体带来不安和焦虑,从一定意义上说,这种矛盾也正是个体身心两方面进一步发展的主要动力。随着时间的推移,个体自我意识慢慢地摆脱了他人的评价,逐渐由他律变为自律,人们对客观事物的态度反应和行为方式也越来越稳定和复杂,性格的发展也就越来越成熟。同样的环境因素,不同的人可能会形成不同的性格。比如面对重大生活事件,有的人难以适应而导致性格发生偏差;有的人却很快找到自己的位置,性格仍在良好的途径上发展。我们说一个人"出淤泥而不染"也表明了这一点。可见,任何环境因素都要通过个体的主观心理因素才能起作用。

综上所述,影响人性格形成和发展的因素是多方面的。一般来说,人的性格主要是在小学、初中时期形成,到了高中就已初步稳定了。在此以后,性格并非不可改变,人们生活环境的变化以及主观意志的努力,都可能引起性格发生改变,甚至还可能发生大的变化,而这些都与环境因素和主观因素有关。

三、性格形成的心理机制

在性格逐步形成和发展的过程中,个体的内部心理是如何进行活动的呢?这就涉及性格形成的微观机制,即性格形成的根源。关于性格形成的微观机制,主要有两类观点:

1. 模仿、认同和强化

第一种是社会学习论的观点,由美国心理学家班杜拉(Bandura)等于 20 世纪 60 年代提出。他们认为个体通过对他人的模仿、认同和强化,最后内化为个人独特的性格特征。

模仿(imitation)是仿照别人的言行举止去行事,使自己的行为方式与之相同。它包括对榜样的观察学习和仿照两个过程。观察学习是指学习者通过对榜样的观察,学习到新的行为方式的过程。仿照是跟着榜样去做,可以说是观察学习的结果和表现。青少年通过榜样的示范作用而模仿其行为,榜样的示范有多种形式。从榜样显示的方式来看,有两种方式:第一种是通过榜样的行为来传递行为方式,称作行为示范。所谓言传不如身教,父母、教师都是学生模仿的榜样,他们的一举一动都在学生的观察之中。为了给学生树立良好的行为规范,培养其优秀的性格品质,家长、教师应时刻注意自己在青少年面前的言行。例如有个孩子喜欢打别人,老师、家长都不明白是怎么回事,没有人在他面前有过粗鲁行为,看有暴力镜头的电视也严格控制。后来发现原来是父母之间的玩笑、嬉闹给孩子的模仿创造了对象。第二种是通过广播、电视、电影和小说等象征性媒介物来显示榜样的方式,称之为象征示范。许多暴力影视片是造成青少年性格暴躁、动辄动武的根源。从观察者的角度来看,也有两种方式:第一种是延迟示范,指青少年观察榜样一段时间后,才对其进行模仿。如儿时反复看到父亲醉酒,孩童长大后酗酒的比例也就相对较高。第二种是创造示范,指观察榜样的行为特征后,组合成全新的模式。事实上,儿童对榜样的模仿多少都体现了创造示范的作用,它对儿童性格的独特性形成有很大作用。为什么孪生姐妹在同样环境下受同样教育,性格却不相同,除去父母和周围人的态度外,很大程度上就在于她们的接受性不同,创造性的组合方式不同。要注意的是青少年未表现出榜样的行为,并不等于没有发生学习,事实上,当他们观察榜样的行为时,他们也在观察中学习了这种行为,在以后适当的时机可能才会表现出来,即出现延迟示范。心理学家们做过实验,让儿童看"暴力片"(指实验者打洋娃娃),儿童当时未表现出什么,但当给他们娃娃时,他们也会表现出打娃娃的行为。

认同(identification)是指个体有意无意地将他人或其他群体的某些特征归属于自己,它是学习行为的内化过程。青少年模仿榜样的行为以后,内化为自己性格的一部分。他们认同榜样的某种性格特征,是因为他们认为这种性格特征值得自己具备,有了这些特点,自己会更受他人的欢迎,会提高自尊心和自信心。所以认同包含了青少年的价值取向及其兴趣偏好。榜样的行为经过认同以后,就成为学习者性格中的一部分,但这部分仍是性格中不稳定的一部分,只有经过强化以后,性格才会固定下来。

班杜拉把**强化**(reinforcement)分为外部强化、替代强化和自我强化三种。所谓**外部强化**(extrinsic reinforcement)是指学习者外部的因素对学习者的行为所进行的一种直接强化,如教师的表扬、物质奖励等等,都是外部强化。**替代强化**(vicarious reinforcement)是指榜样替代性的强化。比如有个学生上课积极发言,老师表扬该学生,该学生受到了外部强化,同时,其他学生也受到了替代强化,他们知道积极发言会受到表扬,因此在以后的课上,他们会增加发言的次数。所谓**自我强化**(self- reinforcement)是指当学习者的行为达到自己设定的目标时,给予自己肯定的评价;不符合标准时,给予否定的评价。青少年可以通过自我强化,改变自己的行为,塑造自己的性格。

2. 性格是动机的泛化和定型化

性格是动机的泛化和定型化这种观点是苏联著名的心理学家鲁宾斯坦(Рубинщтейн)提出的。他认为,生活中的任何事件对人产生何种影响,始终受我们的经验和已有内部动机的制约。性格是一个人现实的、稳固的态度和习惯化了的行为方式,但性格并不是由行为方式本身构成的,调节这些行为方式的动机才是构成性格的基础。

动机是性格形成的关键和根源,是推动人从事某种活动,并指引活动去满足一定需要的心理倾向,它是行为的内部动力。青少年常常会产生动机冲突,这是由于并存的几个动机不能同时获得满足,在性质上又不互相排斥的缘故。比如一个中学生又想玩,又不想因为作业未完成而挨家长、老师的批评。他在这两方面的动机产生了矛盾,玩了就没有时间做作业,做作业就不可能玩,这就需要他根据自己的期望和价值标准进行判断,选择其中一个,放弃另一个。

动机选择的冲突最初只出现在某一特定情境中,当类似情境重复出现以后,青少年就无需选择,直接采取类似的行为方式即可。经过逐渐泛化,动机产生某种行为方式就转化为性格特征,在一个人身上固定下来。所以人的性格是动机和行为方式的化合物,是动机的泛化和定型化的产物。

四、性格的动态特征

所谓性格的动态特征,是指在性格形成和发展的动态过程中,性格特征所表现出来的整体性、多面性和可塑性。

1. 性格的整体性

性格的动态特征,首先表现在性格的整体性上,即在性格的各种特征之间具有一定的内在联系,使性格成为一个独特的整体。

性格的态度特征和意志特征是性格结构的最重要的组成部分,对理智特征和情感特征起着制约作用。就态度特征和意志特征本身而言,也并非孤立存在的。例如,有些女学生多愁善感,细腻胆小,其意志特征也比较脆弱。总之,性格的各特征彼此间相互渗透、相互制约、相互影响,表现出独特而概括的特点。同时,由于性格特征之间的内在联系,根据个体主要层面的性格特征,往往便能推知其余层面的性格特征。

2. 性格的多面性

性格的多面性指性格特征在不同的场合会反映出性格的不同侧面。例如,某些学生在同学、老师面前表现得十分胆小文静,对同学依赖随和,从不违反校规校纪;但据家长反映,这些同学在家中却是冒险敢为、别人碰不得的"疯小子"、"疯丫头"。生活中常有人强调个性的"多色调"发展,即人在不同的情境中可以胜任不同的社会角色,既可以在日常学习中埋首苦读、勤奋克己;又能够在休闲娱乐时活泼开朗、潇洒放松。这正是性格多面性的积极效应充分发挥的表现。

3. 性格的可塑性

性格特征一经形成,相对比较稳定,但也并非一成不变,性格具有可塑性。性格形成于个体和客观事物相互作用的过程中,同时也在此过程中进一步发展变化。外界环境刺激个体,个体必须协调周围环境,由此引起个体性格的某些变化。例如,在家庭里被过分溺爱的孩子,可能会形成自私、不关心别人的性格特征。如果生活场景发生了变化,孩子被送进学校住读,经过一段集体生活后,原有的自私自利的性格特征往往会发生改变。

性格的可塑性并不是绝对的,它受个体已经形成的性格稳定程度影响,个体已形成的性格越稳定越深刻,环境刺激对性格的影响相对就越小。青少年的性格处于形成和定型的阶段。中学时期,由于稳定的行为方式还未完全形成,一旦发现不良的性格特征,可通过强有力的教育措施加以转变,使性格不断完善;但到了高中以上阶段,学生已经形成了相对稳定的态度和行为方式,性格的塑造也就变得比较困难。

第三节　性格规律在教育中的应用

认识性格的特点和相关的规律对于在教育中培养青少年形成良好的性格特征具有重要的作用。

一、性格规律在教书育人中的应用

教师可以通过哪些方法来鉴定学生的性格? 培养学生的性格又有哪些途径? 了解这些,将有助于教师进行因材施教。

1. 对学生性格的鉴定

（1）性格鉴定的方法

教师了解学生性格方面的特点,有助于更好地培养和教育学生,这就涉及学生性格的鉴定问题。一般可用来对性格进行测量的方法有行为观察法、自然实验法、问卷法等。

① 行为观察法

行为观察法指通过对学生在日常生活中或预先设置的特定场合中的行为活动进行直接观察、记录而后加以分析,以了解其性格特征。观察法直接观察被观察者的行为,而且被观察者是处在自然情境中,保持了心理活动的自然性和客观性,故而获得的记录资料比较真实,但评定所需时间很长,收集到的资料可能只是学生某一时刻表现的心理现象。以此来评定学生的性格特征,应注意资料的代表性,同时要避免观察者的主观臆测和偏颇。

采用行为观察法时,为了便于对观察结果进行整理,有两种具体方法可资使用。其一为项目审核法,指在观察前把所需观察的特定行为分类后记录在预备纸上;观察时,对预定的行为进行审核,记下特定行为出现或不出现、出现的次数、何种情景下出现等。其二是等级评定法,一般是指观察者对被观察者的某一或某些性格特征的倾向轻重程度进行评定,将观察结果进行量化处理。例如把评价分成 5 等,"5"代表特征很明显,"1"代表特征很不明显,"4"、"3"、"2" 处在"5"、"1"之间。

② 自然实验法

自然实验法指创设一些条件,但仍保持学生处于自然情境中,由此观察学生在所创设条件下的性格表现。自然实验法既有实验室实验法的控制条件,又有观察法的自然真实性,用于测量性格比较有效。例如,教师组织学生参加郊游活动,并进行野炊。教师可以事先设定好郊游的路线和野炊工具、食物等,通过让学生在自然状态下参加各种活动,考察学生的独立性、自制性、吃苦耐劳等品质。由于学生们事先并不知道教师的意图,他们的行为均发生在比较自然的情境中,能真实地反映学生的某些性格特点。

教师可以利用这样的方式来测量诚实、自我控制等性格特征。如在考试时,试题多而简单。考试后将试卷复印,要求学生批改自己的试卷,并附有标准答案。教师收回试卷后再将两种试卷对照,即可发现学生是否为了提高分数而修改答案。又如,另一种测量诚实的方法,被称为"不可能的成绩"。在测验时,要求学生闭目用笔把点画在图 10-3 中的 10 个圆圈内,连做 3 次,每次点 10 点,点中 1 个得 1 分。如果被试确实遵从指示紧闭双目,3 次画点的成绩不会超过 13 分(这是因为经过多次测定,每次最多点中 4~5 个)。如果超过此分,说明被试可能不诚实(测试时没有闭目,而是偷看)。

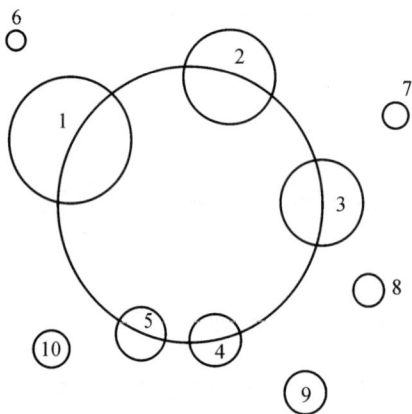

图 10-3　诚实测验

苏联心理学家谢列布列亚科娃设计了一个这样的实验,以测量儿童的自信心。主试要求儿童有选择性地对难、中、易 3 类程度不同的 9 道算术题进行回答。结果大体上得出 3 种情况:儿童挑选自己不能胜任的问题,这类儿童的性格是自负的;儿童挑选适当而稳定的问题,这类儿童的性格是有自信心;儿童不敢挑选稍难而只挑自己容易回答的问题,这类儿童的性格是缺乏自信心的。

在企业中经常使用的**压力面谈**(stress interview)、**无领袖团体情境测验**(leaderless group situation test)就是用来考察一个人是否具有领袖特质的测验方法。其中,无领袖团体情境测验具体做法是,安置几个彼此不相识的人在一起,让他们共同完成一些任务,这些任务需要他们合作来完成。被试在这种压力情境下,会表现出各种不同的表现。有的人可能主动站出来,组织引导大家一起讨论解决的办法,并得到其他人的合作与支持;也有的人自始至终都听从别人的安排,没能提出自己独到的见解。由此可以测定某些人可能会具有领袖的特质。

总之,教师可结合正常教学工作,用自然实验法对学生的性格进行测定,比较方便、适用,但实验条件难以严密控制。

③ 自陈测验

这是一种问卷式的人格测验。问卷中列有很多陈述性的题目,学生可根据题目要求进行选择或回答"是"、"否"、"不一定"。自陈量表的题目、记分、评定都经过标准化,比较方便实用,既可用于个别测验,也可用以团体实测,这种测验较为常用的有以下几种量表:

明尼苏达多项人格调查表(Minnesota Multiphasic Personality Inventory, 简称MMPI),是由美国心理学家哈撒韦(Hathaway)和神经精神病专家麦金利(Mckinley)共同制定的。量表包括 566 个题目(1966 年修订后缩减为 399 个),所有项目按照性质可以分为 26 类(见表 10 - 6),涉及身体各方面情况和主观体验以及对多种社会问题的态度。最初,它是一种测量人格病理倾向的测量工具,现在也广泛用于正常人的人格测量,是目前应用最为广泛的客观性人格测验之一。

表 10 - 6　MMPI 的项目内容和项目数

分 类 项 目	项 目 数	分 类 项 目	项 目 数
1. 一般健康	9	14. 有关性的态度	16
2. 一般神经症状	19	15. 关于宗教态度	19
3. 脑神经	11	16. 政治态度—法律和秩序	46
4. 运动和协调动作	6	17. 关于社会的态度	72
5. 敏感性	5	18. 抑郁感情	32
6. 血管运动,营养,言语,分泌腺	10	19. 狂躁感情	24
7. 呼吸循环系统	5	20. 强迫状态	15
8. 消化系统	11	21. 妄想、幻觉、错觉、关系疑虑	31
9. 生殖泌尿系统	5	22. 恐怖症	29
10. 习惯	19	23. 施虐狂、受虐狂	7
11. 家族婚姻	26	24. 志气	33
12. 职业关系	18	25. 男女性度	55
13. 教育关系	12	26. 想把自己表现得好些的态度	15

16 种人格因素问卷(Sixteen Personality Factor Questionnaire,简称 16PF),该量表是美国心理学家卡特尔(Cattell,1949)根据因素分析法提出的 16 种根源特质编制而成,适用于 16 岁以上的人,共有 ABCDE 五种复本。

卡特尔等人还设计了中学生、小学生、学前儿童三个个性问卷,其中 CPQ 问卷适用于 8～14 岁的儿童。我国有研究者(李绍农)曾对 CPQ 儿童个性问卷进行修订,我国各地使用后,认为其有较高的信度和效度。另有研究者(祝蓓里等,1988)对 CPQ 进行了 8～11 岁儿童和 12～14 岁中国少年的常模测定,同时进行了效度和信度的检验。

适用于个性鉴定的问卷还有艾森克个性问卷(EPQ)、加利福尼亚心理测验表(CPI)、Y－G 性格测验等。

④ 投射测验

被测者对一些模糊问题的回答,往往能反映出他的无意识欲望,测定者可借此对其进行人格特征分析。著名的投射测验有两种:

罗夏墨迹测验(Rorschach Inkblot Test)。该测验由瑞士精神病学家罗夏创设,测验通过 10 张染有墨迹的图片(5 张彩色和 5 张黑白),对被试进行人格鉴定。施测时,呈不同形状的墨迹图以一定顺序出示给被试,要求被试对看到的图形进行描述。对被试回答结果进行分析时,根据回答内容的性质(人或物)、运动与否、图的形状、色彩、针对的是部分还是整体等分析变量进行记分并加以解释。墨迹测验不受语言文字限制,也可用于跨文化研究,但墨迹测验对结果进行记分和解释时往往还存在很大的主观性。

图 10－4　罗夏墨迹测验图片之一

主题统觉测验(Thematic Apperception Test),该测验是美国心理学家默里(Murray,1935)创立的又一个人格投射测验(简称 TAT),包括一套 30 张内容不明确的人物图片,分别用于男人、女人、男孩和女孩,有些图片共用。施测时要求被试根据图片内容编故事,故事必须包括:此刻发生了什么事、引起事件的原因是什么、画中人物有什么样的思想情绪和结局如何四部分。

TAT 有多种记分和解释的方法。默里等人认为,主人公的性别、结局的种类、主题在不同图片中的持续性以及兴趣和情操的反复表现等,都能反映一个人的人格特点。

⑤ 晤谈法

晤谈法是指通过与被试面对面的交谈,来了解被试性格特征的一种方法。交谈的内容可以自选主题,也可以从以下几个方面入手:被试的成长历史、现状,在某些环境(学校、家庭或社会)里的生活情况,本人和所处的环境是否和谐,对经常相处的人的情感、态度,对某件事情的看法与建议,对于自己优缺点的认识等等。此外,主试还可以找与被试有关的人交谈,以此来进一步了解被试的性格特征。

晤谈法一般耗时较多,在短期内获得很多资料又比较困难。这种方法还受主试个人能力的限制,在客观性等方面也存在一些问题。为此,应采取一些方法尽量使晤谈技术标准化,同时晤谈者也需要经过专门的培训。

(2) 建立学生心理档案

对性格进行鉴定的结果,可以帮助教师建立学生心理档案。学生心理档案较为系统、完整地提供了学生个性心理的成长变化过程和主要的个性特点。教师可据此了解每位学生心理发展的状态和进一步发展的可能性,从而较为科学地控制教学和教育进程,有选择地制定和设计最优教学大纲和教育方案,真正做到因材施教。教师还可据此对学生的性格进行全面的把握,比如对内向型学生,应该多鼓励他们与同伴交往,积极发表自己的看法和观点;对外向型学生,应该充分利用他们活泼好动的性格特点,多组织他们参与活动。心理档案的建立,为学生日后的升学和职业指导提供了可靠的依据和资料。档案中性格特征形成和发展过程的记录为个人日后可能的个性发展提供了方向和预测的可能性,从而有助于指导个人对升学和就业选择做出符合性格特征的正确判断。

具体而言,学生心理档案的建立,需要为每一学生准备个人心理卡,学生在校期间定期做性格鉴定并填写该卡片。目前我国大、中、小学校在这方面的工作虽然还没有太多经验,但已有不少成功的探索。具体做法可结合各学校的实际情况、教学过程和教学经验特点进行设计和制定。

2. 性格培养的途径

掌握性格的一般规律性有利于教师在具体教育活动中培养学生良好的性格特征。众所周知,人一生中相当长的时间是在校园中度过的,学校因素对学生的性格形成和发展极为重要。如何利用性格的一般规律来培养学生的性格,这是每一位教育工作者都应该思考和研究的问题。我们初步归纳为以下几种途径:

(1) 进行说服教育

进行说服教育要求教师通过言语指导,让学生认识到性格完善的重要性和可能性,并帮助学生明确性格完善的具体目标。

青少年学生人生观、世界观还不稳定,个性特点亦未成熟,他们已有的性格特点处在半幼稚半成熟、半依赖半独立状态,开始对权威性产生怀疑,对教师的言传身教希望找到道理上的依据。由于自我意识的发展,青少年希望被教师和其他成人尊重,对被强制要求

"做什么"、"怎么做"很抵触,甚至因为逆反心理做出相反的行为。而此时,他们由于思维的独立性和对外部事物的评价能力还未完全发展成熟,常过分自信,意识不到自我人格的缺陷。故教师采用非强制性的说服教育的方式就比较适合学生此年龄期的性格特点,学生感觉到被尊重,没有被压制感,就容易接受教师的引导。另外,学生在这一时期的自我意识也不断发展和完善,教师通过强调性格完善的重要性和必要性,有助于激发学生的自觉性和积极性。青少年的行为目标明确,如果教师进一步帮助学生明确性格完善的具体目标,可促使学生按目标去行动,这对他们的性格发展更有促进作用。

(2) 运用榜样作用

榜样是青少年模仿的对象,榜样作用在个体性格形成过程中的影响很大,教师在对学生进行具体培养时,不可忽视运用榜样的作用。教师可树立历史上的伟人、现实中的模范和学生群体中的先进分子等作为榜样,让学生学习,以对这些榜样的优秀性格进行模仿与认同。其中,以学生中的先进分子作为榜样,对于其他学生来说,因为是同龄伙伴关系,年龄相近,有相似的背景,而且天天在一起耳濡目染,所产生的影响更大。此外,教师本身对学生也具有榜样作用。在学生面前,教师作为知识的传授者、集体的领导者、纪律的执行和监督者,自然而然成为学生模仿和学习的榜样。教师要意识到自己的这种作用,注意自己的一言一行,尽可能对学生起到表率作用。我们可以理解一位学识渊博、兴趣广泛又善解人意的教师能培养出一批优良的学生,却难以想象一位对学生粗暴专制、思想狭隘的教师能教育出热爱学习、热爱学校的学生。

(3) 提供练习机会

个体可通过相似情境的反复刺激,使某种行为表现或心理状态不断得到巩固并成为习惯后建立起性格特点。教师可利用这一性格形成的机制,在教育活动中积极地利用和创造条件让学生获得对良好的性格特点进行行为训练的机会,促使学生行为习惯化,从而形成好的性格特点。曾有一位教育家描述他给 6 岁儿童上课的情景:无论是课前还是课后,他每次都对孩子们说:"男孩子们,你们要像真正的男子汉,让小姑娘先走!"他就是这样坚持不懈地每日提醒孩子们,以培养孩子们有礼貌、举止文雅的态度和习惯。

(4) 实施有效奖惩

实施有效奖惩是对行为习惯进行外部监督的基本形式,可以培养学生好的性格特征,矫正不良性格特征。但奖惩的效果是相对的,它取决于许多因素。首先,学生过去受奖惩的经历会对效果产生影响。一般来说,差生平时受的指责、批评较多,教师如果再对他们的某些行为加以指责,所起的效果通常不大;但如果差生偶尔有些好的举措,教师及时进行表扬,学生很容易受感动。同样,好学生有了过失,教师进行一次善意的批评教育,往往能收到很好的效果。其次,不轻易批评或表扬学生的老师,偶尔一次的表扬或批评效果就较大。而评论者的权威性,也会影响批评或表扬的效果。权威者的表扬,能引起学生的愉快和自豪感,促进努力学习;权威者的轻微指责也会比没有威信的教师的严厉批评更能促进学生较快地改正缺点。此外,师生关系也是一个重要因素。关系好的师生之间,教师的批评能起到类似表扬的作用;相反,师生关系紧张,即使表扬,学生也会心存疑虑。

可见,对学生行为的奖惩、褒贬虽能够促进性格的发展,但取决于老师施与的奖惩必须对学生有效才行。客观、合理、适当地利用奖惩,才能真正有利于培养学生的性格。

(5) **注意个别指导**

性格是人的个性心理的核心成分,世上绝没有性格完全相同的两个人。不同学生的性格差异是客观存在的,这就要求教师在教育中要注意到学生性格在素质基础上及背景因素上存在的客观差异,不该不顾这些差异的存在,强求千人同"性";相反,教师应该有的放矢,能够因材施教,针对不同学生确定不同的性格培养目标。

(6) **发挥集体作用**

良好的集体和集体舆论对学生的性格形成有直接的促进作用。一个优秀的班集体内,组织领导和集体舆论的形成,教师尤其是班主任的作用很大。优秀的班集体要有一套有组织能力、领导能力的班干部队伍,班主任可进行直接指导。教师要首先培养班干部具有良好的性格品质,以起到其在学生中的示范作用;另外,教师还应该注意班集体中舆论的倾向和性质,要及时通过自己的言行为集体舆论明确方向,肯定正确的舆论,否定错误的、不好的舆论。例如,可通过出墙报、写作文、开班会等形式对某种言论或行为进行讨论和评价,确立正确的集体舆论,表达集体的愿望和要求,以此促进学生某些性格特点的形成。

3. 不良性格的矫正

优良的性格对于青少年学生的身心发展具有重要意义。培养青少年学生优良的性格特征,帮助其克服不良性格缺陷是学校教育的重要任务之一。下面介绍几种青少年容易出现的不良性格及其常用的矫正方法。

(1) **怯懦性格的矫正**

怯懦表现为胆小怕事,谨小慎微,遇到困难畏畏缩缩,进取心差,意志薄弱。这种学生怯于与人交往而故步自封,畏惧老师,害怕受到责备,有问题也不敢请教老师。他们不愿主动与同学交往,担心受到同学的嘲笑。懦弱的性格阻碍了自身的思维活动和社会性发展,逐步产生对学习的焦虑和交往的恐惧。教师应引导学生运用自我鼓励、自我暗示等方法来树立自信心,培养自己敢于尝试的性格特征。一些学生怯懦是因为害怕失败,在老师和同学面前丢面子。因此教师在日常教学中要给学生提供表现自我、树立信心的机会。例如,课堂上一些相对简单的问题可让这些学生回答,多给他们表现的机会,并给他们布置一些难度适中的作业,让他们能够获得成功的体验;在日常生活中,多鼓励其勇敢行为,以增加积极行为的发生;多与他们联系和沟通,帮助他们重塑信心,逐步摆脱怯懦的性格。

(2) 猜疑性格的矫正

爱猜疑的人凡事不相信别人,疑神疑鬼,经常错误地反映外界事物与自己的关系。人们常称这种人"神经兮兮"。例如,某学生觉得老师一段时间没有在课堂上提问自己,就认为老师对自己有看法;怀疑某同学跟自己过不去,经常说自己坏话,自己丢失的东西,可能是他有意拿走的等。那么如何帮助爱猜疑的人矫正其不良性格呢? 首先,教师要引导这些学生学会冷静、理智地思考问题:凡事要有根据,实事求是,不能凭空臆造。其次,要引导学生学会心胸放宽,与别人交往时要坦诚相待、开诚布公,学会做积极的自我暗示。再次,当学生真的存在某些缺点时,学会克服和纠正,不必遮遮掩掩,将自己的问题摊开,正视问题的存在。

(3) 孤僻性格的矫正

性格孤僻的人常不愿与他人有太多交往,对周围的人怀有戒备心理,喜欢独处,寡言少语,性情抑郁。有的还表现出神经质的特点,即神经过敏。由于这种性格的人常不受人欢迎,于是他们越来越自我封闭,与人交流越来越困难,从而陷入孤独、寂寞之中。面对这些学生,教师应该引导他们:① 学会关心他人。关心是交往得以深入的基础,是情感交流必不可少的条件。如果对别人毫不关心,那么别人也就不愿意接近你,也就不会主动热情地与你交往。因此,一个人要改善孤僻性格,就必须从学会关心他人做起。只有这样,才能赢得别人的尊重和友谊。② 加强人际交往。尽量鼓励他们多与他人交往,在交往中学会和别人融洽相处。一般来说,人际关系融洽了,孤独感就会逐渐消失,也不会再感到形影孤单,孤僻性格会得以矫治。③ 积极参加各种活动。引导性格孤僻的人培养自己广泛的兴趣和爱好,积极参加各种活动,扩大交友对象,努力把自己从孤僻中解脱出来。班主任老师可创造一些机会,增加这类学生和他人交流,如组织郊游活动、组织班级联欢等。

(4) 狭隘性格的矫正

狭隘性格的人常心胸狭窄,气量小,对自己的得失过于计较,甚至耿耿于怀。看见别人某些方面优于自己而不甘心,可能会挖对方墙脚或不择手段打击对方。这类人通常被称为"小心眼"、"红眼病"等。产生狭隘性格的原因很多,除了眼界狭小、自身知识浅薄、虚荣心强外,还有成长经历等环境因素的影响。对于这些学生,首先,教师要帮助他们树立正确的人生观和价值观。引导他们学会宽容别人,正确对待竞争;学习那些比自己强的同学身上的优点,而不是妒忌、打击。其次,教师要改变教育方法。对所有同学应一视同仁,即使优点突出的学生,也不能只给予表扬,因为他们身上也可能存在缺点,以免让其他同学觉得不公,而产生妒忌心理;对表现平平的学生,不能歧视,要帮助他们发挥自身的优点,重拾信心。

(5) 敌对性格的矫正

常有学生跟他人有敌对情绪,总以为别人在损害自己,在言语和行动上刻意针对自己,甚至把他人的关心和帮助也视作与自己过不去。例如,老师举了与他无关的例子,他以为老师有意在批判自己,于是课堂上与老师顶撞,故意破坏课堂纪律,不服从管理等。造成学生敌对性格的原因很多,例如,家庭教育方式不良,父母惯用惩罚和暴力教育孩子,坚信"棒打出孝子";教师教育学生方法不当,没有照顾学生的面子,激化师生间的矛盾;学生认识问题不成熟,看待问题有偏差等。作为老师应注意耐心引导,以情促知。首先,要真诚地关心他们,无微不至地给予帮助,让他们感到教师是真诚且可信任的,以逐步消除他们的敌对情绪。其次,帮助他们分清是非,改变错误的看法,重新建立正确的认知观念。

(6) 暴躁性格的矫正

性格暴躁的人可能因为一句话就大发雷霆,甚至与别人产生言语和肢体冲突,从而造成严重后果。遇事容易冲动,做事急于求成,遇到困难却又束手无策,通常被称为"急性子"。这种人往往缺乏个人涵养和自我控制能力。遇到这种学生,首先,教师工作要做细,帮助他们从思想上认清暴躁性格的危害。帮助他们意识到好冲动、发脾气不能解决问题,还会影响自己身心健康和与他人的关系。教育他们头脑要保持清醒,心平气和地看待碰到的人和事。其次,教师要帮助他们学会宽容。每个人在生活中都可能会碰到不如意的事,学会宽容是每个人所必需的,要有容人之量。教师可以对学生的点滴进步给予表扬和奖励,对于不冷静的言行委婉指出,以帮助他们逐步克服暴躁的不良性格。

冰冻三尺非一日之寒。不良性格的矫正需要教师和学生的长期努力才能取得成效。这对于辛勤的教育工作者来说任重而道远,但一分耕耘一分收获,通过各方面的共同努力,相信会有越来越多的学生逐渐克服不良性格。

二、性格规律在自我教育中的应用

"自我意识"在性格形成和发展的过程中的作用在青年期尤其重要。自我意识是人对自己的认识和态度,是个性的重要组成部分。自我认识、自我体验、自我监督、自我控制都属自我意识的范畴。通过自我意识,个体塑造自己的性格,进行自我教育。首先,自我认识和自我评价在性格自我塑造的过程中不可或缺。只有正确地认识与评价自己,既不自视过高,也不自我贬低,才能形成良好的性格特点。有的青少年十分骄傲,认为自己高高在上,没有清晰地认识到自己在群体中的位置,遇到困难时,就无法把握症结所在,容易失败,进而导致另一极端——灰心丧气;有的人又过分"谦虚",把自己看得一无是处,尽管他的实际能力并不差。自我监督和自我控制在性格形成和巩固中也很重要,青少年已经具备了这些能力,可以辨别是非,认清什么是该做的,什么是不该做的;哪些是自己应具有的品质,哪些是应调整、完善的。但他们往往冲动性强,处理不当可能会造成"一失足成千古恨"的不良后果。为避免这种情况的发生,教师应教育学生能够运用性格规律进行自我教育,激活自我意识,加强自控力。

实践探索 10-1　　　　　　　教育中的心理学效应

角色效应:现实生活中,人们以不同的社会角色参加活动,这种因角色不同而引起的心理或行为变化被称为角色效应。人的角色的形成首先是建立在社会和他人对角色的期待上的,由于很多教师普遍存在着对学生社会角色期望的偏差,比如好学生的标准就是学习好,而学习好的标准就是成绩好,这对学生的成长和角色发展都带来了很多消极的影响。学生出现了角色概念的偏差,一些学生常以"我的爸爸是经理"等为炫耀,把自己与长辈的角色等同起来,颠倒了角色概念的关系,致使这类学生养成狂妄自大、目中无人的不良心态。在班级管理中班主任及任课教师要根据学生的实际合理地确定学生的角色,通过采取角色扮演、角色创造等形式实现学生的角色行为。

刻板效应:生活中常可见到这样的例子,青年人往往认为老年人墨守成规;而老年人又往往认为青年人举止轻浮。教授总是白发苍苍、文质彬彬,工人则是身强力壮、举止豪爽等。人们头脑中存在的关于某一类人的固定印象的心理现象被称为刻板效应。虽然这一效应在群体心理中比较多见,但在不少教师心中也存在。曾经有位平时学习不好的学生有一阶段学习特别刻苦,在期末考试时成绩特别突出,知道考试成绩后,一些教师说的是:"成绩是不错,作弊了吗?"由于平时教师已对学生有了刻板印象,在学生进步后还是以原来的标准去评价学生,很容易造成偏见、成见,既伤害了学生的自尊,也影响了教师的形象。

因此,在一定意义上,自我教育的心理实质就是现实自我与理想自我的积极统一过程。现实自我与理想自我的矛盾是自我教育的契机,也是自我教育的动力。师范生作为未来的教师,又处于青年期,进行自我教育尤为重要。我们知道,教师的一言一行都是学生瞩目的焦点,教师是否具有良好的性格特征对学生的自我教育起着举足轻重的作用,具体而言,教师应该做到以下四个方面:

第一,在性格的态度特征方面应做到:对社会、国家、集体忠诚,对他人友好、真诚,遵守纪律,为人正直,对工作认真负责,并富有创造精神,对自己充满自信,自尊自重。

第二,在性格的理智特征方面应做到:求知欲强烈,思维富有独立性和批判性,善于提出问题和发现问题,能够辩证、全面地认识问题。

第三,在性格的情绪特征方面应做到:情绪的发生应当有适当的原因,即所谓"当喜则喜,当怒则怒";情绪的强度与引起它的情境应当是相符合的;情绪所持续的时间应当是有限的;情绪本身及引起它的原因应当能被个体清晰地意识到;能合理调控、及时宣泄自己的消极情绪。

第四,在性格的意志特征方面应做到:学习、工作具有明确的目标,独立性强;学习、工作中有韧性,不轻易放弃;在困难条件下镇定自若,能迅速准确地采取相应的行动;善于自我控制。

让我们回到本章开头提到的问题。我们来看一下周老师是怎样针对于萍的性格特点,制订出改变其不良性格的计划,并利用各种机会帮助于萍改造其性格的。语文教材有《跳水》一课,课文简述一孩子为追逐猴子而爬到船最高的横木一头,小孩在十分危险的情况下勇敢地选择跳水以脱险。周老师在讲授这一课时不失时机地向于萍提问课文有关内容,并语重心长地对她说:"只有勇敢大胆、不怕危险的人才能办成大事。"这一话语对于萍的心灵触动很深。在一次春游活动中,全班同学被组织去公园划船。一同学不慎落水,同班几位同学奋不顾身地将其救上岸。周老师利用这一机会,委托于萍写宣传稿,要求全班同学向他们学习。同时,周老师还在班上成立一些学习小组,推荐于萍担任一学习小组组长,由她帮助本组同学提高学习成绩。任组长之后,于萍比以前有很大的进步,她已能积极主动地帮助学习困难的同学。一学年以后,于萍的性格发生了变化,她胆小怕事的弱点有所改变,她开始关心集体,并乐于帮助别人。

周老师在塑造于萍良好性格的过程中,采取的具体措施包括以下几点:① 因材施教。不同学生的性格特点往往相差很大,教育者如果采取千篇一律的方法教育不同的学生,自然不会取得好的效果。周老师根据于萍的性格定出教育计划,从而做到了有的放矢。② 说服教育。在课堂教学中利用教学内容对于萍进行说服教育,这种方式往往比单纯说教更为有效。说服教育要像周老师那样利用各种机会,只有这样才能使学生的不良性格在潜移默化中得以改变。③ 树立学习榜样。利用几个学生救落水同学而大作宣传,为于萍树立了榜样;而委托于萍写宣传稿的做法使得这种榜样的作用发挥到了极致。④ 提供练习机会。推选于萍为学习小组的组长,这为她克服胆小怕事的缺点,养成关心集体、乐于帮助同学的习惯提供了很好的练习机会。学习良好性格的形成需要不断练习,形成习惯。有的学生虽然道理懂很多,但因缺少练习,良好的性格依然难以形成。

本章小结

- 性格是人在对现实的稳定的态度和习惯化的行为方式中所表现出的个性心理特征。性格是一个人本质特征的独特、稳定的结合,是人与人之间相互区别的主要方面。

- 性格的类型是指一类人身上所共有的或相似的性格特征的独特结合。从心理机能上划分,性格可分为理智型、情感型和意志型;从心理活动倾向性上划分,性格可分为内倾型和外倾型;从社会生活方式上划分,性格可分为理论型、经济型、权力型、社会型、审美型、宗教型;从心理健康性上划分,性格可分为生产的倾向性和非生产的倾向性;从人格描述模式上划分,性格可分为外向性、随和性、谨慎性、神经质和开放性。

- 性格发展有其自身的趋势。影响性格形成和发展的因素主要有遗传因素、家庭环境因素、学校教育环境因素、社会文化因素和主观因素等。性格的动态特征,是指在性格形成和发展的动态过程中,性格特征所表现出来的整体性、多面性和可塑性。

- 性格规律要合理适当地运用在教书育人和自我教育中,教师应了解学生的性格以便更好地帮助学生,也教会学生认识自己的性格,合理规划自己的人生。

思考题

- 什么是性格?性格可分为哪些类别?
- 为什么说性格在人的个性特征中具有核心意义?
- 有人说"家庭是制造人类性格的工厂",这句话有道理吗?
- 哪些因素会影响人性格的形成?
- 如何对学生进行性格鉴定?
- 在学校教育中如何运用性格的规律,培养学生良好的性格?

问题探索

- 深入到你的学生当中,尝试去了解每个学生的性格,考虑一下如何对学生进行性格的鉴定。
- 作为一名一线的教育工作者,如何利用性格规律对学生进行性格的培养呢?

参考文献

(一) 中文文献(按作者姓名笔画为序)

丁宁,邱小茹,王冬妹(1994).遗传与环境因素对儿童个性影响的双生子研究.中国心理卫生杂志,8(1):27-28.

马志国(2006).锻炼你的意志.北京:中国水利水电出版社.

马启伟(1998).中小学体育教学中的身心教育——体育教育的迁移价值.北京体育大学学报,21(4):1-5.

马启伟,张力为(1998).体育运动心理学.杭州:浙江教育出版社.

马斯洛(许金声译,2007).动机与人格(第3版).北京:中国人民大学出版社.

王文英,张卿华(1983).关于"80.8"神经类型测试表的设计机理、测试及评定方法.体育科学,1:69-72.

王雁(2002).普通心理学.北京:人民教育出版社.

王耀光(2005).运动能力与生物钟及分子生物学研究进展.山东体育学院学报,21(2):60-62.

韦德,塔佛瑞斯(白学军等译,2006).心理学的邀请(第3版).北京:北京大学出版社.

长岛真夫(欧阳钟仁译,1987).儿童赏罚心理学.台北:巨流图书公司.

乌申斯基(郑文樾译,2007).人是教育的对象——教育人类学初探.北京:人民教育出版社.

方晓义,申继亮(1991).气质与思维品质的相关研究.心理发展与教育,2:20-25.

尹霞(2007).拉丁舞对学前班儿童注意稳定性影响的实验研究.北京体育大学学报,30(1):164-165.

巴甫洛夫(周先庚,荆其诚,李美格译,2010).条件反射:动物高级神经活动.北京:北京大学出版社.

巴班斯基,波塔什尼克(李玉兰译,1985).教育过程最优化问答.北京:北京师范大学出版社.

艾森克(阎巩固译,2006).心理学——一条整合的途径(上册).上海:华东师范大学出版社.

古川竹二(1927).血型与性格学的研究.心理学研究.

布卢姆(王刚等译,1986).布卢姆掌握学习论文集.福州:福建人民出版社.

布鲁纳(上海师范大学外国教育研究室译,1973).教育过程.上海人民出版社.

卢家楣(1988).关于情绪发生心理机制的需要—预期假说.心理科学通讯,4：60-63.

卢家楣(1989).现代青年心理探索.上海：同济大学出版社.

卢家楣(1994).理科类教学内容的情感性处理.课程・教材・教法,12：12-15,34.

卢家楣(1995).对气质的情绪特性的探讨.心理科学,18(1)：58-61.

卢家楣(1998).心理学——基础理论及其教育应用.上海：上海人民出版社.

卢家楣(1998).教学心理学情感维度上的一种教材处理策略——超出预期.心理发展与教育,3：53-57.

卢家楣(1999).心理学与教育.上海：上海教育出版社.

卢家楣(1999).以情优教.上海师范大学学报(教育版・中小学教育管理),28(10)：88-92.

卢家楣(2000).对教材内容的情感性处理策略——赋予情感策略的实验研究.心理科学,23(6)：650-654.

卢家楣(2001).认知匹配策略和形式匹配策略的实验研究.心理学报,33(6)：537-542.

卢家楣(2001).发掘情感策略的实验研究.心理科学,24(6)：690-693.

卢家楣(2002).教学内容的情感性处理策略.教育研究,12：70-74.

卢家楣(2002).情感教学心理学原理的实践应用.上海：上海教育出版社.

卢家楣(2002).超出预期策略的实验研究.心理科学,25(4)：432-441.

卢家楣(2005).对情绪智力概念的探讨.心理科学,28(5)：1246-1249.

卢家楣(2006).论情感教学模式.教育研究,12：55-60.

卢家楣,魏庆安,李其维(2004).心理学——基础理论及其教育应用(修订本).上海：上海人民出版社.

叶一舵,严由伟(2008).心理健康教育.福建：福建教育出版社.

叶奕乾,何存道,梁宁建(1991).普通心理学.上海：华东师范大学出版社.

叶铁桥,逄成欣(2008).高校理工科"黄禹锡现象"：编造篡改数据难查处.中国青年报,4月22日.

田丽丽,张权权,吴海勇(2009).个体智力与人格的差异：进化遗传学的视角.心理发展与教育,2：121-124.

史全胜(2007).网络环境下获取心理学外文电子期刊全文的主要途径和方法.心理与

行为研究,5(2)：156‑160.

白学军(1997).智力心理学的研究进展.杭州：浙江人民出版社.

白学军(2004).智力发展心理学.合肥：安徽教育出版社.

弗洛伊德(车文博译,2004).弗洛伊德文集(第四卷).长春：长春出版社.

皮特斯脱鲁普(1987).皮特斯脱鲁普连环漫画选.南京：江苏人民出版社.

边伟光(2003).学生观察能力对跨栏技术教学效果影响的实验研究.绍兴文理学院学报，23：79‑80.

迈尔斯(黄希庭等译,2006).心理学.北京：人民邮电出版社.

朱智贤(1989).心理学大辞典.北京：北京师范大学出版社.

刘志雅(2005).思维心理学.广州：暨南大学出版社.

刘明(1990).中国儿童青少年的气质分布与发展研究.心理发展与教育，3：180‑184.

刘春雷,王敏,张庆林(2009).创造性思维的脑机制.心理科学进展，17(1)：106‑111.

刘勇(1999).书法训练对智力落后儿童注意力康复作用的实验研究.中国特殊教育，3：39‑41.

刘维良(2006).学校心理健康教育与管理.重庆：重庆大学出版社.

阴国恩(1996).非智力因素及其培养.杭州：浙江人民出版社.

孙红玖,连煦(2002).情感的力量.北京：中国青年出版社.

克鲁捷茨基(赵壁如译,1957).意志的培养.北京：中国青年出版社.

克雷希等(周先庚等译,1980).心理学纲要.北京：文化教育出版社.

杜永红,冯涌(2005).非智力因素在学习中的作用及其培养策略.重庆邮电学院学报(社会科学版),3：432‑433.

杨治良等(1999).记忆心理学(第二版).上海：华东师范大学出版社.

李丹,潘佳(1987).学龄儿童记忆广度测验分析.心理科学,2：46‑48.

李绍农(1987).卡特尔16种人格因素测量指导手册.沈阳：辽宁省教育科学研究所.

李恒进(1988).是视听享受,还是视听"杀手"? 新民晚报,5月19日.

李铮(1982).对306名大学生气质性格的调查与分析.心理学报,1：120‑125.

李晶,陈莉,贾娜等(1998).儿童个性特征的双生子研究.中国行为医学科学,7(3)：198‑199.

肖耀根(2008).教师气质类型与教学风格的关系.华中农业大学学报(社会科学版),

2：113-116.

吴小玲(1984).大学生气质性格类型的分布及形成.青年研究,9：35-41.

吴国宏,李其维(1999).再次超越IQ——斯滕伯格"成功智力"理论述评.华东师范大学学报(教育科学版),2：53-61.

吴琪(2002).数学教学中元认知能力培养初探.天津市教科院学报,1：36-39.

时蓉华(1993).教育社会心理学.北京：世界图书出版公司.

余原(2006).关于背景音乐与工作效率、注意的关系实验研究.音乐探索,3：37-42.

佘凌(2005).SK-克雷佩林心理测验——一种客观性人格测验的研究和编制.华东师范大学博士论文.

邹德谨,蒋正陆(1931).意志修养法.北京：商务印书馆.

库恩(郑钢等译,2004).心理学导论：思想与行为的认知之路.北京：中国轻工业出版社.

沃建中等(2009).青少年创造力的发展研究.心理科学,3：535-539.

张乃达(1990).数学思维教育学.南京：江苏教育出版社.

张艺宏(1994).运动员作业稳定性、灵活性、适应性和耐力——采用内田—克列别林加算表测定.北京体育大学学报,17(1)：26-32.

张文海,卢家楣(2010).国外现代气质研究的理论取向与展望.心理科学,33(5)：1194-1197.

张文新等(2006).心理学与教育.济南：山东人民出版社.

张庆林(1995).当代认知心理学在教学中的应用——如何教学生学会学习和思维.重庆：西南师大出版社.

张庆林(2007).思维心理学.重庆：西南师范大学出版社.

张丽珠,祝蓓里,吴龙华(1982).对170名体育系学生的气质和性格类型的分析.上海师范大学学报(自然科学版),1：95-100.

张灵聪(1996).注意稳定的训练与"注意稳定训练仪"的研制.漳州师范学院学报,(4)：60-66.

张英萍(2005).用认知行为训练改进——小学生课堂注意行为的个案研究.中小学心理健康教育,12：7-9.

张英萍,刘宣文(2005).用认知行为训练改进小学生课堂注意行为的个案研究.中国心理卫生杂志,19(12)：835-839.

张杰等(2008).高师心理学教程新编.合肥：合肥工业大学出版社.

张述祖,沈德立(1995).基础心理学(增编).北京:教育科学出版社.

张拓基,陈会昌(1985).关于编制气质测验量表及其初步试用的报告.山西大学学报(自然科学版),4:73-77.

张明(2006).洞悉性格的深邃内涵:性格心理学.北京:科学出版社.

张学民,申继亮,林崇德等(2008).小学生选择性注意能力发展的研究.心理发展与教育,1:19-24.

张学民,舒华等(2003).视觉选择性注意的优先效应.心理学报,2:352-359.

张姗姗,刘文(2011).人格:主观幸福感的预测源.心理研究,4(2):3-7.

张春兴(1994).现代心理学.上海:上海人民出版社.

张厚粲(2001).大学心理学.北京:北京师范大学出版社.

张厚粲,王晓平(1985).瑞文标准推理测验手册(中国城市修订版).北京:北京师范大学出版社.

张厚粲,王晓平(1989).瑞文标准推理测验在我国的修订.心理学报,2:113-120.

张晓薇,黄颐,高欣等(2008).遗传和环境因素对儿童青少年认知功能和人格的影响分析.中国神经精神疾病杂志,34(6):349-353.

张萍(2007).中学生在数学学习中注意指向的调查研究.南京师范大学硕士学位论文.

张曼华等(1999).注意力品质研究现况.健康心理学杂志,2.

张德琇(1985).青少年创造性思维能力的探测.心理科学通讯,2:20-25.

张履祥,钱含芬(1994).中小学四种典型类型学生人格特征的研究.心理科学,17(5):268-271.

陈少华(2008).情绪心理学.广州:暨南大学出版社.

陈静(2006).注重学生解决问题的能力与创造型思维的培养,提高高等数学课程的教学效果.大学数学,22(3):25-27.

邵志芳(2001).思维心理学.上海:华东师范大学出版社.

邵宗杰等(2001).教育学.上海:华东师范大学出版社.

邵瑞珍(1983).教育心理学:学与教的原理.上海:上海教育出版社.

林崇德(1980).学龄前儿童数概念与运算能力发展.北京师范大学学报(社会科学版),2(8):67-77.

林崇德(1981).小学儿童数概念与运算能力发展的研究.心理学报,3:289-297.

林崇德(1982).遗传与环境在儿童智力发展上的作用.北京:北京师范大学出版社.

林崇德(2002).发展心理学.杭州：浙江教育出版社.

林崇德(2007).心理发展与教育的关系.世界教育信息,5：1.

林崇德,董奇(2008).师生心理成长丛书.北京：中国轻工业出版社.

林镜秋(1996).大中小学生注意转移的实验研究.天津师范大学学报,6：33－37.

罗跃嘉(2006).认知神经科学教程.北京：北京大学出版社.

牧之(2005).性格的神奇力量.北京：新世界出版社.

竺培梁(2006).智力心理学探新.合肥：中国科学技术大学出版社.

岳晓东(2007).人为什么做梦.北京青年报,8月18日.

佩尔,塞尔沃纳,约翰(叶光辉译,2005).性格心理学.台北：双叶书廊有限公司.

彼得罗夫斯基(张世臣等译,1986).心理学文选.北京：人民教育出版社.

金志成等(2003).选择性注意加工机制上学困生和学优生的比较研究.心理科学,26(6)：1008－1010.

金瑜(1995).再评传统的比奈式的智商测验.心理发展与教育,1：22－25.

宝成,柯敏(1994).本世纪发现的兽孩.人民日报,11月20日.

孟昭兰(1989).人类情绪.上海：上海人民出版社.

孟昭兰(1994).普通心理学.北京：北京大学出版社.

孟昭兰(2003).婴儿心理学.北京：北京大学出版社.

孟昭兰(2007).情绪心理学.北京：北京大学出版社.

胡志坚(2001).课堂教学中新手和专家教师注意选择性特点的比较研究.中小学教师培训,9：8－10.

哈多克(高潮译,2005).意志力训练手册,北京：中国发展出版社.

俞国良,董妍(2007).情绪对学习不良青少年选择性注意和持续性注意的影响.心理学报,39(4)：679－987.

俞国良,戴斌荣(2007).基础心理学.武汉：武汉大学出版社.

施羽尧(1990).教育思维学.辽宁：黑龙江教育出版社.

姜俊红(2003).心理学原理.北京：高等教育出版社.

津巴多,格里格(游恒山译,1997).心理学导论.台北：五南图书出版有限公司.

祝蓓里,戴忠恒(1988).卡氏十六种人格因素中国常模的修订.心理科学通讯,6：14－18.

莫里斯,梅斯托(张继明,王蕾,童永胜等译,2007).心理学导论.北京：北京大学出版社.

莫雷(1986).关于短时记忆编码方式的实验研究.心理学报,2：166-173.

格里格,津巴多(王垒等译,2003).心理学与生活.北京：人民邮电出版社.

柴文袖,王文娟(1984).少年赛中情绪影响运动成绩的研究.心理学报,4：441-446.

钱国屏(1999).右脑形象思维与思维本质的再探索.课程·教材·方法,5：56-60.

钱国屏(1999).右脑形象思维与思维本质的探索.现代哲学,1：41-44.

徐平(2008).围棋活动对儿童注意力、意志力和创造力的影响.上海：华东师范大学,硕士论文.

殷恒婵(2003).青少年注意力测验与评价指标的研究.中国体育科技,3：51-53.

殷恒婵,孟庆茂,钱铬佳(2000).恩师 TM 对提高中小学生注意力水平的实验研究.心理科学,23(3)：350-351.

高木重朗(林怀秋译,1982).记忆术.长沙：湖南科学技术出版社.

高湘萍(2011).知觉心理学.北京：人民教育出版社.

郭永玉(2007).人格心理学导论.武汉：武汉大学出版社.

郭永玉(2007).心理学导引.武汉：华中师范大学出版社.

郭有遹(2002).创造力心理学(第三版).北京：教育科学出版社.

郭争鸣,肖跃群,徐伟辉,宋海鹏(2002).学生气质类型在校品学情况的相关性研究.湖南中医药导报,8(2)：26.

海特纳,鲍里夫(林家凤译,1984).心境在学习上的作用.外国教育研究,1：76-78.

桑特罗克(吴思为等译,2008).心理学和我们.上海：上海社会科学院出版社.

黄希庭(1991).心理学导论.北京：人民教育出版社.

黄希庭(2007).心理学导论(第二版).北京：人民教育出版社.

黄希庭(2007).基础心理学·人格心理.西南大学学报(人文社会科学版),33(2)：1-4.

黄京尧(1984).意志的锻炼.上海：上海人民出版社.

菲利普·拉甚顿(2005).对不同人种的认知能力差异进行的三十年研究.竞报,4月30日.

龚耀先,戴晓阳(1988).中国—韦氏幼儿智力量表(C-WYCSI)的编制.心理学报,4：364-375.

章永生(1996).教育心理学.石家庄：河北教育出版社.

章明明,韩励(2006).心理冲突的理论研究述评.广西社会科学,6：158-161.

梁宁建主编(2006).心理学导论.上海：上海教育出版社.

彭耽龄(1988).普通心理学.北京：北京师范大学出版社.

彭聃龄(2004).普通心理学(修订版).北京：北京师范大学出版社.

斯特朗曼(王力等译,2006).情绪心理学——从日常生活到理论.北京：中国轻工业出版社.

斯滕伯格,威廉斯(张厚粲译,2003).教育心理学.北京：中国轻工业出版社.

斯滕伯格等(张庆林等译,2002).成功智力教学——提高学生的学习能力与学习成绩.北京：中国轻工业出版社.

董奇(1989).论元认知.北京师范大学学报(哲学社会科学版),1：68-74.

董奇(1991).元认知与思维品质关系性质的相关、实验研究.教育科学研究,5：51-58.

董奇(2004).心理与教育研究方法.北京：北京师范大学出版社.

蒋建森(2004).早操对大学生课堂学习心理品质影响的研究.河南师范大学学报(自然科学版),32(4)：147-150.

雅克布松(王玉琴等译,1988).情感心理学.哈尔滨：黑龙江人民出版社.

舒峰,官欣欣(2004).遗传和环境因素对儿童智力及个性影响.中国学校卫生,25(2)：209-210.

谢切诺夫(杨汝菖等译,1957).谢切诺夫选集.北京：人民卫生出版社.

甄鹏(1992).注意的研究与小学生的发展.教育科学研究,5：16-19.

鲍良克(叶澜译,1984).教学论.福州：福建人民出版社.

塞弗(邹泓等译,2005).发展心理学——儿童与青少年(第六版).北京：中国轻工业出版社.

缪小春(1986).幼儿对疑问词的理解——幼儿回答特殊疑问句的发展特点.心理科学,5：1-5.

樊琪(1991).心理学概论.上海：上海交通大学出版社.

潘春燕,徐约西(2004).温州市大中小学生气质、心理适应性和意志品质的研究.山东体育科技,101(1)：79-81.

燕国材(1981).情感及其在教育工作中的作用.辽宁教育,1.

燕国材(1984).个别差异与因材施教浅谈.上海师范大学学报(哲学社会科学版),1：123-129.

燕国材(1988).论非智力因素及其在教育工作中的意义.贵州教育学院学报,1：1-6.

燕国材,马加乐(1992).非智力因素与学校教育.陕西:陕西人民教育出版社.

燕国材,张大鸣(1998).新编普通心理学概论.上海:东方出版中心.

霍涌泉(2006).意识心理学.上海:上海教育出版社.

魏为燚(2007).论新课程背景下教师思维方式的转变.教育理论与实践,27(2):
26 - 28.

(二) 外文文献(按作者姓名英文字母为序)

Allport, G. W. (1958). The nature of prejudice. New York: Doubleday.

Allport, G. W. , Vernon, P. E. , & Lindzey, G. (1951). Study of values (2Ed).
Oxford: Houghton Mifflin.

Allport, G. W. ,Vernon, P. E. , & Lindzey, G. (1960). Study of values. Oxford:
Houghton Mifflin.

Amato, P. (1996). Explaining the intergenerational transmission of divorce. Journal
of Marriage and the Family, 58(3), 628 - 640.

Amsel, A. , & Roussel, J. (1952). Motivational properties of frustration: I. Effect
on a running response of the addition of frustration to the motivational complex. Journal of
Experimental Psychology, 43(5), 363 - 368.

Atkinson, R. C. , & Shiffrin, R. M. (1968). Human memory: A proposed system
and its control processes. Oxford: Academic Press.

Bain, A. (1855). The senses and the intellect. London: John W Parker & Son,
West Strand.

Bain, A. (1859). The emotions and the will. London: John W Parker & Son, West
Strand.

Bandura, A. (1969). Social learning of moral judgments. Journal of Personality and
Social Psychology, 11(3), 275 - 279.

Barker, J. S. , Kounin, H. F. , & Wright (Ed.)(1943). Child behavior and
development: A course of representative studies (p. 352),New York: McGraw-Hill.

Bartlett, F. C. (1932). Remembering: A study in experimental and social psychology
(p. 317). New York: Cambridge University Press.

Bayley, N. (1970). The development of mental abilities. New York: Wiley.

Belmont, L. (1986). Screening for severe mental retardation in developing countries:
The International Pilot Study of Severe Childhood Disability. In M. J. Berg (Ed.),

Science and service in mental retardation (pp. 389 - 395). New York: Methuen.

Berkowitz, L. (1960). Repeated frustrations and expectations in hostility arousal. The Journal of Abnormal and Social Psychology, 60(3), 422 - 429.

Bestor, A. E. (1985). Education wasteland: The retreat from learning in our public school. Champaign: University of Illinois Press.

Bexton, W. H., Heron, W., & Scott, T. H. (1954). Effects of decreased variation in the sensory environment. Canadian Journal of Psychology/Revue Canadienne De Psychologie, 8(2), 70 - 76.

Binet, A., & Simon, T. (1905). New methods for the diagnosis of the intellectual level of subnormals. L'annee Psychologique, 12, 191 - 244.

Bohannon, E. W. (1898). The only child in a family. Pedagogical Seminary, 4, 475 - 496.

Boring, E. G. (1953). A history of introspection. Psychological Bulletin, 50(3): 169 - 186.

Broadbent, D. E. (1958). Selective listening to speech. Perception and communication (pp. 11 - 35). New York: Pergamon Press.

Brown, A. L., Campione, J. C., & Barclay, C. R. (1979). Training self-checking routines for estimating test readiness: Generalization from list learning prose recall. Child Development, 50(2), 501 - 512, 12.

Bruner, J. R., Goodnow, J. J., & Austin, G. A. (1956). A study of thinking. New York: Wiley.

Bruner, J. S. (1977). The process of education. Cambridge: Harvard University Press.

Buss, A. H., & Plomin, R. (1984). Temperament: Early developing personality traits. Hillsdale, NJ: Erbaum.

Butler, R. A., & Harlow, H. F. (1954). Persistence of visual exploration in monkeys. Journal of Comparative and Physiological Psychology, 47(3), 258 - 263.

Backman, L. (1989). Varieties of memory compensation by older adults in episodic remembering. In L. W. Poon, D. C. Rubin & B. A. Wilson (Eds.), Everyday cognition in adulthood and late life (pp. 509 - 544). New York: Cambridge University Press.

Cattell, R. B. (1949). The dimensions of culture patterns by factorization of national characters. The Journal of Abnormal and Social Psychology, 44(4), 445 – 469.

Cattell, R. B. (1963). Theory of fluid and crystallized intelligence: A critical experiment. Journal of Educational Psychology, 54(1), 1 – 22.

Ceci, S. J. (1996). General intelligence and life success: An introduction to the special theme. Psychology, Public Policy and Law, 2(3 – 4), 403 – 417.

Chaplin, J. P. (1979). Systems and theories in psychology. Fort Worth: Harcourt College Pub.

Conrad, R. (1964). Acoustic confusions in immediate memory. British Journal of Psychology, 55(1), 75 – 84.

Craik, F. I., & Tulving, E. (1975). Depth of processing and the retention of words in episodic memory. Journal of Experimental Psychology: General, 104 (3), 268 – 294.

Darwin, C. R. (1872). The Expression of Emotion in Man and Animals. London: John Murray.

Davis, R. A., & Moore, C. C. (1935). Methods of measuring retention. Journal of General Psychology, 12, 144 – 155.

Druckman, D., & Swets, J. A. (1988). Enhancing human performance: Issues, theories, and techniques. Washington, DC: National Academy Press.

Duncan, C. P. (1949). The retroactive effect of electroshock on learning. Journal of Comparative and Physiological Psychology, 42 (1), 32 – 44.

Ebbinghaus, H. (1964). Memory: A Contribution to Experimental Psychology. New York: Dover.

Edwards, M. P., & Tyler, L. E. (1965). Intelligence, creativity, and achievement in a nonselective public junior high school. Journal of Educational Psychology, 56(2), 96 – 99.

Einstein, G. O., & McDaniel, M. A. (1996). Retrieval processes in prospective memory: Theoretical approaches and some new empirical findings. New Jersey: Lawrence Erlbaum Associates Publishers, 115 – 141.

Eisenberg, N., & Mussen, P. H. (1989). The roots of prosocial behavior in children. Cambridge: Cambridge University Press.

Ekman, P., & Friesen, W. V. (1976). Pictures of Facial Affect. Palo Alto: Consulting Psychologist.

Ekman, P. , & Friesen, W. V. (1978). The Facial Action Coding System: A Technique for The Measurement of Facial Movement. San Francisco: Consulting Psychologists Press.

Epstein, S. , & Roupenian, A. (1970). Heart rate and skin conductance during experimentally induced anxiety: The effect of uncertainty about receiving a noxious stimulus. Journal of Personality and Social Psychology, 16(1), 20 – 28.

Estes, W. K. (1997). Processes of memory loss, recovery, and distortion. Psychological Review, 104(1), 148 – 169.

Fenton, N. (1928). The only child. Journal of Genetic Psychology, 35, 546 – 556.

Flavell, J. H. (1971). First discussant's comments: What is memory development the development of? Human Development, 14(4), 272 – 278.

Flavell, J. H. (1976). Review of charting intellectual development: A practical guide to Piagetian tasks. PsycCRITIQUES, 21(10), 755.

Fromm, E. (1999). Man for himself: an enquiry into the psychology of ethics. London: Routledge.

Funder, D. C. , & Harris, M. J. (1986). Experimental effects and person effects in delay of gratification. American Psychologist, 41, 476 – 477.

Galton, F. (1869). Hereditary Genius. London: Macmillan.

Galton, F. (1889). Natural inheritance. Troon, Ayrshire: Macmillan and Company.

Gardner, H. (1983). Frames of mind: The theory of multiple intelligences. New York: Basic Books.

Gardner, H. (1998). Are there additional intelligences? In J. Kane (Ed.), Education: Information and transformation, Englewood Cliffs, NJ: Prentice Hall.

Gesell, A. , & Thompson, H. (1943). Learning and maturation in identical infant twins. In R. G. Glass, D. C. , & Singer, J. E. (1972). Urban stress. New York: Academic Press.

Goldsmith, H. H. , & Campos, J. J. (1982). Toward a theory of infant temperament. In R. N. Emde & R. J. Harmon(Eds.), The development of attachment and affiliation systems(pp. 161 – 193). New York: Plenum.

Goleman, D. (1995). Emotional Intelligence (p. 352). New York: Bantam Books Inc.

Gregg, L. W. , & Simon, H. A. (1967). Process models and stochastic theories of simple concept formation. Journal of Mathematical Psychology, 4(2), 246 – 276.

Guilford, J. P. (1959). Three faces of intellect. American Psychologist, 14(8), 469 – 479.

Guilford, J. P. (1967). The nature of human intelligence. New York: McGraw-Hill.

Guilford, J. P. (1988). Some changes in the structure-of-intellect model. Educational and Psychological Measurement, 48(1), 1 – 4.

Guilford, J. P. , & Hoepfner, R. (1971). The analysis of intelligence. New York: McGraw-Hill Companies.

Hall, G. S. (1907). Aspects of Child Life. Boston: Ginn and Company. The Journal of Abnormal and Social Psychology, 44(4), 443 – 469.

Harlow, H. F. , Harlow, M. K. , Dodsworth, R. O. , & Arling, G. L. (1966). Maternal behavior of rhesus monkeys deprived of mothering and peer associations in infancy. Proceedings of the American Philosophical Society, 110(1), 58 – 66.

Hart, J. T. (1965). Memory and the feeling-of-knowing experience. Journal of Educational Psychology, 56(4), 208 – 216.

Hathaway, S. R. , McKinley, J. C. , Meehl, P. E. , Drake, L. E. , Welsh, G. S. , & MacAndrew, C. (2000). Construction of the original MMPI. In: J. N. Butcher (Ed.) MMPI – 2 (pp. 1 – 100). Minneapolis, MN: University of Minnesota Press.

Hebb, D. O. (1958). A textbook of psychology. Oxford: Saunders.

Heber, R. , Dever, R. , & Conry, J. (1968). The influence of environmental and genetic variables on intellectual development. In H. J. Prehm, L. A. Hamerlynk, and J. E. Crosson (Eds.), Behavioral Research in mental retardation. Eugene, Oregon: University Of Oregon Press.

Hernández-Peón. R. , & Sterman, M. B. (1966). Brain functions. Annual Review of Psychology, 17, 363 – 394.

Herrmann, D. J. & Searleman, A. (1990). A multimodal approach to memory. In G. Bower (Ed.), Advances in learning and motivation. New York: Academic Press.

Herrmann, S. (1992). Memory improvement: Implications for memory theory (p. 263). New York: Springer-Verlag Publishing.

Hiroto, D. S. , & Seligman, M. E. (1975). Generality of learned helplessness in man. Journal of Personality and Social Psychology, 31(2), 311 – 327.

Hoffman, J. A. (1986). Presenting problems and family dynamics of college students. Dissertation Abstracts International, 47(2 – B), 788 – 789.

Honzik, M. P. (1963). A sex difference in the age of onset of the parent-child resemblance in intelligence. Journal of Educational Psychology, 54(5), 231 – 237.

Idzikowski, C. (1975). Sleep and memory. British Journal of Psychology, 75 (4), 439 – 449.

Izard, C. E. (1977). Human emotions. New York: Plenum Press.

Izard, C. E. (1982). The psychology of emotion comes of age on the coattails of darwin. PsycCRITIQUES, 27 (6), 426 – 429.

Jameson, K. A. (1990). The influence of near-threshold priming on metamemory and recall. Acta Psychologica, 73(1), 55 – 68.

Jenkins, J. G. , & Dallenbach, K. M. (1924). Obliviscence during sleep and waking. American Journal of Psychology, 35, 605 – 612.

Jonsson, J. O. , & Gähler, M. (1997). Family dissolution, family reconstitution and children's educational careers: Recent evidence for Sweden. Demography, 34 (2), 277 – 293.

Jucknat, M. (1937). Accomplishment, level of aspiration and self-consciousness. Psychologische Forschung, 22, 89 – 179.

Judd, C. H. (1908). Special training and general intelligence. Education Review, 36, 28 – 42.

Jung, C. G. (1923). Psychological types: or the psychology of individuation. Oxford: Harcourt Brace.

Jung-Beeman, M. , Bowden, E. M. , Haberman, J. , Frymiare, J. L. , Arambel-Liu, S. , Greenblatt, R. , Reber, P. J. , & Kounios, J. (2004). Neural activity when people solve verbal problems with insight, PLoS Biology, 2(4), 500 – 510.

Kagan, J. , Reznick, J. S. , Clarke, C. , Snidman, N. , Garcia – Coll C. (1984). Behavioral inhibition to the unfamiliar. Child Development,1984; 55,2212 – 2225.

Kahneman, D. (1973). Attention and effort. Englewood: Prentice-Hall.

Kaushall, P. I. , Zetin, M. , & Squire, L. R. (1981). A psychosocial study of chronic, circumscribed amnesia. Journal of Nervous and Mental Disease, 169, 383 – 389.

Kelley, J. E. , Lumley, M. A. , & Leisen, J. C. (1997). Health effects of emotional disclosure in rheumatoid arthritis patients. Health Psychology, 16, 331 – 340.

Kenrick, D. T. , & Funder, D. C. (1988). Profiting from controversy: Lessons from the person-situation debate. American Psychologist, 43, 23 – 34.

Kimling, L. , & Jarvik, L. F. (1963). Genetics and intelligence: A review. Science, 142(3598), 1477 – 1478.

Kingsley, H. L. , & Garry, R. (1957). The nature and conditions of learning (2nd ed). Englewood Cliffs, N. J. : Prentice-Hall.

Kramer, D. A. (1989). Development of an awareness of contradiction across the life span and the question of post-formal operations. In M. L. Commons, J. D. Sinnott, F. A. Richards and C. Armon (Eds.), Adult development. New York: Preager.

Kretschmer, E. (1921). Korperbau und charakter: untersuchung. en zum konstitutions — problem und zur lehre von den temperamenten. Berlin: J. Springer.

Krueger, W. C. F. (1929). The effect of overlearning on retention. Journal of Experimental Psychology, 12(1), 71 – 78.

Labouvie-Vief, G. , Wayne, S. U. , & Lawrence, R. (1985). Object knowledge, personal knowledge, and processes of equilibration in adult cognition, Human Development, 28(1), 25 – 39.

Lazarus, R. S. , Speisman, J. C. , & Mordkoff, A. M. (1963). The relationship between autonomic indicators of psychological stress: Heart rate and skin conductance. Psychosomatic Medicine, 25(1), 19 – 30.

Leeper, R. W. (1970). Feelings and Emotions. In M. B. Arnold (Ed.), Feelings and emotions: The Loyola Symposium. New York: Academic Press.

Lewin, K. (1935). A dynamic theory of personality. New York: McGraw-Hill.

Luria, A. R. , & Bruner, J. (1987). The mind of a mnemonist: A little book about a vast memory. Harvard, MA: Harvard University Press.

Lyons, J. (1965). A primer of experimental psychology by Joseph Lyons. New York: Harper and Row.

Martindale, C. (1977). Creativity, consciousness and cortical arousal. Journal of Altered States of Consciousness, 3(1), 69 – 87.

Martindale, C. , & Greenough, J. (1973). The differential effect of increased arousal on creative and intellectual performance. Journal of Genetic Psychology, 123（2）, 329－335.

Mayer, J. D., & Salovey, P. (1997). What is emotional intelligence?. In P. Salovey and D. J. Sluyter (Eds.), Emotional development and emotional intelligence: Educational implications (pp. 3－34). New York: Basic Books.

McCall, R. B., Appelbaum, M. I., & Hogarty, P. S. (1973). Developmental changes in mental performance. Monographs of the Society for Research in Child Development, 38(3), 83.

Miller, G. A. (1956). The magical number seven, plus or minus two: some limits on our capacity for processing information. Psychological Review, 63(2), 81－97.

Miller, G. F., & Penke, L. (2007). The evolution of human intelligence and the coefficient of additive genetic variance in human brain size. Intelligence, 35(2), 97－114.

Moates, D. R., & Schumacher, G. M. (1980), An introduction to cognitive psychology, Belmon: Wadsworth Publishing Company.

Morgan, C. D., & Murray, H. H. (1935). A method for investigating fantasies: The thematic apperception test. Archives of Neurology and Psychiatry, 34, 289－306.

Naglieri, J. A., & Das, J. P. (1990). Planning, attention, simultaneous, and successive （PASS） cognitive processes as a model for intelligence. Journal of Psychoeducational Assessment, 8(3), 303－337.

Naglieri, J. A., Das, J. P., & Jarman, R. F. (1990). Planning, attention, simultaneous, and successive cognitive processes as a model for assessment. School Psychology Review, 19(4), 423－442.

Perkins, D. （1995）. Outsmarting IQ: The emergence science of learnable intelligence. New York: Free Press.

Peters, R. S. (1970). The education of the emotions. In M. B. Arnold (Ed.), Feelings and emotions: The Loyola Symposium. New York: Academic Press.

Peterson, L. R. & Peterson, M. J. (1959). Short-term retention of individual verbal items. Journal of Experimental Psychology, 58(3), 193－198.

Piaget, J. (1986). Essay on necessity. Human Development, 29(6), 301－314.

Pintner, R. (1929). Intelligence tests. Psychological Bulletin, 26(7), 381－396.

Plomin, R., & Petrill, S. A. （1997）. Genetics and intelligence: What's new?

Intelligence, 24(1), 53 – 77.

Pressley, M. (1982). Elaboration and memory development. Child Development, 53 (2), 296 – 309.

Rand, G. , & Wapner, S. (1967). Postural status as a factor in memory. Journal of Verbal Learning and Verbal Behavior, 6(2), 268 – 271.

Raven, J. C. (1938). Progressive matrices: A perceptual test of intelligence. London: HK Lewis.

Reitman, W. R. (1964). Heuristic decision procedures: Open constraints and the structure of ill-defined problems. In M. W. Shelly and G. L. Bryan (Eds.), Human judgments and optimality. New York: John Wiley.

Ribot, T. H. , Baron, A. H. N. (Trans) (1906). Essay on the creative imagination. Chicage, IL: Open Court Publishing Co. .

Rickers-Ovsiankina, M. (1937b). Studies on the personality structure of schizophrenic individuals: II. Reaction to interrupted tasks. Journal of General Psychology, 16, 179 – 196.

Rogers, T. B. , Kuiper, N. A. , & Kirker, W. S. (1977). Self-reference and the encoding of personal information. Journal of Personality and Social Psychology, 35(9), 677 – 688.

Ronald, P. (2007). Aristotle's "De Anima": A critical commentary. Cambridge: Cambridge University Press.

Rothbart, M. K. , & Bates, J. E. (2006). Temperament, In W. Damon(Series Ed.) & N. Eisenberg (Vol. Ed.), Handbook of child psychology: Vol3. Social, emotional, and personality development(6th ed). New York: Wiley, 99 – 166.

Rubinstein, E. A. & Lorr, M. (1957). Self and peer personality ratings of psychotherapists. Journal of Clinical Psychology, 13, 295 – 298.

Rushton, J. P. (1995). Race, evolution, and behavior: A life history perspective. New Brunswick, NJ: Transaction Publishers.

Salatas, H. , & Flavell, J. H. (1976). Retrieval of recently learned information: Development of strategies and control skills. Child Development, 47(4), 941 – 948.

Schaie, K. W. , & Strother, C. R. (1968). A cross-sequential study of age changes in cognitive behavior. Psychological Bulletin, 70(6), 671 – 680.

Schloberg, H. (1954). Three dimensions of emotions. Psychological Review, 61, 81 – 88.

Seligman, M. E., & Maier, S. F. (1967). Failure to escape traumatic shock. Journal of Experimental Psychology, 74(1), 1 – 9.

Selye, H. (1936). A syndrome produced by diverse nocuous agents. Nature, 138, 32.

Smith, S. M., Glenberg, A., & Bjork, R. A. (1978). Environmental context and human memory. Memory and Cognition, 6(4), 342 – 353.

Spearman, C. (1904). "General intelligence," objectively determined and measured. American Journal of Psychology, 15(2), 201 – 293.

Spranger, E. (1928). Types of men: The psychology and ethics of personality. Halle: Niemeyer Verlag.

Stern, W. (1911a). The supernormal child. Journal of Educational Psychology, 2 (3), 143 – 148.

Stern, W. (1911b). The supernormal child. II. Journal of Educational Psychology, 2 (4), 181 – 190.

Sternberg, R. J. (1985). Beyond IQ: A triarchic theory of human intelligence. New York: Cambridge University Press.

Sternberg, R. J. (1996). What is successful' intelligence? Education Week, 16(11), 48 – 49.

Sternberg, R. J., & Detterman, D. K. (1986). What is intelligence? New York: Ablex Publishing Corporation.

Sternberg, R. J., Bermejo, M. R., & Castejón, J. L. (1997). Intellectual and personal factors in creative cognition defined by insight. Boletin de Psicología (Spain), 57, 41 – 58.

Stotland, E. (1969). Exploratory investigations of empathy. In L. Berkowitz (Ed.), Advances in experimental social psychology. New York: Academic Press.

Strelau, J. (1987). The concept of temperament in personality research. European Journal of Personality, 1(2), 107 – 117.

Strelau, J. (1995). The regulative theory of temperament: Current status. Personality and Individual Differences, 20, 131 – 142.

Taylor, C. W. (1972). Climate for creativity: Report of the Seventh National Research Conference on Creativity. Oxford: Pergamon.

Terman, L. M. (1916). The measurement of intelligence. Boston: Houghton Mifflin Company.

Terman, L. M. , & Merrill, M. A. (1937). Measuring Intelligence. London: Harrap.

Terman, L. M. , & Merrill, M. A. (1960). Stanford-Binet Intelligence Test. Boston: Houghton Mifflin Company.

Thurstone, L. L. (1938). Primary mental abilities. University of Chicago Press: Chicago.

Titchener, E. B. (1982). The glassy substance. Journal of General Psychology, 1, 175.

Tomkins,S. S. (1970). Affect as the primary motivational system. In M. B. Arnold (Ed.), Feelings and emotions: The Loyola Symposium. New York: Academic Press.

Treisman, A. M. (1960). Contextual cues in selective listening. The Quarterly Journal of Experimental Psychology, 12, 242 – 248.

Treisman, A. M. , & Geffen, G. (1967). Selective attention: Perception or response? The Quarterly Journal of Experimental Psychology, 19 (1), 1 – 17.

Tulving, E. (1972) Episodic and semantic memory. In E. Tulving (Ed.), W. Donaldson (Ed.), Organization of memory. Oxford: Academic Press.

Tulving, E. , & Thomson, D. M. (1973). Encoding specificity and retrieval processes in episodic memory. Psychological Review, 80(5), 352 – 373.

Tulving, E. , &Madigan, S. A. (1970). Memory and verbal learning. Annual Review of Psychology, 21, 437 – 484.

Vernon, P. E. (1971). The structure of human abilities. New York: Methuen.

Vernon, P. E. , & Allport, G. W. (1931). Study of values. Oxford: Houghton Mifflin.

Von Feinaigle, G. (1812). The new art of memory. London: Sherwood, Neely, and Jones.

Warrington, E. K. , & Weiskrantz, L. (1974). The effect of prior learning on subsequent retention in amnestic patients. Neuropsychologia, 12(4), 419 – 428.

Wechsler, D. (1955). Manual for the wechsler adult intelligence scale. Oxford: Psychological Corp.

Wechsler, D. (1981). The psychometric tradition: Developing the Wechsler Adult Intelligence Scale. Contemporary Educational Psychology, 6(2), 82 - 85.

Wechsler, H. , & Pugh, T. F. (1967). Fit of individual and community characteristics and rates of psychiartic hospitalization. American Journal of Sociology, 73 (3), 331 - 338.

Weiskrantz, L. , &Warrington, E. K. (1970). A study of forgetting in amnesic patients. Neuropsychologia, 8(3), 281 - 288.

Weiss, J. M. (1972). Psychological factors in stress and disease. Scientific American, 226(6), 104 - 113.

Wolford, G. , & Hollingsworth, S. (1974). Evidence that short-term memory is not the limiting factorin the tachistoscopic full report procedure. Memory & Cognition, 2, 796 - 800.

Wundt, W. M. (1901). The Principles of Morality and the Departments of the Moral Life. Montana: Kessinger Publishing.

Young, P. T. (1961). In: Motivation and emotion. NJ: John Wiley and Sons Inc.

Zimbardo, P. G. , & Gerrig, R. J. (1999). Psychology and life (15th edition). New York: Longman.

图书在版编目(CIP)数据

心理学与教育:理论和实践 /卢家楣主编. – 上海：上海
教育出版社, 2011.9（2016.2重印）
（高等师范院校现代教师教育丛书）
ISBN 978–7–5444–3709–7

Ⅰ. ①心… Ⅱ. ①卢… Ⅲ. ①教育心理学
Ⅳ. ①G44

中国版本图书馆CIP数据核字(2011)第186421号

丛书策划　张文忠
责任编辑　张文忠

心理学与教育
—— 理论和实践
卢家楣　主编

出　　版	上海世纪出版股份有限公司
	上 海 教 育 出 版 社
	易文网 www.ewen.co
地　　址	上海永福路123号
邮　　编	200031
发　　行	上海世纪出版股份有限公司发行中心
印　　刷	苏州望电印刷有限公司
开　　本	787×1092　1/16　印张25　插页2
版　　次	2011年9月第1版
印　　次	2016年2月第7次印刷
印　　数	15,001–18,000
书　　号	ISBN 978–7–5444–3709–7/B·0078
定　　价	46.00元

(如发现质量问题，读者可向工厂调换)